全裸監督

村西とおる伝

本橋信宏

太田出版

プロローグ

〝前科七犯、借金五十億円〟がこの男の枕詞《まくらことば》になって久しい。

村西とおること草野博美。

〝AVの帝王〟というもう一つの枕詞とともに、この男の半生はいまも流転しつづけ、多くの人々がスペクタクル映画を観るかのように強い関心をもっている。

BVDパンツ一丁で業務用カメラをかつぎ主演女優に向かって、「ナイスですね」と賞賛の言葉を甲高く発する姿は、ビートたけし、片岡鶴太郎をはじめ多くの著名人によって模倣された。

〝駅弁〟という四十九番目の体位を考案し、主演女優が感極まったときに笛を吹かせる演出は、人類史上初めてアダルトビデオという世界でエロをパフォーマンスとして昇華させた。

一時期は五つの会社の総帥として君臨し、他の監督作品をプロデュースしながら、出演女優たちをキャスティングし、会社で部下とともに暮らし、専属女優たちと浮き名を流し、ダイナミック、ナイス、ゴージャス、ファンタスティックといった進駐軍英語のような英単語混じりの会話を駆使し、どんな相手も口説き落とす応酬話法は特異なキャラクターとなってメディアの寵児となった。

村西とおるが歩いた後に数々の逸話が伝説となって刻まれている。

英語教材セールス売上げ日本一位を樹立。ビニ本・裏本製造販売で全国指名手配されながら巨万の富を築き上げる。コペンハーゲンの歩行者天国で〝駅弁〟撮影をし、コペンハーゲンのシンボルである人魚姫の像に全裸の女優を抱きつかせ、タイで少年キックボクサーに全裸の女優をまたがらせ外交問題に発展させた。終戦後、進駐軍の米兵がミカンの皮を投げてよこした屈辱をはらそうと、真珠湾上空で零式艦上戦闘機の攻撃ルートをたどり上空からある物を投下して復讐を貫徹させる。ハワイで撮影中にＦＢＩ合同捜査チームに逮捕されると懲役三百七十年を求刑され長期間抑留された。顔面シャワーという過激な本番路線を樹立させた。ＡＶ業界の秩序を破壊し、女優へのギャラを高騰させた。なんで人間は寝なきゃいけないんだと睡眠を拒否しながら社屋に寝泊まりして働きづくめだった。横浜国立大生・黒木香主演『ＳＭぽいの好き』（クリスタル映像・一九八六年）で自ら相手を務め、作品の過激さから日本のジョンとヨーコのようなアバンギャルドアートの二人になった。ＡＶという存在を世間に知らしめ年商百億のＡＶ王国をつくった。ジャニーズ事務所に喧嘩を売り元フォーリーブス北公次復帰に手を貸した。事業拡大化に失敗し五十億円の負債を一身に背負い、闇社会から過酷な取り立てを受けてきた。無一文になりながら美貌の元専属ＡＶ女優と再婚した。お受験界の最難関小学校に長男を合格させた。

そのどれもが事実である。

＊

裏社会ではすでに著名人であった村西とおるが世間的に知名度をあげるきっかけになったのは、ＡＶ監督になったときであった。

最初は海外ロケをしても何をしてもまったく売れなかった。やけのやんぱちで自ら出演し女優と肉交してもしばらくは、視聴者やビデオ評論家たちから、出てくるなと罵声を浴びせられた。だが性交の際に発する一度耳にしたら二度と忘れられない悪趣味全開の奇妙なトークが一部で話題になりつつあった。一度は全否定しながらも、何度か聞いたり見たりしているうちに中毒になり、村西言語帝国の完全支配下にとりこまれる。ベーカムという重たい業務用カメラをかつぎ、

ＢＶＤの白いパンツの前を張らせて女優にせまっていく。

「あー、食いこんでる食いこんでる食いこんでる、食いこみすぎてる。あー、すごいな。しめってるしめってるしめってる、薄い皮一枚だ。ぱっくり開いてるねえ、あー、すごいな。ファンタスティックだ。愛ちゃんはいくつなの？　十八？　そう。よかったねえ。ナイスだね。十八歳の青春をおもいっきりバックでぶつけてみましょうね」（深見愛主演『私にHな言葉をいって…女子大生編』クリスタル映像・一九八五年）

恥ずかしくて誰も口にしない英単語と独特の言い回しは、村西とおるワールドの象徴である。

この男の悪魔的とも言える話術は、メジャーになる直前の一九八五〜八六年がもっとも絢爛《けんらん》である。

私は久方ぶりに三十年前のＶＨＳ版を再生してみた。このころ、実際に性交するいわゆる本番物はまだＡＶ業界の三割程度とされ、本番路線をとるようになった村西監督は、しきりに視聴者に向けてモザイク処理の向こう側のプレイを言葉で証明させようとしていた。

本番物の実験的な作品『ドッキング・ボッキングetc…』（クリスタル映像・一九八六年）を採録しよう。

主演女優・沼田好子は自己紹介によれば、十九歳、銀行のＯＬだという。このころ村西監督は市井のＯＬや女子大生をよく起用していた。名字の〝沼田〟は村西組の助監督の名字からとられたものだろう。

冒頭でカメラを回す村西とおるがいきなり「こんにちは！」と素っ頓狂な声を発する。

ワンテンポ遅れて沼田好子が「こんにちは」と恥ずかしそうに答えた。

「こんにちはと言えばこんにちは、とすぐ返ってきますよね。とても常識があるお嬢様でございます。こんにちはと言えば、こんばんはと言われそうな気がしますが」

誉めてるのかけなしているのかわからない、すでに村西言語帝国の錯乱した言葉のシャワーが沼田好子に浴びせられる。

「今度あなたのアダルトビデオを撮るわけでございますが、今回はね、あなたはビデオに出演するのは初めてですよね。どういう風に撮られるのか、どういう風に演技をしていいのかわかりませんよね。特にセックスシーンが重要なんですね。あなたが不感症だったり感じ過ぎてしまうのかわかりません。しかし私どもは本番ファックというので作品をつくっておりますので、今日はカメラテスト、実際どのくらい感じるのか、そしてあなた自身もこのように撮られるんだと一度でも経験しないとね、今度あなたを主演にスチュワーデス物語なのか、若妻物語なのか女教師犯される物語なのか、どうしたらいいのかわかりませんものね。よろしいですか。そこでオナニーシーンはアダルトビデオで欠かすことができないものです。オナニーの正しい撮られかたを勉強しましょう。脚を開いてみて。ああ、素晴らしいコスチュームですね」

ジャパネット高田のような、悩みなどまったくなさそうな陽気な声で村西監督が進めていく。

「ぐっと、おパンティを見えるくらいにしていただけませんか。このポーズがアダルトビデオの正しいオナニーの仕方なんですね。よろしいですか。脚を開いて。これが正しいポーズです」

沼田好子が命じられたまま指で触りはじめると、「ちょっと待ってね」と制止して、猫なで声で「表情はとてもよろしいんです。でもね、声出していいのよ。遠慮しないで声もとても重要なんです」と演技指導をしだした。

沼田好子は下着の下に指を入れて自慰をやりだした。しばらくすると登り詰めていく。

「どうしたの？　いっちゃった？」

うなずくＯＬ。

「早いね。撮られることを前提にした場合、早すぎてもいけないし、遅すぎてもいけません。ちょっと早かったかなあ。でもとても素敵でしたよ。いつもそんなに早いの？」

恥ずかしがるＯＬ。

場面が変わり、沼田好子は将来の夢として、童話を書いて子どもたちに夢を与えたい、と語る。

「その前に大人の皆さんに夢を与えてくださいね。太くて大きなやつ、お願いしますね」

自慰がはじまり沼田好子がすすり泣くと、村西とおるは猫なで声で「とてもナイスな声ね」と誉めちぎる。

「アダルトビデオの場合、こんな音を出してほしいんです」

村西とおるが膣に指を往復させると、湿った音が漏れ出してきた。

「さあ、〝音出し〟しましょ」

以後、〝音出し〟なる奇っ怪な村西言語を基軸にしたシーンになる。

「好子ちゃん、この音を皆さんに聞いてもらいますからね。マイクさん、もっと近づいて、〝音出し〟、とってね」

集音マイクが近づき、〝音出し〟を収録しだす。膣からさらに湿った音が漏れ出し、あえぎ声とともに室内にあふれ出した。

「アダルトビデオには舐《な》めるシーンが重要なんですね。観ている人たちは本当にあそこを舐めているのかわかりません。だから男優さんは音をたてて舐めましょう」

村西とおるは〝音〟によってモザイク処理された部分を視聴者に想像させようとしている。ポルノ映画ではいかにやっている振りをするのかが役者の演技力だったが、ＡＶ黎明期にはポルノ映画との違いを際立たせるために、実際にやっていることを視聴者に知らしめる手法が監督たちの腕の見せ所であった。

沼田好子の両脚をかつぎ、村西とおるが陰部を舐め、さらには膣に空気を思いっきり吹き込んだ。

「女優さんも自分の舐められているところを見られるから、なおいっそうの興奮をしましょうね。どう？　ね。やさしく、またあるときは荒々しく。そう？」

沼田好子は思わぬ展開に呆然となりながらも感度を高めていく。

間抜けな音がどこからか鳴り響いた。

村西とおるが膣穴に吹き込んだ大量の空気が膣の収縮によって滑稽な音となって噴出したのだ。

「ああー！　スケベスケベスケベスケベ」

完全に村西ワールドの奴隷となった沼田好子はされるがままだ。

「さあ、レシーブからアタック。あなたがポジションを変えて。いつもされてるばかりではいけません。さあ、アタックしましょう！　アタック！　そうですねえ、おしゃぶりですねえ。相手の大きさを確認しましょう。そして唇の奉仕をやめてはいけません。あなたの努力の仕方で私のもう一人の人格を大きくもし小さくもします。わかりましたね。（沼田好子に一物を頬張らせて）おいしい？　そう。さあ、おいしいものをもっと食べなさい」

かくして沼田好子は性交まで導かれ、汗まみれのまま髪を振り乱し絶頂に達していく。

「本番ファックはアダルトビデオで欠かせないシーンですよね。どうですか？　初めは演技でなんとかできるものと思っていたでしょう？　こうしてカメラの前で撮られてみると、あー、演技なんかしないでイかったたな。やっぱりズバっとやってみるもんだと思いましたか？　どう？　セックスって気持ちいいと思った？　演技じゃできないよね。（相手がうなずく）そー！」

後背位、騎乗位、最後は沼田好子に重なり汗まみれで二人、クライマックスを迎える。

直毛の髪を振り乱した村西とおるは、まるで火事場から逃げ出したサラリーマンのようだ。

沼田好子の歓喜の声とともに限界に達した村西とおるは立ち上がると、沼田好子の右頬にとめどなく放出した。

しばらくして沼田好子がそっと自身の細い指で白い痕跡をぬぐった。

「顔面シャワー！　顔パック！」

顔面への射精を〝顔面シャワー〟と命名した村西とおるは、今回もフィニッシュを顔面シャワーで決め、高らかに勝ち名乗りをあげるのだった。

場面が変わり、肉交を終えガウンを着た沼田好子がカメラ前で微笑んでいる。すべてを終えた開放感からか、表情がゆるんでなんともいえない安らぎの顔つきに変貌している。

「リハーサルは終わりました。スタッフミーティングをしてあなたがどんな作品に主演するか検討してみますね。それまで行方不明にならないでね」

作品は最後まで村西節全開のまま幕を閉じる。

ＡＶが人々の間で話題になりだした一九八六年当時、村西とおるが監督・カメラ・男優までこなして、汗まみれになって本番路線にこだわっている姿が記録されていた。

深見愛も沼田好子も、オープニングでは緊張して顔にけんがあるが、撮影が終了するころには、快感に飲み込まれた末に人格崩壊状態に追い込まれ、顔つきを劇的に変貌させている。ここまで出演女優に介在した監督はいなかった。

深見愛も沼田好子も、八〇年代の女に共通する黒髪にパーマのあの時代によく見かけた女だ。からみになって髪が乱れると、なんともいえない泥臭さを感じさせる。

ところで沼田好子はその後、童話を書いたのであろうか。

沼田好子をはじめとした初出演組は、村西監督作品の売りであった。

「エロスとは落差」と主張する村西とおるにとって、新鮮さを保つ新人がいかに恥じらいを見せるかが勝負の分かれ道だった。恥じらえば恥じらうほど、肉交が際立った。

撮影時にはスタッフ以外を外に出させた村西とおるが、当時の演出法を開陳する。

「アメリカでは撮影中に『恥ずかしい』なんて言っちゃダメということになっている。笑ってないといけない。女性の人権がしっかりしているから、レイプ的なものは一切通らない。だからいつも女優は笑ってやらなくちゃいけない。日本は違うんです。私は現場で、なんでもいいから、『恥ずかしい』と言ってなさい。五分に一回は言うんだよ、と指示を出すんですね。『（甲高い村西節で）おまたせいたしました！　お待たせし過ぎたかもしれません。まずお名前をうけたまわりましょう。お名前は？……』（また解説口調になる）言えないんですよ。アホだから。『（また村西節で）恥ずかしいんですね。恥ずかしくて佳子さんは言えないんです。小林佳子さん、初体験はおいくつですか？　恥ずかしいんですね。十三歳のときでした？　はい、そうでしたね。相手は佐川急便のおじさんですね』（解説口調で）とこういうように私が勝手につくっちゃうんですよ。『（村西節で）さ、恥ずかしいでしょうけれども、脚を大きく開いていただきましょう。さあ、来ましたよー！　こんなお顔が、素晴らしいコントラスト！』（解説調で）後から編集の段階で演出の声消すから、女の子に耳打ちするんです。顔撮るから、『恥ずかしい』って言ってって。『（村西節で）さあ、もう一度、確認しますよ。こんなにヘアが剛毛ですね！　この剛毛の持ち主はいったい誰でしょう！』『（女の子の口調で）恥ずかしい……』

教頭先生の若奥様がやむにやまれぬ事情でストリップに出ているみたいなシーンなのに、さあ、お待たせしました、ハイハイハイ、そのへんの夜鷹《よたか》みたいに登場しちゃう。さっきの若奥様はどこいっちゃったんだよっていうような夜鷹シリーズが多いんだよ、AVは。昔もいまも。何されても恥ずかしい。それがいいんです。ふて腐れていたってかまやしない。恥ずかしい恥ずかしいで撮影していくんです。二十分もしてると、本人も恥ずかしそうにしゃべるようになるんですよ。そこからだよね。整形強迫症、八百万円も整形にかけましたみたいな女。監督も脚本も男優もわたしが選んでいます、そんな女。右四十五度からしか絶対に撮らせない。いつも小指が立ってます、クリトリスは立ってないけど、みたいなこんな女のお仕事セックス見てどこが興奮するっていうの。いま、ババアのAVが売れてる。なんでか？　恥ずかしいって言ってるから。恥ずかしい恥ずかしい。実は顔隠していながら手の指の隙間からのぞいてるんだけどね。ババアの妊娠線、帝王切開の痕、しなびたおっぱい、搾ればミルクが出たりする驚きがある、そっちのほうがよっぽど感動的なんだよ。だって恥ずかしがるから。ＡＶで有名になりたい、百人顔射されたい、みたいな女じゃダメなんだよ。この出演が最初で最後でございますっていうような女性がいいんですよ。阿南陸軍大臣の割腹に立ち会うかのような、そんな歴史の生き証人じゃないと。恥ずかしさを切り取れれば普遍だよ」

本業のＡＶ監督を休業し、すでに過去の人という扱いをされかねないいまも、村西とおるの半生を描いた自伝的映画の公開日には長蛇の列ができ、講演を開けば人が押し寄せ、地上波をはじめ多くの放送局から出演依頼がやってくる。息子をお受験界の最難関小学校に合格させた親の教育法をぜひうちから、と大手出版社、新聞社が声をかけても、子どもでカネは儲けたくないと、借金五十億円の男は拒絶する。

いったい村西とおるとは何者なのか？

賞賛と嫌悪を一心に浴びる価値紊乱《びんらん》の王。あらゆるカオスを「ナイスですね」の一言で止揚させる村西ナイスワールド。

誰もが夢を語ることすらはばかられる混迷の時代へのアンチテーゼとして、いまこの男を描こう。

いったい何のために人間は存在しているのか？　根源的な問いかけの解答を求めて――。

全裸監督／目次

写真　野口 博（Flowers）
ブックデザイン　鈴木成一デザイン室

第1章

4人

太平洋戦争における村西とおるの親族の戦死者数

地下経済界の王、またあるときはＡＶの帝王と呼ばれ、金と女と名誉と悪名が常につきまとい、破天荒な言動によって人々の価値観を変えてきた男は、いかに誕生し、成長し、いまに至るのだろうか。

この物語は高く広がる青色の空と、深くうねる碧《あお》の海からはじまる。

一九四八年（昭和二十三）――美空ひばりが横浜国際劇場のステージに立ち、実質的なデビューを飾り、太宰治が愛人と玉川上水で心中し世間を騒がせ、豊島区の帝国銀行椎名町支店で十二名が毒殺される帝銀事件が発生し、太平洋戦争のＡ級戦犯七名が絞首刑となったこの年。

一九四八年九月九日、村西とおること草野博美が福島県平市（現・いわき市平）で生まれた。

美空ひばり最晩年の名曲『みだれ髪』（作詞：星野哲郎／作曲：船村徹／編曲：南郷達也）に登場する塩屋の岬はこの地にある。

星野哲郎は塩屋岬の灯台と美空ひばり自身を重ねて創作したとされ、灯台のたもとには『みだれ髪』の歌碑が築かれ、毎年多くの美空ひばりファンが訪れている。

闘病中だった美空ひばりの心を癒やした空と海と山の地で村西少年は育った。

「一番古い記憶っていうのは、お昼のサイレンが『ン――――、ン――――』って鳴ったとき、戦争に行くアメリカ軍の飛行機だと思うんだけど、上空をバーッと飛んでってね。おふくろが洗濯物を干しながら『ああ、また戦争がはじまった』っていうのを聞きながら脇に座って空を見てたことだよ。あのへんはけっこう飛行機が飛び回ってたからね。中学生のころまで戦争に行く飛行機とダブってお昼のサイレンが不気味だったね」

朝鮮戦争開始は一九五〇年（昭和二十五）六月二十五日、村西とおる一歳九ヵ月のときだ。

太平洋戦争における村西とおるの親族の戦死者数

太平洋戦争が終わってまだ五年足らずだった。戦争の傷跡が癒えないまま、母の怯えは一歳九ヵ月の村西とおるの脳裏に重なっている。

私は長年疑問に思っていた村西とおるの本名〝草野博美〟という名前について、当人に尋ねてみた。

男の欲望を丸ごと具現化したようなこの男に〝博美〟という女性的な名称は不釣り合いではないか。

「〝博美〟という女みたいな名前をつけた理由っていうのはですね、親父がうすらバカでさあ、村役場の戸籍係につけさせたっていうんだから。名前つけてくださいって。まだ生まれていないから男か女かわからない。そうしたら村の戸籍係が張り切っちゃって、『よし！　男でも女でも通じるいい名前つけてやろう！』っていうんでつけたのが博美。おれは色黒でしょう。抜き身も黒い。シロミじゃなくてクロミだなんてからかわれたくらいだからね。だから博美って愛着がない名前なんだ。村西とおるのほうが愛着があるよ。名前っていうのは男は男らしい、女は女らしいのがいいよね。そうだねえ、草野五郎とかだったら文句ない。どう？　親父は源一郎、おじいさんは元蔵。男らしくていい名前だよ。なんでそういう名前にしてくれなかったんだ？」

人物形成を語る上で常に取り上げられるのは、環境論であり遺伝論である。

村西とおるの実父・源一郎は常磐炭鉱や国鉄（現・ＪＲ）で働いていたが、ひと山当てようと国鉄を退職して起業した。

起業といっても資本力もあるわけでなく、こうもり傘を修理する行商をはじめた。

現在、傘は大量生産と海外からの安い輸入傘によって五百円もあれば買えるが、戦後は高額だったので壊れると修理して使っていた。

こうもり傘とはコウモリが飛ぶさまに似ていることからつけられた名前で、村西少年の父はこうもり傘の修理を請け負うために晴れの日は自転車で営業にまわった。ところが晴れの日に人々は傘の必要性をなかなか感じないものである。

「雨が降らないと商売にならない。でも雨が降ったら行商に行けない。ひどい貧乏な商売だよ。でもそのころはそういう商売している人は全国に何千人もいたんですよ。大量生産の時代はもっと後からだからね。いまよりずっと物を大事にして、修理して使っていた時代ですよ。親父は『いまにみていろ、きっとひと山当ててやるからな』ってあきらめない。こうもり傘直して、いまにみていろって、何を考えてんだか」

ひと山当てる、という山っ気はその後、息子の壮大な山っ気に通じるものがある。

もっとも天才的な応酬話法を獲得する村西とおるの才覚は、父というよりも父方の祖父に通じるものがある。

「おれの親父の親父、つまりおじいちゃんっていうのは何か宗教活動の教祖みたいな感じだった。親父は男五人、女三人の兄弟だったんだけど男五人のうち三人までが戦死しちゃった。で、おじいちゃんは気がおかしくなっちゃって宗教に走った。白装束に身を包んでなにやらウェーウーンってやってた」

白装束の祖父・松本元蔵は怪しげな宗教を起こし、人々を説諭した。

松本元蔵にはハマという妻がいたが明治四十四年に病死している。享年三十七歳。明治期の農村地帯は栄養状態も劣悪で、医療設備も劣り、死亡率もいまよりはるかに高かった。

太平洋戦争における村西とおるの親族の戦死者数

松本元蔵はロクという女性と再婚、前妻のハマとの間に生まれた松本源一郎と女子三名、そして後妻のロクとの間に生まれた四人の男子、合計八人の子どもを持った。

そのうちの後妻ロクとの間に生まれた勝義、七三郎、五郎は太平洋戦争で戦死した。戦死した腹違いの兄弟たちはみな、大正生まれである。太平洋戦争とは大正世代の戦争だったことにあらためて気づかされる。

明治四十二年生まれの村西とおるの父、ひと山当てようと国鉄を辞めてこうもり傘の行商をはじめた松本源一郎もまた戦時中に徴兵されるが、生き延びて戦後、草野シズ子と結婚、三人の子どもに恵まれる。そのうちの長男が本書の主人公・村西とおること草野博美である。

親族に戦死者はもう一人いた。今朝次《けさじ》という母方の親族である。

「おふくろはいつも言っていた。『今朝次はおまえにそっくりだった』って。台湾海峡で特攻艇震洋に乗って戦死ですよ。昭和二十年一月二日。位牌にそう書いてある」

震洋とは終戦間近、日本海軍が特攻兵器として開発したベニヤ板製のモーターボートで、先端に二百五十キロの爆薬を搭載し、海上を突き進み敵艦に体当たりするという死亡率百パーセントの無慈悲な特攻兵器だった。

震洋に乗り込み特攻し、戦死したのは二千五百名、アメリカの記録によれば沈没した艦船はわずか四隻だった。戦前の過酷な軍国主義は、生きている人間を爆弾に見立てて自爆させた。いつも犠牲になるのは今朝次のように無名で貧しい若者たちだ。

「自ら志願したんだよ。今朝次のおふくろが『どうして特攻に志願したんだ?』って尋ねたら、『母ちゃん、横一列に並んで、上官が〝お国のために死ぬ覚悟があるやつ、一歩前え!〟って発して、横に並んでいるやつが前に出る、おれだけ出ないなんてできない』って」

十八歳十ヵ月の若すぎる死だった。

村西とおること草野博美には、昭和十六年生まれと昭和二十年生まれの二人の姉がいる。

源一郎とシズ子が戸籍上夫婦になったのは昭和二十三年四月。昭和十六年に長女が生まれてから七年後に夫婦になっている。村西とおるが誕生する五ヵ月前である。

終戦になってお腹の中に新たな生命が宿り、源一郎は草野家の婿養子になると決意したのだろう。

*

のちに応酬話法の天才となる村西とおるは、幼いころからその才覚があったのだろうか。

村西とおるは意外なことを口にした。

「幼いころは全然しゃべらない。福島県では〝男は片頬〟って言われてたんだから。カタホホ。男は生涯において片頬をニコっと笑ったぐらいでちょうどいいというんだ。あはっと笑っちゃダメなのよ。片頬をちょっとこう崩すくらい。男はべらべらしゃべるもんじゃないんだと、そういうふうにおふくろに言われて、何かしゃべろうと思ったらバンとぶん殴られたよ。『このガキのくせに、黙ってろ』と言われるから。幼いころは失語症みたいになっているわけよ。田舎の子どもってのはしゃべらないのよ。ほとんどの人が高校出るぐらいまではべらべらしゃべりませんよ。まあ、田舎の人たちはそういうふうに教育したんだろうね。男はべらべら喋るもんじゃないって。モゴモゴモゴモゴ。とても何しゃべってんのかわからない。それで東京に出て行って、夜の仕事をしていったら、お客を相手にしなきゃいけないから『そうだっぺよ』とか東北弁で言うとね、『この野郎なんだ？　だっぺだあ？』ってアイスピックが飛んでくるんだから。『じゃありませんか？』と滑らかな東京弁で話さないと。だから世田谷のお坊ちゃんみたいなノリでべらべらしゃべるようになっていくわけよ。で、そこに今度は英会話の教材売ったらもう二時間でも三時間でも四時間でもしゃべりつづけるから」

どんな相手でも話さえすれば自分の思うようにもっていけると絶対的な自信を持つようになる、のちの応酬話法の天才は、幼少期にはまだその片鱗すら見せていない。

＊

昭和二十、三十年代は日本中がいまよりずっと貧乏だった。

「われわれの時代は親父もおふくろもいつもけんけんけんけんしてましたよ。その日暮らしだったからね。いつもイライラしてたし、暴力的だったし。子どもなんかいつもぶん殴られてたんですよ。なにかしゃべればね、コンニャロって。あと社会がとっても厳しかったですよ。いまみたいにね、やさしい、他人にやさしいなんてことないですよ。昔はやさしかったって、『三丁目の夕日』みたいなのは、嘘っぱちだよね。昔はやっぱりやさしくないですよ。自分たちが生きるのが精一杯だから。おれたちはね、米兵からね、チョコレートなんて投げてもらって食べたことないんですね。米兵がミカンの皮むくでしょう。実をくれるのかなと思ったら、ミカンの皮を投げてよこすんだ。それムシャムシャ食べてた。屈辱だよね。いくらなんでも、よく皮投げたなと思うんだけど。おれたちは靴も履いてない時代だから。ミカンの皮、拾って食べてた。まあ、大人になってハワイで敵《かたき》うったんだけどね。後で話すけどさ」

テレビもスマホもビデオもない時代、村西少年とその仲間たちにとって、最大の娯楽はマラソンだった。

住まいは平市六間門《ろっけんもん》（現・いわき市平六間門）で御城山という城山の近くにあった。

小学校は山の麓にあり、小学一年生から毎日山道を下ったり上がったりする。

ガキ大将の命令でマラソン大会が毎日のように催され、村西少年は仲間はずれにされたくない一心でガキ大将の後につき、山を越え谷を越え、野を越え走った。

のちに撮影の日々がつづきながら、若いスタッフと互角に仕事ができるのも、このころの毎日のマラソンと通学がもとになった。

「インディアンごっこといって、火祭りのまねごとするんだけど、うちのねえさんなんか、木に縛り付けられて、柿の棒をあそこに突っ込まれたりしてたんだから。なんで火祭りなのに、突っ込まれるのかわからないんだけどさ。セックスの仕組みを知ったのは、小学六年のころだったね。当時はラブホテルなんてないから、野外の至るところでセックスするんだから。アベックがあっちこっち、校庭とか神社とか、草むらをならして布団代わりにしていつ来てもできるようにしてるんですよ。こっちは蚊に刺されながら、アベックがやってるところ見て興奮して、出てきたら顔中膨れてるんだから。アハハハ」

中学のときは水泳部、高校のときはラグビー部、ポジションはバックロー。スクラム両翼につくもっとも疲労度が高いポジションだ。マラソンとともに十代は基礎体力を蓄える時期だった。

学校の勉強はさっぱりだった。数学はかろうじてできたが、英語はまるっきりだめで、村西とおるの代名詞でもある気恥ずかしいような英単語を駆使するのも、苦手だった英語を超克しようとしたからだろう。

世の中を騒然とさせてきた村西とおるに行動型のイメージを想像しがちだが、思考型も色濃く備わっている。

新聞紙を人型に切り取って戦争ごっこや野球の試合をしてみたり、今度は米粒でやってみたり。家は貧しかったから、米粒は空想遊びが終わったら残さず口に入れた。

「とにかく家にもおれにもカネがないからね、家に帰ればマラソン大会ですよ。みんなで走るだけ。走れ走れ。何にも賞金出ない。一着二着三着。よし、あとは水飲め。それだけですよ。私たちの時代はそうであったんですね。テレビがうちに入ったのが中学二年（昭和三十七年）のことだから。懐かしいとかあの時代に帰りたいという、『三丁目の夕日』的感覚はないねえ。殺人事件は昔のほうがいまより三倍もあったんだから。町内会に必ず殺人事件があったんだから。一人は、学校の先生の兄弟に荒くれ者がいたんですよ。しょっちゅう喧嘩。そいつが塾やっていたの。英語の先生。その先生が喧嘩で人殺しちゃった。私もその人殺しの先生に歌教わったんだけどね。『聖しこの夜』。あとは、恋の逆恨みで、映画館の前で包丁持って刺し殺したやつがいたな。おれが砂遊びしてるとき、ぽーんと乗り越えて血相変えて自宅に行ったのを憶えてますよ。包丁取りに行ったのか、逃げたのか。あのころは、女のアソコに松下、東芝の電球入れて破裂したなんて噂が、あの山越えればあった時代ですよ。おれは前科七犯だけど昔は前科十五犯なんてざらだったんだから。おれが幼いころ、『父ちゃん、前科五犯って何?』なんて聞いたら、『とんでもないウジ虫野郎だよ!』なんて教わったものですが、気がつきゃ自分がウジ虫だよ」

昭和三十年代、娯楽がいまよりもはるかに少なかった当時、子どもたちの関心はセックスに向かった。都会よりも娯楽が少ない地方の青少年のほうがずっと早熟だった。

＊

一九六一年（昭和三十六）――。

「巨人、大鵬、卵焼き」というフレーズが流行語になり、坂本九の『上をむいて歩こう』（作詞：永六輔／作曲：中村八代）が街中に流れていたこの年。

村西とおるは中学一年の夏を迎えていた。

十三歳――心も体も著しく成長する年齢だ。なんとなくうつ伏せになってもぞもぞしていたらだんだん気持ちよくなって、下半身から上半身にかけて電流のようなものが走った。生まれて初めて味わう異次元の快感に中学一年生は衝撃を受けた。当時はまだ性に関する情報も少ない。自分の体に起きたいまだかつてない感覚がいったい何なのか、村西少年は祖母に尋ねてみた。

「ばあちゃん、なんかチンポからミルクみたいのが出ちゃったよ」

「えーっ」

「ばあちゃん、おれ、死ぬんじゃねえか？　大丈夫かなあ？　なあ？」

「う、うん。かあちゃんに聞いてみな」

村西少年は母に尋ねてみた。

「かあちゃん、ミルクみたいなのが出てきちゃったよ。死ぬんじゃねえべかあ」

「ああそうか、とうちゃんに聞いてみるわ」

性の目覚めに戸惑う親。

どんなに親しい親子でも、性の仕組みをいかに説くかは難題である。隠し事をしないことが一番だと、性の仕組みをおおっぴらに子どもに教えてみたところ、子どもにショックを与え、人間の存在について根源的な悩みを持つようになったという体験談を聞いたことがある。なんでも明け透けに語ればいいというものでもない。

その一方で、封印したらしたで、子どもに性が秘密めいた罪悪として印象づけてしまう。

とかく性を語ることは難しい。

たらい回しにされた村西少年は、帰宅した父から真相が語られるだろうと思った。

ところがいっこうに話が進まない。

仕方なく自分から父に尋ねてみた。

すると――――。

「博美。大丈夫だ。とうちゃんがついてるから心配すんな」

質問内容とは異なる、漫才のようなオチであった。

結局、村西少年が事の真相を知ったのは、翌日、教室で友人たちから教えられたときだった。

宿題をやっている最中、ついフケをとりながら手を股間にもっていき、終わったらまたフケをとる。宿題はなかなかはかどらない。気がつくと一日七回はするようになった。

自慰を知った夏休み、性の奥底を知る。

夜中、トイレに行こうとしたとき、隣の部屋から何か人の押し殺した声がしてくる。ふと見たら、両親が何事かしていた。子ども心になんとなく意味がわかった。

ああ、あんなことやってるんだ。

次の日から家にいると落ち着かなくなった。両親が本能的な行動に出るのではないかと、夜になると神経がすべてそちらに向いた。

風呂に入ると、月が出た出たの『炭坑節』のメロディで「うちの親父とおふくろはスケベだよお」と怒鳴るように歌うのだった。そうしないと、両親がまた性交しだすのではないかと、少年は必死だった。

大好きな母は獣欲とは別の世界にいてほしかった。

眠くて自慰をし忘れたとき、必ず夢精した。そのとき夢に母親が登場する。昼間、恥ずかしくて母親の顔が見られないときがあった。

自慰をするときのオカズはいまよりもはるかに少ない時代である。

隣家に二浪して亜細亜大に入った男がいた。夏休み、この人物は東京から帰省すると、男女の性交を写したブルーフィルムと呼ばれる代物や、温泉場や繁華街で密かに売られていた男女のモノクロ性交写真をお土産に持って帰り、村西少年の鼻息が荒くなるのを見て楽しむのだった。この大学生の実家はアパート経営をしていたので、余った一部屋を利用して女友だちを連れ込み、大学生は肉交を楽しんだ。村西少年が遊びに来てうたた寝をしている横で女友だちとはじめてしまう。息がだんだん荒くなるにつれ、気配を感じ目覚めた村西少年もまた女の息以上に吐息が早まった。なんとか肉眼で観察したいと、女に気づかれないように、村西少年は細心の注意をはらってゆっくりと体を見える位置にもっていこうとした。大人の秘めた行為を観察し、その夜は女の吐息を思い出し何度も放出した。

近所の遊び仲間たちと新聞紙を敷き、飛ばしっこをした。部屋で新聞紙を広げ、勢いよく飛ぶことを想定し、壁まで新聞紙をかぶせてこすりあげる。十代の少年たちは遠くの壁や天井まで飛翔させた。他の連中は空想をオカズにしていたが、村西少年は大学生の部屋で見せてもらったブルーフィルムや実際の肉交がオカズだ。他の遊び仲間たちよりも見聞きしたものだから興奮度が違う。一番飛距離があったのは文句なく村西少年だった。

中学一年の夏休みが終わるころ、童貞喪失の機会がやってきた。

相手は同級生の妹で小学六年生だった。

「あれほど親父はすけべなんて言いながら、気嫌いしてたのに自分がしてしまうんだからねえ。で、こんないいものはないって言っておいて、それでも親父とおふくろを非難する気持ちはまだ少し残ってたからね。やっぱりショックすぎたんだね。エゴイストのままだよガキは。社会と接点がないんだから。ラスコリニコフと同じだよ。自分だけ許されると思ってるんだって」

同級生の妹と『月光仮面』の映画を観に行った。映画館の薄暗がりのなかで手を握り、太ももをまさぐった。相手は何も言わない。むしろ手を握り返してくるではないか。

できる！

やりたい一心で自宅の庭にある小屋に招き入れようとした。家の前を流れる川から流木を拾ってきて庭に小さな小屋を建てていたのだ。

小屋まで行くには砂利を敷き詰めた庭を横切らなければならない。ＡＶ監督になったときの脳天気とも言えるほど開放的な性のパフォーマンスなど想像できないほど、性に対して羞恥心を抱く純朴な十三歳であった。

映画館からの帰り道、夜、砂利道を歩くとやけに派手な音がする。村西少年は親に自分以外の人間が小屋に入ることを気づかれないようにと、同級生の妹をおんぶしたのだった。我慢ができず早くやりたい一心で、砂利が布団に見えた。

小屋に入ると、お互い恥ずかしがりながら鼻息をあらくさせた。女子を寝かせ服を脱がせていくと、村西少年は射精した。パンツを濡らしたまま、また心を入れ替えて脱がせていくと、また発射した。また己を鼓舞する。初めてのことゆえ、入口でもたもたした。するとまた放出してしまう。

「本当に入れるまでに六回ぐらいいっちゃったんだよ。入れる前に出ちゃってさあ、『ああっ！』て。チンポが壊れたみたいになっちゃうんだよ。あのチンポが壊れた自分はどこ行っちゃったんだ。治っちゃったじゃないか」

中学一年生と小学六年生の交接。

早熟すぎる体験であった。

「しかも処女じゃなかったんだから。『痛い』とか言わなかったし、彼女はどこかで何かを経験してたね。いま思えば、年増女みたいな媚びの仕方、誘い方をすでに知っていたんですよ。中学一年のおれだけの力で手を出すのは無理ですよ。やっぱり誘い込みがないと。気持ちいいどころじゃない。やりたいばかりだから。四苦八苦しながらも、いざとなったら正常位ですんなり入りましたね。まさか最初から〝駅弁〟とか〝松葉崩し〟はじめないでしょ。抜きながら出ちゃった。出ると思った瞬間、時すでに遅しですね。苦々しい体験ですよ。彼女は色黒で、しゃくれた唇、あまりタイプじゃなかった。仲のいい同級生だったから、その妹とやっちゃったという苦い思い出があるんですねえ」

終わってからまたおんぶして送っていった。

体力が旺盛な時期ゆえに、挿入する前に何度も出てしまうのだったが、それでも発射する快感を味わうだけで満足だった。

生理が数日遅い、と打ち明けられると、村西少年は夜も眠れなくなり、メンスがあったと言われるとほっとして、また欲望の渦に巻き込まれていく。

中学を卒業するまで同級生の妹とおよそ二百回交接した。

＊

ひと山当てようと、国鉄を辞めてこうもり傘の修繕をしていた父親はその後どうしたか。

相変わらず仕事はうまくいかず、生活は苦しくなる一方だった。

母は市営競輪場食堂の賄いをして家計を支えていた。村西少年もいくらかでも足しになればと、小学六年生のときに地元紙『いわき民報』の配達を皮切りに、様々なアルバイトをやった。

牛乳の配達、氷屋配達、酒屋配達、燃料店の店員、漬物屋の店員、肉屋の店員、建設会社作業員……。

働くことで学ぶこともあった。

中学二年生の冬、牛乳配達をしたときのことだ。牛乳瓶の詰まったケースを自転車の荷台に積んで、凍えるような早朝の街を音をたてて走って行く。いつも最後に配る家には割烹着を着た五十代のおばさんが村西少年の配達を待ち、おはようと挨拶をしてくれたり、これ食べなさい、と菓子をくれた。

ある朝、いつものように牛乳を配り終えようとあのおばさんの家に着くと、残りの牛乳の色がいくらか変わっているのではと感じた。注入するときに異物が混じったのか。

どうしよう。取りにもどろうとすると学校に遅刻してしまう。一回くらいいいか。それにあのやさしいおばさんのことだ。ためらいを感じながらも、その牛乳を配ってしまった。

翌日。いつも顔を出してくれたあのおばさんが出迎えてくれない。

少年には何が原因かわかっていた。子どもながらに苦悩した。

もっとも少年が感じた〝色の変わった牛乳〟というのも思い過ごしかもしれないし、割烹着のおばさんが出てこなくなったのも、家事の都合かもしれない。

仕事では手抜きをしない、というある種、仕事に天命を捧げたような働きぶりは、こんなささいな出来事を反面教師としていた。

＊

夫婦喧嘩はしばしばあった。父親が外に出たままなかなか帰らず、ふらりともどってきたときは酒臭い。どうも外に女がいる様子だった。女の勘で問い詰めるが、とぼける。稼ぎの少ない亭主を女房が罵った。固い拳が降ってくる。肉を打つ鈍い音。女房の顔が何度も張られた。

村西少年が割って入った。

「母ちゃんを殴るな！」

息子が母親に味方したことでさらに逆上した父は、さらに母を殴った。息子が止めに入ると、父に組み伏せられた。息子は台所に駆け込み、出刃包丁を握りしめた。息子の命がけの反撃に、父はいままで見たことがないような驚きの顔になった。

するとと顔の腫れ上がった母が予想外のことを吐いた。

「親に刃物向けるやつがあるか！」

こんなときでも夫婦の絆はほどけないのだ。息子は出刃包丁を足元に投げ捨てて家を飛び出した。

翌日、父が家から消えた。村西とおるが中学二年のときのことであった。親の仲が二度ともどらない冷厳な事実に、息子は打ちのめされた。自分があのとき包丁なんか持ち出さなければ、親父は家を出ていかなかった。そう思うと悔やみきれなかった。

中学校の渡り廊下を歩いていて、ふと、人間は死ぬんだということを意識した。自分はもちろん大好きな母も姉も家を出ていってしまった父も、みんないつか死ぬ。いつか別れが来る。

思春期に訪れる〝存在〟という命題に、村西とおるは直面した。中学二年という繊細な時期に親の離婚は死の認識とともに暗い影を落とした。

のちに村西とおるはこう回想している。

「中二のときに親父とおふくろが別れちゃった。そのときの親父の言ったセリフがいいよね。『もう、おまえたちには父ちゃんの手はいらない、父ちゃんの手が離れても生きていける。だが、向こうの女は小さい子をたくさん抱えて父ちゃんがいないとしょうがない。だからあっちの女の所に行く』。馬鹿言ってんじゃないよね。何を言ってんだ。こっちは飯も食えないのに。ひどいもんだねえ、おれはもうその話聞いて唖然とした。親父が死ぬ一年前に会いに行ったとき、そのときはもう親父もかなり年をとってたから平の籠弓《ろうきゅう》場、公園があってその公園のはずれに籠弓場があって、そこの管理人をやっていた。十年ぶりぐらいかな親父と会ったのは、そこにいるって聞いたからそこに行って『親父いますか』って、そしたら『まあ博美ちゃん。お父さんいつもあなたのこと話してんのよ。いま公園のほうに行ってるから呼んで来ましょうか』『いやあ、自分で探しに行きます』。丘の上の桜並木のほうへ行ってみたらボーと霞む丘の途中から親父の姿がちょろっと見えた。『父ちゃーん！』って叫んだら親父もわかったみたいで、『おう』って手を振るんだよ。おれはもう言葉が出ないよね。泣けて泣けて。十年ぶりに会ったわけだからね。小学校六年生の運動会のときにバンザーイって見上げた青空っていうのは一生忘れないだろうなあと思ったけど、親父の涙をみたときも一生忘れないと思った。それから半年ほど経って親父が調子悪いからって手紙が来て、いわき市好間の町立病院に入院してて会いに行ったら『抱いてくれ』っていうんだ。抱いたら重いんだよね。それで体を拭いてやった。けっこう大きなキンタマだったね。姉さんなんかも『おおー』ってなかんじでね。死ぬか生きるかっていう人の所に見舞いに行って、てめえの親父のチンポコ見てパチクリさせてんだよ。おおっ、けっこう大きなモンだなあって、半勃《だ》ちくらいしてたのかもしれないね。病人のくせにね。まあそんなこんなで後一週間ぐらいで死ぬだろうとそのときには言われてたからね。満足な看護もできなかったでしょう、本当に貧乏はいやだなあって思ったよ」

見舞いに行った一週間後、父・松本源一郎が亡くなった。

＊

二〇一五年（平成二十七）夏——。

私たちは雨に煙る市ケ谷駅近くの喫茶室にいた。

村西とおるの父が亡くなるときのことを聞いたインタビューは、一九八七年夏のことだった。村西とおる初の自叙伝『ナイスですね　村西とおるの挑戦状』（ＪＩＣＣ出版、現・宝島社）の聞き書きをしたときのものだ。

この前年、一九八六年十月、クリスタル映像から『ＳＭぽいの好き』をリリースし、主演の横浜国立大生黒木香が一躍ときの人となり、奇妙な英単語を駆使し、自ら男優として出演する村西とおるも俄然人気を博し、片岡鶴太郎がテレビで盛んに物まねをし、文化人知識人までもがあらためてＡＶというものに注目しだしたころだった。

村西とおるの早すぎる自叙伝ともいうべき『ナイスですね』は、この段階ではまだのちのジェットコースターのような人生のほんのスタートにしか過ぎなかった。

あのインタビューから二十八年後、今回あらためて村西とおるの半生を綴ろうとして、本人に何度も聞き漏らしたことを尋ねたり、とりとめのない話をするようになった。

いまだから言えることといった話も出てくれれば、記憶違いだったことの訂正もあった。それはそれで映画の本編よりもメイキングが好きな私にとっては貴重な場であった。

価値紊乱者として登場した村西とおるは、六十七歳。

大病を患い再起が危ぶまれたが、いまでは往年の旺盛さを取りもどしている。

本人の回想を正確なものにしようと、村西とおるの家系図を作成し、本人に確認してもらった。

すると村西とおるの視線が一点に釘付けになった。

「そうだったのか……。いやあ、初めて知ったよ」

長男という立場を振り切り婿養子になった父・源一郎であったが、昭和四十一年協議離婚している。

法律上の離婚が昭和四十一年ということに、村西とおるは意外な顔をしたのだ。

「おれの記憶ではおふくろと離婚したのはもっと前のはずなんだ。正式にはずっと後で籍を抜いたんだなあ……」

村西とおるは父が家を出て行ったのは自分が中学二年生、一九六二年のときと記憶していた。

だが戸籍上の離婚は一九六六年、正式な離婚は実際の別離よりも四年遅い。

このタイムラグは何だ？

「夫婦が別れるということは、そう簡単にいかないというじゃないですか。協議離婚になるまでもめたんでしょう」

私の推測に村西とおるがつぶやいた。

「そうじゃないと思うんだおれは。うちのおふくろの未練だったんじゃないかな、これ」

未練――。

四年のずれ。

戸籍に刻まれた年月日を解析すると、ドラマが埋葬されている。

残された息子は雨の市ケ谷で、母の未練を知ったのだった。

＊

太平洋戦争における村西とおるの親族の戦死者数

一九六四年四月、東京オリンピック開催の年、村西少年は福島県立勿来《なこそ》工業高校機械科に進学した。

価値紊乱者の出身校として有名になったこの工業高校は、他にも二〇〇八年新人王を獲得、WBCでも活躍したオリックス・バファローズの小松聖投手、お笑い芸人アルコ&ピースのボケ担当・平子祐希、シドニーオリンピック日本代表重量挙げ選手・田頭弘毅といった著名人を輩出している。

読書家の村西少年は、武者小路実篤、山本周五郎、ドストエフスキー、トルストイ、富島健夫、島田一男、松本清張、ニーチェ、マルクスと手当たり次第に乱読していった。

中学校の成績は最低ラインだった。プロ野球選手でも遅咲きの選手がいるように、村西とおるもまた遅咲きの部類なのだろう。

学校の近くには福島県立磐城《いわき》高校という県下有数の進学校がある。毎朝、すれ違う磐城高校の生徒たちを意識しながら、負けず嫌いの村西少年は読書に熱中した。

思春期になって村西とおるは持ち前の理論闘争のマグマが噴火しかかっていたのだ。

性欲も湧くが知的闘争心も負けず劣らず湧いてきた。磐城高校に原理研究会ができてそこには磐城女子高校の可愛い女子がいつも放課後、宗教について語らっているという噂を聞きつけた。

村西とおるはさっそく乗り込んでいって、論争を仕掛けるのだった。またあるときは原理研究会の大学生たちを相手に論争を挑んだ。

特定の宗教や血液型を信じて生きることは、生き方の幅を狭めて硬直化した思考に陥りがちになると信じていた。

『血液型何型?』なんて聞く奴がいるでしょう。そういう物の見方で人を判断しているとどっかでどんでん返し喰うときがあるよ。自分が血液型で物の見方、人との関わりあいを持ってきたということがどれだけ危ういことかってことだ。やっぱり自分の宗教を信じてる奴もいるんだけど、そんなことよりも青春時代には万巻の文学書や歴史書を読んだほうがいいね。で多くの経験を求めることにあせっちゃいけない、汲々としてはいけないんですよね。あせっちゃうんですよ、すぐ人生観を求めなきゃいけないと。そうじゃない。それはあてどのない旅かもしれない、それぞれの人生だからね。すぐ人生うんぬん言う気持ちはわかるけどね、それを持とうとしちゃいけないね。高校時代っていうのは人生の基本だよ。十六歳から十八歳のころは暗記なんかどうでもいいから。頭がいいっていうのは英語や数学ができることじゃないから、オリジナルな生き方を自分の頭で考えることを勉強したほうがいいよね。青春時代は」

早すぎた自叙伝『ナイスですね』で村西とおるはそう語った。

あれから二十八年が経過しても、その考え方に変わりはない。

知識熱に目覚め、物の見極め方、発想力、他者との論争に関心を持ち出した村西とおるは、人生とは何なのか、死とは、なぜ生命は生まれてきたのか、ソクラテス以上の定義を世の中に証明してみせようと本気で考えた。脳細胞がフル回転し、朝になっても寝付けなくなった。

中学から高校の時期、子どもは親からの庇護を抜け出し、親とは別の超越した存在を探そうとする。対象になるのは、ミュージシャンであったり作家であったり、漫画家、プロ野球・プロサッカー選手、知識人、哲学者、お笑い芸人、といった一つの才能に秀でた著名人を追い求める。

思考も背伸びするようになる。

十代のこの時期をいかに過ごすかによって、その人間の半生の大きな分かれ道になる。オナニーと哲学的思考を交互に繰り返し、射精の飛距離が伸びるにつれ、村西少年の思考力も飛翔していった。

相変わらず学校の勉強は最低ラインだったが、ぎらつく目つきの村西とおるを学校の教師は「おまえの目を見るのが怖い」というほどだった。

将来は小説家になろうと、絶えず小説の構成・ストーリーを考えてみた。

小説家以外にはブラジルに渡って広大な農園を持つのも夢だった。いつも高校の校舎の二階の窓から遠方の山を見て、あっちにはブラジルという広大な国があるんだ、広い農園を経営して一旗揚げてやろうと夢想した。

もっともいつも見ていた方角はソビエト連邦のほうで、ブラジルは逆の方向だった。その程度の憧れだった。

別れた父親を引きもどして、もう一度、あの貧しかったが温かかった家庭を復活させたいとも願った。

母親が心配して、息子の就職先を助言しようとした。

とにかく安定が第一、父親のように国鉄に勤めていながらひと山当てようと事業を興し、こうもり傘行商で失敗し、家にお金を入れなくなったような夢追い人だけにはなってくれるな。

母は離婚後におでん屋をやっていて、客に地元の消防署の幹部がいた。

「博美、おまえも東京なんかに行かねえで消防署に入れ。食いっぱぐれもねえし、世のためになるし。わるいことはいわねえ。かあちゃんが消防署に話つけっから」

「冗談じゃねえよ、おふくろ。消防車でもってね、火なんか消して歩いてる時代じゃねえだろう」

「とうちゃんの姿見たらわかるべ。安定してんのが一番だ。とうちゃんみたいに絶対なってはならん。な、頼む。母ちゃんのお願いだ」

試験さえ受ければあとは合格させるような手はずができると言われた。母の進言は十八歳の少年にとって、無視できないものがあった。なにしろ親父の失敗を見ているのだから。

好き勝手なことを言っても、まずは食っていくことが先決だ。

もともと体力には自信があった。

それに燃えさかる炎を消す作業は、血の気の多い自分にとってうってつけのような気もしてきた。

どうするか。

閨閥《けいばつ》も学歴も縁故もなんにもない十八歳にとって、自分がこれから先、いったい何ができるのか。

消防士もわるくない。

そう自分に言い聞かせ、消防士試験を受けるつもりになった。母親思いの息子だから、母が喜ぶことはなんでもしてあげたかった。

ある夜、一人暮らしの小屋から何気なく母のいる母屋を見たら、見知らぬ男が出てきた。

少年は大人の事情を察知した。

父を制止しようと出刃包丁を台所から持ち出したあのときのように、今度はあの男に突きつけることになるだろう。

自他共に認めるマザコン少年は、このまま地元にいるとどんなことをするかわからないと、上京することにした。

人生にもしも、という選択が許されるとしたら、もしもこのとき男を見かけなかったら、おそらく消防士の試験を受けて地元の消防署に勤務することになったであろう。

あの村西とおるのことだ。他人から命じられる仕事に嫌気がさして転職したかもしれない。あるいは仕事熱心な男のことだから、消防士が肌に合い、優秀な消防士になったかもしれない。

人間の運命は、ほんのわずかな偶然によって大きく変わったりする。

*

東京に出て一か八か、勝負してやろう。

貧乏だけは嫌だった。

順位のわかるマラソンは走りたくなかった。

中学二年生のときに圧倒的な重さをもって迫ってきた死の恐怖。生は一度限りしかない。だったら精一杯やりたいことをやって死んでいきたい。

自分はいつかそのうち日本一の男になれるという漠然とした自信があった。

自分ほど一つのことを徹底して考え抜き、あらゆる角度から考察できる男はいないと自負していた。

それには地元を離れ、東京で一勝負するしかない。

一九六七年春――。

団塊世代の一人、村西とおるは布団を包み肩に背負って、いわき市から夜汽車に乗り一路東京へと向かった。

まったく当てはなかった。

太平洋戦争における村西とおるの親族の戦死者数

第2章

1万7000円

「どん底」初任給

一九六七年（昭和四十二）早春――。

福島県から布団をシーツに包み、肩に背負い上京した青年がいた。

十八歳の村西とおるだった。

ひと山もふた山も当ててやろうという上昇志向が渦巻いていた。

もっとも仕事の当てはない。

姉の家に転がり込み、仕事先を探してみたものの、保証人も学歴も資格も縁故もない十八歳に、希望の仕事先はみつからなかった。

村西とおるが生まれた一九四八年（昭和二十三）は、団塊世代といわれるもっとも人口の多い世代である。

終戦後、戦地から引き揚げてきた男たちが結婚相手を求め、人々は開放感とともに婚姻数が伸び、昭和二十二から二十四年の三年間が極めて高い出生率になった。

ちなみに村西とおるが生まれた一九四八年の出生数はおよそ二百六十八万人、他の二年間もほぼ同数、この出生数がいかに飛び抜けて多いかは、二〇一五年度の出生数が百万八千人という数字を見ればよくわかる。団塊世代は一年間でいまより二・六倍、百六十万人も人数が多かった。

彼らが小中学校に進学するたびに校舎が足りず、応急処置として校庭にバラック小屋を建てて教室にしたり、一クラス五十人から六十人は当たり前、学年でクラスは十以上という小中学校も多かった。

何をやるにしても大人数という状況下において、控えめな態度でいたら埋没するだけだ。

団塊世代の自己主張の強さはまさしく数の条件下によるものであろう。

二百六十八万人のうちの一人だった村西とおるは、姉の家を飛び出して、池袋をさまよい歩いた。

前年の一九六六年、ビートルズが来日し、日本武道館で公演をおこなってから、日本でもビートルズを真似たバンドが大量に発生し、長髪で演奏する彼らはグループサウンズと呼ばれ、GSという略語が流行した。

長髪は大人の社会に組み込まれたくない、自由の意思表示とも受け取られた。

学生運動が盛んになり、街頭で機動隊と激突するヘルメット姿の若者たちが登場した。

フーテン、ヒッピーと呼ばれる無職で自由と愛とセックスを価値観の最上位に置く若者たちが都会に出現した。

既存の価値観を否定する団塊の世代の若者たちであった。

彼らは大学紛争の当事者でもあり、全共闘世代とも呼ばれた。学生運動が激しくなり、授業料値上げ反対、ベトナム戦争反対、といった運動を過激に牽引した大学生たちで組織された大衆的な運動体が全共闘であった。

団塊世代という呼称に比べると、この世代を全共闘世代と呼ぶにはいささか無理がある。村西とおるが生まれた一九四八年生まれの大学進学率は男子二〇・五パーセント、五人に一人（総務省統計局調べ）であり、大学生の数自体が少数派である。

村西とおるは多数派の高卒組であり、まさしく布団一枚だけの無産者階級の一員にすぎなかった。

将来はひと山どころではなくふた山もみ山も当ててやろうと野心を全身にたぎらせていた村西

青年であったが、現実は甘くはなかった。

街角からは、ジャッキー吉川とブルーコメッツの『ブルーシャトー』が流れていた。

池袋西口公園に野宿して三日目、どこも雇ってくれるところもなく、ポケットの中から小銭を取り出し、朝日、読売といった新聞を買い求め、求人広告を食い入るように読むしかなかった。

保証人も学歴もいっさい関係ない仕事先ははたしてあるのか。

すると池袋の大きなバーが求人募集しているのが目に飛び込んできた。しかも寮まである。

ロシア文学者ゴーリキーの作品名にならってつけられた池袋「どん底」は、一九六七年当時、洋酒ブームを牽引した有名なバーだった。

すぐその足で、「どん底」というバーの面接に向かった。

夢は大きく抱いていたものの、村西青年のおかれた現実は、ロシアの文学者ゴーリキーが描いた最貧民層の希望のない日々と同じであった。

面接をして即採用となった。

時代は高度経済成長期のまっただ中、仕事を選ばなければ、すぐに就職できるいい時代であった。

「どん底」は地下一階から地下三階まであり、カウンターとジュークボックスが設置され、ボーイがつまみやビールを運ぶ、賑やかな店だった。

「池袋も日本中も好景気でさ、今日より明日のほうがよくなると誰もが信じて、実際にそうなった時代だよ。希望の国だったよ。心配などひとつもなかったしね。おれの初任給は一万七千円、さびしい金額だよ。夕方三時から翌朝六時まで一日十五時間働きっぱなし、立ちっぱなし。フル回転で地下一階から三階までおつまみ、ビールを店が終わるまで運ぶんだから、まるで人間エレベーターだよ。即採用だったのも、辞める人間が多かったからだよ」

上京した一九六七年、森永製菓が「エールチョコレート」を発売し、作曲家・山本直純が「大きいことはいいことだ」と大合唱を指揮するテレビCMが話題となった。今日より明日がよくなると人々が素直に信じた時代ならではのCMだった。

給料は手渡しの時代だった。

一万七千円が入った給料袋をもらっても、仕事が終わった店内で花札賭博が開帳され、あっという間に全額巻き上げられた。ギャンブルにはまったく興味がなかった村西とおるだったが、有無を言わせぬ誘いで断ることができなかった。パワハラという言葉すら存在しない時代であった。

従業員たちは刺青《いれずみ》を入れ、陰茎に真珠を入れたり、男根にリングを装着していた。

村西青年にとって都会で味わう人情を知ったのもこの職場だった。

面接で即採用となった村西青年は、池袋の隣町、要町《かなめちょう》の寮に連れていかれた。

従業員はまだ勤務時間中で誰もいない。

ここ数日、食事らしい食事をしていなかったので、腹が減ってしかたがなかった。

今日から寮に入れば三食が保障され、寝る部屋もある。空きっ腹を抱えていると、少しでもエネルギーを消耗させないようにと体が防衛本能を働かせ、睡魔が襲ってきた。

部屋でうたた寝していると、いきなり枕を蹴飛ばされた。

生まれて初めて味わう屈辱にむっとしたが、蹴飛ばしたのは部屋の先輩であった。小柄ながら精悍な顔をしている。

「おまえメシ喰ったのか?」

「いえ」

「メシ喰いにいくぞメシ」

「いやあ、わたし……」

「大丈夫だよおまえ、いいんだよごちそうするからよお。行こうか」

空腹で死にそうだったので、先輩の誘いが何よりもありがたかった。

近所の定食屋に連れていかれ、カウンターに腰掛けて、しょうが焼き定食をおごってもらった。こんなうまいごちそうは食べたことがなかった。

福島から上京した無一文の青年は、このときの恩をずっと忘れず、後年あることで恩を返すことになる。

＊

「どん底」の仕事は楽ではなかった。

午後三時には店に到着して、店内を掃除したり、すのこ洗いをしたり、客に出すおつまみの仕込みをする。

夕方六時に店がオープンするときは、ボーイが横にずらりと並び、客に挨拶をする。

バンドの演奏がはじまり、フロアが華やかになるころ、ボーイの村西とおるは地下一階から三階までビールやおつまみを運ぶ。朝の五時にやっと仕事が終わり、要町の寮にもどると、倒れ込むように寝た。

花札賭博が開かれ、一文無しにされる村西とおるであったが、銭湯代は先輩たちが出してくれる。刺青を入れた男の面倒見のよさがあったために、なんとか暮らすことができた。

職場も寮もやくざな空気が横溢し、村西青年が福島弁で話すと、何が気にくわないのかいきなりアイスピックが投げつけられた。

東京で暮らす関西人の多くが関西弁を放棄しないことに比べ、東北人は田舎者というコンプレックスから多くが標準語を話そうとする。村西とおるも標準語にしたつもりだった。

緊張を強いられる職場にあって、隠れた才能が思わぬ形で表出することがあった。

村西とおるのたぐいまれなるギャグセンスだ。殺気を瞬時に霧散させるギャグセンス、ユーモアという知的エスプリはこの男があらゆる至難をくぐり抜ける際の一つの武器になる。

「ユーモア感覚はやっぱり水商売するようになってからだね。それまではギャグもユーモアもないよ。客商売だからいかに笑わせるかだから。客をネタにしてはまずいから、自分をネタにして笑うしかない。それによって鍛えられたね」

青江三奈の『池袋の夜』が大ヒットした一九六九年、村西とおるの働く「どん底」もまた店のテーマソングのように青江三奈最大のヒット曲をジュークボックスで流し、バンドが演奏した。

店員同士で一気飲みを競ったり、客の女と何人寝たかを競争しあった。女性客をいかに店に引き留めるかで店の売上げが決まるので、女性客に恋の予感を振りまいたり、ホテルで寝たり、勧められたら断りもせずに男っぷりを見せようと酒を一気飲みした。女性客が店に集まれば男性客も自然と寄ってくる。いつの時代も女をどう呼び込むかが商売のコツだった。

「あのころはいまみたいなホストクラブってまだないんですよ。だから男遊びがしたいという女が皆集まるよね。こっちも男だらけだからね。店員同士のコンテストがあって、女を抱くコンテスト、一週間で何人の女が抱けるかっていうのね。そのころはもうズーズー弁でもないし、お客相手にギャグも放つし、ウケましたよ。コンテストで一週間で十二人抱きましたよね。とにかく男ぶりが売り物のお店ですからね。もう酒と女でめちゃくちゃな生活ですよ。コップを十個くらい並べて日本酒ばーっと注いで飲んでみせるんだから。

五合くらいはグーグーグーって一気に飲んじゃうんだからね。おまえ、それじゃ急性アルコール中毒になるぞって言われるくらい飲んでたからね。それは心意気だから、ボトルなんて二本半は平気だし、女ハメまくりコンテストも目一杯やって優勝ですよ。顔はこんなだから、男気と体力で勝つしかなかった」

女性客がボーイをお持ち帰りする日々だった。

ある夜、華道教室の師範と生徒たち四名が店にやってきた。そのなかの五十歳くらいの和服のよく似合う女性客が村西青年を気に入ってくれた。

「今夜、つきあって」

「かしこまりました」

未亡人だという和服の女性に連れられて、華道教室を開いている古風な日本家屋に招かれた。寝室に入り布団を敷き、男女の秘め事がはじまった。

飲みっぷりとやりっぷりにかけて店内でも一、二位を争う村西青年は女体を組み敷き、プライベートの肉交よりも奉仕の味を加味して愛撫を進めた。

合体、そして出し入れがはじまった。

未亡人のあえぎ声を確認しながら奉仕の腰使いが調子をあげる。

間男の気分を味わいながら未亡人を刺し貫き、ふと見上げると遺影が見おろしていた。未亡人の亡き夫だった。村西とおるの亡父が着ていた懐かしい国鉄（現・JR）職員の制服に似た服を着ている。

あえいでいた未亡人が「立って」とささやいた。

奉仕をモットーとする村西とおるは素直に未亡人を抱きかかえて立ち上がった。

不思議なことを命じる奥さんだ。

「歩いて」

村西とおるは「歩くんですか？」と聞き直した。

「いいから歩いて」

「はい」

未亡人を刺し貫いたまま、部屋を歩きだした。結合箇所が外れないように、下からうまく突きながら室内を小幅で歩く。

全裸の男女が奏でる奇っ怪な全裸図だった。

すると未亡人のすすり泣きが次第に号泣へと変わった。

おれの腰使いに感じたんだろう。

村西とおるは下から突き上げたり、揺らしたりしながら室内を小幅で移動した。

未亡人の号泣が止まない。

「お願い。今度は『弁当弁当』って言って」

「ベントウ?」

「そう……。弁当弁当よ。言って」

「かしこまりました。弁当弁当」

「もっと言って」

「弁当弁当」

「ああっ、もっと言って」

「弁当弁当弁当」

未亡人が登り詰めた。

亡き夫の制服、そして弁当。

いま、自分が抱えている奥さんの亡夫は、駅弁売りだったのだ。

「主人はいつもこんな格好で抱いてくれたの。弁当弁当って言いながら。ああ、もっと歩いて」

「かしこまりました」

室内を弁当弁当と言いながら、村西とおるは小幅で横に移動し、縦に移動し、突いては揺すり、揺すっては突き、未亡人を悶絶させた。

「弁当弁当」

「ああ! もっと!」

「弁当弁当弁当弁当」

未亡人の絶叫。

駅弁売りの夫は毎日百五十個の駅弁を売り終わると、その夜、女房を駅弁売りのスタイルで愛したのだった。

未亡人のカラダに特異な体位が刷り込まれ、駅弁スタイルでないとクライマックスに達しない体になっていたのだ。

夫婦間の性には、他人に言えない秘密が隠され、その多くが非道徳的なものである。たとえば私が取材したある中学教師夫妻は、スーツにネクタイの夫が、セーラー服を着た女房にカネを渡して援助交際する設定にして劣情をもよおしながら肉交するのだった。またある銀行支店長は元部下だった妻に昔の制服を着させて深夜、銀行内に見立てた書斎で肉交するのが趣味だと告白した。

未亡人も駅弁販売の亭主も、臨場感あふれる行為に、言いしれぬ興奮を感じていたにちがいない。

そしてのちに村西とおるがAV作品で披露した〝駅弁〟という体位も、ボーイ時代に出くわした偶然の産物によるものであった。

「号泣してる未亡人を抱えながら、まさか駅弁なんて考えないから、おもしろいな、こんな風に亭主とやってたんだって思いながら、やった覚えがあるんだよね。当時は駅弁売りって帽子をかぶっていてさ、たしか遺品の帽子かぶってやったんじゃないかな。アハハハ。おれもよくやるよねえ。このとき以来プライベートで駅弁することがあったけど、AV監督になって、よし、これでやってみようって。世界初の歩行者天国、コペンハーゲンのストロイエ通りで現地の青年にやらせたり、横浜ベイブリッジで私がやったり」

女性の両脚を抱え上げ、立ったまま突き上げたり、室内を小幅で移動しながら子宮を下から刺激するこの珍妙なる体位は、〝四十九番目〟の体位と呼ばれ、村西とおる監督作品によって知られることとなり、肉体派男優チョコボール向井の得意体位としてさらに広まり、ちまたでも駅弁にチャレンジする男が続出、女性の重みに耐えかねてよろけて倒れ込み、合体したまま陰茎を捻挫させたという悲劇も生まれたのだった。

＊

枕を蹴飛ばしてメシをおごってくれた先輩が、千葉県柏市にできた新しい大型店に一緒に来ないか、と誘ってきた。

ボーイの移動は水商売の世界ではよくあることだった。

三年近く「どん底」で働いた村西とおるは、新天地を求めて先輩の後についていった。

柏市はいまでこそ人口四十一万人の大都市であり、柏駅にはビルが建ち並び、Ｊ１サッカーチーム・柏レイソルで全国的に有名であるが、村西とおるがスカウトされたころは柏駅の裏側は飲み屋の屋台があるだけの寂しい街だった。

その駅裏に村西とおるが移った店があった。

「その店で最初の女房と出会うんですね。一歳年下で丸井のエレベーターガールで、色白の私好みなナイスな子でしたね。ダンサーから女優になった春川ますみに似てぽっちゃりしててさ」

村西とおるをめぐって女性美容師と張り合い、美容師はカミソリ、春川ますみ似のエレベーターガールは傘を持って乱闘になったこともあった。

「男っぷりを競うからそういう色恋沙汰はよくあったんですよ。それでエレベーターガールとおつきあいすることになってね、ある日、彼女の家に遊びに行ったの。そこでやってたら、階段を上がってくる音がしてくる。あれえ、まずいよ。まだ彼女のご両親にも会ってないからね。慌ててパンツはいて、どうしたらいいだろうって迷ったら、女房のほうはどうしたかというと、自分の家なのに自分だけ押し入れに隠れた。アハハハハ！　おれだけ取り残されてさ。もう覚悟きめて石川五右衛門の気分であぐらかいたよ。そしたら彼女の弟だった。自己紹介したら、おばあちゃんが出てきて喜んでくれてさあ、『よかったよかった。この娘は中学一年のときにヤクザと九州まで逃げて、どうなることかと思ったんだけど、こうやってしっかりしたいいダンナさんと結婚できるんだから、ほんとによかったよお』なんて泣き出してさ」

村西とおる二十一歳、初めての結婚であった。もう長女が生まれていたので、子連れ結婚式だった。

酒とセックスコンテストの毎日で、体がもたなくなってきた。

ボーイから転職し、英語の百科事典セールスマンになった。

「『エンサイクロペディア』という英語の百科事典のセールスマンになった。結婚もしたし、生活の安定も考えて。やっぱり水商売じゃたかがしれてるよ。それにこの負けず嫌いの性格だから体を壊しちゃうと思ったからね。会社の名前がグロリアっていうんだけど、本社が新宿の西口駅前にあった。おれが入社したときコンテストをやっていたんだ。女ハメまくりコンテストじゃないよ。契約数を競うやつ」

村西とおるが入社したのは、グロリア・インターナショナル日本支社であった。

村西とおるが売ることになった事典は、英語の項目を英語で解説するオールイングリッシュ、英英事典という難解でしかも全三十巻もある膨大なものであった。

一九六〇年代後半から七〇年代前半にかけて世の中は高度経済成長のまっただ中、今日よりも明日がよくなる、と誰もが信じ、国民総生産も急上昇中であった。庶民は持ち家を欲し、すでに持ち家だった家は新たに増築し、住宅ブームが起きていた（私の家が増築したのも一九六七年であった）。

増築、新築した家にはたいてい応接間という洋間があった。ここに豪華な書棚を設置し、文学全集や百科事典を誇らしげに飾るのが流行した。家人は森鷗外や島崎藤村など読まなくても、来客に対して文化的な薫りを振りまくだけでよかった。

住宅事情が改善された影響で全集がよく売れ、相次ぎ出版社から刊行された。村西とおるが売ることになった全三十巻もある英英事典もその流れにあった（私が中学進学祝いに『小学館カラー百科事典』を買ってもらったのもこの時代、一九六九年だった）。

全巻で二十万円という、いまの貨幣価値に換算すれば百万円になるだろう。いくら月賦《げっぷ》（当時はクレジットではなくそう呼んだ）とはいえ、百万円の英英事典を買う人間は現在なかなかいないだろう。

村西とおるがセールスした方法は三つあった。街頭セールス、飛び込みセールス、電話セールス。

「学校の職業一覧の名薄を見て、電話をかけてアポイントを取るんですよね。あとは街を歩く。街から街へずーっと歩いて、たとえば電車の中でも『ちょっとすいません。二、三質問させてもらえませんか。私はアメリカのグロリアという百科事典メーカーの担当社員やっております。よろしいですか』『とてもナイスですね』というふうにちょっとなまりのある、なまりっていっても東北なまりじゃダメなんだよ。インターナショナルななまり、日本語のインターナショナルでね『二、三でケッコウでぇーすぅ』ってもう昨日おとといやっと羽田に着いたような日系二世みたいな感じでやるわけ。『エイゴをしゃべれればいいなあというキモチあーりませんか』。絶対相手が『ノー』と言う質問はしないわけ。『もし一ニチ十プンおベンキョウでそういうジツリョクをミにつけられるとしたら、そのシステムにサンカしてみようというキモチあーりませんか』そんな感じですよ」

これは、村西とおる初の自叙伝『ナイスですね』のために、私が聞き書きで記録した一九八七年の発言である。英語事典セールス時代からまだ十数年しかたっていないので、リアルな話になっている。

「街を歩くわけですよ。かばんを持ってね。入会金で三万円ぐらい取るんですけどね、あとは月々三千円の三年ローンとかボーナス払いとかね、JACCSだとか日本信販だとかをつかってね。日本中回りました。お金は極力もたないようにして行って、必ずそこで稼ぐようにしてね。街頭で声をかける。バス停で声をかける。電車の中で……どんな所でも声をかけましたね。『いまここでキャンペーンをやってるんです。どうぞひとつお話を聞いてください』。そんなの嘘っぱちよ、キャンペーン会場なんかないからね。『そちらのほうでキャンペーンをおこなっております。皆さんお話を聞いてくださった方に素晴らしい商品をおみやげに提供させていただきます。ぜひお話をきいてください』。

そういうときに近くに喫茶店がないと本当につらいんだよね。『あの角を曲がった所です』その角を曲がってもないんだから。『ずっとずっと行きましてですね』そのうち『どこでやってんですかぁ』って言われたりね。『はい。ここでございます』。とにかくどこでもいいから喫茶店に入るわけよ。『いまこちらのほうのマスターにお願いしまして、このコーナーを借りまして、ここが説明させていただく場所なんでございます』。初めて入った喫茶店がキャンペーン会場になっちゃうんだ。キャンペーン会場なんていうとさ皆何人かいると思うじゃない。ところがひなびた場末の喫茶店じゃ何人も客がいないよね。すりきれたレコードにネズミの糞の臭い。よれた前掛けをしたマスターが出てきて『いらっしゃい』なんてね。一生懸命説明してれば、『お客さん、ちょっと静かに話してよ』なんて言われちゃってさ。でっかい声で『いまこういうものをやらないでいつ判断できるんですか』なんてはじまっちゃうんだからさ。客を壁に向けるようにして座らせるのがコツなんですよね。たとえば秋葉原に行って、喫茶店なんかに行くとよく団体さんがやってるような談合と同じですよ。あるいは地上げ屋さんの地域指定の『どこにする』ってやってるのと同じようなポジションですよね。あとはもうポジションに着いてもらって話をすればだいたい五割ぐらいは口説けたよね。やっぱり情熱ですよ。押して押して押しまくれ。あとはもう絶対的な自信のセールストークがあるから、どんなクエスチョンに対しても自分はギブアップしないんだ」

このインタビューから二十八年後、二〇一五年、村西とおる本人が苦笑混じりに解説した。

「だからオックスフォード大学とかケンブリッジ大学出ないと読めない事典だよ、難しいの。英英事典なんだから。それを、私どもの教材で勉強したらこういうものをすらすら読めるようになりますよって売るわけよ。英語の百科事典を売るために、教材をつけて」

教材というのがソノシートだった。

いまではほとんど姿を消してしまったが、ソノシートとはペラペラの塩化ビニール製レコードのことであり、雑誌の付録についたり、山口百恵や野口五郎といったアイドルがファンクラブ会員向けにウィスパーカードと称して恋人に向けて甘いささやきをソノシートに吹き込んだりした。低予算の手軽なレコードである。

村西とおるが売った「エンサイクロペディア」には、英語の理解力が深まるとうたったソノシートが付録につき、セールスの売りにしていた。

二十八年前のインタビューでは聞き漏らしたこのソノシートとはいったいどんな内容が吹き込まれていたのか。売っていた当人が証言する。

「ソノシートには英会話で、『Hello! everybody!』とかそういうのが録音されてるんだよ。アハハハ。そんな簡単な日常生活の英会話をきっかけに基本的なことを勉強したら、『あとは自分でこのエンサイクロペディアを読めるぐらいの能力を身につけてください』っていう世界なのよ。あとちょっとした教材が一冊ぐらいかな」

「Hello! everybody!」で英語事典が読めるわけでもないだろうが、要するに英語に親しみが湧いてくる補助教材だったのだろう。

村西とおるがセールストークを再現する。

「私が申し上げてるこの商品、この『エンサイクロペディア』が果たして高いか？　ごらんください、このソノシートを。このソノシートはですね、これが三十枚ついています。三十枚ついていますけど、これで（入会金）三万円分ありますが、それだけじゃないんです。英語カードと教本もついていますから、はっきり言いますと、まあ一冊千円以上の金額はするでしょう。するともう三万円以上です。この教本一冊、だいたい丸善さんで買ったなら五千五百円から六千円。これも付録でついてくるんです」

自叙伝『ナイスですね』では、村西とおるの何かに取り憑かれたかのような営業戦の日々がこんな風に語られた。

「街頭セールスも片っぱしからやった。とがった靴をはいて紙袋持った自衛隊員が休日に新宿渋谷池袋に出て来ましたっていう感じのを捕まえて売ったり。あるとき、精神障害者の学生さんと出会った。病気だということがわからなかったんだ。それであとでお母さんの所にご挨拶に行ったときに『すいません。うちの息子、障害者手帳持ってるんですけど無料パス持ってるからどこでも行っちゃうんです。この子が帰ってきたときにたいへんな契約書持って帰って来たんですけどね。何かご迷惑おかけしたでしょうか』ってね。で、その学生は一生懸命おれの売ったので勉強してるんだ。もう感動してさあ、それ以来ずっとお付き合いさせてもらっているんだ。がんばれって、会うとこっちが励まされたりね。

街頭キャンペーンだからヤッちゃんに声かけてしまったこともある。ヤッちゃんは『おう、なにい英語かあ』ってギロッとはすに構える。『これからの仁侠社会におきましては英会話を学んでおきませんと、外国の方たちですねマフィア様と対等にお付き合いはできないのですね。右手に拳銃、左手に英語辞書、これがこれからの日本の極道の理想像ではないでしょうか』なんて嘘デタラメまくしたてる。けっこう買ってくれたね。カネの支払いはわるかったけど」

二〇一五年、円熟味を増した男が付言する。

「だいたいね、月に四セット売れればトップというのに、おれは多いときは二十セット一週間で売ったよね。少ないときでも週五セット以上売りますね。いまでも忘れない、新宿西口のスバルビルの下にあったのよ。会社が。スルガ銀行に金を下ろしに毎週行くんだよ。そうすると、銀行員に『こんな大金を引き出したら絶対に預金しなきゃダメですよ』と言われるわけ。手を捕まれちゃうんだから。それ振り払って下ろすんだけどさ、下ろした金でともかく超一流の男は超一流の食事をしなくてはと、毎食当時でも一食五千円のランチ食っていたから。超一流の寿司屋やホテルのレストランとかで。昼間は必ず五千円。百万以上する腕時計して」

「エンサイクロペディア」セールスでは、全国で六千人の名うてのセールスマンが売上げを競っていた。

村西とおるが入社したとき、「エンサイクロペディア」売上げ全国セールスマンコンテストがおこなわれている最中で、全十週のうちすでに第六週目に突入していた。残りあと四週というときに入社した村西とおるはいきなり第一位に躍り出て、以後コンテストをやるたびに一位になった。

「だから、どんなことを言われても自分はギブアップしないんだ。応酬話法を何十も持ってるわけよ。お客を口説いている喫茶店を舞台に、雰囲気というものを前提に何でも話しちゃうわけですよ。ほとんど口説けない人はいないわけ。応酬話法っていうものは、目の前にあるもので話をしろということでね。いわゆる消費者の需要というものは創造するものなんだよ。たとえば磨いてる石なんていうものはその人によって何円の価値もない人もいれば、ある人にとっては何億の価値があるんですよ。いくらダイヤモンドだって全然お呼びじゃない人が、こっちのぶどう一粒のほうが価値がある。でもある人にとってはそのダイヤモンドは何千万円の価値があるんですよ。そのように、その人にとっての必要性というものをそこに創造しろと。それがセールスなんです。

空気や水じゃあるまいし絶対的に人間に必要なものは限られている。今日のような大量生産の流通経済において、消費というものは善である、という前提にたって発表しろと。おまえが一つの消費というものをそこに成立させることによって日本の文化、世界の経済は潤うんだ。まさにこういう自演ですよね。それを私に教えてくれたのが小野さんという課長なんですがね。立派な方だった。バンって蹴っ飛ばされたよ、私だけ。明治学院出身の人でね。営業マンの姿勢とか生き方とか全部教わった。蹴っ飛ばしたりするからその人に憎しみさえ感じたけどね。でもいまはあの人がいていまの自分があると思っている。手になんの職も持たないおれだもん、必死で教えてもらったさ」

いまでも「グロリア版『エンサイクロペディア』全三十巻が家にあって、幅をとって困っています。どこかに売れませんか」といった相談がネットにアップされたりする。

村西とおるが若きころ、売った全巻セットだったかもしれない。

＊

自叙伝『ナイスですね　村西とおるの挑戦状』で初めて耳にした「応酬話法」なる用語が、私に強烈な印象を残した。

応酬話法とは、セールスマンたちの間で研修期間にマスターさせられる基本的な営業トークである。ディベートは応酬話法の発展系だ。

「男は片頬」といって多弁な男が軽んじられていた故郷を出て、村西とおるは花の都で自らの理論で応酬話法を磨き上げ、向かうところ敵無しとなる。

応酬話法の切れ味を『ナイスですね』から取り上げてみる。

「そのときはもう論理の天才だよね。相手がどんなこと言ったってギブアップしないんだから。たとえば『高い』とか、『二、三日考える』とか、『いますぐ決められない』とかさ、『必要性を感じない』とか、どんなこと言われても答えられるわけですよ。その当時、小野さんっていう上司がいて、その人が応酬話法について教えてくれてね、二十四時間そんな勉強ばっかりしてた。

（相手から）高いと言われたとき、まず受話器を例にとってしゃべりなさい。それで机の上にあった受話器を手に持ってね。お客さま、高いとか安いとかは比較の問題でございます。たとえば、ここに電話機がございますね。この電話機を百万といったらいかがでしょう。物というのは比較の問題でございまして、この電話はアフリカでは高いですね。お客さまの言う通り。でも欧米や日本ならいかがでしょう。高度情報化社会の現在において、電話は必需品です。電話一本遅れたために一億二億のビジネスが吹き飛ぶことだってあるんでございます」

村西とおるは、目の前にあるどんな物、グラスでもお手ふきでもゴミ箱でも道に転がっている石ころでも、なんでも売ってみせる自信があった。

「エンサイクロペディア」全三十巻、総額二十万円（現在の貨幣価値で約百万円）という、販売商品としてもっともやっかいな代物を村西とおるはいとも簡単に（思えるくらい）売りまくった。

すさまじい威力を発揮した村西流応酬話法は、この後あらゆる場面で放たれて絶大な成功をもたらすことになる。

非合法出版物「裏本」を増産するときのプロデューサーとして、相次ぎモデルをキャスティングしたときにも、被写体になるのをためらう彼女たちを口説き落とす際に絶大な威力を発揮した。AV監督になったときも、絶対に脱がないとされた著名人、モデルを、また素人たちを脱がせる際の説得工作にも応酬話法は絶大な威力を発揮した。対権力においても威力は絶大であり、闇社会においても、命を担保にしながら甚大な額を返済できず命を落としそうになったときでも応酬話法は彼の命を救うことになる。

本書の中盤から後半にかけて村西とおるの応酬話法のすさまじい威力の数々が語られる。

その前に、村西とおるの進化を遂げる応酬話法について、本人の口から神髄を語ってもらおう。

「応酬話法は根本的にはひとつの哲学だよね。『説得』の哲学ですよ。人を説得するときには二つの条件が必要なんですね。まず、その人をよく『理解』すること。これは女を口説くのも男を口説くのも同じです。まずどういう考え方をこの人は持っているんだろう、どういう人なんだろうっていうことをまず知ることが、人を説得するときには必要ですね。さらにプラスα《アルファ》としてこちらの意向に沿った形で口説くためには何が必要か？　一にも二にも三にもまして『情熱』ですよ。その情熱のバックグラウンドになるものは何なのかっていうと、『自分自身の成功体験』ですよ。『私はこの人にこれだけのものを提供したら、こういうふうに喜んでもらえた。だからこれだけのものを提供したら、AさんもBさんもCさんにもまた同じように喜んでいただけるだろう』という成功体験です。その成功体験を確立するまでの歳月というものに汗水垂らしてがんばる。すると情熱は不動のものになる。これを身につければ男でも女でも口説けない人はいなくなるんですよね。そこから自然的に生まれてくるんだ、言葉なんてものは。言葉ってのはだね、パターン化してさ、自分の中に持っていればいいってもんじゃない。言葉ってのは〝直感的なもの〟だから、いまこの瞬間でしか有効性を持たぬ言葉ってあるわけよ。言葉というのは学問の世界の普遍的なものじゃないの。学問の世界の説得力ってのは、いつ何時、この段階で話しても体系化されて普遍的な説得力を持つんだけど、人が人を口説くときってのは、普遍的じゃなくいつも流動的なんだ。その人の直感力、センス、瞬発力なんですよ。だから、そういうものを体系化して、何か方法論として方程式にすることはできないんだけどもね」

人を説得する技術としての応酬話法は、文字通り常に相手の存在が欠かせない。相手というのも年齢、性別、思想信条、人種、価値観、言語が異なっているために、応酬話法は常に流動的である。

「基本的には自分自身が相手を『理解』する能力と、相手を説得する『情熱』さえあれば、どんな人でも口説けないことはない。後は無限に言葉ってのは生まれてきますよ。その基本的な自分のスタンスがあればね。自分のスタンスが揺れ動いてくると、説得力のある言葉っていうのは出てこないんだよね。言葉への確信っていうものがあれば、誰でも言葉は出てきますよ。だからその確信を言うこと。その人の為であり、喜んでいただけること、自分だけの利益じゃない、お互いが喜びと感動をシェアできるという確信がなければ、言葉ってのは出てこない。エゴイズムとか、自分さえ良ければいいだろうだと、すぐネタバレしちゃうの」

応酬話法の根幹は「説得」である。説得においてもっとも大事なのは「相手を理解する」ことと、「情熱をもって自分が確信していることを提示する」こと。

村西とおるはつづける。

「情熱をもって語るのは、共に為になる。共に喜べる。共に利益になることをシェアするひととき、ということですよね。後はもうその情熱をめげずにあきらめずにがんばって話せばいい。おれみたいな学歴もない、資格もない、ないないづくしの人間にとって、あきらめるということは『死ぬ』と同じだから。子どもがいる。家庭もある、女房もいる。生きてかなきゃいけない。これであきらめるということは、もうね、枝振りのいい所へ行って首を吊るしかないんだよ。だからおれにとってあきらめる選択肢はゼロなんですよ。よくさあ、賢いあきらめだとか、美しいあきらめだとか、捲土重来、ここはとりあえず第一線を退いてのあきらめとか言うじゃない？　美しいとか正しいとか賢いあきらめってないんですよ。あきらめたらそこで終わりだから。あきらめることによって自分自身が救われるというのは何一つないですよ。あきらめるという選択肢がなければ、前に進むだけだから。だから応酬話法の言葉なんて無限に体から出てくるんだ。みんな（応酬話法の）ノウハウを言うんだけど、ノウハウ以前の話なのよこれはね」

村西とおるの応酬話法の神髄は、テクニック的に言葉を繰り出すのではなく、自分が話すことは相手のためになるという確信を、情熱をもって語ることである。かくして全存在を賭けた言葉はおのずから繰り出してくる。

「だからたとえばさっき言ったように、物を売るときにはね、相手はまずすぐには買いませんよ。

買わない理由、高いとか、同じもの持っているとか、いますぐ決められないとか、その必要性を感じないとか、だいたい相手が断る理由ってのは四つか五つ程度なんだよ。だったらその四つか五つの断りをイエスにもっていけばいい。物事の客観的な考え方ってのは、この世に一つもないとおれは思っているわけ。すべて主観ですよ。数字的なものや時間といったもの以外はね。だから（テーブル上のウーロン茶の入ったコップを手にして）このコップにあるのが、『もう三分の一しか残っていない』と思うのか、『三分の一も残っている』と思うのか、客観的な容量でも主観的な考え方次第なんだ。どう考えようなんて、おれ次第なんだから。『こういうふうに考えませんか』っていうことですよ。こういうふうに考えたら正しいなんて考え方は一つもないんだから。だから、売る物が高いということに対しても、（コップをかざして）『このウーロン茶を一杯、この暑い夏のさなか、憩いのひととき、ぐいっとあおって、身も心も洗われたような気持ちになるこのウーロン茶一杯、一万円だったら高いでしょうけど、五百円だったらどうでしょう？　この場所で飲むこのウーロン茶が五百円なら、絶対自分にとっては贅沢じゃないですよ。それが千円でも』と、こうセールスしますよ。でもね、相手も簡単に折れない。『いやいやこんなものはね、高いですよ。原価十円でしょう。その辺のコンビニで買えば百円で買えるウーロン茶ですよ』と反論が来る。さあ、どうするか？　『命の洗濯のひとときにぐいっと飲むウーロン茶。さあこれからがんばるぞ、自分の心と体を癒してくれるこのウーロン茶、いまここで飲むことに付加価値があるでしょう。あなた自身を力づけてくれて、疲れを取ってくれる。さあ、がんばるぞと、エネルギーの源泉になってくれるウーロン茶。それが五百円でも千円でも高いとは思いません』と応酬する。そういうことですよ。

おれが売っていた『エンサイクロペディア』もそう。『貴方の人生をより素晴らしく、現代のビジネスマンの最強の武器として、英語でタンカをきれるような能力をもたらしてくれるものが、（ローンが）三千円五千円で高いなんて言ったら、貴方の人生が三千円五千円で左右されちゃうことになるのかってことですよ。そんな安っぽいものじゃないでしょう貴方の人生は。これ五十万円って言ったら高いけど、税抜き三千円だったら安すぎる話ですよ。あなたの人生の将来をバラ色にしてくれる。そのネクタイもそうです。あなたのなさっているネクタイを三十万円じゃちょっと高いですけど、かといって三百円じゃ安すぎるでしょ。あなたにとってちょうどいい、三千円ぐらいだったらナイスプライスですよ』。そういうことだよ。ものによって高い、安いというのを考えるんじゃダメ。だから絶対的に高いというものはこの世にないんだ。そうすると、相手は今度は断る理由ってのが、『いますぐ決められない』ですよ。さあ、どう応酬するか。私ならこう切り出す。『何日経ったって決められませんよ。なぜならば、あなたと私が別れたら、このことなんか頭にないから。そんな暇人じゃない、あなたは。日常的にいろいろなことをいつも問題として考えなきゃいけない、抱えている、解決しなきゃいけない問題があるはずだから。いま私と相対しているからあなたは学び手として私のことを一生懸命聞いていただいている。私と別れたら、私のことなんか忘れていただいて結構。別のテーマに、あなた自身が向上心を持って取り組んでいただいて結構。より美しい、より素晴らしい人生に取り組んでいただいて結構。でもここでは、このこと（『エンサイクロペディア』）を考えましょうよ。いまあなた自身がお考えになっている自分のために、将来の成功として三千円、英語でタンカを切れる能力を身につけるために三千円。これが高いでしょうか？』と、こういう話にしていくわけだよ。もう説教強盗だよ。

「アハハハ」

会議室で語る村西とおるに、いつの間にか編集者もカメラマンも、皆、引き込まれていた。村西とおるが語り終えた瞬間に、口々にすごい、というため息混じりの声が発せられた。

言葉に霊が宿り、この男の言葉を聞いた多くの識者たちが魂を引き寄せられたかのように聞き入ってしまう。いままで表に出してこなかった村西とおる流応酬話法の凄みが炸裂した瞬間だった。

常に売上げナンバーワンを誇り、あらゆる危機を乗り越えてきたこの人物の周りで奇跡がたびたび起きた必殺の応酬話法。

多くの人々を感動させ、人生を変えさせ、奇跡を起こさせた村西とおるの応酬話法は、その一方で、いかがわしさとうさん臭さも漂ってくる。

「おれの営業のスタンスってのは、自分のしゃべるのは三割で相手が七割話す、じゃないんですよ。そんなのはね、まったく世の中に出てない商品を売るときには通用しないんですよ。生命保険だったらいいよ、そういう売り方でも。でもね、今日会って一期一会でね、こんなもの世の中にあるかどうかわからない商品を売るときにね、相手の話を聞くっていっても、相手だってしゃべりようがないでしょうよ。情報はこちらから九割与えて、相手は『イエス』か『ノー』ぐらいでいいの。だからずっと話しつづけるんですよ。三時間でも四時間でも」

オウム真理教の凶悪なマインドコントロールを解除させた認知学者苫米地英人博士によると、マインドコントロールのやり方の一つに、オーバーロードというテクニックがある。

人間の脳は情報処理能力の限界を超えたデーターが入ってくると自動的に変性意識化する。心ここにあらず、といった半覚醒の状態になる。うたた寝に近い状態だ。その人のＩＱレベルより少し高めのことを延々と二時間話しっぱなしにすると、たいていの人間はうたた寝をする。その半覚醒状態、現実と夢の世界の中間地点にいるときにマインドコントロール・メッセージを刷り込ませる。これが洗脳テクニックだ。

二時間も話しっぱなしにならなくても、面と向かって二十分でも延々と話しつづければたいていの人間は思考力を麻痺させる。

村西とおるはマインドコントロール・テクニックを用いて応酬話法に昇華させていたのだった。本人さえその気になれば教祖になれたことだろう。

「おれが『エンサイクロペディア』を売りに東芝とか日立といった大手企業の寮に行って話すのよ。二十人三十人を相手にして。東工大だ、東大だ、一橋だ、超一流大学出がおれの話聞いてくれるんだよ。一生懸命。最後は涙してるのいるからね、おれの話に感動して。いまでも村西監督の言葉というのは、ほんとにこの人の言う通りに、この人に身を預けてみようという気持ちになってくると、よく言われるんですよ。なんかそういうようなトーンあるのかなおれ」

道を歩いていても、食事していても、寝ようとしても、いつも頭の中にはいかに応酬話法を磨き上げるか、目の前のものを客に売るイメージトレーニングを自身に課していた。

日常が彼の大学になった。道を歩いて清涼飲料水の自動販売機が目にとまれば、コーラについていかに客に売るかを自己に課し、イメージトレーニングをおこなった。コーラがいかにあなたにとって欠かせないものかという必要性を最低でも三つあげてみる。さらに応酬話法は飛躍し、次にコーラを収納する自動販売機を民家の軒先に置いてもらう際の自販機の必要性を言語化してみた。

四谷の交差点で信号待ちをしていたとき、目の前に止まったセドリックを商品としていかに売り込むかを頭の中でシミュレーションしたり、青信号になって横断歩道を渡るときには横断歩道の必要性をいかに利用者に説くか、徹底して言語化してみるのだった。

「営業マンになってから、人がある物事に対して百、重視するとしたらおれは千、重視してやると思った。口説けない相手はいない。どんな人でも口説ける。どんな人でも、どんな状況下でもいろいろな言葉を提供できると確信をもったね」

全国コンテストで一位を維持する。

ランチは最低でも五千円、遊びも豪勢になっていく。長女もすくすくと育ち、長男も生まれた。

毎日帰宅は夜中になり、朝早く家を出て行く。地方まで営業に行くので数日間帰宅できないときもあった。

セールスマン第一位の成績は誰にも渡したくなかった。

歩合制の給料は高度経済成長時代とともに急カーブで上昇していく。

福島県平で暮らした貧乏な日々ははるか昔のことに思えた。

両親だって、貧乏でなかったら別れなかっただろう。貧困は諸悪の根源だ。

さあ飯食うぞといっても、芋しか出てこなかったあの日々。飯の前にこれ食えと母に言われて、カタクリ粉を溶いだやつを食わされて終わりだった夕食もあった。

自分にはこうやって愛妻と可愛い子どもたちに囲まれ、それに小さいながらも女房の実家の隣に家を建て、幸せな毎日を送っている。

破綻は成功の日々に紛れ込んで静かにやってくる。

ある日、嫁の実母が娘夫婦の家の前を通りかかったら、娘がなにやらうめいているのが聞こえてきた。

腹痛なのか、つわりなのか。

心配になってのぞいてみた。

玄関に男物の靴があった。

母は娘の夫、博美が帰ってきたんだと思って、室内に上がってみた。

すると奥の部屋で慌てたような物音がしてきた。

襖を開けると、娘が壁にもたれていた。

何かおかしいと思った母が押し入れを開けると、全裸の男が身を潜めていた。

幸せは突然、音をたてて崩れ落ちた。

第3章

1億円

村西とおるが部下たちと台湾で2週間豪遊したときの総額

「もう終わりだよね。どっかのラブホテルとか河原でとか車の中とかそういうんじゃないからね。別に外ならいいというわけじゃないけど、自分の家でやっちゃうってのは一種の居直りだよね」

雄弁な村西とおるも、離婚の話になると口が重くなった。

重くなったといっても、言葉から先に生まれた男ゆえに、言葉は押しとどめることはできない。

女房の不倫相手は近所の地方公務員だった。

兆候はあった。

髪型が変わった。出張から帰り、久しぶりに女房を抱こうとしたら、嫌がった。

そのときは、いつも仕事ばかりで家を空けることに対して怒っているのかと思ったが、すでに夫婦の関係は終わっていたのだった。

不貞を乗り越え修復を試みようとしたが、出張で家を空けるとき、女房のことが気がかりになってくる。気持ちのずれはどうしようもなく、離婚した。

長女は女房が引き取り、長男は村西とおるが引き取り、福島県の実家の母親が育てることになった。

離婚したことよりも姉と弟をまるで生木を裂くように離ればなれにさせてしまったことが、村西とおるを苦しめた。

女というのは妻である前に女である、と初めて思い知らされた。

のちに女子大生やＯＬを相次ぎＡＶ出演させて、汗と精液まみれにしてしまう一つの原点がここにある。

女への不信と怒り、それと同等のエネルギーでまた女を愛する本能。

このときの離婚について、ある女性スタッフがぽつりと感想を漏らした。

「そりゃあ（村西）監督がわるいわよ。仕事仕事でずーっと家を空けてたら、奥さんだって寂しくなって浮気したくなるわよ」

仕事を優先する男、家庭を優先する女。男と女の不倫に対する見方の違いである。

＊

一九七二年（昭和四十七）――。

札幌冬季オリンピックが開幕しようとしていた。

「エンサイクロペディア」のセールスマンも飽きてきた。

なにか新しい事業はないか。

営業マンとして全国第一位の成績を維持してきても、三十歳になるまでに一国一城の主となって勝負してみたかった。

これから先、何が流行るのか。

村西とおるにとって、「エンサイクロペディア」を売るときの付録のソノシートが新事業のヒントになった。

日本人は英語が苦手だ。でも英語で会話ができるようになりたがっている。「Hello! everybody!」程度のソノシートを売りつけるのではなく、ちゃんとした教材を売ってみてはどうか。教材を買ってくれた人には、外国人講師が教室で英会話を指導してくれるとしたら、英会話教材ももっと売りやすくなるだろう。

札幌はオリンピックムードが高揚し、各国の外国人が行き交うようになった。彼らを講師として雇うことは難しい。どこかに暇そうにしている外国人はいないか。

一九七二年というと、ベトナム戦争まっただ中であり、日本にはベトナム帰りの米兵が多くいた。やつらを英会話学校の講師にスカウトしたらどうか。ベトナム戦争の厭戦から、軍隊を脱走する米兵が続出した時期であり、彼らの多くは北海道に逃げてきた。

かくして「札幌イングリッシュ・コンパニオン」という英会話学校が開校した。経営者はついさっきまで「エンサイクロペディア」の営業で全国第一位を取りつづけてきた男だ。

テープレコーダーがまだ珍しい時代に、英会話教材とテープレコーダーをセットで売って、買ってくれた人に教室で英会話を教える。

企画は当たった。

再婚もできた。

二度目の夫人は、英会話学校で秘書をしていた若い女性で、教育家の両親によって育てられた美しい女性だった。

失った家庭をもう一度、築き上げたい。

仕事も私生活も順調に運び出した。

英会話学校の生徒数は五百名を超えた。

米軍の脱走兵を安く使い、英会話学校は軌道に乗った。

問題も起きた。雇った七名の脱走兵たちが教え子の日本人女性に手を出し、なかには教室で肉交する不埒な元アメリカ兵もいた。

村西とおるは脱走兵のことをおもんばかって、慰労のパーティーを開いたこともあった。この男、困っている人間にはつい手をさしのべる癖がある。

だが元アメリカ兵たちは平気で「ジャップ」「イエロー・モンキー」と日本人差別を口にする。村西とおるは思った。

日本人は猿と同等で人間ではないと思っているから、平気で二発も原爆を投下するわけだ。そして、朝鮮戦争時代に福島県平で味わった、ジープの上からおれにミカンの皮を投げつけ、バカにした笑みを浮かべたあのアメリカ兵。

パーティーの席上で聞き捨てならない侮蔑の言葉を聞くと、村西とおるはクビにする前に元アメリカ兵を袋叩きにした。

学校が繁盛すると入国管理局が捕捉するところとなり、不法就労の脱走兵を雇っている経営者は逮捕すると警告された。

繁盛していた英会話学校を閉校することにした。

すると、教材用にセットで売っていたテープレコーダーが余ってしまった。

転んでもただでは起きない男は、余ったテープレコーダーを売ってやろうと、テープレコーダーとレコードプレイヤー、ラジオがアタッシェケースに入ってるクラリオン製セット商品を七万円という高額で売りだした。

まだ小型テープレコーダーが世に出回る前のことで、気軽に録音・再生できる時代ではなかったから、高くてもよく売れた。

セールスのコツはテープレコーダーに売ろうとする相手の肉声を吹き込ませて、目の前で再生させることだった。簡単に録音・再生できた上に、生まれて初めて自分の肉声を聞いたお年寄りたちは、こぞってテープレコーダーを買った。

北海道を売り歩き、友人と共同経営で函館、室蘭、札幌、釧路に営業所を設立し、月に五百台以上を売り上げた。

一国一城の主にはなれた。

もっと大きな城の主になりたかった。

一九七八年七月——三十歳になる二ヵ月前、「エンサイクロペディア」営業マン時代の友人が来て、誇らしげに「いま、こういうのが流行ってるんだ」と村西とおるを喫茶店に連れ出した。

テーブルの代わりにテレビゲームが置かれていた。

テレビゲームに向かって憑かれたかのようにレバーを操作する客たちを見て、持ち前の好奇心がいたく刺激された。

この年、電子回路によるゲームが人気を博すようになり、テレビゲーム、コンピューターゲームと呼ばれ、喫茶店やゲームセンターにテーブル型のマシンが置かれ、一回百円で遊べるようになった。

ブロック崩し、テニスゲームといったいまからみたら単純で原始的なゲームだったが、自分で操作して腕を競うゲームは若い世代から火がついた。一九七八年に出たインベーダーゲームは爆発的大ヒットとなり、テーブルに百円硬貨を山のように積み、延々とプレイしつづける姿がちまたにあふれ、依存症ともいえる熱中ぶりが問題になるほどだった。

テレビゲームが日本中を熱狂の渦に巻き込んだ。

友人が「一台五十万するんだけど、三台で百三十万で売ってやる」と耳打ちした。儲かりそうだと直感した村西とおるだったが、資金繰りの最中だったので肝心の百三十万円がなかった。

だがここであきらめるわけにはいかなかった。話をもちかけてきた友人にテープレコーダーを百三十万円分まとめて買ってもらって、クレジットにした。名義だけ売ったことにして信販から金をもらった。実際は売っていない。詐欺スレスレの換金術だった。それで得た金をテレビゲームにつぎこんだ。

北海道には自衛隊基地がたくさんある。基地周辺のPX（自衛隊駐屯地の売店）に頼み込み、テレビゲームを置かせてもらうように交渉した。PXはすべて女性が働いていたので、まず喫茶店の実質的な運営者（主に中年の婦人）に話をつけた。「エンサイクロペディア」の営業で第一位をとってきた男にとって、PXの運営者を口説くのは簡単だった。向こうにしても設置料をもらえるのだから、わるい話ではない。

南恵庭《えにわ》駐屯地、島松駐屯地、千歳基地第二航空師団、千歳第七師団――。

駐屯地には五千人の自衛隊員がいて、彼らは二十四時間任務の後は丸一日休日になる。外出許可も簡単におりないから、暇をもてあました隊員たちは喫茶店で村西とおるが設置したテレビゲームに興じた。ブロック崩し、テニスゲーム、囲碁、ギャラクシアン、なかでもインベーダーゲームを置いてからは驚異的な売上げとなった。

「一年間で三億の現金と二億の機材が手元にあったからね。ゲームマシンの中にたまった金を回収する作業がまたすごかった。百円硬貨を回収するんだけど、道内三十店舗から回収しなきゃなんない。二トントラック十五台で一斉にかき集めにかかる。あのころはまだ道が舗装されていない所があって、トラックがパンクするんだ。金の重みで。もう笑いが止まらないよ。面白いように儲かった。テレビゲーム・ブームでちょうどいい時期だったんだろうね。テレビゲームのいいマシンが発売されるとすぐ買った。いい物は常にリサーチしてたから」

＊

運命の出会いが待っていた。

一九八〇年（昭和五十五）春――。

東京・晴海の国際展示場で日本玩具国際見本市が開かれ、新しいテレビゲームが展示された。村西とおるは新型テレビゲームの情報を仕入れ、新たに自衛隊駐屯地に設置しようと鼻息あらく駆けつけた。

展示会を見終わって、新宿プリンスホテルに宿泊し、翌日札幌に帰る予定だった。ホテルの眼下には歌舞伎町のネオンがきらびやかに瞬いている。

遊び心を刺激され、キャバレーでもひやかそうかと街に繰り出した。夜の歌舞伎町は、人々の食欲と性欲を満たそうと妖しくネオンを咲かせている。

人があふれ出ている店があった。

いったい何の店だ？

人混みをぬって中に入ると、下着や裸の女が店内に乱れ咲いているではないか。ビニールで包装された写真集には、すべて裸か下着姿の日本人女性が写り、カメラをみつめて微笑んでいる。

なかには被写体になることに緊張しているのか、仕方なく出たのか、不機嫌そうな顔で写っているのもあった。

週刊誌のグラビアヌード程度しか見たことがなかった村西とおるにとって、裸女の写真集がこんなに出回っていたことは衝撃的だった。

アダルトショップ、いわゆる大人のオモチャ屋で、それらの写真集は売られていた。ビニールで包装されたヌード写真集は「ビニール本」、略して「ビニ本」と呼ばれ、この年、日本中に広まっていった。

二十一世紀の現在、表現の自由という観点に立つと、ヘアは許容範囲になったが、一九七〇年代はグラビアに陰毛が数本写っているだけで、警視庁から呼び出しがかかるほどヘアの露出は取締りの対象になった。

海外から輸入された『月刊プレイボーイ』アメリカ版にはくっきりと陰毛が写っていると、税関を通過する際、マジックで黒く塗りつぶされてしまった。

アメリカやヨーロッパは性器や陰毛は露出しても罪にはならないが、日本では刑法百七十五条によって刑事罰の対象となった。

＊刑法百七十五条　わいせつな文書、図画、電磁的記録に係る記録媒体その他の物を頒布し、又は公然と陳列した者は、二年以下の懲役又は二百五十万円以下の罰金若しくは科料に処し、又は懲役及び罰金を併科する。電気通信の送信によりわいせつな電磁的記録その他の記録を頒布した者も、同様とする（第一項）。有償で頒布する目的で、前項の物を所

持し、又は同項の電磁的記録を保管した者も、同項と同様とする（第二項）。

わいせつな文章、画像、等を広めた場合は罪に問われる、という法律であり、それでは逮捕に直接かかわってくる〝わいせつ〟とはいったい何か、定義が重要になってくる。

わいせつは抽象的な概念であって、時代とともに変化してきた。

わいせつの範囲を明確に文章化しようと、最高裁判例が手本となった。

『チャタレイ夫人の恋人』（小山書店・一九五〇年）を刊行したときに、翻訳者の伊藤整と版元社長が刑法百七十五条違反容疑で被告となり、版元社長と伊藤整は罰金刑という有罪判決になった。

このときの最高裁判例で、わいせつの定義が明確にされた。この定義は、さかのぼること一九五一年、戦後無数に発行されたカストリ雑誌と呼ばれた娯楽雑誌の一つ『サンデー娯楽』（日本芸能新聞社）がわいせつ性を問われ、裁判となり、一九五一年、最高裁でわいせつの定義をしたことをもとにしている。

＊わいせつの三要素
一、徒らに性欲を興奮又は刺戟せしめ
二、且つ普通人の正常な性的羞恥心を害し
三、善良な性的道義観念に反するものをいう

抽象的だからこそ、わいせつの範囲があいまいになったり、時代によって基準が変わってきた。

村西とおるがビニ本に目を付けた一九八〇年は、自由で大らかな黄金の八〇年代の幕開けであったが、性的な表現ではまだ法律は厳しく、陰毛は絶対的タブーだった。

初期のころのビニ本は法律を遵守して陰毛を露出させることはなかった。

それでも『平凡パンチ』、『週刊プレイボーイ』のグラビアを中心にしたヌードしか見たことがなかった男たちは、ビニ本のあけすけなヌードに衝撃を受けた。

素人くさい女子が、テニスラケットを抱えて半裸で微笑んでみたり、ランジェリーをはだけて胸の薄い女子が無表情で写っていたり、草むらで色白のむっちりした女子がなぜか全裸で寝ていたり、『平凡パンチ』、『週刊プレイボーイ』のグラビアモデルよりもルックスは落ちたが、露出度が高いビニ本モデルは男たちに新鮮なエロスを感じさせた。

陰毛と女性器さえ写さなければ何をやってもよいと、ビニ本は過激になっていく。白い下着の下にうっすらと黒い茂みが確認できるぎりぎりの露出を競い合い、警察もビニ本を取り締まるようになっていった。

*

新宿プリンスホテルで村西とおるは一人、熱い思いに浸っていた。

アダルトショップの店長に、写真の黒い部分が消えるのか聞いてみたら、「薬局に売ってるオキシドールでこすれば、マジックの下のものが浮かんでくるよ」と言うではないか。

言葉を真に受け、薬局で「靴についたガムをとりたいんだけど」と嘘をついてオキシドールを買った。

さっそく新宿プリンスホテルにもどった村西とおるは、アダルトショップで買い求めた五冊のビニ本をベッドに広げてみた。脱脂綿にオキシドールを染み込ませ、何度もこすった。すると黒い部分は消えたが、印刷まで全部消えてしまった。

印刷の段階ですでに黒く塗りつぶされていたのだから、当然のことだった。

アダルトショップの店長にいいように言いくるめられたが、初めて見るビニ本に村西とおるは興奮した。

興奮ついでに、オナニーをした。

「これは一つ商売しなきゃいけないなあ」

すっきりした頭でこう考えた。

男たちがあれほど夢中になっているのだから、北海道で売ったら大ヒットまちがいなしだ。

草野博美としてこれまで順法精神にのっとり真面目に生きてきたが、この瞬間、刑法百七十五条と激しくせめぎ合う人生がはじまるのだった。

露出さえ注意すれば捕まることはない。

殺人や詐欺と異なり、陰毛や性器の露出はアメリカやヨーロッパだったらまったく問題にならない。

絶対悪ではないから、罪の意識はなかった。

＊

ビニール本、略称〝ビニ本〟という日本特有の成人向け写真集の誕生は、偶然の産物によるものだった。

ビニ本発祥の地は、世界最大の古書店街、東京・神田神保町の一古書店、芳賀《はが》書店にあった。

戦前巣鴨で古書店を開いていた芳賀書店は、戦後神保町に移転し古書を売る一方で主に社会科学系、芸術系という硬派な出版物を刊行していた。

寺山修司『書を捨てよ、町へ出よう』。武智鉄二『伝統演劇の発想』。増淵健『西部劇クラシックス』。小山弘健『戦後日本共産党史』。小山弘健・浅田光輝『戦闘的左翼とはなにか』。大久保そりや・高知聰『黒田寛一をどうとらえるか』『講座日本の革命思想』。『薔薇と無名者　松田政男映画論集』。団鬼六・篠山紀信・宇野亜喜良『緊縛大全』。

インテリはこと出版におよぶと、利益よりも良質な本をつくろうとしたくなる。制作費をかけすぎ原価率百パーセントを超える書籍もあったから、店の経営は楽ではなかった。

日本有数のアカデミックな古書店がビニ本総本家になるのは一九七九年からであった。

芳賀書店二代目・芳賀英明社長がたまたまアダルト系雑誌を店の隅に控え目に置いたところ、これがよく売れた。いまでも街の古本屋の奥まった一画にエロ本が置かれているのは、よく売れるからである。人間の本能である性欲を扱った商品というのはよく売れる。売れる速度の速くない商品ばかりの古書店において、売れ足の早いエロ本はありがたい商品だった。

芳賀書店も棚に占めるエロ本の割合が増えるようになると、客も増えていく。その一方で立ち読み客も増えるようになった。窮余の策として、立ち読みができなくするために商品にビニールをかぶせて棚に置いた。すると思わぬことが起きた。

中身が見えないことが客の好奇心をいたく刺激し、ビニールで包んで見せないようにしているのはきっと過激な写真が写っているのだろうと妄想が膨らみ、ビニール包装の商品は置けばすぐに売れるようになった。

これらのビニール包装の写真集はビニール本、略称ビニ本と呼ばれるようになり、芳賀書店発展のもとになった。

ビートたけしが「芳賀書店!」とギャグにするほどエロの殿堂となり、一九八一年には靖国通りの現在の地に八階建ての自社ビルを建設するまでにいたった。

私もこのころ、平日の午後、芳賀書店を訪れたことがあった。店内はサラリーマンを中心に男性客でごった返し、無言のまま熱心にビニ本の表紙、裏表紙をチェックし、五、六冊を買い求めレジで列をつくっていた。

＊

村西とおるが一大ビニ本・裏本王国を築き上げるその前に、高田馬場のある雑居ビルの一室で起きた奇跡の光景をまずは描写しておく必要があるだろう。

一九七五年——。

早稲田通りを少し入った所に、銭湯と居酒屋が入ってる雑居ビルがあった。

ここの三階にグリーン企画というビニ本を編集制作し販売する、社員三名の小さな出版社があった。

そこに中澤慎一という二十五歳の若者が入社してきた。

中澤青年は参宮橋の三畳一間のアパートに住み、神奈川大学経済学部に通学していた。

父親は三井鉱山のサラリーマンで、原宿に会社の社宅があったのだったが、もっと自由な部屋のほうがいいからと中澤青年は参宮橋に引っ越したのだった。学園紛争で大学が封鎖され暇になると、二階に住んでいたバンドマンと親しくなり、その恋人がヌードモデルをしていたので、裸の仕事を見つけてあげているうちに自分もモデル事務所をやるようになった。

七〇年代半ばはいまよりずっと裸になれるモデルも限られていた。

中澤青年が集めたヌードモデルの多くは、ゴーゴークラブのダンサーや街でシンナーを吸っている素行不良の娘たちだった。

スカウト活動の中継地点は新宿駅前の「清水」という喫茶店だった。ここには、何か仕事はないかとモデルのタマゴやスカウトマン、カメラマン、編集者たちが集まっていた。

なかでも有名なのは真鍋のおっちゃんという年配の男だった。いつも裸のモデルを写したカラー写真を束にして、撮影用モデルを斡旋していた。当時はモデルのモラルも低く、撮影当日になんの連絡もしないまま現れなかったり、来たとしても数時間遅れてくることは珍しくなかった。シンナーの匂いを漂わせて待ち合わせ場所に来る住所不定のモデルもいた。

撮影当日、モデルが来ないと、真鍋のおっちゃんの出番になる。

中澤慎一コアマガジン代表取締役が回想する。

「真鍋のおっちゃんがいつもいたっけ。ずいぶん助けられたよ。『清水』に行けばモデルがいっぱいいたよ。待ち合わせ場所にしてたし。朝十一時に行けばヌードモデルがいたんだよ。三十人くらい。おれはキャバレーのゴーゴーダンサー、裸で踊っている、ああいうねえちゃんをスカウトしていた。でもそういう子って来なかったりするんだよ。一般のアルバイトの子たちがいい。

だから、女性週刊誌に広告を出して集めたりしてた。

あのころは裸になるということは世間体があったからさ、嫌がる子が多かったんだよ。それでもSM雑誌のモデルが人気あったのは、女の子側からすれば読者が少ないから親や知り合いに見つかる確率が低いというのがあった。彼女たちにしては世間に見つかるのが一番いやだった。そういう時代だったよ」

結婚を機に安定した職を得ようと、中澤慎一はモデル斡旋の伝手《つて》をたどって、高田馬場の雑居ビルの一室で経営をはじめたグリーン企画に入社し、ビニ本編集に携わるようになる。

「ビニ本は一応、奥付に出版社名と住所は載っていたからね。つくってるおれたちも、法律違反の本だとは思ってなかったし」

ビニ本出版社は露出を競い合い、警察の取締りを気にしながら売上げを伸ばしていった。

「他の出版社が消しが薄いと、うちもこのぐらいいいんじゃないかと思う。そりゃ薄いほうが売れるに決まっているんだよ。誰だってそうなんだから。見たいんだから。邪魔なんだから、修正は。そりゃそうだよ。消しの薄さと濃さの限界を決めるのは、編集者の気分でしかないだろう。他の会社のビニ本を見てさ。で、我々はこれぐらいはやっていいだろうと思ってやったけど、警視庁はダメだっていうふうにときには言ってくるわけだから。我々はビニ本をつくっていたとき、これはいま、日本で許されている範囲だと思ってつくっていたわけだから」

男たちにとって、女体は人生のかなりの部分を占める関心事である。それは本能だ。

芳賀書店でも熱心にビニ本をチェックしている生真面目そうなサラリーマン、学生たちは、表紙から中身が消しの薄そうなものを判断して買い求めた。自分の判断力を試す瞬間だから、店内はいつも静かな熱気で充満していた。

中澤慎一たちも客の要望に応えるべく、ヘアをいかに見せるかに職人芸的な技術をふるった。

「七〇年代はとにかく陰毛はダメだっていう基準だったからね。結局、ビニ本がやったことは、下着に水をふっかけて毛が見えるまでいったり、（股間を指して）ここにティッシュを乗っけて、ティッシュに水かけてヘアをうっすらと見せるまでだったの。それでもウケたよ。でもさ、セーフにならなかったときもあったんだよ」

ビニ本出版社は一年に一回か二年に一回、警視庁の摘発を受けた。

逮捕を避けるため、他社の消し方を見ながら編集していく。消しが濃すぎても売れ行きが鈍るし、消しが薄くても摘発の恐れがある。濃さのさじ加減によって、逮捕されるかされないかが分かれてくる。のちに中澤慎一は、グリーン企画の仲間たちとともにセルフ出版というアダルト系出版社で雑誌を編集し、さらに白夜書房、コアマガジンという個性的な雑誌を相次ぎ刊行する出版社を創業し業界の実力者にのし上がる。

中澤慎一がいたグリーン企画の社長は山崎紀雄といって、のちの美少女系AVメーカーとして一時代を築いた宇宙企画と、『べっぴん』『すっぴん』『デラべっぴん』『ビデオボーイ』といった人気の男性グラビア誌を刊行する英知出版を創業し、日本のヒュー・ヘフナーと呼ばれるようになる。

同じ雑居ビルの隣部屋には、山崎紀雄をグリーン企画の社長に招いた森下信太郎が、セルフ出版を経営していた。初期ビニ本のベストセラー『下着と少女』の版元・松尾書房の社員だった森下信太郎が独立してつくった出版社であり、グリーン企画とともに両社の経営者であった。

末井昭は岡山県から上京し、看板書きからデザインに転じ、グリーン企画でデザインを担当していたが、『ニューセルフ』というサブカルチャー誌を誕生させ、のちに白夜書房から『写真時代』『パチンコ必勝ガイド』といった人気雑誌を立ち上げるカリスマ編集長になる。

グリーン企画のカメラマンは慶應義塾大学を首席卒業したMという天才肌の青年だった。腕はいいのだが、世の中になかなか対応できない純粋なところがあった。

ゴールデン街で飲むと、いつも「山崎さん、空飛びたいですよね」と問いかけてくる。

Mは恋人と同棲していた。

「初めて飛行機に乗るんだ」と恋人に電話が入った。

Mは羽田空港から札幌に行った。

そして、道庁が見える歩道橋から下に飛び降りた。

「まるでスーパーマンみたいに空から落ちてきました」

目撃したタクシー運転手が証言した。

Mはタクシーの前に降ってきた。

即死だった。

八〇年代に勃興したサブカルチャー業界には、早熟で純真な才能が蝟集しながら、自ら命を絶つ若者が少なからずいたのである。

野望を抱いた若者たちは、高田馬場の雑居ビルで撮ってきたばかりの裸の女を誌面に生き返らせた。

体制とは無縁の、明日も知らぬ若者たちが、雑居ビルの一室で肩寄せ合う。のちに出版界の覇者となる男たちの奇跡の雌伏《しふく》時代だった。

若者たちは八〇年代に自分たちが出版社を起こし、巨万の富を得るようになるとは、この時点で夢にも思っていなかった。

月にビニ本を四冊つくれば、グリーン企画は大いに潤った。撮影に一日、レイアウト一日、あとはモデル探しするだけだから、時間だけはたっぷりあった。

まだ二十代そこそこの彼らは、もてあますエネルギーを発散させようと、机や段ボールをたたき、リズムをとった。事務所に出入りしているライターも加わり、即興のライブになる。高田馬場の雑居ビルの一室から毎晩、若者たちの咆哮《ほうこう》とノイズのような音楽が鳴り響いた。

「おい、やろうよ!」

「よーし、いくぜ!」

誰かが言い出すと、みんなそれぞれハーモニカ、タンバリン、笛を持ってきてフリージャズの真似をして演奏がはじまった。

中澤慎一、末井昭、山崎紀雄、そして事務所に出入りしていたライターが青春のはけ口を爆発させる。

事務所に出入りしていたライター、巻上公一はのちに「ヒカシュー」というテクノポップのバンドを組みバンドデビューを飾った。

末井昭は編集長をやりながら、アルトサックスをプレイする。

八〇年代は、なんでもありの時代になった。

裸、漫画、アニメ、ロリコン。

サブカルチャーの時代とも言える八〇年代は、高田馬場の雑居ビルで仕事をしていた若者たちが興した白夜書房、英知出版、宇宙企画が牽引したのだった。

＊

一九八〇年——。

村西とおるはビニ本の小売店をつくろうと画策した。

そしてここから先が、この男の狂気と言うべき過剰なまでの拡大主義が花開くことになる。

村西とおるはビニ本の流通経路を調べているうちに、東京に小売店が急速に誕生しつつあるのがわかった。

テレビゲームで大儲けして自分を潤してくれたのは北の大地であった。ここはやはりまだビニ本店が普及していない北海道でやったほうが成功するだろう。

テープレコーダー販売をしてたころの部下だったミツトシを呼んで、一緒にやることにした。パンチパーマに眉のない恐ろしげな顔をしているが、いつもにこやかな顔をしていることで恐怖イメージがいくらか中和されていた。

そのミツトシと組み、村西とおるは一、二店舗のビニ本店を開業するのではなく、北海道中にビニ本店を開業させることにした。

ミツトシに金を持たせ、東京の街から街を歩かせてビニ本店から大量購入の契約を成立させた。ミツトシから「契約しました」と電話が入ると、村西とおる得意の怒濤の投入戦が展開するのだった。


村西とおるが部下たちと台湾で2週間豪遊したときの総額

テレビゲームを売り払って費用をつくり、北海道で新聞広告を打ち、大工を募集した。冬場なので仕事がない大工が大量にいて、割安で彼らを雇用し、三、四人でチームを組ませトラックに乗せて次から次へと店舗をつくっていった。正味七十五日で全道に四十八店開業させた。開業費はおよそ一億五千万円、東京で買い漁ったビニ本五千万円、総額二億円となった。

村西とおるには常に〝過剰〟という言葉がついてまわる。

ほどほどにしておくことができない、過剰な事業が爛漫と花開き、この男に眠っていた狂気の拡大主義が頭をもたげた。

部下を雇い全道四十八店舗の店長に任命した。

グループの名前を「北大神田書店」と命名した。

全裸の女体満載のきわどい写真集を売るのに、堅い店名だ。

本人が名前の由来をこう語っている。

「やはり北海道なら北大でしょう、大学は。おれも家にカネがあれば本気で大学行きたかったからね、やはり北大はまぶしいわけよ。それで〝北大〟という名前を持ってきて、あとは東京で一番デカい書店街は神田でしょ。神田の古本屋街。で、北大神田書店。九州にビニ本チェーンつくったときも同じように九大神田書店って名前つけたんだ。おれの友だちの清水がさ『おまえ、おもしろいことやるな。おれの所にもつくりたいんだけど、ちょっと人を貸してくれよ』ってことでね、ミツトシを九州に行かせてね。九大神田書店っていうのをつくったんですよ。九州と北海道の神田書店グループってことで一大ビニ本流通機構ができあがったわけです。併せて六十五店舗あったから、日本のビニ本史上最大規模だからね。九大神田書店と北大神田書店でまとめてビニ本仕入れて、こっちで安かったといえばまとめて買ってあっちに送って、あっちで安かったからこっちに送るとかそういうふうにまとめ買いをしてたくさんばらまいてましたね。ですぐに名古屋、大阪、広島と伸びていったんです」

名大神田書店、阪大神田書店、広大神田書店、壮大なグループがかくて形成された。

卸値四百円のビニ本を千八百円で売るから、一冊売れれば千四百円の儲けになる。驚異的な利益率だ。

仕入れはいつも現金だった。

村西とおるが北大神田書店を全道に広げていったときの証言が、ある著名人の著書に書かれている。

『北の国から』の脚本家・演出家として知られる倉本聰の著書『北の人名録』（新潮文庫）の中の項目に「北大神田書店」というエッセイが収録されている。

「北大神田書店」はすぐそばにあった。
僕らはしばしば雪の中に立ち、北大と神田を結び合わせたその命名に感動していた。
雪がかすかに音もなく降っている。
カンと凍てついた富良野の中小路。
人っ子一人いないその道の脇に、正しく北大神田書店は赤と青の目かくし扉で控え目に且つ厳粛にあった。

倉本聰と『北の国から』撮影スタッフと紀尾井町の旦那衆（おそらくは『文藝春秋』編集者）たちは、北海道に誕生したビニ本屋に胸ときめかせて入ってみることにした。

そうか、ここまでビニール本が来たか。

そうか、北大神田書店か。

先にスタッフたちが店に入り、しばらく倉本聰と『文藝春秋』編集者たちは寒空のなか、ためらっているがついに突撃する。

あらゆる壁に無数の本がある。勿論すべてがビニール本である。健気な少女たちが闘っている。

ふとその間隙に貼り紙を見て、僕は思わずその文に見惚れた。

「緊迫する社会情勢下に、緊急発売中!!」

墨痕鮮やかにそう書かれていた。

ちなみにこの墨痕鮮やかな貼り紙は村西とおるの手書きだった。

エッセイの初出は『小説新潮』昭和五十六年六月号である。ということは倉本聰は一九八一年四月上旬あたりに執筆したことになる。日本を代表する脚本家が目撃したのは、村西とおるが北大神田書店を全道に展開させた直後のことであり、村西とおる狂気の拡大戦略を初めて活字にした貴重な文献でもある。

衛星放送「スカパー！」の『ＢＡＺＯＯＫＡ!!!』（第百十六回・二〇一五年三月二日放送）「借金50億円に負けない男　村西とおる」の特集で、村西とおる本人が小籔千豊と真木蔵人の二人からの質問に答えて半生を振り返るコーナーがあった。

大型ボードに出生から事業の数々までがよくまとまって展示されている。そのなかで、『北の人名録』が取り上げられ、本の表紙と北大神田書店の記述部分が掲示された。

司会の小籔千豊が「倉本聰さんから、こころよく書面使用を快諾していただきました」と報告した。

そして倉本聰本人からのメッセージが読み上げられた。

「北大神田書店のオーナーが村西とおるさんとは知らなかった。知っていたらもっと親しくさせていただいていたのに」

＊

ビニ本・裏本の帝王と村西とおるが呼ばれることになるのは一九八二年のことであった。

業界で村西とおるは本名の草野博美ではなく、〝会長〟と呼ばれていた。

裏本の帝王が今度はＡＶの帝王と呼ばれるのは一九八七年、わずか五年後の劇的な帝王の移籍からである。

自叙伝『ナイスですね』はビニ本・裏本の帝王と呼ばれた五年後、一九八七年に本人が私に語り下ろしたものであり、記憶もまだ新しく、アンダーグラウンドの経済活動を事細かに証言している。

「当時、卸の値段で四百円の物を千八百円で売ってたからね。裏本ともなると一万六千円くらいで売れたからね。ぼろ儲けですよね。仕入れの金もいつも現金で払ってましたよ。あとは東京で見本を買ってきたりしていいのがあると佐川急便とかで送ったりしてましたね。最初はみんなおっかなびっくりやってたけど、誰かがやると今度はこっちも、とにかくエスカレートしていきましたよ。初めは白くて薄ーいパンティですよね。その薄いパンティを水で浸したりね、水で浸して今度は指を入れたり、バックにしたり、パンティの上から異物を入れたりね。そうすると今度は全部脱いじゃって、ちょっと見えるか見えないかくらいにね、で手を入れちゃって。それじゃダメだってことで男のチンポを出してみたりね、入れないけどもフェラチオさせてみたり、あそこに近づけてみる。近づけると汁を出すようになって、すると今度はチンポ当てるようになる。まだ入れてない。最後にはやっぱり入れるようになっちゃう。そういうこまかーい変遷が一ヵ月ごとにどんどんエスカレートしていったんだよね。最後にはビニ本連中は裏本つくりになっちゃった」

このときのインタビューから二十八年後、村西とおるは苦笑混じりにビニ本から裏本へ移行した話を回想する。

「この話通りなんだよ。ほんと、ビニ本の世界に飛び込んで半年だな。一気呵成《いっきかせい》、ノーカットの裏本をつくるようになったのは」

裏本は一九八一年になって突如、地下出版化された非合法のヌード写真集で、いままでのビニ本と異なるのは、陰毛どころか女性性器が丸見えになり、性交までノーカットで写された日本初のカラー写真集であった。

無修正の写真集は歌舞伎町のアダルトショップで密かに売られ、名称も「裏本」、あるいは茶封筒に入れられて売られたため（なぜかビニール包装していなかった）、「茶封筒本」「茶本」とも呼ばれ、出回りだした当初は一万〜三万円という超高額で密売された。

ビニ本は大きく股を開いた女や下着で戯れる女同士といった表紙だったが、裏本は超過激な中身とは裏腹の地味な表紙で、タイトルも『金閣寺』『曼珠沙華』『ぼたん』といった中身とは無関係の堅いものであった。

いまでは議会主義をとる日本共産党が昭和二十年代半ば、武装闘争をおこなっていた時期があり、党員に向けて軍事方針や爆弾や自動車パンク器といった武器の製造を解説した地下出版物を『栄養分析表』『ビタミン療法』『山鳩』『球根栽培法』といったシュールなタイトルで頒布していた。

地下出版物というと、裏本も軍事指導書も、中身とはまったく関係のないシュールな形態になるのが興味深い。

陰毛や性器、結合部分まで一気に露出させた裏本は、発売の段階で即逮捕だった。

中澤慎一たちがおそるおそるビニ本の露出度を上げていったのに対し、村西とおるがとった半年間の露出度アップがいかに加速度的だったかがわかる。

＊

ふらりと男が高田馬場のグリーン企画に入ってきた。

甲高い声で一方的に話しはじめる。

男はビニ本業界で「会長」と呼ばれ、北大神田書店というグループ会社を立ち上げ、業界に旋風を起こしていた。

「村西さんとの出会い？　なんで知り合ったのかよく憶えてないんだよ」

コアマガジン六階の社長室で、中澤慎一コアマガジン代表取締役は遠い過去を掘り起こそうとしていた。

村西とおるによれば、高田馬場のグリーン企画にビニ本調達のためにふらりと立ち寄ったとき、黙々とビニ本の梱包をしていた青年がのちの中澤慎一コアマガジン代表取締役だったという。

「ああ、村西さんがそう言うなら、そうかもしれないよ」

まだ記憶が古くなっていない時点で語られた自叙伝『ナイスですね』では、この二人のアウトローはこんな関係だった。

「いまでは白夜書房の名編集長中澤ちゃん。彼もビニ本つくっていたんだ。グリーン企画という所で。白夜書房の前身ですよ。中澤とおれでホテルニューオータニの『ブロニューの森』にウエートレスとしてつとめていた菊島里子をスカウトに行ったこともあった。彼女を起用して中澤ちゃんがグアムかどっかでビニ本まがいの写真を撮ってきたわけよ。そしたらあの菊島里子が怒っちゃってさ。『とんでもない話だ。わたしの青春かえせ！』って。中澤ちゃんが来て、おれに言うんだけど……『ねっ、グリーン企画の社長にいまだけなってくれませんか。私を社員にして』って、そいでおれが行ってさ。『里子ちゃんー。とんでもないやろうだな、中澤の奴は！』。まあそういう風な弁解めいた芝居したんだよね。『申し訳なかった』と。『私が、社長だ！』と。

あのころから演技うまかったなあ、おれ。信じましたよ菊島里子。『オールナイトフジ』かなんかにうちの黒木と出てたけど、いまでもおれのことグリーン企画の社長だと思ってるんじゃないかな」

菊島里子は一九八〇年代初頭、目鼻立ちのはっきりした美人顔とグラマラスな肉体で映画やAV、グラビアで活躍した。

中澤慎一も菊島里子をグアムに連れていって撮影し、ビニ本として出版したことで菊島里子が話が違うと怒り、村西とおるにグリーン企画の社長として謝ってもらったことは記憶していた。

中澤慎一にとって、村西とおるは裏本の帝王としての印象が強く残っている。

「村西さんと知り合って憶えているのは、村西さんから裏本をつくってくれって依頼があったんだよ。グリーン企画とは別だよ。おれは少なくとも裏本はつくれないと思ったわけ。そりゃだって、ビニ本はね、摘発されるかされないかわからない要するにスレスレの本だけど、裏本なんて最初から摘発されるのがわかっているわけだから、そんなのつくってバレたら。おれはそのときはグリーン企画の社員だからさ。捕まるのイヤだから。おれはできないよって言って、そのかわりある編集プロダクションを紹介したの」

中澤慎一が紹介したのは有力な編集プロダクションであった。

村西とおるは時事問題に深い関心をもつ硬派な一面があり、裏本を制作する際にも時事問題をからませたりした。

中澤慎一から紹介された編集プロダクションに制作依頼したのは、一九八二年に勃発したイギリスとアルゼンチンの領有権をめぐる軍事衝突をテーマにしたもので、裏本のタイトルは『性器

の対決　フェラチオランド戦争』だった。

これはフォークランド紛争をもじったものである。政治と性を強引に融合させようとした村西とおるならではのものだった。

本人が解説する。

「私がつくった裏本の中で気に入ってるのは『フェラチオランド戦争』とかね。イギリスとアルゼンチンがフォークランドで戦争をやってるときなんですよ。それでおれは『フェラチオランド戦争だあ』とかいって、富士山麓にジープ持っていって迷彩服着させて、女の子のケツに花火入れて火つけて、もうメチャクチャなやつ。けっこう売れたみたいだけど、そういうやつを出したことがあるんだよね。これは自分の好きな本だよね。女はブスだったけどね」

会長と呼ばれた村西とおるが、編集プロダクションまで使って非合法の本を出していたというのは、今回私も初めて知ったことだった。

「あのころはもうなんでもやったからね。あの中にウナギ、ドジョウ、タコ、コーラからビール瓶入れたりもしましたよ。ナイスでしょ。あそこに受話器入れて恥骨折ったりもしたし、苛烈だったねえ。作品にかけるものがあったね。とにかく私はあそことケツに手入れてグーチョキパーした男だからね。裏本の女王、田口ゆかりもたくさん撮ったんです。あの子の家でおれがアナルにいれて沢城昭彦君（のちに松坂季実子や桑田投手の愛人アニータを撮影し、自ら相手役をつとめた監督）が穴にいれてさ、そしたら田口ゆかりが飼ってる犬がいるんだよ。おれたちのところに舐めにくるんだ。気が気でない。そしたら『あっちいってなさい』って、実にあしらいがじょうずな女でね、で、またからみがはじまって『ああ！』ってもだえるんだから。そういう剛の者もいたよね。おれが悪運つきて札幌で警察に捕まったときは、『これ、おまえが出てるだろ』って刑事が尋問してくるから『いえ。私じゃありません』なんて言ってると『科学捜査警察にさからうのか。このほくろはおまえの尻にあるものだ』って、バレちゃった。ま、山あり谷ありですよ」

北大神田書店グループは自社制作以外にも外注制作や他社のビニ本、裏本まで取り扱い、自らの流通ルートに乗せて自社グループの小売店で販売していた。

「もう楽でしょうがないよね。北海道の売上げが三日に一回振り込まれるんだけれども、そのたびに一千万ずつ貯金通帳に入るでしょう。月曜日と木曜日に集計するわけですよ。それをおれが東京でもって口座に振り込むわけですよ。給料と経費分を送り返したらあとの金は使えるわけでしょう。あとは自分で問屋や裏本の製造業者やってて日本全国に月二十から二十五タイトル売ってる分の集金が現金で入ってくるでしょう。ミツトシがちょっと集金に行くと二、三千万ボーンと入ってくるんだから。一タイトルで一万五千冊売れたし、なかには三万冊でたのもある。花園神社という実名の神社名を持ってきた『神社シリーズ』、ぼたん、曼珠沙華といった『花シリーズ』、隅田川とかの『川シリーズ』、あとは『タバコシリーズ』キャビンだとかマイルドとかさ、それと『お寺シリーズ』、法隆寺とか金閣寺。いろんなシリーズがあるんだよ。おれがつくったのもこのなかにはあったかな……。あまり多くは語れませんけどね」

そう言いながら『ナイスですね』では、図版に村西とおるが手がけた裏本を数冊、掲載した。なかにはあきらかに村西とおる本人が男女のからみに割り込み、女の膣に指を挿入している写真があった。

このころ村西とおるの特徴でもある、長い髪を七三にわけた、ムード歌謡のバックコーラスにいそうなヘアスタイルをしているので、よくわかるのだ。

ビニ本では、初期の大ヒット作、松尾書房の『下着と少女』シリーズにならい、少女だけの裸が中心であり、男女のからみはほとんど見られなかった。

中澤慎一によれば「男の裸なんて見たくないという読者ばかり」だった。

だが裏本のほとんどは男女のからみが中心だった。

ビニ本は通常の現像所で撮影フィルムを現像していた。性器そのものが写り、男女の性器の結合部が写っている裏本の現像はいったいどこがやっていたのか。

中澤慎一によれば――

「リバーシブルのフィルムで見えているものを平気で現像してくれるのはどこだったのか。裏本に関しては製本屋もそうだし、それはみんな百パーセント非合法だってわかってやってるわけだから。ビニ本は非合法とは思っていなかったから。製版屋も印刷屋も写真のヘアや性器は一応隠しているわけだからね。警視庁から摘発を受けても、この消し方はダメなんですかって、印刷屋も製版屋も言い訳ができるけど、裏本は言い訳できないからね。最初から見えてるのがわかってるんだから」

村西とおるによる裏本制作の舞台裏は、こんなことになる。

「裏現像所、裏製版屋、裏印刷屋というのがあったんだよ。普通の現像所なんだけど、金積めば裏でやってくれる所が」

村西とおる率いる北大神田書店では、ラブホテルの盗聴テープなるカセットテープまで売っていた。実際に、七〇年代から八〇年代にかけて、地方の個人経営者がやってるラブホテルでは、盗聴器を仕掛けて女性客の悶え声を録音して後でこっそり楽しむ悪徳経営者がいた。そんなテープが密かに商品としてダビングされて出回っていた。

売れ残ったエロ本を五、六冊まとめて梱包し低価格セットにして、北大神田書店以外の書店にも卸していった。

エロならなんでも金にしてやろうというあくなき欲望が肥大化していく。

北海道から東京に進出した際には、神田神保町のビルの一室で裏本の制作をしていた「ワールドフォト」というグループに近づき、仲間に加え、あらためて裏本の制作を強化するのだった。

北大神田書店グループはかくしてアンダーグラウンドの世界に突如咲いたエロの一大コングロマリットとなった。

二十一世紀の現在と異なり、女の裸に関しては雑誌か映画程度しかなかった時代であり、エロはいまよりはるかに膨大な儲けになった。

もっともいくら儲かるからといっても、裸、わいせつに対する道徳的タブーはなお強く、ためらう人々のほうがまだ多数派だった。それゆえに、飛び込んだ者はその分儲けも大きかった。

「裏本の帝王」と自他共に認める存在になり、部下であるミツトシには「裏本の副帝王」なる呼称を与えた。帝王に〝副〟もないだろうが、負けず嫌いの村西とおるならではの呼称であった。

＊

「都内に三ヵ所くらいアジトがあったから、神保町が本部になってたんだけどね。ちょっと車が欲しいなあと思うとさ、キャデラック、リンカーン、カマロにシボレー、四台いっぺんに買っちゃうんだよ。それもキャッシュでね。だから札幌のヤナセでも大得意先ですよね。毎月自分でだいたい三千万は使っちゃうからね。それだけ収入もあったから。毎月二十ないし二十五タイトルのビニ本を出していたし、問屋もやってたからね。一タイトルでも最低売上げで千四、五百万でしょう。二十タイトル出したら二、三億になっちゃうよね。そのうち経費を除いたって半分以上は儲けだからね。暮れのシーズンあたりは二十五タイトル出してたんですよ。

原価でいうと一万冊で二百万だから、製版代込みでね。卸価格は八百円から千円だからね。で小売りで五千円から一万円ぐらいでしょう。自分の所で小売りもしてる、卸もしてるしね。一タイトル五百冊ぐらいさばいちゃうんだから。五千円として二百五十万円。それを二十タイトルやったとして五千万ですよ。自分の職場に組織をもってるというのはすごいね。

でも不安で寝れない日もあったね。いつお巡りが来るかって、北海道ではお店の人が捕まってるでしょう。そうするとおれを出せってはじまるわけだよ。『草野どこ行ったあ、どこに逃げてるぅ』って。で、社長はいる、代理の社長だけどね。ダミーとわかってその社長も捕まっちゃってんだよね。そんなことやってるうちに神保町にも、千葉県警と山梨県警が一緒に張り込みして、二つの県警がお互いにわからなかったなんてやってるんだよね。小売り店のほうからばれちゃったみたいなんだけどね。だからいつも三歩下がって後ろ見ながら歩いていた。いつもアタッシェケースに三千万のキャッシュ入れて持ってたけどね」

ビニ本、裏本市場の七割近くの製造・流通・販売を担っていた村西とおるは、天文学的な儲けを得ていた。

現在、アダルトグッズを扱う日本有数のある問屋代表はこう振り返った。

「ビニ本は売れに売れましたね。ほんとに儲けましたね。あんだけ売れる商品はもう出ないんじゃないかっていうくらい。八百円仕入れ値で卸値千円。店で売る値段は千八百円から二千円。地方からビニ本を買いに来るんですけど、取り合うんですよ。それ、おれが買おうと思ったやつだ！　早い者勝ちだ！　ビニ本の売れ行きは異常でした。消しもだんだん薄くなって、アミ八〇パーセントが最後には四〇パーセント。それで版元は警察にみんなやられた。そのころですよ。全国に北大神田書店というビニ本のチェーン店立ち上げた、とんでもないバカがいるって話題になったのは」

芳賀書店では、連日店内に客が押し寄せ朝のラッシュ時のような混み方をしていた。

「掃除機で札を吸い取ってる感じだった」と店をよく知る元業者が回想する。

店内に押しかける客のなかには、テレビでよく見かけるフジテレビ、日本テレビの男性アナウンサーたちが局宛ての領収書を店からもらって大量まとめ買いをしていた。

現在は数軒の貸しスタジオを経営しているある経営者は、この当時ビニ本のカメラマンをしていた。

「当時の熱気はすごかった。歌舞伎町の喫茶店で昼間たむろしてるのはみんなビニ本屋だったからね。赤坂、六本木のクラブ、みんなビニ本屋が金ばらまいていたから」

クラブや料亭で羽振りのいい客がビニ本に関わっていると知ると、多くの印刷屋、製本業者がビニ本の制作をやるようになった。

＊

グリーン企画の雇われ社長をしていた山崎紀雄は高田馬場の雑居ビルを去り、自ら版元を立ち上げ、ビニ本を制作していった。

山崎紀雄は神奈川県川崎市出身、村西とおると同年一九四八年生まれ、団塊の世代であり、母は中央美術協会所属の画家だった。

小学生のころから油絵を描き、中学生になると作品展に出展するようになった。東京藝大受験に失敗すると、立正大学仏教学部に進学、演劇、ハプニングアートに目覚めた。哲学や美術に深い関心をもち、学生運動で機動隊と激突した後、路上に散乱したヘルメットをオブジェとして撮ったり、建築現場の使い古しヘルメットをまとめて買い集め、新左翼セクトに安く売ったり、のちに花開く芸術とビジネスを合体させた活動を得意とした。

大学を卒業すると、日本文華社（現在・ぶんか社）に就職し『週刊話題』編集部で働くが、組織にあわないと一年八ヵ月で退社、フリーランスで挿絵を描いたり写真を撮ったりした後、モデル事務所を経営する。投資話に乗ったところ詐欺にひっかかり、借金を返すために『下着と少女』で有名だった松尾書房の元営業部員、森下信太郎（のちの白夜書房代表取締役）からカネを借りた。その代わりに高田馬場の雑居ビルでグリーン企画の社長になったのだった。

一階はやきとり屋や定食屋がのれんをかかげ、二階に公衆浴場がある。中澤慎一、山崎紀雄、末井昭がいたグリーン企画は３０１号室、３０２号室にはアダルト系出版物を発行するセルフ出版と森下信太郎が代表の小さな会社があった。

自分で版元になった山崎紀雄は、独特の美少女哲学と美意識をもち、自らモデルを選び、カメラ機材の選択からモデルのポーズまで指示を出した。

こだわりの美意識とエロへのこだわりは抜きんでて、ビニ本の売上げを飛躍的に伸ばし、山崎紀雄は日本のヒュー・ヘフナーの道を歩んでいく。

一九八二年（昭和五十七）――。

新宿警察署の裏の雑居ビルの一室で制作していた三十四歳の山崎紀雄のもとに、作家・村上龍が訪れ、ビニ本について話を聞き出している。山崎紀雄は芥川賞作家に向けて激白した。

あのですね、ビニ本もね、十年歴史があるんですよ。で、おれはもう十年くらいビニ本やってんだけどね、昔は試行錯誤して、いろんな企画を練ったわけですよ。エロ雑誌なんか、結局企画が勝負だったわけね。それでビニ本っていうのは値段が高くてページが少ないでしょう？　今から五年くらい前ってのはひどかったんですよ。作るやつは企画で選んだわけね。企画のポイントはものを与える人間の存在じゃないんだよな。

だからカメラマンの存在なんかもうどうでもいいわけなんだよな、女なんだよ女、もう百パーセント女のすばらしさなんだよ。（『村上龍全エッセイ　1982–1986』講談社文庫）。

「女なんだよ女」というテーゼは、のちに山崎紀雄が宇宙企画、英知出版を立ち上げ、成長させる原動力となった。

芥川賞受賞作『限りなく透明に近いブルー』について作者の前で、山崎紀雄は持論をぶつけた。

「だからさ、あなたの作品の登場と、青の時代の幕開きが同じだったからさ、計算してんだなと思ったわけよ。あれ、売れたんでしょう？　青の時代に突入した時だったからさ、みんなとびついて買ったわけだよ。それを計算してるな、っておれは思ったからエンターテインメントって思ったの」

ビニ本屋でしかなかった男は、自身の美的価値観を微塵も疑っていない。

山崎紀雄に共鳴したのか、村上龍は貴重な証言をする。

「限りなく透明に近いブルーっていうのは空の色のことなんですよ。夜明け前の一瞬ね、あるでしょう？　太陽が出ない前のすごく澄みきった空、ものすごく短い時間だけど」

村上龍は山崎紀雄の存在感をこんな風に綴っている。

すごい対談だった。今まで作家であれ、ミュージシャンであれカメラマンであれ、このような対談は私には経験がない。

考え方が、リアルなのだ。ビニール本制作者の中に、このような人物がいるだろうという予測はあったが、実際に会ってみるとやはり感動した。

このときのインタビュー記事では、山崎紀雄は名前を出していない。

おもてだったインタビューは一切受け付けず、宇宙企画、英知出版を率いる男の存在は霧の中にあった。

私も何度もインタビューを申し込んできたが、そのたびに断られ、やっと本人が登場したのは二〇一二年夏のことだった。グリーン企画時代の部下だった中澤慎一からの紹介だったことが、決め手となった。

山崎紀雄は、あのときのことをよく憶えていた。

「夜七時にエレベーターが止まってしまうんだけど、村上龍さんは階段で上がってきたなあ。ビニ本の話を聞きたいということで来たんだ」

ビニ本には村西とおるとはまた異なる逸材が胎動していたのである。

*

村西とおる率いる北大神田書店は、膨大な儲けを上げてる一方で、摘発の危険性が高まっていった。

「今日は『千葉県警が狙ってるよー』とか、『山梨県警が見張ってるよー』って電話が来るんだよ。ワールドフォトっていう神田神保町にある拠点にね。いきなりガサ入れが入ったりするんだ。そうすると、事務所に入っていけなくなるから、近くの喫茶店からトレイを借りて前掛けして、コーヒー下げに来ましたって顔して、『毎度ーっ』って言って入っていくわけよ。ワハハハ。刑事がいなかったらそのまま打ち合わせして、トレイ持って早々と出て行くの」

すでに村西とおるは複数の県警からマークされ、いつ逮捕されてもおかしくない状態にあった。

緊張の毎日を少しでも忘れようと、赤坂、六本木、銀座のクラブや台湾バーに入り浸る。

部下を引き連れ海外旅行もしばしばおこなった。豪華な使いっぷりは、フランス貴族か平家の公家たちのようであった。

「日本にいるときだって毎晩百万使うわけよ。使わないでいられないんだね。赤坂の台湾バーで自分で最初に一発やって、普通三万くらいのところ十五万から二十万チップもふくめて置いてく

村西とおるが部下たちと台湾で2週間豪遊したときの総額

るからね。スター気分ですよ。部下にも、おまえら一発ずつやれや、なんて言って、飲み代だって五人で五、六十万いっちゃうような店に行くから。それで一発ずつやらせるともう百万はいっちゃうからね。台湾に社員を二十人連れて一回三千万持って遊ぶんだけど足りないからまた三千万持ってこいよって言ってさ、おれがずっと台湾に二十日間居つづけて、社員が二交代で来て一億以上使っちゃうのよね。いつパクられるかわからない不安な毎日を送っている連中には、贅沢なおもいさせてやらなければ。台湾のゴルフ場まるごと借りきって、コーチ全員につけてプレイ。毎日だよ毎日。夜はみんな十五万ずつ持たせてやる。連日飲めや唄えのドンチャン騒ぎですよ。最高級のお店ですよ。キャバレー、次がクラブ、カジノ、酒家《チューチャー》」

酒家とは世界最高の贅沢な遊びであり、これに夢中になったらいくら金持ちといえども全財産を失いかねないほどの悪魔的な魅力の桃源郷であった。

一軒の邸宅に二百名の美女が待機している。二十畳の部屋にテーブルがあり、それぞれの部屋に三十名ほどの美女が待ち受けている。七色の噴水が吹き上がり、悠長な中国の音楽が流れる。まずは最初の十人と乾杯《カンペイ》、また十人と入れ替えて乾杯、それを何度も繰り返す。その中から気に入った女を指名してまずは最初の肉交。テーブルには満漢全席。食べたこともないような絶品の中華料理が次から次へとならび、女たちが口まで運んでくれる。気に入った相手とはキスとヘビーペッティング。そしてまた口まで絶品の食べ物を運んでくれる。男たちはただ口を動かすだけでいい。室内はいつしか生バンドの演奏がはじまる。

食事とヘビーペッティングに飽きたら、チークダンスを踊る。夜が更けるころ、一番のお気に入りの子を誘って飲みに行ったりカラオケに行ったり、宿泊先のホテルにもどると、翌朝十時まで好きにできる。おおぜいの中から選んだだけあって、絶世の美女でありカラダも抜群である。何度も女と肉交して倒れるように寝入る。まさに性欲・食欲・睡眠欲、人間の三大本能のおもむくままの最高に贅沢な遊びだ。

セックスに飽きると、その日の午後はプロを一人ずつつけてゴルフレッスンだ。そしてまた夜になると酒家で乾杯。

村西とおるは日本に連絡して、新たな部下を台湾に送りこませ、また三千万円追加して遊ぶ。一億円などあっという間に消えていく。

「ドンチャン騒ぎやって、キンキラキンの百万円のブレスレットして、もういかにもって感じだよね。金銭感覚が麻痺しますね。酒と女に囲まれて、ふと小学校時代のころの生活が脳裏を横切るときがありました。あのころの米びつにご飯がないころの自分からは想像もつかない贅沢な毎日ですよ。でもどんなにカネ使っても心が安らげない。本当に失っているものがある。それは労働する意欲っていう、これを失ったら大変なことになるぞって、砂上の楼閣から崩れ落ちたとき、おれはまたあの貧しいガキのころにもどるのかって……」

台湾人のヨーコと出会ったのもそのころだった。

「新宿の台湾バーには毎日行ってた。事務所の連中と飲みに行くんだ。三軒も四軒もハシゴするわけだから。女に金はばらまくし最後には女を買うわけだから。湯水のごとく金を使ってましたね、毎日。そんなときに、いつものように飲みに行って皆でワーッて騒いで飲んでてね、そこに女がいたんだよね。お店の女なんだけど、一回四、五万くらいの金を払えばやらしてくれる。その台湾バーでおれはもう有名人よ。大抵の女とやっていた。ヨーコはおとなしい女でね。彼女がその店にいることもしばらく気が付かなかった。他に目当ての女もいたしね。しばらくしてそのヨーコを誘ったとき断られた。

そのとき、おれに言ったセリフ。『前からね、あなたのことがチュキだった』って言うんだよね。三十二歳でおれより六ヵ月年上で色が透き通るように白い。三千から四千人の男に抱かれた女だよ。そういう女がうつむいておれを好きだって言うんだよ、嬉しいじゃないですか。世間では若いのがいいとか処女がいいとか言うけど、そんな世間知らずで何にもわからない女に好きだって言われてもちっとも嬉しくなんかないよ。処女性なんかよりも男を十分に知った女に『あなたが一番』『あなたに惚れました』って言われるほうがよっぽど嬉しいよ。それこそ男の誉れだよ。

それでガーンよ。すぐにチーク誘った。ヨーコはもうガタガタ震えっぱなし。いつもその夜、すぐにハメちゃうおれがその晩なにもできなかった。荒れていた生活もその日から変わっちゃった。もうヨーコ以外の女、抱きたくもなかった。惚れてしまうともうメロメロ。女を初めて好きになったのかもしれない。

台湾と日本を行ったり来たりしてたんだけど、ヨーコと結婚しようとマジに思った。ところがヨーコには台湾に夫がいたんだ。政略結婚。それが嫌で日本に逃げて来たわけ。生島治郎の『片翼だけの天使』、あのまんまだよ、もう。だから、生島さんの気持ち、わかるんだ。おれもさ、好きになっちゃったんだから、三千人、男とやってようが関係ねえんだ！　好きなもんは好きなんだ。処女じゃないといやだとか、家柄がどうのこうの、そんな人間の内面とはまったく関係ない要素で勝手に悩むバカに言ってやりたいよ。好きになっちまったんならいいだろう。てめえは処女膜と結婚すんのか、家と結婚すんのか、って。おれたちは結ばれた。子どもも生まれたよ。生まれて初めてぬくもりを知った……」

＊

神田神保町のワールドフォトはすでに複数の県警からマークされ、出入りする人間は警察の監視下に置かれていた。

村西とおるが台湾で人類史上最高の贅沢な遊びをしていたとき、東京では警視庁の捜査が入った。

台湾から羽田行きの飛行機に乗り込み、連日の桃源郷気分を全身に満たした村西とおる一行は機上の人となった。

部下たちとともにタラップを下りようとした。すると報道陣がフラッシュをたき、記者たちが何か叫んでいる。

「いやー、すごい、誰だ？　この飛行機に有名人乗ってるぞ」

村西とおるがのんきな声を漏らした。

「会長、ここで誰が乗ってるかゆっくり見てみましょうよ」と部下が言った。

「そうだな」

村西とおるたちはどんなスターが同乗していたのか見ようとした。

ぞろぞろとタラップから客が下りていく。だが報道陣が待ち受ける有名人らしき人物はとうとういなかった。

「ああ、そうか。この飛行機の機長がラストフライトで、ニュースになるのか」

そう思った村西一行は最後に下りていった。

すると、報道陣からいっせいにフラッシュがたかれた。

報道陣とは異なる目つきの鋭い男たちが、ワールドフォトの代表をがっちりガードした。手錠がかけられる。目もくらむような閃光がたかれる。

裏本グループ、羽田で逮捕――。

新聞、テレビで報道された。

記事では、裏本グループが台湾に逃亡し、帰国したところを逮捕された、ということになっていた。


市ケ谷の喫茶室――。

長い回想と私からの質問がつづく。私は今日三度目のコーヒーを注文した。

いままで村西とおるのことは知り尽くした気になっていた私だったが、細部をもう一度掘り下げると、私の解釈が違っていたり、また新たな発見があったりする。

先日、中澤慎一コアマガジン代表取締役から話を聞いて、また村西とおるに確認する作業をしていると、おたがいの欠落していた記憶が蘇ったりする。

そんな作業は得がたい充実感を私に与えてくれる。

私は初めて聞く羽田空港の一件について、さらに問いかけた。

「そのとき、（村西）監督は捕まってしまうのでは、という恐れはなかったんですか？」

「ないね」

「どうして？」

「裏本グループ逃亡もなにもないよ。逃亡してないんだから。そのときもおれは捕まらない自信があったから」

「捕まらない自信？」

「そう」

村西とおるは好きなコーヒーの代わりにコップの冷えた水を飲み、話をつづけた。

すると驚愕の証言がなんの前触れもなく、当事者の口から語られだした。

室内の空気を凍らせる証言が、初めておおやけになろうとしていた。

第4章

600万円

村西とおるが
毎月警視庁刑事たちに
渡していた工作資金

「警視庁に当時、裏本を取り締まる四つのチームがあったんですよ。その四つのチームにまんべんなくお金バラまいてたんです。いまから三十年前の警察なんて、組織内部まで入っていけたんだね」

警察側から捜査状況を密かに教えてもらうために裏金を渡す。

以前から裏社会で言い伝えられてきた噂があった。村西とおるが過去に工作資金を渡してきたことを当人からさりげなく聞かされたことはあったが、当人の口から詳細な事情を聞いたのはこれが初めてだった。

「警視庁の刑事たちに六百万円。自分が捕まらないように上納金っていうか」

「どうやって渡したんですか?」

「飲み屋に行って渡すわけよ」

「受け取りますか?」

「受け取りますよ。受け取るまでが大変だけどね。でも一度受け取ったら後はずーっと受け取りますよ。逆に催促されたりするからね」

「催促される?」

「だから毒を喰らわば皿までじゃないけど」

「接待で飲み食いやって、別れ際のタイミングで現金入れた封筒をさりげなく渡したり?」

「そうそう」

「封筒にいくらぐらい入れるんですか?」

「五十万とか。受け取ったら後は向こうから催促の電話かかってくるわけよ。『今度、いつ打ち合わせする？』とか。おれの右腕だった部下がいるんだけど、それと二手に分かれてね、あっち行ったりこっち行ったりして取締り側にカネを渡し歩くの。酒の飲み食いしてお付き合いしたら、その後で封筒渡すの」

「年間六百万も渡すのは大変でしたね」

「毎月ですよ、毎月」

「毎月六百万!?」

「そう」

裏本制作者と取締り側は想像を絶するほどのズブズブの関係だった。

違法風俗店が警察側に裏金を渡して抜き打ちの摘発情報を入手し、捜査当日なぜか店がもぬけの殻だったりする。あるいは暴力団が取締り側に裏金を渡し、捜査状況を逐一入手する。

昔から警察への裏金としてささやかれ、実際に癒着した関係が露呈し問題になったりしてきたものだが、贈賄《ぞうわい》側の当事者が細部にわたり証言するのは初めてであろう。

一九八七年に聞き書きした自叙伝『ナイスですね』のとき、村西とおるは言葉を濁してきた。二十八年という歳月が当事者の堅い口を解除させたのだった。

「だから絶対捕まらないという自信があったわけ。警察の動きを刑事が教えてくれるから。うちの顧問弁護士がびっくりしてましたよ。いろいろおれの周辺のやつが捕まって事情聴取で刑事に話したことをおれが知ってるもんだから、なーんでそんなこと知ってるの？　って。とにかく取り調べの情報がどんどんどんどん入ってくるから」

裏本の帝王と呼ばれた男の衝撃の証言を聞くと、私自身が目撃したあるシーンを思い出した。

一九八〇年代中ごろ、代々木のマンションで営業していた本番プレイのあるマンションヘルス（マンヘル）の経営者と取材を通じて親しくなり、業界の裏話を訊きに何度かマンションの一室を訪れた。

時々、狭い室内に異質な来訪者が二人いた。制服姿の若い警察官だ。

二人は室内にいるとき、決まって制帽をきちんとテーブルの上に置いているのが印象的だった。いま勤務中ではない、という意思表示なのか。

マンヘルの経営者が何か話した後で二人の警官に茶色の封筒を手渡した。すると、警官たちは何度も頭を下げてから受け取り、二言三言交わすと部屋から消えた。

ついたての奥でことの一部始終を目撃した私のもとに、経営者が苦笑しながらもどってきた。

封筒の中にいったい何が入っていたのか？

まさかラブレターではないだろう。

取材先の風俗店でよく聞いたり見たりすることだった。

繁華街のぼったくり店で数十万円というとんでもない金額を請求され、あわてて外に逃げて交番にかけこもうとすると、ぼったくり店の人相の悪い店員が追いかけてきて、払え払わないともめたりする。客は交番の警官に救いを求めようとするが、民事不介入ということで警察はどこかよそよそしく、店側と客の話し合いですませるようにと介入してこない。

そもそも警察の民事不介入というのは、公権力が民間人の交渉に割って入るのは権力の濫用だということで控える、というのが建前であるが、内実は警察のサボタージュの言い訳にしかすぎない。

ぼったくり店と客のトラブルで、はたから見てもぼったくり店側にあまい態度を警察がとっているように見えるのも、ぼったくり店が警察側に付け届けをしていれば、この不都合な真実もわかるだろう。

日本の警察は基本的には世界に誇れるすぐれた組織である。何かというと袖の下を要求するアジアの腐敗した警察や、すぐに発砲するアメリカの警察よりも、はるかに優秀である。

日本にはお中元、お歳暮という儀礼があるが、あれも贈賄と紙一重のケースも多いだろう。そういう風習が昔から根付いているのだから、裏金を受け取る罪悪感も希薄になるのだ。

*

村西とおるの北大神田書店グループが、無修正の裏本を相次ぎ地下出版できたのは、なんといっても村西とおるの応酬話法の悪魔的な威力があればこそだった。

無修正の性交写真集――裏本に出るモデルは限られていた。

だが村西とおるが面接すると、なぜか大半の女たちは自ら進んで脱いで性交までするのだった。

その貴重なシーンを私は何度か目撃してきた。

一九八二年秋――。

現役女子大生デュオのあみんが歌う『待つわ』が、神田神保町の路地裏にある喫茶店で何度も流れていた。

秘密アジト、ワールドフォトで村西とおるは二人の女たちを面接していた。

流行の聖子カットをした二人のうちの一人はバレーボール部女子といった容貌で、もう一人はソフトボール部のキャッチャーのような風貌だった。

白いスーツを着た村西とおるがさっそく撮影の打ち合わせをやりだした。

「さっそくですが撮影は明日富士山麓でおこないます。こんなゴージャスなロケは業界はじまって以来のことなんです。そのモデルにあなたたちが選ばれたんですね、それだけ光る何かがあなたたちにあるからなんです、自信を持ってください」

ソフトボール部女子は何度もうなずいた。

「ギャラは八万円支払います、あなたたちの素晴らしい青春をカメラにぶつけてくださいね」

会長と呼ばれる村西とおる得意の弁舌は冴え渡っているかに見えたが、バレーボール部女子は、ギャラに対する不満なのかあるいは本番行為に踏ん切りがつかないのか、あまりやる気がなさそうだ。

「どうなの？　何か心配でもあるの？」

村西とおるが下心を包み隠した猫なで声で彼女に言葉をかけた。

バレーボール部の彼女は「やっぱりできそうもありません」と答えた。

「どうして？」

「わたし、ビニ本のモデルはやってきましたけど、こういう撮影はやったことがないんです。ビニ本は知ってますけど、今日聞かされたような仕事はいけないんじゃないですか」

バレーボール部の彼女は地味なバッグを手に取り立ち上がろうとした。

村西とおるは悠然と制した。

「これはわたくしの説明不足でしたね、ご安心してください。たしかに世の中に出回っている裏本と言われるたぐいは取締まりの対象になりますよ、たしかにね。しかしわたくしどもが制作しているものはちゃんと法的手続きを踏んだものなんです」

バレーボール部の彼女は複雑な表情になった。村西とおるがすかさず追い打ちの言葉を投げかける。

「わたくしどもの写真集はそこらの裏本とはわけが違うんですね、それはなぜか？　あるところから極秘で依頼されているものだからなんです。お教えしましょう、今回の依頼は陸上自衛隊のあるセクションから受けたものなんです」

「自衛隊？」

「そう」

意外な展開になってきた。

「陸海空を守る隊員たちは日頃猛訓練で外泊すらできない日々がつづいています。そんな彼らにとって唯一の息抜きが以前わたくしどもがやってきたテレビゲームなんですね。ずいぶん儲けさせてもらいました。そしてもう一つ、隊員たちにとっての貴重な娯楽は宿舎で読める本なんです。その中には司馬遼太郎もあれば松本清張もある、しかし小説ばかりでは退屈してしまいますよね、そんなときにわたくしどもが制作した写真集がお役に立つんです。つまりお役所が水道業者に工事を依頼するようにわたくしどもは依頼されたものを制作するだけなんです、公共事業の発注なんです、わかりますか」

立ち上がりかけたバレーボール部の彼女は困惑した顔で説得を聞いている。

「いいですか。前回の写真集は警視庁のあるセクションから依頼されてつくったものでした。これはあなただからそっと教えるんです。大手を振ってトルコ風呂（現在のソープランド）やピンサロに行くことができない警察官にとって残された唯一の娯楽がこういった写真集なんです。信じられないかもしれませんが警察官も人間です、男です、性欲だってあるんです。ところが本番が公然とおこなわれているトルコ風呂には行きたくてもいけません。知り合いにバッタリなんてことになりかねない。でも性欲は待ってはくれません。さあ、そんな性欲処理のために残された合法的なものがこの写真集なんです。ですからわたくしどもは工事を発注された水道業者のように制作しているだけなんです。いいですか。そんなわたくしどもを誰が取り締まるんですか？捕まる？　冗談言っちゃいけません。安心してくださいね、これは極秘の公共事業なんです」

バレーボール部の彼女は深くうなずいた。

「ナイスですね。素晴らしいお仕事をしてください。通常のギャラにさらに二万プラスしましょう、あなたたちの素晴らしい青春を思いっきりカメラにぶつけてください、期待してるんですよ」

村西とおるはそれぞれに力を込めた握手をした。彼女たちは頬を上気させて男の大きな右手を握り返した。

村西とおるの応酬話法によって、毎月二十タイトルという膨大な数の裏本が制作できるのだった。

人の運命を左右し、心臓の鼓動を早め、涙を流させたり、感動させたりする、言葉というものこそある種の超能力を秘めたものではないか。

人類はその言葉を手に入れたからこそ進化した。

村西とおるは言葉にさらに言霊《ことだま》という見えない魔力を付加させた。

いかがわしさという衣裳をまとい——。

＊

過剰なる行動は日常化していた。

裏本の製造・流通・販売という全過程を制覇しつつあった「会長」こと村西とおる、草野博美はさらに投資をしようとした。

埼玉県川口市にあった大規模な印刷所を三億円の現金で買い取ったのだった。

「ドイツ製の四色の印刷機械があって、なおかつ製本機も備わっているんですね。製本機ってすごく大きなものが必要なんです。製本ってバァーンとラインで流れるからね、三十メートルのラインが必要になるわけね。だから大きな印刷工場が必要になって、たまたま川口にすごく大きな工場があったから買ったんですよ。その製本ラインに十トン車がバァーンと入ったら外から見えないようにシャッター閉めちゃうわけよ。まあ後から聞いたら警察が見てたっていうんだよね。アハハハ。チクリ屋もいるだろうからね。あそこでなにやら怪しい印刷物を刷ってるらしいって噂が徐々に徐々に漏れていくわけですよ。でもこっちはシャッター閉めちゃってるから、捜査しようとしても中で何やってるかわからない」

印刷工場を買い取った村西とおるは非合法出版物の増刷態勢に入った。そして膨大な利益が会長のもとになだれ込む。

毎月の警察への六百万円の支出は損害保険のようなものだった。

いつ手入れがあるかもしれないという不安をもちながら、住所を転々とする。警視庁の捜査情報は村西とおるのもとに切れ目なく入ってくるので、逮捕される前に姿を消せばよかった。

全国の支店から毎週入金がある。東京の支店があった赤坂の銀行がおもに通帳記入の場となった。

通帳は新作の裏本一冊ごとに一冊つくった。いざというとき、振込み先から販売ルートがばれてしまうおそれがあったからだ。

会長こと草野博美をいつか摘発しようと、複数の県警が東京で監視をつづけていた。

流通を制する者は資本主義を制す。

会長時代の村西とおるがつかんだ資本主義の神髄だった。

膨大な儲けを得るためには市場はごく狭いエリアではなく全国規模になる。全国に売るためには販売ルートを確立しなければならない。大量消費を支えるには流通を支配することが必須だった。

「私が常々主張していることなんですが、大量消費社会にあっては流通を支配する者が資本主義を制する、という鉄則があるんです。大量消費は商品の低価格化につながりますね。広く厚く商品をまくことが企業にとっては何よりも重要な経済活動になります。いくら良質の商品をつくっても流通に乗らなければ、がらくた同然でしょ。うちは全国に直営店を設けているから一斉にばらまいて大量消費に対応できるのです」

村西とおるがとった方法は宅配便を利用したり、レンタカーを借りて配送し、宅配便は一ヵ所だけではなく、不規則にあちこちの宅配所に持ち込み、足がつかないようにした。

証拠を残したらそこから捜査が絞られる。配送する際にも、偽装の問屋名を用いた。銀行通帳も記帳し終わったら焼却処分した。

裏本の世界でボロ儲けする連中はすべて仮名だった。最初に鈴木と名乗ったら、この世界で鈴木はこの一人しかいないことになる。

だからよくある名字は真っ先に使われたために、未使用の名字はどうしても珍しいものになる。だからだろうか、太宰、芥川、夏目、三島といった文豪の名前が用いられた。

裏本の世界で「会長」と呼ばれた男は、村西とおる、草野博美一人しかいなかった。

何事も役職で呼ぶのが好きな男だけあって、こんなときでも肩書きで呼ばれようとしていた。

会長は裏本という非合法の出版物を扱いながら、妙に律儀なところがあり、大儲けした売上げをごまかさず、北大神田書店本店のある札幌税務署にきちんと申告し、納税していたのだった。

「北海道から東京に出てきて、だまってても北海道だけで毎月億単位の金が残ったからね。自慢じゃないけどおれは札幌税務署管轄で北海道日産の次に税金を納めてたんだから。そういうのはきちんとするんです。税務署に行ったら署長が出てきて、どうぞって別室に通されてコーヒーまで出てきたんだから。税務署っていうのは納税額をアップするのが目的だから。おれが申告に行ったら、『守秘義務っていうのが私どもにはございますから。このお金が何によって得たものか一切、たとえ警察といえども言っちゃいけないんです。だから心配いりません』って話をするんだから。ワハハハハ」

たとえ裏本という刑法百七十五条に抵触する商品を売って稼いだものでも、きちんと税金を納めてくれさえすれば問題にしない。

村西とおるが申告をすませると、署長が「会長、お仕事がんばってください」と頭を下げるのだった。

＊

ビニ本・裏本業界で巨万の富を得て頂点に登り詰めた男は、別の世界でも頂点に立とうという野心を抱きだした。

幼いころから活字の虫だった村西とおるは、出版事業に燃えていたのだ。

大儲けした資金をつぎ込み、新たな出版社をつくった。今度はエロ抜き、一般書店に新刊を送る極めてまともな出版社だった。

新会社名は——新英出版。

どこかで聞いたような会社名だが、村西とおる流のいい加減でメジャー好きなところから命名した。出版業界の最大手、新潮社、集英社の二社から一文字ずつちょうだいして新英出版と名づけた。なにやら北大神田書店のネーミングを思わせる。

一九八二年春、新英出版が誕生した。

『ナイスですね』で村西とおるはこう証言している。

「いつまでも裏本、裏本って言ってられなかった。ヤクザは入ってくるし、部下も次々と逮捕されてっちゃう。昔から本は大好きだったから、ここらでまともな出版社つくろうと思った。そのころ、おれの裏本流通ルートはほぼ日本全国主要都市に確立してたからね。この流通経路をなんとかうまい具合に利用できないもんかと思った。既存の取次問屋を通さないで独自の販売ルートを日本全国に広げよう。それでつくったのが新英出版だったんです。

そのころ、一般書店でもビニ本を置いてたんですよ。一般の本だけじゃ飯も食えませんよ。おれはビニ本を目玉にして日本全国の流通を担えないかと考えてね。ビニ本を売っている所に一般の本をドーンと置くというね。いわゆる小さな出版社の本なんか大手の出版物じゃないからいくら出版しても店頭に並ばないわけですよ。いい本なんだけど弱い版元の本なんて並ばないんですよね。書店も返品業務なんかもたいへんだし、ベストセラーはそうそう入って来ないしね。中小の書店なんてそんなものですよ。後回しだから。

経済の世界はやっぱり流通を担う者がすべてを制するんだから。だから自分は流通を制してやろうと思ったわけですよ。そして、自分の所の販売戦略で、一番いい場所で自分たちの出版物を販売してやろうと思ったわけですよ。ビニ本というベーシックの部分があれば、店舗に行って本を納めて回収してくるという世界は形式的には確立するわけですからね。ビニ本をベースにして、漫画本とか、一パック三冊で二百円とかね。いわゆる特集号とか、スケベ漫画本ですよ。その返品になってきたやつを神保町で買ってくるわけ、数万冊単位でね。それをビニールに三冊一パックで入れて、数ヵ月前のやつだからね、一冊二十円で買ってきたやつを三冊二百円ぐらいで売るわけですよ。それとビニ本ですよね。ビニ本も返品になってきたようなやつでいいわけですよ。北大神田書店で売れ残ったようなやつ、他のビニ本も返品になったやつでも売れるわけですよ。名古屋、広島、大阪、博多、仙台、札幌と支店をつくっていった」

裏世界の人間が流通を最重要視するところに、この男のユニークさがあった。

流通を制する者は資本主義を制する。

このテーゼは一九八七年、資本主義の神髄を喝破した村西とおるによるものだったが、あれから二十九年が経過した二十一世紀の現在では変容している。インターネットによって流通は激変し、いわゆる現物のパッケージ商品の多くはダウンロードによって地球規模で流通するようになり、既存の流通論は成立できなくなった。

出版業界においてもネットの影響で流通が様変わりしている。Amazon の進出などによって、出版社と全国の書店を取り結ぶ既存の取次店の流通量が減り、中小の取次店が倒産するという、一九八七年当時からみたら信じられない出版業界の様変わりである。

逆にいえば、村西とおるはネットが進出する以前の、紙媒体がもっとも元気だったころの覇者であった。

一九八二年、村西とおるが興した新英出版から相次ぎ刊行された出版物は、統一感のない奇妙な品ぶれだった。

裏本で培ったからだろうか、写真集を何冊も出した。

『森村陽子写真集』（撮影：伊藤隼也）、『沢田亜矢子写真集』（撮影：長友健二）、『犯し屋・港雄一写真集　犯らせろ！』（撮影：住友一俊、文：三上寛／宇崎竜童）、『ジョー山中写真集』（撮影：ERIKA）、『写真狂時代　赤塚不二夫写真館　山地美貴写真集』（撮影：赤塚不二夫）、『キャンキャン写真文庫』（撮影：常世昌利）。

森村陽子は八〇年代初頭に活躍したセクシー系女優で、カメラマンは現在、医療ジャーナリストとして活躍している伊藤隼也だった。

港雄一は犯し屋俳優として人気を博した役者で、褌《ふんどし》スタイルで仁王立ちになったりする破天荒な写真集だった。キャンキャンとは当時人気のあった三人組のアイドルグループ・CanCan（山本博美・唐沢美香・桜井直美）。

また、『日本のおふくろ』『日本のおやじ』は、村西とおる自らの熱い想いで刊行した芸能界の超大物たちが両親を回想した単行本で、黒柳徹子、森光子、ビートたけし、西田敏行、都はるみ、松田聖子、川崎敬三、鶴田浩二、勝新太郎といった滅多にインタビューに登場しないビッグネームが登場した。

何故に超大物たちがインタビューに応じたのかというと、芸能評論家・加東康一の存在を抜きにしては語れなかった。ベテランの加東康一からひと声かけられて断る人物はいなかった。たまたま北大神田書店グループの幹部に加東康一を知る旧友がいたことが運をもたらした。人たらしの村西とおるにとって、芸能評論家の泰斗《たいと》を口説くのはわけもなかった。

初代タイガーマスクの『いきなり王者　吠え吠えタイガーマスク』といった書き下ろし自伝もあった。編集スタッフを試合会場のメキシコまで派遣させて制作した。

ヨーロッパやハワイで金に糸目を付けず長期ロケを敢行した初期の村西とおる監督作品の特色が、すでに萌芽している。

＊

新英出版はもう一人、重要な役割を担った人物がいた。

村西とおるは裏社会の人脈とは異なる新たな血を導入しようとしていた。私はいわばそのうちの一人だった。

八〇年代は誰もが明るい未来が待ち受けると信じた黄金の時代だった。

豊かな暮らしぶりから憂いは排除され、既存の価値観を否定し、異なる角度から解釈してみることでセンスの良さが評価された。サブカルチャーの発露であった。

女子大生は雑誌で自らの性体験をエッセイに綴り、ヌード大会に出場したり、ポルノ映画に出演したりした（もっとも現在の開放感に比べたら当時の彼女たちはまだ控え目だったが）。

一九八〇年（昭和五十五）秋――。

前年に大学を卒業した私は、念願だったフリーランスの文筆業を営むようになった。

一九五六年生まれの私たちは、しらけ世代とメディアが呼んでいた。当人たちはしらけているつもりはなかったのだが、七、八歳上の団塊世代が巻き起こした学生運動、長髪、エレキギター、フォークといったムーブメントと比較すると、私たち世代はずいぶんおとなしく見えたのだろう。

私は学生時代に研究していた日本の近代資本主義論争を媒介にして、マルクス主義の再検討をなんらかの著作にしてみようと思ったり、『少年サンデー』『少年マガジン』の特集記事にあった忍者、戦記物のような世界を探ってみたかった。江戸川乱歩のどこかノスタルジックな世界に憧憬し、松本清張がよく作品の舞台にした武蔵野台地の雑木林に惹かれた。夢中になって見ていた『少年ジェット』『飛び出せ！青春』の出演者たちを追ったりする、消えた人物たちを活字にできればと思っていた。

保存されざる文化こそ私が活字で残しておかなければ、という思いだった。

手法としてはノンフィクションでも小説でもエッセイでも、漫画原作でもなんでもよかった。

実際にフリーランスの文筆業を開始してみても、そう簡単にやりたいことができるわけでもなかった。

大学を卒業するまで異性を知らなかった奥手の私に、皮肉なことだが八〇年前後にメディアで花開いた女子大生ブームが重なり、女子大生企画の依頼が頻繁にあった。女子大生がアルバイトでホステスをすることが特集になった時代だった。大学を出たばかりの私は、キャンパスに友人や後輩がいたので、編集部の人間よりも学生情報に詳しかったのだ。

『週刊大衆』（双葉社）と『平凡パンチ』（マガジンハウス）が私の主戦場となった。どちらも、冗談のような企画が次の週に活字になる。

『週刊大衆』ではインテリヤクザのような編集者たちとともに企画もやり放題だった。学生スキーツアーの主宰者が女子大生たちと雪山で行きすぎた情交をかわすことを当の主宰者に書かせたりした。この早大生は現在NHKの報道関係の最高幹部になっている。

夜の早慶戦と称して、吉原トルコ風呂に早慶の男子学生を沈め、テクニック、サイズ、マナーといった項目で採点するというばかばかしい企画をたて記事にした。慶大広告学研究会代表はテクニックはたいしたことなかったが、現役トルコ嬢が、「あんなビッグサイズ見たことないわ」と驚嘆していた。慶大広告学研究会代表はその後、民放に就職、現在は解説委員の重鎮として皇室報道に欠かせないビッグな存在になっている。

週刊誌の企画は、既存の価値観を破壊していく快感があった。

しかしいつまでたっても大学生ネタでは、先細りがしそうだった。

運というのは人間との出会いだ。

あの日、あの時、あの場所にいなかったら出会わなかった。出会いは偶然性によって変転する。

『大学マガジン』という大学生向けの月刊誌が芳文社から創刊され、仕事を増やそうと思った駆け出しの私はこの雑誌でも原稿を書くようになった。

誌上早慶戦という特集企画で、久しぶりに母校を訪れ、ネタを探して歩いていたら旧友とばったり出くわした。私がフリーランスになったばかりで時間が余っていると言うと、彼の兄が学習塾を経営し講師を探しているというので、週に二日間だけ講師になった。東村山のその学習塾には小中学生が熱心に勉強していた。中学三年の男子生徒が、休み時間に雑談でこんなことを口にした。

「所沢の添野道場に通ってるんですけど、館長が極真を破門になっちゃったんですよ」

所沢生まれの私は添野義二館長が新所沢で極真空手道場を開いていることを知っていた。梶原一騎原作・影丸譲也画『空手バカ一代』でも、添野義二は極真の竜虎と呼ばれ、活躍していた。その添野館長が極真を破門になったとはただ事ではなかった。『少年マガジン』では変わらず『空手バカ一代』が連載されている。当時、極真空手は漫画の連載や、フルコンタクトという実際に当てる試合形式もあって、少年たちのあいだでもっとも人気のある空手流派だった。

水面下で起きたトラブルを知っているのはメディア内部では私だけだろうと思い、さっそく添野館長に取材を申し込むと、すんなりと受けてくれた。

ところが取材直前になって目を疑うようなスクープ記事が出てしまった。

一般誌に掲載できないスキャンダル記事を集めた月刊誌『噂の真相』最新号に「極真スキャンダル！」というタイトルで、大山倍達と梶原一騎の離反、添野支部長の破門といった内容が事細かに載ったのだった。

私が中学生から聞いた話はもちろん、極真空手初のスキャンダルとしてこれ以上他に書くものがないというくらいの圧倒的なスクープだった。

タッチの差で二番煎じとなってしまった私は、落胆したまま添野道場で話を聞くことになった。するど取材が終わったころ、長身でレイバンのサングラスをかけ毛糸の帽子をかぶった国籍不明の男がふらりと道場に入ってきた。

サングラスを外すと人なつっこそうな細い目が笑っていた。

「よかったらこれから一緒に組んでやらない？　今度、梶原一騎先生のところに取材に行くんだ。行かない？　一緒に」

『噂の真相』で先にスクープを書いた著者だった。

池田草兵と名乗る男は、埼玉県所沢生まれ。日大芸術学部在籍中には全共闘に加わり、右翼学生と乱闘して校舎の屋上から落ちたときに大腿骨を骨折し、いまでも金具が入ったままだと笑って話す。所沢中学柔道部の先輩が添野館長だったことから親交があり、今回のスクープにつながったのだった。

大学を中退し、ヒッピー生活を送りながら路上で針金細工のネームバッジを売って生活していた。七〇年代は大いに儲かったらしい。

「池袋の路上でバッジ売ってたらいい女がいたの。『ドルチェ』っていう喫茶店の娘でさ、惚れちゃって口説こうと毎日通ってたらおれ以外の男も毎日やってくるのよ、その女目当てで。そいつが『女性自身』の編集者でさ、デザインもおれやってたことあったから売り込んで、レイアウターで編集部に潜り込んじゃったのよ、わっはっはっは」

池田草兵はデザイナーだけではなくライターもやるようになり、新幹線で乗客と喧嘩した沢田研二のスキャンダルを書いたり、さらに喧嘩した相手がその後、厭世自殺したことまで追跡しスクープ記事にしていた。

「死んだあいつ、ヒッピー時代のおれの仲間だったんだよね、だから書けたようなもんさ」

こういうのを〝引きの強い男〟というのだろう。

池田草兵の人脈は無限大だった。政治家、アウトロー、空手家、ミュージシャン、売人、地方公務員、農夫、アイドル歌手、財界人……。

大らかに笑う癖が人の心をなごませた。人たらしの村西とおるといい勝負だった。

『噂の真相』では池田草兵による極真スキャンダルが再度放たれ、盤石の体制を誇っていた極真会も内実は幹部たちの勢力争いと嫉妬が折り混ざった人間臭い世界だということがわかってきた。のちに大山倍達が亡くなると極真空手がいくつにも分裂したことを予期させるスクープ記事だった。

記事に怒った評論家・極真空手門下生の平岡正明が、池田草兵をぶん殴る、と肉体言語で報復すると宣言をしたことで余波はさらに広がった。池田草兵はどこ吹く風で、騒動を楽しんでいる様子だった。いざとなったら平岡正明と空手対柔道で対決するか、と大笑いしていた。

その池田草兵がいきなりライター廃業宣言を発した。

＊

「これからは儲け第一主義でいくからね、おれは」

池田草兵は原稿用紙一枚一枚書いていても、たいした儲けにならないことに辟易していた。彼が主戦場としていた『女性自身』（光文社）は取材費も潤沢にあり、原稿料も高かった。ヒット作を書けば印税も転がり込んでくるのだから、物書きの道をさらに突き進めば売れっ子のノンフィクション作家になれただろうに。

だが一攫千金を夢見る男には、原稿用紙のマス目を埋める作業は苦痛になっていた。

池田草兵は幅広い人脈から、ビニ本のさらに過激な裏本が歌舞伎町で一冊一万円という超高額で飛ぶように売れていると聞きつけ、自ら制作をしようとしたのだった。スポンサーは建築設計事務所の社長だった。

一九八一年当時、ビニ本、裏本が金になると聞きつけ、印刷屋、製本屋といった出版関連の人間までもが制作側になるケースが多かった。また門外漢の人間が資金を提供して、儲けようとするケースもあった。

中小企業の経営者にとって、普段の仕事の大半は資金繰りである。莫大な現金収入がある裏本は魅力的だったにちがいない。

スポンサーになると、刑法百七十五条違反で逮捕、というリスクを背負わないといけないのだが。

池田草兵はスポンサーから資金を得て、制作を開始した。

写真集を制作するのでカメラマンを紹介してくれ、というので、『週刊大衆』で一緒に仕事をしていた日大出身のカメラマンを紹介した。やはり日大全共闘出身で、よくしゃべる人物だった。

私は当初、ビニ本を制作するのかと思っていた。池田草兵はモデルをスカウトしだしたがなかなかいいモデルが見つからない。そこで台湾まで飛んで撮ることになった。

帰国した二人は高田馬場駅前にあった大正セントラルホテルをアジトにして、撮ってきたフィルムを確認していた。

当人たちが撮ってきたのは、現地の男女二人の性交写真だった。台湾の若者は左上腕部にちちな蛇の刺青を彫っていた。女はどこでも見かけるような二十歳前後の素人だった。

性交している横で男が女の股に手を添えている写真があった。池田草兵の横顔が少し写っていた。本人によれば、元日大全共闘の気概ということだった。

私は二人が裏本を制作するのだと気づいた。ビニ本と裏本。前者は逮捕される危険性は滅多にないが、後者は見つかり次第逮捕のリスクがつきまとう。

一九八〇年代はなんでもあり、価値紊乱《びんらん》の時代であり、こんな冒険をいとも簡単にさせてしまう軽さがあった。

台湾で撮ったノーカット性交写真集は『信濃川』と称し、中身とまったく異なるタイトルで密売された。

『信濃川』は完売した。

池田草兵が歌舞伎町に集中するビニ本店に注文をとると、一冊二千円の卸値で買い取ってくれた。印刷した六千冊の『信濃川』が全部さばけ、売上げは千二百万円になった。

かかった経費といえば、製版代八万円、印刷製本代百万円、撮影料三十万円、モデル料三十万円、諸経費（ほとんどが台湾での豪遊費）五十万円、純利益は約一千万円になった。

わずか二ヵ月程度でこの儲けだ。スポンサーがその半分以上を持っていったとはいえ、池田草兵の手元にもかなりの現金が残った。

池田草兵は調子にのって四千冊増刷した。

だが、表の出版物とは異なり、地下出版物はそう簡単にさばけるものではなかった。増刷分が売れ残ったため、池田草兵は裏本・ビニ本の流通ルートを支配している北大神田書店グループに接近した。

そこでミツトシという人物から残りの裏本をさばいてもらった。

*

私と村西とおるがいかにして出会ったか、そのきっかけは池田草兵なのだが、当事者の村西とおるによると——。

「池田草兵はきみが紹介したんだよ、たしか。新英出版つくることになって」

抜群の記憶力を誇る村西とおるであるが、この部分は誤っている。

私は池田草兵から村西とおるを紹介されたのだから。

一九九六年、私が四十歳のときに私的体験を綴った『裏本時代』（飛鳥新社／現在は幻冬舎アウトロー文庫）という書き下ろしのノンフィクション小説がある。

記憶というのは日々薄れゆくもので、二十年前に書き下ろしたこの書はいまよりも当時の詳細と心の動きをよく記録している。

高田馬場の大正セントラルホテルの一室で極秘裏に進められた作業を終えた池田草兵は、

マルボロを途中まで吸って灰皿に押しつけて消し、「ちょっと外に出ようか。おれ、これから人と会わなくちゃいけないから」と言った。

エレベーターに乗ると草兵は「おれ、出版社の社員になるから」と、意表を突く言葉を漏らした。

「これからはもう危ない橋渡る時代じゃないからね。サラリーマンだよ、組織人だよ、個人じゃもう限界があるからね。よかったら本橋君も顔出してみない？　新英出版っていうんだ。おれ、そこの編集局長になったから」

新英出版は創業間もない出版社で、ミツトシというパンチパーマの男の仲間たちがつくったものだという。

「やつのところの会長っていうのがおもしろい男でさ、これからは裏本だけじゃダメだ、ちゃんとした出版もやっていくんだって、それでおれがスカウトされたのよ。こっちも前からいろんな出版物出してみたかったからさ、とりあえずもう友人のジョー山中の写真集は決めてきたから。どう？　これから一緒に来ない？　会長に会いに」（『裏本時代』より）

現在、六十六歳になった池田草兵は太平洋を見おろす伊豆高原で庭師と別荘管理を主な仕事としている。

いまもあのスタイルのいい長身の体で、庭師の粋な格好が似合っている。

「草野さん、情熱の塊だったよ。すごいよ、おれもさ、いろんな人間見てきたけど、あんな最強のノリを見せてくれた人はいないね。裏本をさばいてくれたミツトシが『おめえ、もう裏本つくるのいいから、うちの会長を紹介するから、表の出版社やれよ』って言うわけ。それでおれが呼ばれたんだ。他に本をつくれるスタッフがいなかったから」

池田草兵が新英出版の編集局長になって、写真集や単行本を編集するようになると、私に新英出版の写真集を週刊誌で紹介してくれないか、と話を持ちかけてきた。

そして私を神田神保町の新英出版準備室とでもいうべき部屋に連れていったのだった。

地下鉄東西線九段下駅で降り神保町交差点まで歩くと、古書店とスポーツ用品店が入り交じる街になる。古書好きの私には見慣れた街だった。

神保町交差点から横道を入りしばらく歩くと、三階建ての建物があった。そこの二階の一室が新英出版準備室とのことだった。

いまから思うと、そこは裏本のアジト、ワールドフォトだったのだが。

室内は五人も入ればいっぱいになってしまう狭さだった。

部屋にはミツトシと化粧の濃い女性事務員がいた。

打ち合わせをしていた白いスーツ姿の三十代半ばの男性が、突然椅子から立ち上がって池田草兵に握手を求めてきた。

「待っておりましたよ、池田編集局長。これからわたくしは北海道に行かなくちゃならないんです、ゆっくりミーティングできるのは帰ってからですね、わかってるでしょ、もう新英出版は君に任せてあるんだから、ゴージャスな本頼みますよ、ゴージャスなの」

白いスーツ男は、のちに村西とおると名乗る人物のアンダーグラウンド時代の姿だった。

「ああ、会長、紹介します。本橋君です。僕の友人でいろんな雑誌に書いてますから、今度新英出版の写真集のパブリシティを彼に頼もうかと思ってるんです」

「そうですか、わたくし、草野博美と申します。今後ともご指導ご鞭撻のほどよろしくお願いいたしますね」

厳《いか》つい体に似合わず脳天から突き抜けるような甲高い声とお愛想笑いが印象的だった。七三に分けてそのまま伸びきったような髪型と白いスーツ姿が相まってムード歌謡の歌手のようだった。鋭い目つきが笑顔になると途端にへの字のように変化する。

村西とおるが私に裁判関係の書類をいきなり見せてきた。

「ちょっとこれ見てください、これ、ね、うちのスタッフがご厄介になっているんですね、こういったもろもろの事案を解決していかなくちゃいけない。ダイナミックな儲けがあればどうしてもこうなっちゃうんですね」

文章を読もうとすると、村西とおるは書類を引き出しの中に放り込んでしまった。

「とにかく池田編集局長にはゴージャスな本をこれからどんどんつくってもらわなければなりません。ね、局長、そうでしょ、ナイスな本つくってよ」

「はい」

「本橋さんとおっしゃいましたね、おいくつですか」

「二十六です」

「そうですか、これからが伸び盛りですね。わたくしはこの池田編集局長と同じ昭和二十三年生まれなんです。三十四歳、いまが勝負の時なんです。いくら時間があっても足りないくらい働いてるんです。池田編集局長もこれからどんどん活躍して一緒に飛躍していきたいもんです」

さんざん言いたいことを吐き出すと、村西とおるはアタッシェケースを手に取って愛想笑いをふりまいてアジトから去っていった。

*

新英出版の写真集を週刊誌の読者プレゼントで載せると、私の信用度が上昇した。

新英出版の他にビニ本・裏本の仕事をしているというので、会長の紹介で、裏本の撮影現場に潜り込んだときがあった。

新宿歌舞伎町のラブホテルで撮影がおこなわれるという村西とおるの言葉を信じて、カメラマンが仕切る撮影現場を訪れた。だがそこは二人のヤクザが仕切る不穏な現場だった。裏本は暴利を得られると嗅ぎつけ、暴力団が制作にまで介入するようになっていたのだ。

会長こと村西とおるは、自社の流通ルートに乗る他の裏本制作集団の撮影日がたまたま私の取材日程に近いことから、この日を設定したのだった。

撮影現場では十六歳の未成年者が二人の男優と性交していた。ヤクザたちはこの娘たちのヒモのようだった。坊主頭のヤクザは左の小指と薬指が第二関節からなかった。ヤクザは不始末をわびる際に指を切断する風習があるが、しくじれば何度でも指を詰めるということを私はこのとき初めて知った。

撮影現場では話が通っていなかったために、私はこの二人のヤクザから途中、詰め寄られ、危うく監禁されるところだった。

恐怖心はなかった。

弾丸が飛び交う戦場で、カメラマンがいざカメラを構えると恐怖心が薄れていく、という状況に似ていた。

裏本業界には村西とおるをはじめ、表社会では決して接することのできないユニークな男たちが棲息していた。

会長と呼ばれた村西とおるに常につきそっていた北大神田書店のナンバー2、パンチパーマのミツトシもその一人だ。

村西とおるいわく「顔だけで懲役十年いっちゃう男」というくらい、眉毛のない鋭い目つきと野蛮なまでに発達した筋肉はパンチパーマとあいまって、この男が新大久保や歌舞伎町を歩くと人の波が割れた。

ところがパンチパーマのミツトシの口癖は、「つまんねえなあ」だった。死にてえ、とつぶやく。村西とおるに拾われて自死を思いとどまり、以後、村西とおるの非合法活動面を統括するようになった。

記憶に深く刻まれているのは、村西とおるが都内のシティホテルを転々としているとき、私が新雑誌の打ち合わせで部屋に行くと、いつも話が終わるまで身じろぎもせずに用心棒のように背後を守っている姿だ。

私が編集長になる新雑誌の文章を村西とおる本人が執筆するとき、何時間でも書き終わるまでずっと隣で正座したまま待っているのだった。

たとえて言うなら、山口組三代目・田岡一雄組長が麻雀をしているときでも会議をしているときでも、何時間でもじっと正座して控えている若きころの山本健一若頭のような存在だった。

詩人・高村光太郎から拝借したのか、高村のオヤジというとんでもない老人がいた。

裏本が儲かるという噂を聞きつけ、印刷屋、製版屋、板前、建築設計事務所社長、テレビ制作会社、街の電気屋といった様々な職種の男たちが参入してきた。高村のオヤジはどこかのちゃんとした会社の社長だったが、倒産して再起を期して飛び込んできた。

銀髪をポマードできれいになでつけ、一見紳士風を装うのだ。だが人を騙すことにいびつな才能を発揮しうさん臭さが漂う。

印刷ブローカーとして自分の印刷工場を持たず、印刷機が空いている工場に話を付けて印刷させる。口利きで稼いでいる印刷業界独特の職種だ。村西とおるから裏本の印刷を一万五千部引き受けると、二万部刷って五千冊をこっそり売って自分の懐に入れてしまう。

村西とおるから不正を糾されて怒鳴られても、のらりくらりとしている。殺されるんじゃないかというほど追い詰められても、しらを切る。密売していた証拠を出されると、「いやー、我々のような老人をそんなにいじめちゃいけません」と言い訳をして、ついでに咳き込み、明日までもたないような哀れな老人を装うのだ。

村西とおるがそんなことおかまいなしに追及すると、今度は「あなたもいずれ私のように年とるんだから」と、論点をずらす。村西とおるの応酬話法と互角に勝負する詐欺的話法はある意味、威力があった。

もっとも話術で煙に巻く特技はあっても、いざというときは対応ができなかった。

アジトに警察が押しかけたとき、部屋はパニックになった。高村のオヤジは裏本のネガフィルムを抱えて部屋から脱出しようとしたが、ドアを警察官がふさいでいる。数名の警察官が室内を捜索しながら、居合わせた裏本の業者たちを逮捕していった。騒動に紛れて高村のオヤジはベランダに脱出、三階から飛び降りようとしたが下には警官たちが取り囲んでいる。三時間が経過して捜索が終了した。

その間、高村のオヤジはベランダで忍者のごとく身動きもせず、物干し竿のように硬直して警察が立ち去るのをじっと待っていた。

居合わせた裏本業者たち全員が手錠をかけられ連行されていく。

ああ、やっとベランダから脱出できる。

高村のオヤジがほっとしたそのとき、刑事の無慈悲な声。

「さあー、行くぞーベランダの人！　わかってんだよ。ほらーいらっしゃいよ。辛い思いしただろう、そこで」

「私、関係ないんです」

「関係ないもんがそこに立ってるんのか！」

「年寄りをそんなにいじめるもんじゃありません」

「署に行って、話聞かせてもらうよ」

「あなただって私のように年寄りに……」

「さ、手錠かけるぞ」

カバン屋というビニ本、裏本業界特有の商売があった。

カバンに見本のビニ本、裏本を入れて小売店に営業する、問屋のような存在だ。

キンちゃんというカバン屋は、いつもポマードでオールバックにして銀縁のしゃれた眼鏡をかける一見紳士風の中年男だった。

裏社会にしては珍しい明大卒のインテリで、物腰も穏やかだった。

私は何度かキンちゃんの運転する車に乗せてもらったことがある。几帳面な性格だからか、信号待ちで停車するとき前方車両ぎりぎりに止めるのだ。毎回、止めるときの前方車両との距離が定規で測ったかのようにぎりぎりなのだ。

「いつもこれで通してますから」と微笑む。

神保町の裏本アジトにカバン屋として訪れるときでも、いつ警察のガサ入れがあるかもしれないからと、トレイとコーヒーカップを用意してエプロンをかけ、近所の喫茶店のマスターに扮してアジトにやってくる。

「毎度ありがとうございまーす」

村西とおるがすかさず突っ込む。

「バレてんだっていうの、キンちゃんだっていうのは」

「あのー、コーヒーカップ下げにきました」

「だからバレてんだって。キンちゃん」

「いや、これで一貫してやってますから」

用心深さを他の裏本業者たちから笑われたキンちゃんであったが、警察の一斉取締りで複数のアジトが急襲されたとき、たまたまキンちゃんが喫茶店マスターの格好をしていた。証拠品を捜索している刑事たちの中に分け入り、「すいませーん、毎度ありがとうございまーす」と言い放つと、コーヒーカップの代わりに湯飲み茶わんをトレイに載せて堂々と部屋から出て行った。捜査側もてっきり喫茶店マスターだと勘違いして「すいませんね、びっくりさせちゃって」と低姿勢だ。

キンちゃんだけが逮捕されなかったことが知れ渡ると、翌日から裏本業界では急に喫茶店マスターが増えたのだった。

印刷ブローカーの島崎社長は、村西とおるに印刷知識を教えた人物だった。

太平洋戦争では中国大陸で戦い、復員するとカストリ雑誌の印刷をはじめた。カストリ雑誌とは終戦直後、活字に飢えた庶民に向けて相次ぎ刊行された雑誌で、エロティックな記事がメインになったものが多く、粗悪な仙花紙に印刷され、三号（三合）で潰れるというところから、粗悪なカストリ酒にひっかけてそう呼ばれた。

「おれは『政界ジープ』刷ってきたんだ」というのが自慢だった。

『政界ジープ』（政界ジープ社）はカストリ雑誌の一つで、硬派な政治ネタも入った伝説の雑誌だった。

ブローカーだけあって、はったりがきいた。

頑固な性格で何かというと大声で罵声を浴びせる。私も雑誌編集長になってから何度もこの社長に怒鳴られた。

ブローカーに必須の手形の知識があって、夫婦そろって手形を割ったりして、儲けていた。村西とおるに手形の知識を吹き込んだのもこの夫婦だった。

田口ゆかりは裏本の女王と呼ばれ、もっとも人気を博した若いモデルだった。

村西とおるによれば、田口ゆかりの裏本の八割はおれが売った、という。

八〇年代初頭に大流行した聖子ちゃんカットで、それまでのヌードモデルに見られたやさぐれた匂いがなく、アイドル的な雰囲気をもつ逸材だった。

撮影現場で演技指導する村西とおるによれば、裏本モデルの中でもっとも情感あふれる表情、ポーズをするのは田口ゆかりだった。

裸の世界では勘の鋭い女が大成する。

カメラマン、読者がどんなポーズ、表情を求めているか、瞬時に察して体現させる。

田口ゆかりも勘が鋭いモデルであったが、村西とおるのもとで事務員をしていた十八歳の女性社員も勘が鋭かった。

神保町のアジトに警察が踏み込んだとき、村西とおるが外から帰ってきた。アタッシェケースには預金通帳と現金一千万円が詰まっている。

警察は「会長」と呼ばれる男の素顔をリアルに把握していなかった。

とっさの機転で、村西とおるは「社長、どうした？」と女子社員に尋ねた。

すると微笑みながら女子社員は「社長、まだなんですう」と陽気な声で応対した。

村西とおるも一世一代の名演技をする。

「ああそうか、しょうがないな。まだ来ないのか。うん？　警察の皆さんですか？」

「はい」

「しょうがないなあ。社長、逃げたなあ」

「困りました」

「じゃあまた来るよ」

「はい」

部屋から脱出しようとしたとき、刑事が腕をつかんだ。

「ちょっと。そのカバンの中、何が入ってるのか見せてくれないかな」

「いやいや。これは仕事の書類ですよ。お巡りさんに見せるほどのものではありません」

村西とおるが立ち去ろうとしたら、運悪くパンチパーマのミツトシが車を停めて遅れて部屋にやってきた。

顔だけで懲役十年、という悪相だから、警察も怪しむ。

村西とおるはパンチパーマのミツトシの腕をわしづかみにすると、何か言いたそうな警察を尻目に、足早に去って行った。


神田神保町のアジトはすでに警察の最重要捜査対象になっていた。

流通するビニ本・裏本の七割近くを北大神田書店が占めるようになり、陰であやつる会長こと村西とおるを逮捕しようと警察は必死になっていた。

*

私は会長と呼ばれる草野博美が闇社会で裏本の帝王と呼ばれていたことに気づかず、ビニ本の帝王くらいに思っていたのだ。二十六歳の若者はまだ、社会の裏側をリアリティをもって理解することはできなかった。

新英出版だけで社員は百五十人いた。新聞募集と村西とおるが気に入った人物をその場で採用した。

「新英出版は写真集や単行本を裏本流通ルートでさばいてみたけど、やはり雑誌が欲しかったんだね。そのころ、『FOCUS』が売れだして二百万部なんて部数だしてたから、やるならこれだと思った。うちの部下にやらせようと思ったけど、裏本の編集はやったことあるけど、まともな雑誌なんてやったことがないから、なり手がいないんですよ。たまたま池田草兵と知り合って編集局長になってもらって、彼の紹介で新英出版発行の女優の写真集を週刊誌に載せてもらおうと若い記者と会った。それが君ですよ」

他にも出版業界からスカウトして雑誌をつくらせようとしていたが、裏本の帝王という強面のイメージが流布され、みんな尻込みしてしまう。

「名前は『スクランブル』でいきましょう、なんて乗り気だったのがよかったよね。やる気があったから。それで君にまかせたわけですよ。名前がよかったよ『スクランブル』って。北海道に第二航空師団があって、スクランブルで出動してたあのイメージが強く残っていたから、『お、いいねえ、その名前ナイス』なんていって決まりだったね。でもよくやったよねえ。勢いというか」

＊

『スクランブル』を語る前に、一九八二年当時の出版界を解説する必要がある。

前年に新潮社から創刊された写真週刊誌『ＦＯＣＵＳ』は当初、見開き二ページにモノクロ写真が一、二点という見慣れぬデザインだったこともあって部数は伸びなかった。

ところが田中角栄元総理のロッキード裁判の法廷を隠し撮りしたり、中川一郎農林大臣の立ちションを撮ったり、アイドルだった近藤真彦のツッパリ時代の写真を発掘したり、いままで見たことがなかった被写体のリアルな姿を写真で披露すると部数が伸びていった。文章も辛辣で写真を引き立たせる名文ばかりだった。

印象的だったのは、発売日の金曜日朝、山手線車内でＯＬやサラリーマンが『ＦＯＣＵＳ』を熱心に読んでいる光景だった。人数を数えたら、一車両に二十人以上が『ＦＯＣＵＳ』を読んでいた。いまでいうなら車内で横一列に腰掛けている乗客が全員携帯電話を熱心に操作している光景に似ている。

一九八三年で百万部を突破し、翌年正月号は二百万部という記録的部数に達した。

現在、週刊誌が軒並み部数を落とし、十万から二十万部いけば合格という出版不況の時代からは想像もつかない出版ジャーナリズムに勢いのある時代だった。

村西とおるはさっそく写真週刊誌に目をつけた。何事も人より早く流行り物に手をつける男だ。大手出版社が『ＦＯＣＵＳ』の二番煎じを出そうとしても、機動力と手間暇がかかるので手を出すにはしばらく時間がかかった。そこで何事も拙速でもいいから形にする、という村西とおるの哲学から新英出版の新雑誌として発行しようとしたのだった。

当初、新写真週刊誌は北大神田書店の部下を編集長にして、私や知り合いの記者をスタッフに迎え入れようとしていた。

私はあくまでもフリーランスを選んでこの道に進んだのだから、新英出版の社員になるのではなくフリーランスの立場として参加することにした。北大神田書店の部下たちはもちろん新英出版のスタッフも、編集長になろうとする人間はいなかった。

私もまさか自分がなろうとは思ってもみなかった。

だが勢いというか流れというのがある。誰もなり手がいないとなると、二十六歳の若者に封印されていた野望が頭をもたげだした。

私が編集長候補として自ら手を挙げるきっかけの一つがあった。

『週刊大衆』の特集記事を任された。

高峰三枝子がフルムーン旅行のイメージCMに往年の大スター上原謙と共演し、温泉宿の湯につかるシーンがあった。湯船に豊満な胸の谷間が見える。往年の大女優の入浴シーンが評判を呼び、戦前からの大女優はにわかにセクシーな女として再評価された。

編集部は、高峰三枝子が新たなオナペットとして人気を博していることを本人はどう思っているか、をテーマにした記事を企画した。取材、執筆は私に振り当てられた。

高峰三枝子は私も好きな女優だった。

新写真週刊誌の組織づくりを手伝いながら、私は高峰三枝子本人にコメントを求めようと、所属事務所に電話を入れた。

締め切りの都合もあるので、本人からのコメントがとれなくても事務所のマネージャーから本人に質問を伝えてくれてもよかった。だが事務所スタッフが、質問なら本人に尋ねてみてくれ、と本人の連絡先電話番号を教えてくれた。

かけてみたら、高峰三枝子本人が出た。

かけた先は自宅だった。

まずは当たり障りのない無難な質問からだった。二十六歳の若造の質問に、往年の大女優はていねいに受け答えしてくれた。

そのうちいつオナペットとして脚光を浴びているがどう思われるか、という核心部分を切り出そうとした。なかなか切り出せない。

覚悟をきめて「あの……最近、若い世代でもすごく人気があって、若者たちの……対象に……」

しどろもどろで肝心の一言を言葉に出そうとした。

すると電話の向こうが変化した。

「あの、どういったご用件なんでしょう？」

向こうが電話を切りたがってる様子なので、私もまたしどろもどろのまま礼を述べて電話を切った。

この手の仕事はしばらく休憩して、新写真週刊誌の編成に力をそそごうと思った。

そして私は編集長に立候補してしまったのだ。

第5章
180円
『スクランブル』の定価

「二十六歳の編集長か、それもいいだろう」

会長・村西とおるが答えた。

そして隣室に入り、すぐにもどってきたときには手に百万円の札束を持っていた。

「池田編集局長、こういう熱意のある青年が欲しかったんですよ、素晴らしい、素晴らしすぎる！　もうすぐにでも創刊してもらいたいものですね。資金なら心配ありません、払いますよダイナミックにね、大丈夫です、ですからわたしどものように命を賭けてもらいたいものですね、やるからには、ね、池田編集局長、そう思いませんか？」

「はい、やれるでしょう、本橋君なら」

会長・村西とおるは私にとりあえず創刊準備のための制作費を手渡した。

編集長に立候補するほうもするほうだが、二十六歳の編集経験のない青年に編集長をさせるほうもさせるほうだった。

私たちは、高田馬場の早稲田通りと明治通りの交差点角に新しく建設された地上十三階建てビルの一室を借りて編集部とした。

カメラマンやライター、編集者に声をかけ、それでも足りず就職情報誌に社員募集の告知を打った。

募集に百名近い応募者がやってきた。

私たちのやる気を粋に感じたのか、村西とおるは赤坂の事務所に行くたびに制作費を手渡した。

いまなら銀行振込みなのだろうが、いつも帯封のついた百万円の札束を、あるときは一つ、またあるときは三つ、そのときの気分というか状況次第で村西とおる本人が手渡すのだった。

私は知り合いの漫画家・成田アキラに新雑誌のマスコットキャラクターとして、モグラを描いてもらった。

成田アキラはいまでこそテレクラ漫画をはじめ、男女の性愛を描く大家として多忙な人気漫画家であるが、八〇年代前半は鳴かず飛ばずで、私がマスコットキャラクターのデザインを七万円で依頼すると、高額の報酬に喜び描いたものだった。

モグラをキャラクターにしたのは、神出鬼没でどこにでもあらわれる新雑誌のイメージを象徴した。成田アキラが描くモグラは愛嬌のあるいいキャラクターだった。

新雑誌スタッフは私を含めて総勢十七名になった。

編集長二十六歳、平均年齢二十三歳の若い編集部だ。

引き受けてから、会長と呼ばれる村西とおるの悪魔的ともいえる迫力を思い知らされることになる。

すでに複数の県警から指名手配されていた会長こと村西とおるは、新宿副都心のシティホテルを部下のミツトシとともに転々としていた。

打ち合わせのために新宿のあるシティホテルを訪れた私は、村西とおるの一面を見せつけられた。

まだスマホもない時代ゆえ、室内の固定電話には部下たちの営業報告やら警察の捜査状況が逐一報告されていた。

ベッドの横の電話が鳴るたびに、村西とおるはすぐに受話器をとる。

しばらく相手の話に聞き入りながら、深刻そうな表情になった。

大げさ過ぎるほど深刻な顔をしている。こういうときは活火山が噴火する。

突然、受話器を固く握りしめたまま髪を振り乱して怒鳴りだした。

「あのね……いいですか。ちょっと。あのね、そんなこと聞いちゃいないですよ！　私の言ってることがまだわからないんですか！　パクられたからといってそんな勝手なことするようじゃ困るんです！　だから……おいっ、まーだわかんねえのか、このうすらボケ！」

体を震わせ、受話器の向こうに罵声を浴びせる。

劇場で喜劇を演じている吉本新喜劇のお笑い芸人のように、大仰な怒りぶりは端から見たら笑いを噛み殺すのが大変だった。

音をたてて受話器を置くと「失礼しました。さ、お話のつづきですね」と愛想笑いになった。

＊

勢いで引き受けてしまった新雑誌『スクランブル』だったが、当初から制作は難航した。

大手出版社がすぐに手を伸ばさなかったように、毎週発売される写真誌など、そう簡単につくれるものではない。隠し撮りや芸能人のスキャンダル写真、密会写真、掘り出し物の写真など、毎週手に入るものではなかった。

当初、『ＦＯＣＵＳ』との差別化をはかるために、『スクランブル』は芸能色を強めた誌面にしようとしたが、会長の強い指示で、政治も事件も追いかける硬派な誌面を入れるようにと強く命じられた。

編集部が混乱したのはいうまでもない。

もともと村西とおるには政治談義を好む硬派な体質があった。

印刷前のゲラが出ると赤坂の事務所まで行って、ゲラを見せることになった。

「いいですか。ご指導ご鞭撻するほど能力のあるわたくしではございませんが、一言いわせてもらいます。弱腰になってはいけません、大物とぶつかる気概が感じられないんです、こんな企画じゃとてもじゃないが売れませんよ。雑誌のタイトル、これはいい、ナイスです。わたくしども北大神田書店は北海道に四十八店舗ありますがその中の一つが千歳の第二航空師団の基地のそばにあるんですね。自衛隊員はビニ本が大好きなんです、よく売れてるんですね、その第二航空師団がよくスクランブル発進するんですよ、昼夜を問わず大空に向かってダイナミックに。緊張感漂う第二航空師団の隊員たちもまた寝床でつかの間の無聊をわたくしどもがつくったビニ本で慰めていることでしょう。でも、彼らが『スクランブル』を買うかといったらいまの段階ではその可能性はゼロですね。大物がいない、これじゃマイナー雑誌です。気後れしないでいただきたいんです、うちは日本一を目指す会社なんですから、そして君たちもその一員なんですから」

赤坂の新英出版で私たちが編集会議で出した創刊号の企画書を会長に手渡すと、またいつもの演説が延々とはじまるのだった。

「創刊号にはスクランブル発進の瞬間を撮って載せるべきですね、どうなの？　石原副編集長、カメラマンなんだから君が撮ってきたらいいんじゃないの」

下を向いていた石原カメラマン、いや石原副編集長はうなずくだけだった。

「大物を撮ってくださいよ。ダイナミックな人物を！」

これからはじまる壮大な任務を前に私たちが萎縮したのではないかと思ったのか、会長こと村西とおるはさらなる叱咤で私たちの背中を押そうとした。

編集長という立場上、言いたいことは言葉にしておくべきだと思った。

「会長、それはわかるんですが、ある程度はこちらの企画をですね、尊重してもらう関係がないと……。雑誌をつくる編集権というものが僕らに与えられてそれを発売する発行権というものがそちらにある、それをわかってもらわないとですね……」

私はまだ二十六歳、そして村西とおるも三十四歳。ともに若い時代だった。すぐに熱くなった。

「発売前からしびれるようなこと言ってるんじゃないよ！　おれが言ってるのはこんなお遊びじゃ売れないって言ってるんだよ！　何が新人アイドル歌手の素顔だよ、何が廃盤レコードに映った意外な人物だよ、本当にしびれちゃうんだよね、こんなんで売れると思ってんのか？　こっちは昼夜にわたってからだ張って生きてるっていうのに、おまえらは全然緊張感がないまま手抜きで仕上げようとしてるんじゃねえのか」

火花が山火事にならないようにと、池田草兵編集局長が間に入ってきた。

「本橋君たちも雑誌をつくるのは初めてなんだから、会長の意見をちゃんと聞かないとね」

すると会長こと村西とおるが人格を変えたかのように、また猫なで声になった。

「編集権をないがしろにしようとしているわけじゃないんです、わたくしも編集スタッフの一員になって本づくりに参加しようと思ってるんです」

こんな緊張感あふれるやりとりは創刊号の編集段階でも生じた。

デビューしたばかりの歌手・秋本奈緒美の見開きグラビアの見本刷りがあがったら、いきなり村西とおるが怒りだした。

「こういう芸能雑誌をやれと言ったんじゃない」、と差し替えを命じてきた。そうすると発売日までに間に合わないおそれがあった。他の印刷会社なら間に合うのだが、『スクランブル』はあの島崎という印刷ブローカーが請け負っていた。印刷業界には自ら印刷機を持たず、印刷機が空いている下町の印刷所に仕事を発注して利ざやを稼ぐブローカーという荒っぽい業者が棲息していた。

空いている印刷機で印刷するのだから、すぐに刷れるというものではなかった。『スクランブル』は流通ルートといい、印刷といい、北大神田書店系の組織にうまく組み込まれていたのだ。

＊

一九八三年（昭和五十八）二月二十五日——。

『スクランブル』創刊号は予定通り、全国一斉発売された。

公称三十万部、実際に刷ったのは十七万部だった。

出版不況の現在から見たら、かなり刷ったほうだろう。しかも東販・日販といった大手取次店を通さず北大神田書店の独自の流通ルートを使って全国に配本したのだ。

あまりにも無謀過ぎた。

だが無謀こそ、村西とおるの本領なのだ。

創刊号の中身はそれなりに充実していた。

早稲田大学のアイドルを研究するおたくの第一疾走者のような学生のルートで、当時異常なほどの人気を博した新人歌手・中森明菜の中学生時代の修学旅行の寝間着姿の写真は評判を呼び、女性週刊誌数誌から貸してほしいと連絡が入った。

隔週で『スクランブル』が発売されるとあって、編集部は朝も昼も夜もないような状態になった。

元美容師、元学生、業界誌記者、カメラマン助手、食い詰めた男、就職浪人中の大学生。寄せ集め集団にしては、よくできた誌面だった。

印象に残っている記事がある。

一九六七年から二年間、日本中に吹き荒れたＧ　Ｓ《グループ・サウンズ》ブームがあった。人気ナンバーワンのバンドが京都出身の五人組、ザ・タイガースだった。リードボーカルの沢田研二《ジュリー》は甘いマスクで格別人気があり、六〇年代後半、いい男というと沢田研二が真っ先にあがった。

次に人気があったのが端正な顔立ちのドラムス、瞳《ピー》みのるだった。

一九七一年、日本武道館で解散コンサートを開き、その後、瞳みのるは一切マスコミに登場せず消息も不明だった。慶應高校の漢文教師になったのが伝わってきたのはだいぶ後になってからだ。現役時代の華々しい活躍ぶりと引退してから世間と関わりをもたなくなった落差から、山口百恵とならんで伝説化されていた。

私は隠遁している瞳みのるを誌面に載せたいと思い、カメラマンとライターに取材を指示した。カメラマンは物撮りを専門とする若手で、ライターはアルバイトの早大生だった。

慶應高校の教師になった瞳みのるは多摩川を夕方、犬を連れて散歩している、という情報を入手し、張り込みをしたところ、ビギナーズラックというのだろう、なんと張り込み初日で瞳みのるが撮れてしまったのだ。

いきなり目の前にカメラマンが立ちふさがりシャッターを押したものだから、モノクロ写真には、わっと驚く瞳みのるのアップが写っていた。

タイガース時代の長髪のままで、三十七歳にしては若々しい姿だった。

解散してから十二年後、初めて誌面に載った瞳みのるは評判を呼び、わが編集部は女性誌数誌から逆取材されることになった。

このころはまだ個人情報もプライバシーもいまより軽んじられていて、こんな荒っぽい取材も問題にならなかった。

瞳みのるはこの記事以降もいっさいメディアに登場せず、戦後最大の女優として人気絶頂のときに引退した原節子と同じように、人生をまっとうするのかと思った。

だが最近になって、タイガースのメンバーたちの呼びかけで、教師を定年退職した瞳みのるが現役ドラマーとして復帰し、再結成されたタイガースのメンバーとして全国ツアーに出て、自叙伝まで出した。時はすべてを押し流すのだろう。

この他にも、ライバル誌と勝手に思っていた『ＦＯＣＵＳ』編集部に潜り込み隠し撮りしたり、後藤章夫編集長の自宅から新潮社までの通勤風景をレポートした。隠し撮りを得意とする『ＦＯＣＵＳ』自身が隠し撮りされてしまうという、シュールな展開を私は面白いと思った。

素人的な発想であったが、何をするかわからない誌面はそれなりに評判がよかった。

問題もあった。独自の流通ルートに乗せて全国配本するという当初の目的は破綻していたのだ。ビニ本のように決まっている書店にまくのは効率がいい配本ルートだったが、全国津々浦々の書店に薄く広く配本するというシステムは困難だった。配本数にむらがあった。『ＦＯＣＵＳ』が三十部売れる書店に『スクランブル』を百冊置いてしまうから、いくら売れ行きがいいといっても、翌週には売れ残りが生じる。

私は会長こと村西とおるの戦略が危ういものではないかと思うようになった。

ところが当の会長は私の危惧など、まったく気にかけていなかった。

＊

会長こと村西とおると仕事を通じて接するうちに、この男のことが少しずつわかってきた。

部下を指図《さしず》する能力は抜群で、指示は圧迫的であり、心を許すような笑顔をときに見せた。剛と柔、陰と陽の組み合わせである。

得意の応酬話法で煙にまかれながら、私たちは地下経済界の首領となりつつあったこの男から刺激をもらった。

村西とおるの口癖は「メジャー」だった。

メジャーという発音ではなく、正確には「メージャー」だった。

たしかに私たちは少しひねりすぎていた。

松田聖子、中森明菜、郷ひろみ、松田優作、薬師丸ひろ子、田中角栄、中曽根康弘、当時の大物を狙うのは野暮ったい気がした。

若原瞳の楽屋。ビートきよしの近況。取り上げる人物とテーマがはすにかまえていた。

それに比べると、会長こと村西とおるは大物何するものぞ、という気概があった。

池田草兵の交友関係から、村西とおるは極真を破門になって新たに士道館という空手流派をつくった添野義二館長と親しくなり、台湾や韓国まで行って修行中の光景を撮って写真集にしようとした。

また義理堅く池田草兵が以前から親しくしていた、『人間の証明のテーマ』をヒット曲にもつジョー山中の写真集まで新英出版から発行した。

添野義二館長は梶原一騎と深い親交があり、その関係で村西とおるは梶原一騎を紹介された。

銀座の高級クラブで酒を酌み交わす仲にまでなると、村西とおるは梶原一騎の代表作『巨人の星』の主題歌を高らかに歌い上げた。

「おもーいこんだあら　試練のみーちーをー　行くがーおとこのー　ド根性ー」

照れまくる劇画界の首領を前にして、村西とおるは星飛雄馬のごとく店内をウサギ跳びしてみせた。

人たらしの村西とおるはさらに、初代タイガーマスクの生みの親でもある梶原一騎から、タイガーマスク自叙伝の版権をもらった。タイガーマスクがメキシコ遠征して、向こうの覆面レスリング、ルチャリブレに参戦し活躍するところまで取材した。

＊

一九八三年初夏、新英出版は赤坂から四谷に移った。

そのころから私に手渡される制作費が滞りだした。どんぶり勘定もいいところで、村西とおるのもとにある現金次第で私への金払いが決まった。

私は何度も四谷参りをして、何度も手ぶらで帰り、やっとのことで現金を渡されるのだが、だんだん帯封の百万円から半額、さらに半額へと減っていった。

私は初めて自分以外の十六名の人間たちの生活まで背負っていることにいやが上にも気づかされた。

フリーランスに憧れ、自分ひとりの力でどこまでやれるか人生を賭けたはずだったのに、組織を自らつくり、組織の息苦しさを味わうはめになってしまった。

村西とおるは依然として豪快だった。

寝る間も惜しみ、働いていた。

暴君で編集権など認めないところがあったが、自らライターとなって、誌面に載る写真をもとに原稿を書くときもあった。

なかでも印象に残っているのは、太平洋戦争時に戦い負傷して片足、片腕になった台湾人戦傷者について、書いたときだった。

「私に書かせなさい」と言って、私たちが入稿作業していた赤坂の旅館にやってきて、私たちの横で髪を乱しながら熱心に鉛筆で原稿を書くのだった。横にはパンチパーマのミツトシがじっと待機していた。

台湾の戦傷者は、日本人ではないということで戦後補償を受けられず、忘れ去られた存在になっていた。それを問題視するページだった。このときのペンネームは松本源一郎だった。この名前、どこかで見た覚えがあった。明治四十二年生まれの村西とおるの父、ひと山当てようと国鉄を辞めてこうもり傘の行商をはじめたあの松本源一郎だった。

戦後補償から忘れ去られた台湾の戦傷者を思いやる心と、情け容赦なく罵声を浴びせる悪鬼のような顔、村西とおるには相反する二つの顔があった。

この男の手抜きしない、過剰なまでに入れ込む体質は私たちスタッフがたっぷりと思い知らされた。

平和的な、当たり障りのない原稿、写真をもっとも嫌った。

だからこんな恐ろしい極秘情報をもたらして、私たちを試そうとした。

村西とおるからもたらされた恐ろしげな情報とは――。

毎年催されるある記念祭は、部外秘でおこなわれるもので、著名芸能人、横綱、大関、企業経営者が臨席する。彼らが一堂に会したとき記念写真を撮影する。このときをねらって写真を撮ったらスクープになる、という。

面白そうなので、カメラマンを派遣し、密かに撮影をした。

カメラマンが現像したモノクロ写真を見て、私はやっぱり村西とおるが私たちを試したのだと思った。

記念撮影の集団には、横綱、大関、紅白歌合戦出場歌手、映画俳優、落語家といった誰もが知っている超大物ばかりが並んでいた。

問題なのは、その中によく見たらわかる顔ぶれが並んでいたのだ。

日本有数の暗黒街の幹部たちだった。

写真に写る著名人たちと記念祭の意外さがあったので、誌面に載せることにしたのだったが、これは後で爆弾をかかえたことになるなと感じた。

案の定、最新号が出て数日後、その筋の男から歌舞伎町喫茶店「パリジェンヌ」に呼び出された。

なんであの写真を撮ったのか、写真とネガをすべてよこせ、と二人の大柄な男たちが私にせまった。

村西とおるからもたらされた極秘情報のもとは、裏本ルートからもたらされたようだった。

暗黒街を取り仕切るある組織が主催する会だったのだ。私にせまってきた二人は、組織がさまざまな著名人を招いて催したことが表沙汰になってしまうことに、神経をとがらせていたのだった。

編集部にも男たちから脅しの電話がかかってきて、仕事にならないので、私は写真とごく一部のネガだけを渡すことで手打ちにもっていった。こういうときは、金以外で相手の顔をたてることが効果的だ。

「やっぱり来たか」

村西とおるは当然と言わんばかりの顔でこの事態を笑い飛ばした。

自身がいつもぎりぎりのエッジを歩いているので、楽して生きている人間に対して断崖に立たせるのだった。

＊

普通は金回りが悪くなると支出を減らすのだが、村西とおるは逆だった。

金回りが悪くなるとさらに金を使い、経営を挽回しようとするのだ。

いまから思えば新英出版を創設したころから、裏の出版事業の勢いが鈍くなったために、表の出版事業で挽回しようという意図があったのだろう。

あれから三十三年後――。

伊豆高原の風に吹かれて、池田草兵が回想した。

「おれがさあ、新英出版やりはじめたころからもう内状は火の車だったからね。ああ、やばいなあと思ったよ。いつ逃げ出そうか、そればかり考えるようになった。ワハハハ！」

村西とおるは有名人の持ち車を紹介する『マイカーランド』、著名人の自叙伝の交渉、海外ロケなどで膨大な制作費をつぎ込んでいた。

池田草兵編集局長の給料は三ヵ月くらいで滞ってしまった。

村西とおるはさらに拡大戦略に打って出る。今度は撮り下ろしビデオを連発しようとしたのだった。

一九八三年当時、ビデオ再生機が十万円台になり、一般の家庭に普及しだした。ビデオ再生機で再生させる作品《ソフト》がほとんどない時代に、村西とおるはオリジナルビデオ映画を制作しようとしていた。何事も時代の先をいきたがる男だ。

その名も新英ビデオと命名し、監督には、『TATTOO〈刺青〉あり』で注目を集めた若手の高橋伴明、写真家の加納典明、喜劇映画の大御所監督・瀬川昌治といった実力派を起用した。出演者も、服部マコ、児島みゆき、高瀬春奈、奈美悦子、『太陽にほえろ！』のロッキー刑事役を終えたばかりの木之元亮、内田裕也、林ゆたか、佐藤蛾次郎、鈴木やすしといった当時の人気俳優が多数出演した。

高橋伴明監督作品『マギーへの伝言』では、服部まこ（現在、真湖）と高瀬春奈が内田裕也とベッドシーンを演じ、全裸での熱演からハードコアではないかと噂がたつほどだった。総額で三千万円を費やした。

村西とおる本人も前から熱烈なファンだったアメリカのポルノ女優、アネット・ヘブンを日本まで招いて、自ら監督を務めたのだった。

「映像には興味があったんだよ。映画が好きだったし、男なら誰でも一度はプロ野球監督と映画監督になってみたい夢があるわけよ。それで自分も監督になってみようと思ってさ、アネット・ヘブンを日本に呼んだわけ。マサチューセッツ工科大学を卒業したアメリカのポルノのナンバーワンですよ。日本のAVがこういうふうにできる時代より前にね、バカみたいにニューヨークから呼んだんですよ。来たんだよね、日本に。そうして『OH！歌麿！』って作品を撮ったんですよ。なんでアネット・ヘブンだったかというと、アネット・ヘブンのあそこ見たかったから。それだけ。アハハハハ。思ったことは必ず実行するからね。日本に呼びましたよ、高いギャラ払って。新英出版倒産するかしないかのころだったから、手形の融通に走り回りながら、監督を務めた。生まれて初めての監督ですよ。資金繰りで銀行にいつも午後三時まで粘っているから、撮影はどうしても午後四時あたりからになっちゃう。ハアハア息きらせながら撮影現場に来て、アネット・ヘブンにギャラ渡すわけ。向こうはシビアだから、毎日日当のギャラなわけよ。そんな監督初デビューでしたね。内容？　どういうっていったって、アネット・ヘブンが日本に来て、日本の男とセックスするだけの『OH！歌麿！』というシンプルなやつですよ。アハハハ。相手役の日本の男は忘れちゃったけど、どうでもいいような劇団の男じゃなかったかな。日本でやったのは本番じゃないから。ただおれはスケベ心がいっぱいで、アネット・ヘブンのあそこが見たいなって、一生懸命撮ってたんだけどね。金？　当時で一千万かそこらじゃない？　あの当時でアネット・ヘブンがアメリカでもらってた出演料は一本で五十万ぐらいだと思う。それをおれは破格の金出したから。そりゃ日本に来ますよ、飛んで。アメリカまで人間行かして契約して連れてきたんだから。当時はアメリカでナンバーワン・ポルノ女優でしたよね。いまでも伝説の女優ですよ。新英出版が倒産したからそのビデオも人手に渡って、『歌麿』とかいうタイトルで一時売られていたんじゃないかな。私の処女作ですよ。どうしようもない作品だけどね」

アネット・ヘブンはアメリカンポルノ女優にしてはスレンダーな美人で、知的な容姿をしていた。

村西とおるの好みの女性像がここに集約されている。

稼ぎ頭の北大神田書店がゆらぎ、表の出版社新英出版も軌道に乗らず、新英ビデオもさして売れず、そんななかで撮影中に信用金庫に資金繰りに行っていた。

攻撃は最大の防御なり、というが、破滅間際の自暴自棄のような金の使い方は異様でもあった。破綻が迫ってきた。

いくら金がかかろうが、制作費に糸目はつけずいいものをつくろうと突っ走ってしまう。その姿勢に本人はいま、こんなことをつぶやいた。

「宮崎駿をやっちゃったんだな、おれも」

＊

「会社が潰れるなんて正直言って信じられなかったんですよ。倒産の原因というのは集金未回収と使途不明金ですね」

村西とおるはこのときの敗因を振り返った。

「一番痛かったのは集金が上がってこなかったこと。途中で消えちゃうんだよね。警察の摘発を受けてパクられちゃって、せっかく儲けたカネが入らなくなる。これも痛かった。全国のうちの書店関係に何十万冊ってばらまいて納品しても経費ばかり嵩《かさ》んじゃうし、たくさん社員もいるからね。集金しても経費で消えちゃうし、他にも人件費や弁護士費用といろいろかかったからね」

英国の政治学者の名前のついた〝パーキンソンの法則〟という組織の法則がある。

役人の数は仕事量とは関係なく増えつづけるという法則である。

これは民間企業にも当てはまる。組織の人間はライバルよりも自分の意見を聞く部下を持ちたがる。そうすると仕事とは無関係に組織の人数が増え、水ぶくれ化する。

村西とおる率いる北大神田書店、新英出版もまたパーキンソンの法則から無縁ではなかった。

流通を制する者が資本主義を制する、というテーゼを信じ、裏社会における禁制品の流通を我が国で初めて確立し膨大な利益をあげてきた。だが流通体制を維持するために膨大な人数を正社員として雇ったために人件費が膨れあがり、保釈金、弁護士費用等でさらに出費が増えていった。

制作費への限りない投下、追われる身を癒やそうと日夜、夜の街で湯水のようにカネをばらまく。

行き詰まるのも時間の問題だった。

私たちが受け取っていた編集制作費もまともに出たのは最初の二ヵ月で、あとは何度通っても空振りばかりだった。制作費の中から私の報酬を取るはずだったが、二ヵ月分だけ受け取ったものの、あとは制作費につぎ込み、私の取り分はほとんどなかった。

大阪セクションまで設け、軌道に乗りかけた編集部だったが、制作費が出なくなったら休刊になるのは避けられなかった。


一九八三年七月――。

四谷の新英出版に行っても、ほとんどの人間はいなくなっていた。

制作費がもらえないことが確実になると、私は覚悟を決めて高田馬場の交差点にある十三階建てビルの編集部に引き返し、事の顚末を打ち明け、組織の死を意味する編集部解散を宣言した。

せっかく集まってくれた仲間たちには、なんと言っていいか言葉も見つからなかった。

逆に私を励ます若い女性編集者もいた。

空中分解したために、本来なら支払わなければならない編集費、取材費も一部支払えなかった。

事務所を借りる際に預けた保証金を解約し、それを返済に充てたものの、満足できるものではなかった。私をあてに参加してくれた編集スタッフ、デザイナー、ライター、カメラマン、アルバイト、様々な人間に迷惑をかけた。いくら謝罪しても足りないだろう。

私が一九九六年に書き下ろした『裏本時代』は、会長と呼ばれた村西とおるが新宿歌舞伎町の喫茶店「パリジェンヌ」で私と落ち合ったときのシーンで終わっている。

会長の着ている白いスーツはシミで汚れ、冷めたロッテリアのハンバーガーをむさぼりながら、私に今後のことについて熱く語り出した。まだ事業はあきらめていないとも言い切った。

だが私はもう燃焼し尽くしていた。

一九八三年八月末――。

村西とおるは再起を期して北海道に舞い戻った。

東京の北大神田書店グループも新英出版も潰れたが、まだ発祥の地、北海道の北大神田書店グループは健在だった。

ここからもう一度奮起して、東京に凱旋してみせる。

翌年三月。

村西とおるは北大神田書店グループの部長職で組織のナンバー3、ナンバー4である部下から「支店の展望について相談したいことがありますので」と言われ、札幌駅前にある京王プラザホテルのロビーに向かった。

ホテルには結婚式を祝う正装の善男善女が談笑し、打ち合わせでビジネスマンがあちこちで書類を開いていた。

有能な部下の話を聞いていた村西とおるは、これならまだいけると自分を鼓舞した。

「よし、わかった」

村西とおると二人の部下の近くに若い女性が近づいてきた。何事か村西とおるに言うようなそぶりだった。

部下と話をしていたのを中断し、女性を見ると、背後から男の声がした。

「草野博美、わかってるな」

女が手錠を出した。

男六人と女一人、総勢七名の刑事たちが村西とおるを取り囲んだ。
ざわめいていたロビーが無音になった。
村西の部下たち二人は青ざめたまま、その場から消えた。
おれを売ったな。
裏本の帝王の両手が冷たい金属の輪っかでつながれた。

第6章

1万4000円

保釈された村西とおるのポケットに入っていた全財産

冷たい手錠の感触が村西とおるの全身に伝わった。

一九八四年（昭和五十九）三月十五日、生まれて初めての逮捕だった。

北海道の拠点をまかせていた組織のナンバー3、4が警察とのやりとりで村西とおるを売ったのだった。

天文学的な利益をあげていた北大神田書店グループも相次ぐ摘発で逮捕者を次々と出し、収入源を絶たれ、表の出版社新英出版も煽りを受けて倒壊し、遂には村西とおるも逮捕されてしまった。

負の連鎖は波状的に襲ってきた。

社会に出てからいままで仕事においては負け知らず連戦連勝だった男に初めて土がついた。

実質経営者を逮捕　道内支店網、閉鎖状態へ　ビニ本販売の北大神田書店

札幌・東署は道警防犯課の応援で十五日までに、道内で最大の販売組織を持つビニ本店「北大神田書店」の実質的経営者で住所不定、書籍販売業草野博美（三五）をわいせつ図画販売目的所持の疑いで逮捕した。

調べによると草野はすでに同容疑で同署に逮捕されている北大神田書店社長○ら四人と共謀、ことし一月十九日、札幌市北区北二八西一二の北大神田書店本店でわいせつな写真誌を販売目的で所持していた疑い。

草野は五十五年、札幌で同書店を個人経営で開業、五十六年に法人組織にして支店を拡大し、自分は経営の表面からしりぞいたが東京都内のホテルを根拠に各支店の人事や売上

金の回収などを一人で切り盛り、実質的な経営者としてさい配をふるっていた。

北大神田書店は全道に三十六店の支店を持ち、各店合わせて月額五千万円の売上があったが、草野の逮捕で閉鎖状態になるところが多い。

社長ら三人に有罪判決
札幌地裁（奥田保裁判官）は十五日午前、わいせつ図画販売目的所持罪に問われた札幌市北区○、北大神田書店営業部長○ら三被告に対する判決公判を開き、○と同区○、同書店総務部長○の両被告にそれぞれ懲役一年、執行猶予四年（求刑いずれも懲役一年）、同区○、同書店社長○被告に懲役十月、執行猶予三年（求刑懲役十月）の有罪判決を言い渡した。

判決によると、北大神田書店は同区北二八西一二に本店を置き、○、○両被告は前社長の○被告（四五）＝同罪で分離公判中＝らと共謀し、昨年六月、同十一月、ことし一月の計四回にわたって本店をはじめ道内二十七店でわいせつ写真集のビニール本一万五千六百冊と裏ビデオ四巻を販売する目的で所持していた。○被告に代わり、昨年十二月社長になった○被告は一月に本店など二店にビニール本五百冊などを売るように指示していた。

判決の中で奥田裁判官は「大規模な組織、販売力を背景にした事件で、善良な性風俗を乱し刑事責任は重い」と厳しく指摘した。

（「北海道新聞」一九八四年三月十五日夕刊。○は掲載紙では実名）

一九八四年の蹉跌から三十二年後——。

新宿副都心の高層ビル。

喫茶室の窓から広がる都心の薄曇りの光景を見やりながら、裏本の帝王とうたわれた男が、人生初の札幌東警察署による逮捕劇について語り出した。

「衝撃はないのよ、むしろほっとしたのよ」

「逮捕されて？」

「そう。おれはね、全国指名手配になって逃げ回っていたから。指名手配になるっていうのはね、強迫観念がすごいのよ。知り合いがどんどん信じられなくなってくるわけ。いつ、おれと別れたその足で警察にチクるんじゃねえかとかね」

「よく新宿のこのへんのホテルを転々としてましたよね」

「うん。人を裏切ったり、人を騙したり、そういうものが自分自身に突きつけられてくる。おれもひょっとしたらチクるかもしれないし、けっこうなことをやるかもしれない、自分自身の中にある邪悪なものを突きつけられてくるんだな。それで苦しむわけ。人をどんどん信じられなくなってくる。最終的にはその通りになった。札幌で店をまかせていた担当部長、グループのナンバー3、4がいたんだ。『会長、どうしても相談したいことがあります』って言うわけ。『これから北大神田書店支店の展望をどうやって描いたらいいかぜひご相談したい』って言うから、わかったということで札幌京王プラザホテルのロビーで落ち合った。担当部長の二人と話し込んでいるうちに、ふっと気がついたら、女の刑事一人と男の刑事六人がすっと来て、『わかっているな』って言ったんだ。そのとき、担当部長二人は顔面蒼白よ。この二人がおれを売ったわけ。でもそうでもしなければ彼らも懲役に行くことになっちゃうわけだからね、しょうがないよね。おれがそこまで追い込んでしまった、密告屋に仕立ててしまった責任があるんだから」

逮捕されてほっとした、というのは指名手配犯に共通する心理のようだ。

「逃亡生活って疲れるし、お金はなくなってくるし、これから先どうなっちゃうのかわからない。店には顔出せないでしょう、連絡もとれないでしょ。だから、指名手配犯がね、捕まってホッとした顔をするっていうのは、気持ちよくわかるんだよ。ブタバコ初体験だよ。さすがに辛いものがあったね。その間、札幌東署で取り調べだよ。過去何年にわたっておれの容疑ぜーんぶ出ちゃってさ。逮捕される一年くらい前から全国指名手配だったから、新英出版倒産が七月十日、ちょうどあと二日か三日遅れてたら新英出版本社がガサくってたかも知れない。それほど警察の追及の手が迫っていたんだね」

逮捕された息子に会いに実母が面会にやってきた。

仕事に忙殺され十年以上、母親とは音信不通だった。

実母は村西とおるの姉とともに面会にやってきた。

一人息子が犯罪者として鉄格子にいることを、実母はどう感じたのだろう。

当時は取調室で面会することができた。

重苦しい空気の取調室に入ってきた実母は、久しぶりに見る我が子を目の前にして、泣きじゃくりながら言い放った。

「こんなバカ息子、殺してください！　死刑にしてください！」

取り調べ中の刑事たちは、まあまあお母さん、といって被疑者の実母を慰めるのだった。

陽光の新宿を見おろし村西とおるが笑いながら回想する。

「ビニ本あたりでさ、殺されるわけないのに。アハハハ。母親の精一杯の愛情なんだよ。『こんなわるいやつ、一生ここから出さないでください！』なんて言うんだから」

母親が息子のために見せた一世一代のパフォーマンスでもあった。

「まあ、おれも辛かったけどね。男はみんなマザコンだよ。やっぱりね。女はファザコンだよ。ただね、捕まっても人を殺したり、人の物かっぱらったりしたわけじゃないからね、罪の意識がないから困っちゃうんだよね。国が違えばなんの犯罪にもならないことだから、おれのしたことって。絶対悪じゃないからね。おれがやった刑法百七十五条違反っていうのは、先進八ヵ国においてはどこでも許されてるわけだからね。窃盗や殺人とはまったく違うわけよ。罪の意識を持てないところに苦しみがある。わいせつ罪っていうのはね。刑事からは『もし北大神田書店を解散しないなら、おまえの部下が過去において七、八十回捕まったやつ一件ずつを二日間かけて立件していくぞ。そうなるとおまえも半年は出られないぞ』って迫ってくるんだ。本当にできるんだよ。すでに八十件は部下たちが逮捕されてるから。それについて一件ずつおれの関与を取り調べていったら計算上は半年くらい軽くいっちゃうわけ。せっかく全国制覇した北大神田書店グループだったけど、まさかこんなに早く崩壊するとは思わなかった。じゃあ、解散しますって言って店をみんなあげちゃった。欲しいスタッフにお店も本も全部。これでおれは文字通り一文無しですよ」

＊

保釈された村西とおるのポケットに入っていた全財産

取り調べ期間中は三畳で二人収容の狭い拘置所に寝泊まりした。

泥棒や婦女暴行といった罪で入獄した者は、獄中でも白い目で見られた。わいせつ図画販売容疑で逮捕された村西とおるも白い目で見られるかと思ったが、獄中にいると艶めいた話に事欠き、ビニ本・裏本について興味津々の容疑者たちは村西とおるに一目置くのだった。

看守側にとっては、北大神田書店グループを束ねてきた村西とおるを統率力のある人物と見込んだのか、他の容疑者たちを監督する役目を任せてきた。

そのため村西とおるのいる房には、殺人犯ばかり立てつづけに入ってきた。

ある日、女房を殺した夫が入ってきた。

何かの話がきっかけで自分の女房が浮気をした疑いが出てきたり、実際の年齢が亭主より十歳年上だったと知り、怒った亭主が女房の頭を小突いたところ頭の打ち所が悪くて意識不明になってしまった。おまえが死んだならおれも死ぬと錯乱状態に陥った夫は家に石油を撒き火をつけた。燃えさかる炎を見ているうちに亭主も気を失い、気がついたら病院のベッドの上だった。

殺人と放火で起訴され、自身もやけどをおって拘置所に入ってきた夫だったが、あの野郎がおれを騙したためにおれは犯罪者になってこんな所に入っちゃった、といまだに女房のことを恨んでいた。殺人者は夜中にうなされると聞いたが、この夫は熟睡していた。

ある日、家庭内暴力をふるう息子を殺してしまった父が入ってきた。

看守が「会長、見てやってくれ。野郎自殺するかもしれないから」と耳打ちしてきた。

父親はやむにやまれぬことで殺してしまったのだろうが、しでかした重大さに押し潰されそうになって腑抜けだった。村西とおるは、この父親が自殺念慮にかられいつ自殺しようとするか、緊張しながら見守った。

精神力の強さには自信をもっていた村西とおるも、たった三畳の部屋で二人が一ヵ月以上暮らしているうちに、閉所恐怖症に近い感情が湧いてきた。

朝の運動。六時起床、食事後運動。七時半から十五分荷物整理。十一時半から昼食、五時から夕飯。朝はたくあん二切れに味噌汁、昼はおにぎり。夜は漬物、さんまがおかずに出る。

「メシはそんなによくなかったよね。その後に捕まった警視庁昭島署のほうがよかったよね。札幌ではいろんな容疑者を見てきたよ。背中一面に紋々を入れてきてさ、坊主頭で顔に切り傷がある、もう見るからにヤクザなのよ。そいつが『おれはヤクザじゃない』っちゅうわけよ。『おれは刺青愛好家だ』って。どっから見たっておまえヤクザだろって言うんだけど、自分の氏素姓がヤクザだと後の裁判に響くからか、とにかくヤクザだってことを否定するんだよ。自分の女に暴力振るったり他にもなんかわるいことして入ってきたんだけど、おれは、まあこんなとこに入ってこないほうがいいですよってなだめたんだよ。おれ、合計で百三日入ってたから、そいつが四、五日たったらまた入ってきたの。それでまた、『おれは刺青愛好家だ』ってウソついてるから、こっちも思いっきり突っ込んで、『おまえはいつまで刺青愛好家やってんだ。おまえのね、元割れてんだぞ、この野郎！　どこどこの組員だろ！』なんて言ってやったら黙っちゃってんだよ。そういうやつがいたりね。まあいろいろな人間が入ってきたよ。なかには、『私は冤罪だ、私は無罪だ！』って騒ぐやつがいるんだけど、そういうやつに限って、大きな犯罪を犯してきているよね。おれ、本庁で捕まったときにもね、拘置所にフィリピン人が来てさ『私は冤罪なんだ』と言うわけ。ピストル持っていた嫌疑で入ってたんだね。やっぱり一週間も一緒に居るとさ、情が湧いてくるんだよ。『あんたホントに冤罪か』『私は冤罪です。私やってないよ！』。『じゃあ、私がなんとか協力してあげるから』って言ってあげたのよ。拘置所から出たらすぐ差し入れしてやった。第一回の裁判にも行ったのよ。そしたら、そいつ拳銃の密輸王として有名な男だった。アハハハ。やっぱりね検察ってバカじゃないからね。やっぱキレるよね。やっぱり調べているからね。キチッとして、知識ありますよ。公務員の中で検察官と刑事が一番頭いいんじゃないの。まともな仕事をしてるような気がするよ。少なくともおれ自身が取り調べを受けた刑事とか検事にバカはいなかった。四隅をキチッと押さえてきますよ。論理的に組み立てていないとやっぱりああいう訴状って書けないよね。『ここんとこ突いてくるかな』なんて思っていると必ず突いてくるもんね」

仮釈放は一九八四年六月だった。

北大神田書店グループは解散、門を出るとき男のポケットにある所持金は一万四千円だけだった。

*

家にいるはずの女房の所に電話を入れてみた。

何度か呼び出し音が鳴って、聞き覚えのある女房の声がした。

「ああ、出てきたよ」

しばらく間があった。

「もしもし」

受話器の向こうは無言だ。

「もしもし」

すると受話器の向こうから無機質な声が聞こえてきた。

「どちらさまですか」

「おれだよ」

「どちらさまですか」

「バカ言うなよ。おれだよ。今日出てきたんだ」

「どちらさまでしょうか」

こんなやりとりが五、六回繰り返されているうちに、夫はあらためて女房の怒りを思い知らされた。

英会話学校経営者という教育家と結婚したと思ったら、いつの間にか亭主はわいせつ犯になって鉄格子の中にいたのだから、怒るのはもっともだった。

ほどなくして村西とおるは二度目の離婚をした。

「土下座して謝りたい人間は何人もいるけれど、二番目の奥さんなんかまさしく真っ先に謝りたい人だよ……」

一年間で味わう天国と地獄だった。

一年前は紙袋に三千万円を無造作に詰め込み取り引きをしたり、リンカーン、カマロ、といったアメリカ車をキャッシュで買い求め部下に与えた（このころ成り上がりはアメリカ車に乗るのがステイタスだった。押し出しがきく車だったからだろう）。数千万、億単位で仕事をしてきた男が翌年には全財産が一万四千円。

この男ほど、金銭の多寡を短期間で味わった人間はいないだろう。普通はここで学習効果が働き、少しは金銭に対する哲学が軌道修正されるのだが、村西とおるはぶれることはなくそのままだった。

鉄格子から解放された村西とおるを出迎える者はいなかった。

裏本の帝王、裏経済界の首領、といった呼び名もすでにいまは昔だった。

いったいこれから何をしていけばいいのか。

アメリカの貿易赤字を解消しようとした先進五ヵ国によるプラザ合意は一九八五年、村西とおる釈放の翌年であり、いよいよ八〇年代後半の歴史的なバブル経済を迎えようとしていた。

黄金の八〇年代を謳歌しようと、人々は消費活動を堪能しだした。

その一つが、大量生産化にこぎつけたビデオ再生機の爆発的な普及だった。

一九八〇年、松下電器（現在・パナソニック）のVHS式ビデオデッキが二十万円をきった。私の周りでも相次ぎビデオデッキを購入する友人が増えた。そのとき、松下のVHS方式にするか、ソニーのベータ方式にするかという選択をしなければならなかった。

VHSは二時間録画を売りにして、家庭用デッキとして大量生産化しだしていた。ベータは技術のソニーが自信をもって送り出し、画質のよさを売りにしていた。

一九八二年秋、秋葉原の電気街で初めてビデオ再生機を購入することになった私は、店員から話を聞いた後にソニーを選んだ。この時点ではVHSがいくらかベータをリードしていたが、まだ大差がつくほどではなかった。

フィルムは再生する際に現像しなければならないが、ビデオは撮った素材をすぐに見ることができる。フィルムの持つ独特の質感、深みというのがビデオにはないが、その分、画質がリアルで機動性に富み、ドキュメンタリー的映像に向いていた。

当時再生機は出たものの、再生するソフトは圧倒的に不足していた。

一般映画のビデオ化も途上であって、一作品一万円以上した。

ビデオ再生機をもっとも加速度的に普及させたのは、エロティックなビデオだった。

一九八二年、まだAVなどほとんど目にする機会もない時代であった。私が記憶しているのは、テレビ朝日の深夜放送『トゥナイト』の山本晋也監督がレポートするコーナーで、五月みどり主演の新作映画『マダム・スキャンダル　10秒死なせて』の一部を放送したときがあり、それを懸命に録画したときだった。それほどエロ度のあるソフトは不足していた。

日本初オリジナルのアダルトビデオ《AV》は一九八一年、日本ビデオ映像から発売された『ビニ本の女・秘奥覗き』と『OLワレメ白書・熟した秘園』とされているが、これはあくまでも活字として記録された幸運な作品であり、同時期あるいはそれ以前に出されたオリジナル作品の存在もあった。

私が初めて見たエロティックなビデオは、前年一九八〇年暮れに見たラブホテルのカップルの消し忘れビデオと称するものだった。この手の素人的な作品は八〇年以前から密かに出回り、好事家のあいだでダビングされ画質の粗いものが出回っていた。

再生機は数十万円もしたために、これらのビデオはおもに放送関係者や医師、会社経営者から出回っていた。

村西とおるが初監督したアネット・ヘブン主演のポルノ映画風の作品も商品になっていたが、まだアダルトビデオはビジネスとして確立する前夜だった。

ＡＶという日本独自に花開いた産業、アダルトビデオという命名は諸説ある。高田馬場の一室でグリーン企画の雇われ社長をやっていた山崎紀雄が立ち上げた美少女中心のＡＶメーカー、宇宙企画の初期にいた監督とスタッフが、アダルトグッズという言葉から連想してつけたという説がある。

たまたま私が『スクランブル』バックナンバーを開いたところ、オリジナルのビデオを撮っている現場写真を掲載したページがあり、そこに「アダルトビデオ」というキャッチが載っていた。消し忘れ物のような無修正のビデオを裏ビデオと称し、局部にモザイク処理をほどこしたビデオを表ビデオと称していたが、同時に一九八三年にはアダルトビデオという新語が普及しだしていたのだった。

ＡＶの黎明期はすぐそこまで来ていた。

＊

保釈されてもまだ裁判が残っていた。

身元引き受け人には知り合いだった「どさん子ラーメン」の店長になってもらい、店の食品衛生管理責任者として社会復帰をはたすことにした。

公判がはじまったら、裁判官に対して少しでも心証をよくしようということだ。どさん子ラーメン店に出たのは一日だけだった。

うなるように金が転がり込んできたあの栄光の日々は、もうやって来ないのか。

ビニ本・裏本で巨万の富を築いた成功体験があった。エロに対する嗅覚は人一倍鋭かった。親からもらった屈強な体があった。どんな難局でも乗り越えてきた精神力もあった。そしてなによりも、強硬な反対意見を吐く人間をたちどころに溶解させ味方につけるあの天才的な応酬話法があった。

ビニ本時代の同業者たちは、すでに新しい産業になりつつあったビデオに進出し、KUKI、VIP、宇宙企画といったメーカーを立ち上げ大成功を収めつつあった。

勃興してきたAVという世界にこれから乗り出そう、他からも参入しようと、陸続とメーカーが誕生しだした。

かつてのビニ本時代の同業者たちがAV制作で大儲けしているのを横目に、村西とおるはアネット・ヘブンを撮った自分なら、監督だってやれるはずだと思った。娑婆《シャバ》に出たらまた自分がやる仕事は「女」しかなかった。

アド企画というビニ本を制作をしてきた版元の、西村忠治という男がいた。

新英出版の倒産間際、村西とおるが銀行に駆け込んだときの金も西村忠治社長が都合してくれたり、倒産してから九ヵ月の逃亡生活の際にも数千万円貸してくれた。すでに西村忠治社長は三和プロモーションというビデオ会社を設立し、本格的にAV制作に乗り出そうとしていた。

三和プロモーションからは、『ペニス・アンド・ヴァギナ』という家庭用ホームビデオで撮ったようなAVを制作販売していた。

画質も荒く、男女の濡れ場も少ない作品だったが、当時はアダルトビデオが珍しくてかなり売れた。

監督を探していた西村社長と、監督になりたがっていた村西とおるはたちまち気が合い、クリスタル映像という新会社が誕生した。

クリスタルという言葉の響きにシンプルで新しさを感じ、当時人気のあった新宿歌舞伎町のファッション・ヘルスで「クリスタル」という店が繁盛したこともあって、クリスタル映像と名づけた。

アンダーグラウンドの世界で「会長」と呼ばれてきた男はこれから草野博美で勝負するには東京では知られ過ぎてるから名前を変えたほうがいいだろうと西村社長から言われたので、西村という名字をひっくり返して〝村西〟という名字にしてみた。そんな名字が世の中に通るようにと、下の名前は〝とおる〟にした。

のちに日本のエンターテインメント史を塗り替える名前も、こんな安易なことで決まったのだった。

さっそくクリスタル映像の社員監督としてAV制作に乗り出そうとした村西とおるだったが、ここにきてこの男に根付くマイナーとメジャーのせめぎ合いが生まれる。

「メージャーじゃなきゃ、メージャー」というのが彼の口癖であり、いつもマイナーとメジャーがごっちゃになって一身に宿る男だった。

AV撮影に進出しようとする一方で、芸能人イメージビデオを制作しようと、芸能界に詳しい関係者をコーディネーターに招き入れ、撮り下ろしビデオを制作しだした。

『ひまわり娘』でデビューしたアイドル歌手、伊藤咲子のイメージビデオもその一つだった。紅白歌合戦に出場した後、しばらくして路線転換をねらって衝撃の告白的なものを打ち出したころで、ビデオもその一環だった。

村西とおるという素人が監督になれたのも、一九八四年当時のビデオがやっと普及しだした黎明期ならではのゆるさがあればこそだった。

伊藤咲子のイメージビデオと同時に新人・村西とおる監督は、アイドル歌手・山本ゆか里を撮った。山本ゆか里といえば、アントニオ猪木対モハメド・アリ異種格闘技戦や王貞治選手本塁打世界新記録七五六号達成時の花束、フラワープレート贈呈という歴史的なイベントのプレゼンテーターとしても登場している。

奇しくも、山本ゆか里は村西とおる監督の監督デビューというこれも歴史的な出来事の重要な目撃者になった。

このときから三年後に刊行された『ナイスですね』では、まだ生々しい監督デビュー時代を振り返ってこんな発言をしている。

ところが、やっぱり映像のことはわかんないんだよ、おれ。好きなんだけど。

パーンアップとかパーンダウンとかさ、フレームインとかフレームアウトとかね。「はい画面の中に入ってきて。はい出ていって」とか「今度上から下に、下から上にずーと上げていって」なんかいってたもんだからさ、山本ゆか里ちゃんに「監督ー、普段どんなお仕事なさってるんですか」なんて言われちゃってさ。監督で飯喰ってんのにダンプかなんかの運転手が金貯めて好きなエロビデオでも撮りにきてるんじゃないのかっていう目つきなんだよね。それでカメラマンとかスタッフから総スカンくらっちゃって「なんだ、こいつ」なんて言われたんだよね。

一人で孤立しちゃってましたよ。そりゃあやっぱりわかるよね、専門用語がわからないんだから。もう言うこと聞かないよね。「よし。これでいいですよ」ってこっちが言ってもまだ撮ってたりね、「監督どいてください」とか言ってちょっと離れた所から撮ってるんだから。やっぱりカメラマンっていうのはポリシーがあるみたいで人の言うことなんか聞かないよ。

で、飯喰うときも、おれ一人。あっちの方で飯喰いながらスタッフたちはおれの方見て笑ったりするしね。こっちはしょうがないから、にぎり飯モクモクほおばりながら、蒼い海眺めてるわけ。もう南海の孤島で石垣島一人ぼっちですよね。くやしかった……。けどおれはもうこれしか生きていけないと思ったからね。いまに見てろだよね。


梶原一騎の目の前で『巨人の星』を高らかに歌い上げウサギ跳びまでして、劇画界の首領を大いに照れさせたのも村西とおるであり、この男、自分が素人であってもまったく臆することもなく立ち振る舞う。

すさまじい精神力、あるいはツラの皮。

だがその村西とおるにしても、監督デビューは屈辱の体験であった。

＊

撮影の間、裁判がはじまった。裏本の帝王時代のことが検事によって白日の下に晒される。

前日まで沖縄で撮影してきた村西とおるの顔は真っ黒だった。

法廷でのやりとりが終わり、ほっとしていると、検事が声をかけてきた。

「おまえはなんだ。黒いな、黒すぎるぞ。どこか行ったのか？」

「もともと地黒ですので」

「いやあ、そんな黒さはないだろう」

「いえ、私はラーメン屋に入ったんですよ」

「おまえがラーメン屋に勤めてるなんて誰も信じてないよ」

「いいえ、私はラーメンでやっていくんです」

「おまえはラーメン屋で絶対終わるような男じゃない、またわるいことでも……」

「いえ。ラーメンで生きていきます」

検察は村西とおる被告に懲役一年半を求刑した。

その間も南の島に撮影に行く。現場では、刑事被告人の身分であることなどいっさい見せず、「はい、下から上にー、今度は右から左へー」と新人ぶりをさらけ出すのだった。

判決は予断を許さなかった。

実刑が下る可能性もあった。

なにしろビニ本・裏本制作販売のスケールが大きすぎた。

九月中に結審した。

判決は懲役一年五ヵ月、執行猶予四年。

裁判長が「社会内更正を期待する」と法廷で被告人に呼びかけた。

「恐縮です」

被告は深々と頭を下げた。

執行猶予の身となって、これで晴れてビデオ制作に打ち込めることになったのだったが——。

＊

ＡＶ制作にあたって、村西とおるとクリスタル映像は後発の会社だったので、他社にはない特徴を打ち出そうと迫力あるシリーズ物を考えた。

迫力あるセックス・シーン、ストーリー性を重視、いい女を起用、それで誕生したのが『私、犯されました』シリーズだった。

村西とおるには一人称の女という設定で物づくりすることがしばしばあったが、本シリーズはその嚆矢《こうし》だろう。

『私、犯されました』シリーズ第一弾は『新幹線の中で』。それから『エレベーターの中で』『映画館の中で』。犯されるにしても度肝を抜くような予想外の所がいいだろうと、東北新幹線ができたばかりのころだったので、新幹線の乗客になって世界一速い車内でセックスシーンを撮った。『映画館の中で』も新宿のある映画館関係者を口説き落とし、夜中、映画館で撮影した。

カメラマンはビニ本時代の同業者だった沢城昭彦という口髭の似合う村西とおると同世代の男が担当するようになった。スタイリストは沢城の恋人で元モデルが担当した。この二人の参加によって、泥臭い作品を撮っていた村西組も、ずいぶんセンスのいい撮影隊だと思われたことだろう。

疾風怒濤の『スクランブル』時代を経た私は、しばらく虚脱状態だった。

以前仕事をしてきた週刊誌編集部との関係はすべて切れていた。

時間は有り余るほどあったので、所沢の実家にこもり、好きな小説や経済学の本を読みふけった。

いつになるかわからないが、やる気が出るまでしばらくこのままでいるしかなかった。

一九八四年のはじまりは、関東地方も雪国のように降ってはやみ降ってはやみの日々だった。

降りしきる雪を窓から見おろし、この際だから書き下ろしを何冊かやろうという気になった。

杉山治夫というサラ金業者がメディアに登場し、債務者宅まで押しかけ脅したり取り立てのビラを貼ったり、借金を返済しなければ債務者の女房をトルコ風呂（現・ソープランド）で働かせると脅したりして、社会問題になっていた。

特筆すべきなのは、この男もまた「会長」と呼ばれ、自分の悪事を隠そうともせず、露悪的ともいえるほど立ち振る舞うことだった。裏本の帝王と呼ばれつつ、表社会にも堂々とうって出た「会長」の匂いに近いものを嗅ぎ取った私は、杉山治夫会長に直接連絡をとって取材を申し込もうとした。

何度か電話をかけて交渉してみたが、秘書がなかなか取り次いでくれなかった。日を改めて電話をかけてみたが、それでも会長はいない、という断りの言葉しか返ってこなかった。

あきらめかけたところ、いきなり受話器から男の怒鳴り声が鳴り響いた。

杉山治夫会長だった。

こちらの取材目的を話すと、意外なことだがすんなりと了承した。

これをきっかけに、私はこの裏経済界の首領と噂される人物を毎週のように追跡取材するようになった。

逃げた債務者を探す手段として、運命研究学界と称する主になりすまし、一九八〇円の懸賞が当たりました、という文面の往復葉書を債務者宅に送りつける。十円でも欲しい債務者は、往復葉書に住所氏名を記入して送り返す。数日後、ドアをノックするのは杉山治夫会長だった。

こんなコントのような取り立てがばかばかしくかつ人間臭く、こんなだましを平気で私に暴露してしまう脇の甘さにも興味をもった。

その一方で、大学生のころから研究対象にしていたアジアで花開いた明治期以降の日本型資本主義を、日本のマルクス経済学における講座派と労農派による比較学的なアプローチで独自な試案を試みようとした。

空いている時間を利用して、私は実家の付近を散策するようになった。見飽きた道も、一歩路地裏に入ると見知らぬ景色が広がり、迷いながらまた広い道に出ると、普段歩き慣れた道に出た。まるで何かのマジックにかかったかのような景色の変化だった。

日常生活にはこんな冒険が至る所に隠されていることに私は惹かれた。

北大神田書店会長のことは一陣の疾風のように過去の記憶になっていた。

世間がなおもロス疑惑でゆれていた一九八四年九月、村西とおる名になった北大神田書店会長は釈放され晴れて自由の身となり、執行猶予を勝ち取ると、新たに勃興しだしたＡＶという新世界に足を踏み入れていた。

そしてクリスタル映像の雇われ監督としていよいよ撮影を開始しだしたころだった。

スタッフには広報担当がいなかった。

シナリオを書く人間もいなかった。

そこで白羽の矢が私に立った。

一九八四年九月——。

世の中は銀座東急ホテルの駐車場で逮捕されたロス疑惑の人物のことでもちきりだった。

やっと仕事のペースがもどってきつつあった。

二階の窓から遠くの狭山丘陵の夕暮れをながめていると、机の上の電話が鳴った。久しぶりの原稿注文かもしれないと受話器を取ると弾んだ声が聞こえてきた。

「本橋さんでいらっしゃいますか。わたくし、村西と申しますが、信宏さんいらっしゃいますか」

「僕ですが」

「どうだ、元気でやってるか」

聞き覚えのある声だが、村西という人物は記憶になかった。

「おれだよ、おれ。草野です、草野博美なんです。思い出したか」

声の主は、前年七月に新宿歌舞伎町の喫茶店「パリジェンヌ」で別れて以来会っていなかった男だった。

「会長じゃないですか」

「ようやく思い出したか。もどってきたんです、東京にね。どうなの、仕事のほうは」

「はあ。なんとかやってますが」

「惜しかったよねえ、『スクランブル』。資金さえどうにかなれば写真雑誌としていまも立派に書店に並んでいるはずですよね。私の北大神田書店グループが潰れたおかげで君にはご迷惑をおかけしました。ところでどうなんだ、仕事のほうは?」

「はあ。なんとか……」

「そうですか。才能豊かな君のことですからね、これから私の力になってもらうことがありますから」

「会長はいま、どうしてるんですか」

「私はあれから北海道に渡ってね、もう一度裏本の販売ルートを建て直そうと思っていたんですが、しびれちゃうよねえ、札幌で北海道警察にパクられて、ついこの間、出てきたんです。懲役一年五ヵ月、執行猶予四年なんです」

「会長のつくった裏本王国はどうなったんですか?」

「北大神田書店グループ、解散ですよ、解散。それは後でゆっくり話すから、そんな過ぎ去ったことよりもですね、いいですか、もしもし、聞いてるのか?」

「聞いてますよ」

「これから私はビデオをつくっていくつもりなんです。すでにもう制作中なんですよ」

「ビデオというと、どんなものなんですか?」

「シャバに出てからおれがまたやる仕事といったら女しかないだろう。ビデオなんです。まあ最近じゃアダルトビデオなんてしゃれたネーミングが使われてるけどね。とにかく、きみに手伝ってもらいたいことが鬼のようにあるんです。いいですね、明日、会いましょう、感動的な再会といっても過言ではないでしょう。新宿の喫茶店でなんていったかな、駅の近くの二階と地下に分かれてる……」

「『滝沢』ですか」

「そうだ、そこにしましょう。きみにはビデオのパブリシティから助監督、それにシナリオも書いてもらわなければなりません。いいですね、わかりましたね」

このときからまた関わったものをすべて天高く舞い上がらせる、超弩級のドラマがはじまった。

＊

一年ぶりの再会は新宿の喫茶店「滝沢」だった。

「どうだ、久しぶりだな」

馬鹿丁寧な接客が特徴のこの店で、一年ぶりに再会した男の出現は、目立ちすぎていた。

会長はお盆に載せていた伝票を奪い取ると、「コーヒー頼みますよ、コーヒー」と言いながらウエイトレスに伝票を握らせた。決められた接客マニュアルを破壊されたウエイトレスは、どう対処していいのかわからないまま笑顔が固まったままだ。

北大神田書店グループが壊滅しても、目の前の男は元気だった。

投獄されていてもむしろ一年前よりも巨軀はさらにたくましさを増している。

去年の夏「パリジェンヌ」の会長は白いスーツだったが、いまはごく平凡な紺色のスーツにネクタイ姿、ヨドバシカメラの販売員のようだった。

「元気にしてたのか」

「ええ、なんとか」

「池田草兵はどうしてるんだ？」

「どこか消えてしまったままですよ」

会長が新たな職業としてＡＶ監督を選択したのは意外だった。

私は村西とおるとなった会長に案内され、地下鉄東西線神楽坂駅で降りて階段をのぼり右手にある矢来町の雑居ビルの三階に連れていかれた。

２ＤＫのありふれた部屋だった。

「ここが制作ルームなんです」

北大神田書店時代の活気づいた社内とはまったく異なる、静謐《せいひつ》すぎる部屋だった。

窓からは小さな空間に雑木が数本生えているのが見えた。左手には私たちが柳の下のドジョウを狙おうとした『ＦＯＣＵＳ』の版元である老舗出版社、新潮社の近代的なビルが見えた。

ＡＶはまだ見たことがなかったが、はたして元裏本の帝王が畑違いの世界でどんな作品を仕上げたのか——。

村西とおる初監督作品『私、犯されました。新幹線の中で…絵梨花20歳』を初めて見たときの率直な感想をひろってみる。

再生がはじまる。酒と男を相手に仕事をしてきた匂いのする主演女優が、どういうわけかレオタード姿で踊っている。

場面が変わり彼女は東京駅から新幹線に乗りこみ、グリーン車に座った。

シーンが変わり、仙台駅あたりで撮影したのか、夫らしい人物がカメラに向かい妻をいかに愛しているかとうとうとしゃべりだす。

場面は変わり、グリーン車の女のもとに男がにじり寄り、抵抗する女を組み伏せて凌辱しようとする。

ほんの申し訳程度に乳房が見えたが、あとはいやいやをする女の顔のアップで終わってしまった。

シーンが切り替わる直前、彼女はくすっと笑っている。

駅に到着すると、夫婦は夫の運転する車で郊外まで走り、ひと気のない田舎道に停車するとからみはじめた。すでにあたりは漆黒に包まれている。ライトが当たり羽虫が飛び交う中、二人は車内で窮屈そうに性交の真似をしている。

作品は唐突に終わった。


（『AV時代』より）


現在のAVの基準から見たら、まず発売できないレベルだろう。

本作の売りは、走行中の新幹線車内で撮っている緊張感がほんのわずか感じられるだけだった。

主演女優は男好きするルックスをしていたが、走る新幹線という設定でからみを演じるには、あまりにも重い任務だった。

もう一本の『私、犯されました。エレベーターの中で…』はこんな調子だった。

作品は脚を引きずる青年のシーンからはじまった。

仙台駅で妻を待っていた愛妻家がまた登場している。

早慶戦の応援風景が映し出され、男の独白が流れる。

甲子園球児だった青年は交通事故で片足に再起不能の傷害を受け、いまは希望を失った毎日を送っている。

青年は球場から脚を引きずりながら去っていき、夜道でミニスカートのOLを見つけると彼女の後を追っていく。

エレベーターに彼女が乗り込むと青年が乱入して、襲いかかった。

どこかで見た光景だ。

映像に映し出されたエレベーターはこのマンションだった。

深夜のエレベーターで延々と男がOLを凌辱しつづける。

欲望を吐き出した青年は再び脚を引きずりながら夜道を去っていく。

作品はそこで終わった。

この暗さはいったいなんだ。まとまりを放棄した先の作品も全編にわたって陰惨な影を落としていたが、いま見た作品も救いようがないではないか。僕の知っている会長、いや、村西とおるは独裁者でありいつも陽気だったはずだ。

処女作にはその人間の特性が凝縮されて現れるという。

村西とおる監督はまだ混乱しているのだ。裏本をつくっていた男に最初から期待するほうが酷なのだろう。しかし、身内の甘い採点をもってしても、これはいただけなかった。新幹線の中も車の中もからみが中途半端で自慰をするには時間が短すぎる。これはアダルトビデオにとって致命的なものではないのか。新幹線の車内で撮影を強行したという事実に制作者が酔わされてしまい、からみが手抜きになっている。つい苦笑してしまった彼女の映像は、最近テレビで流行りだしているNG特集のように作品の最後にサービスカットとして持っていけばよかったのではないのか。

（『AV時代』より）

新米監督の村西とおるはAVだけではなく初期には芸能人ビデオを撮っていた。テレビの人気ドラマ、ケンちゃんシリーズ『なかよしケンちゃん』（TBS系列）に出演していた永田三奈という女優のイメージビデオもその一つだった。からみはなく、シャワーシーンがあるくらいで、セクシー度からいったら及第点には及ばなかった。

火野正平のライブビデオも制作した。新英出版時代に火野正平写真集を出す話があり、その延長線上で撮ったものだった。

資生堂CMモデルとして売り出した横須賀昌美も撮った。

「火野正平はとっても気働きのする男だったからね。監督になったばかりのおれをとっても立ててくれてさ、椅子までさっと持ってきてくれて『どうぞ』なんてやるんだから。あれじゃ女にもてるよ。ライブの撮影ではね、カメラ四台使ってアングル決めないでぶっつけ本番で撮ったから。こっちもまだ慣れてなかったから、ずーっと同じアングルでね。でも四台も使ったから編集ではなんとか作品に仕上がったけどね。横須賀昌美も撮った。イメージシーン中心でとっても勘のいい子でね、その後、何度もキャスティングしましたよ」

＊

私は村西とおるから声をかけられ、しばらく物書き稼業をやりながら助監督・広報をしてみるのもわるくないと思った。この人物に接していると、飽きがこないのだ。

私はこの人物の計り知れない規格外の生き方に惹かれ、顛末を目撃しようとしたのだった。

普段は所沢の実家で西向きの窓の彼方に見える『となりのトトロ』のモデル地となった八国山という狭山丘陵を見やりながら、原稿を書き、午後から矢来町の制作室に向かった。

主演女優のネガフィルムをビデオ専門誌や男性週刊誌に送り、新作を載せてもらうことが仕事の一つになった。

一九八四年当時、メーカーからは月に数タイトル発売されるだけで、業界すべて合わせても三十タイトル程度だった。

ビデオデッキが爆発的に普及しだすと、街中のレンタルビデオ店も急速に増え出し、ＡＶメーカーの発売タイトル数も増え、競合メーカーも乱立していった。ネットも携帯電話もない時代だった。女の裸といえば、雑誌グラビアかピンク映画程度しかなく、男たちの裸に対する渇望はいまよりもはるかに強かった。

ビデオという新機材がいかに男たちにとって都合がよかったかというと、いままで動く裸像は映画館かテレビでしか視聴できず、しかも一過性だった。それが個室にこもって、誰に気兼ねすることもなく、気に入ったシーンを何度も再生して、己の欲望を噴出させることができるのだ。

一九八四年の男たちが、ビデオデッキとAVを手に入れたときの悦びは、原始人が火をおこす手法を発明したときの悦びに匹敵しただろう。

実際に、松下、東芝といった大手家電メーカーではVHSビデオデッキを購入した際、AVを無料進呈、というサービスが効き、売上げを飛躍的に伸ばし、ソニーのベータ・ビデオデッキとの販売戦争に圧勝したとされる。

当時、ビデオデッキを買った男たちのほとんどは、自宅で女性の動く裸、男女の肉交を見たかったというのが本音であった。

それゆえに、この時期、稚拙なAVではあったが、制作すると飛ぶように売れた。

村西とおるが参入する一、二年前にビニ本同業者たちがAVメーカーを立ち上げ、先行者の利益を享受しだし、出遅れた元裏本の帝王は追いつき追い抜くために怒濤の量産態勢をとろうとしていた。

*

「どっもー！」

何の悩みもないラテン的な挨拶をして矢来町の制作室に入ってきたのは、白夜書房（のちのコアマガジン）の中澤慎一編集長だった。

十年ほど前、高田馬場の雑居ビルの一室で、末井昭、山崎紀雄、森下信太郎たちとビニ本出版社グリーン企画の編集者として働き出した青年である。北大神田書店を立ち上げた会長こと村西とおるがグリーン企画に出入りしていたことで中澤慎一と村西とおるは親しい仲にあった。

末井昭編集長の『ウイークエンドスーパー』は、エロとサブカルチャーを融合した雑誌として人気を博し、平岡正明、荒木経惟といった文化人、カメラマンが寄稿していた。

書店売りの雑誌を発行するセルフ出版を創業し、軌道に乗ると白夜書房と会社名を変え、末井昭編集長の『写真時代』は三十万部を売り上げる人気雑誌となった。

中澤慎一もまた『Billy』『スーパー写真塾』といったカルトな雑誌をつくり、どれもよく売れていた。一九八三年に創刊したばかりの『ビデオ・ザ・ワールド』編集長になってからも、自らメーカーに出向き新作のネガフィルムを借りてくるのだった。

この声のでかい男が、さまざまな雑誌の奥付に名前が載っていた中澤慎一本人だった。

村西とおるを「草野さん」と呼ぶあたり、古いつきあいだというのがわかった。

私はいつか中澤慎一が統括する個性豊かな雑誌に原稿でも書ければと思った。

『ビデオ・ザ・ワールド』には、「チャンネル84」という新作AVの批評ページがあり、四人の批評家、永山薫、高杉弾、友成純一、山本勝之が寄稿していた。その月に出た新作の批評が数ページにわたって載り、どれも辛口の批評だった。

「これからクリスタル映像の新作も載せるよ」

中澤慎一編集長が言った。

翌週——。

村西とおるから依頼があって、収録時間三十分物のシナリオを書くことになった。

『週刊ヤングマガジン』（講談社）創刊のころ、漫画原作を何本か書いたことがあったのでシナリオ作法はある程度わかっていた。

私は『私、犯されました』シリーズの一本として『トラックの中で…奈緒美』を書いた。

一九八一年から放送された文化放送の『ミスＤＪリクエストパレード』という人気深夜番組があり、青山学院大学第二部文学部英米文学科に在籍していたタレントの川島なお美をはじめとして、女子大生モデル・芸能人が人気を博していた。

視聴者のもっている欲望を作品で叶えるのがＡＶの持ち味だろうと、女子大生ＤＪに憧れるトラック運転手が深夜、強引にさらって暗い欲望を達成してしまうという三十分物のストーリーを書いた。

撮影当日、午前八時に撮影スタッフは新宿副都心の京王プラザホテルに集合した。

このときの撮影で、私は一九八四年というＡＶ黎明期の手探り状態の制作を体感することになる。

ホテルのロビーに主演女優とマネージャーが座っていた。

西洋人形のような顔立ちで栗色のセミロングをカーラーで巻いた髪型をしている。マネージャーはというと、紫色のダブルのスーツを着た男だった。朝のホテルロビーで明らかに浮いていた。

そのマネージャーがしきりに彼女をなだめていた。

村西監督が横から口をはさんできた。

「マネージャー、もう撮影なんだよ。困っちゃうんですよ、現場処理されちゃ。ね、こういうデリケートな問題はきちんと前もってやっておかないと」

マネージャーは何度も頭を下げた。

村西監督は本日の主演女優に、やり過ぎではというくらいの猫なで声で話しかけた。

「ね、あなたをこれからとって食おうっていうんじゃないんです。安心してくださいね。わたくしどもはチャレンジャーなんです。日本に二つとないエロティックアートの世界、それをこれからきみとつくり上げていくんですね。自信を持ってください、とってもチャーミングなんだね。素晴らしいねえ。うーん、ほら、こっちを見て。そうだね、ほんと、ナイスだね」

当時はまだ業界自体ができたばかりで、コンプライアンスなどというものもなく、AV女優という地位もあやふやだった。

今日の主演女優は、グラビア撮影でキャスティングされたとマネージャーから吹き込まれ、現場までやってきたのだった。喫茶室の片隅で延々とマネージャーがなだめているのだが、本日の主役はハンカチを出して泣いていた。

「困ったもんだよねえ。きちんと説明しておかないんだから。ビデオ撮影だって聞いてないって言うんだからね。お話になりませんよ。本人は『週刊プレイボーイ』か『平凡パンチ』のグラビアだとばかり思って来ちゃってるんだからね。モデル事務所も出演者にきちんと話をしておかないと、こっちがしびれちゃうんだよね」

紫色のダブルのスーツを着た男は、しばらく寄り添うように彼女についていた。

一時間ほど経つと、涙も涸れ果てたのか本日の主役とマネージャーがやってきてやっと仕事が開始された。

黎明期のAV制作においてもっとも困難を極めたのは、主演女優をいかに見つけてくるかだった。

八〇年代という自由な空気が横溢し、女子大生がエッセイを書き、グラビアでセミヌードになり、ホステスになったりした時代であったが、まだ人前で脱いで疑似とはいえ性交を演じようという女性はごく少数であった。

口説く側の人材も少なく、せいぜいヌードモデルのプロダクションがあるくらいで、AV専門のプロダクションは僅かだった。

このときの紫のマネージャーと女優のように、男がつきあっている女を口説いて出演させるケースも出てくるのだった。相手役の男優は、女を口説いて連れてきた男自身が務めるときもあった。

丸井のカードでDCブランドを買い過ぎて返済に困り果てたOLが、一度きりの覚悟で出演するという八〇年代に特徴的な出演動機もよくあった。そのため、渋谷丸井のキャッシングコーナーはスカウトマンたちがたくさん出没していた。

出演の際には、スカウトマンやマネージャーの口説きのテクニックが大いに影響し、都市伝説のように言い伝えられている口説き文句があった。

「『火曜サスペンス劇場』の出演者を探してるんだ」

一九八一年からはじまった日本テレビ系毎週火曜日夜九時に放送された二時間物の推理ドラマが高視聴率をあげていた。ドラマの性格上、肌を見せるシーンがあったので、これをいいことにマネージャーやスカウトマンが『〝火曜サスペンス〟の仕事があるんだ』とでまかせを言って、とりあえず撮影現場まで連れてきてしまう。あとは現場処理ということになる。

＊

奈緒美はシナリオに出てくる「絶叫」という漢字が読めなかった。

セリフでもしどろもどろになってしまう。

商業高校を二年で中退したという奈緒美は、ロケ車の中で将来はテレビ番組のアシスタントをやったり、『an・an』か『non-no』のモデルをやりたいと夢を語った。

このころからAV撮影はタレント、女優になるためのステップだと思って出ます、という女子が多かったが、その選択はほとんどうまくいかなかった。

もっとも後になって思ったのは、彼女たち自身、タレントや女優へのステップとして出演しましたと言いながら、それは建前の発言であって、それよりも現金が欲しかったというのが真実ではなかったか。

撮影は青山学院正門前で通学風景を撮ったり、深夜、四谷にあった文化放送前で撮影した。

撮影をおこないながら、映像という表現は手間暇がかかるものだと思い知らされた。奈緒美の持つ教科書、笑顔、同級生との会話、奈緒美を狙うトラック運転手のハンドルを持つ手、自動販売機でコーラを買うアップ……等々、そのたびにカメラと照明が移動し、対象を撮っていく。ドラマとは選択の芸術なのだと実感した。どれとどれを選び撮りきるのか、また何を撮らないのか、その取捨選択を監督やシナリオライターは迫られる。特に監督は現場において最終判断を任されているのだから責任は重い。

村西とおるが、「はい。次は自動販売機のボタンを押すアップで」と、沢城カメラマンに次々と指示を出して撮っているのを見て、私はいったいいつ裏本の帝王が演出法を学んだのか問いかけた。

「独学だよ、こんなもん」

劇団員がトラック運転手役を務めた。

ＡＶ黎明期には食えない役者がよく出ていた。疑似本番が当たり前の時代だったから現場のからみでもポルノ映画のように疑似のからみをやればよかった。彼らの多くはジェームス・ディーンのように赤いジャンパーを着て、タバコを吸うときでも眉間にしわをよせた。

役者はシナリオをもらって演じるのがすべてであり、ＡＶ出演も役柄を演じられてギャラももらえるのだから立派な役者稼業だった。

疑似本番から実際に性交する本番路線が主流になると、彼ら役者のタマゴたちはいつしか消えていった。

＊

撮影は一泊二日でおこなわれた。

撮影になっても、村西とおるは営業マン時代の癖が抜けないのか、いつもスーツに革靴だった。

村西とおるの名が高まることになる彼のコミカルかつ狂気を秘めた演出法が、このときすでに顔をのぞかせている。

新宿中央公園を歩きながら、奈緒美が新鮮な空気を胸いっぱい吸い込むシーンを撮ろうとした。ぎこちないながらもなんとか演技をこなした、はずだった。

すると村西監督が声を発した。

「ダメだ、ダメ！　何度やったらわかるんだ。おれを見てろ、こうやるんですよ、こう」

営業マンスタイルの村西とおるが腰をくねくねさせながら木々の間をおかまのように練り歩いていった。ゲイバーのママのように大仰な身振りで空を見上げると、「うっ、うっ、う、うーん」と気色わるい声をあげるのだった。

本人にしてみれば、本気で奈緒美に演技指導しているつもりなのだろうが、端から見たら浅草のベテラン芸人のコントを見ているようだった。

いまでも印象深く憶えているのは、イメージシーンを撮っているとき、公園を集団で歩いていた修学旅行中の女子高生たちの会話だった。

まだAVが広く認知されていない時代だったこともあって、女子高生たちは公園で被写体になっている奈緒美を歌番組のイメージシーンか、CM撮影か、ドラマだと思ったようだった。

「あの子、知ってる？」

「知らなーい」

「あんなんでよくタレントか女優やってるよね」

「そうそう。ブスだよ」

女子高生たちがけなしている奈緒美は、演技のほうは落第点だったが、ルックスはけっしてわるくなかった。少なくともけなしている女子高生たちより数倍よかった。

女は同性に情け容赦ない。

「さあ、お次はですね、京王プラザの部屋をとってあるから、そこでからみの撮影をします。わかりましたね」

スタッフが集合しやすい新宿駅から近いホテルということで、京王プラザホテルがよく使われた。ホテル側もそのことに気づきはじめ、機材を持ち込む客をきびしくチェックしている。それぞれ一人ずつ機材をカバンに詰め込むと、観光客のふりをしてばらばらに部屋に入っていった。

早朝から撮りつづけているので、村西監督以外はみな口数が減っていた。

スイートルームは営業会議ができるほど広い二つの部屋と、豪華な洗面室とバスルームがあった。

朝から沸騰点に達している村西とおるは、夜になっても疲れ知らずだった。

「次はですね、なんだ、なんだ、みんな疲れてるのか。もう少しだから頼むぞ。自慰を撮ります。女子大生でもするんですね、自慰を。奈緒美は自分の部屋で前期試験の勉強中についあそこに指がいってしまうんです。わかりましたか？」

奈緒美は顔を曇らせた。

「監督」

「なんだ」

「わたし、したことないんです」

「嘘いっちゃいけませんよ」

「ほんとなんです」

「なんだなんだ、自慰を覚える前にセックス覚えちゃったのか」

奈緒美は照れ笑いを浮かべた。

「しょうがないねえ。じゃあ、私が見本を見せるから。いいですか、こうやってやるんです、よく見てなさい、ちょっと、奈緒美」

営業マンスタイルの村西監督はベッドに横になると、大きく脚を開いた。

「あああーん、あああーん、そんな、すごい、すごすぎる、あああーん！　ダメダメ、いっちゃいそうよ」

おかま声を出しながら身をくねらせた。

また浅草のベテラン芸人のコントのようだった。

ジャケットを脱ぎ捨てると、胸をかきむしりまたもや野太い声で女のあえぎ声を真似する。

床に転げ落ちて、カエルのように両足を広げると指でファスナー部分を激しくこすりあげた。

「ダメダメ、いき過ぎる。いき過ぎちゃう。あああっ、ひどい！」

すべてに大仰、過剰なまでのサービス精神がかえってギャグとなって跳ね返ってくる。

村西とおるが男優となって女優とからんだときの狂気とギャグが入り交じった場面は、すでに萌芽していた。

撮影はトラブルつづきだった。

トラックの中で犯すシーンでは、バッテリーが足りなくなり、仕方なく新宿区戸山にあったクリスタル映像の事務所まで行って、会社内から電源をとって撮影した。トラックの中から女性の悲鳴が聞こえると住民から通報が入り、戸塚警察署の警官たち十数名に取り囲まれた。裏ビデオの撮影ではないかと疑われ、出演者と監督が署まで呼ばれそうになったが、モニターを見せて疑似本番であることを説明して難を逃れた。このとき、警官たちの指揮官が、捜査の勉強になるからこういうのを見ておきなさい、と部下たちとともに熱心にノーカットのからみを見ていたのが印象的だった。

執行猶予がまだ解けていない村西とおるにとっては、薄氷を踏む思いだっただろう。

さらにその夜、京王プラザホテルで前述した撮影をしていたら、照明機材のせいで部屋のブレーカーが落ちてしまい、ルームサービスのスタッフを呼んで、ドライヤーをつけっぱなしにしたらブレーカーが落ちてしまったと苦しい言い訳をして難を逃れた。

さらに翌朝、トラック運転手が奈緒美をさらってビルの谷間を走り去るシーンのとき、大型車の運転に不慣れな役者が駐車中のプレジデントと接触事故を起こした。トラックはレンタカーだったので保険によって事なきを得たが。

この他にも、奈緒美があまりにも棒読みセリフなので、何度も村西とおるがセリフの指導をおこなうのだが、なかなかうまく話せず、村西監督の怒りが現場で何度も爆発した。

徹夜をして撮りきったのは撮影から丸一日が経過した翌朝だった。

撮影が終わり、一番元気がよかったのは前日ホテルのロビーで泣いていた奈緒美だった。

それにしてもきつい労働だった。

こんな日々が毎日つづけばそのうち体を壊すだろう。

このとき村西とおる、三十六歳。

二度の結婚に失敗し、子どもは実家の親に預け、本人は六本木のマンションで明日をも知れぬ暮らしをしていた。

＊

苦労して撮影した作品は『私、犯されました。トラックの中で…奈緒美』というタイトルで一九八四年十一月に発売された。

中澤慎一編集長の『ビデオ・ザ・ワールド』誌上の辛口批評ページ「チャンネル84」に批評が載った。


ＤＪの奈緒美がリスナーのトラック野郎にトラックの荷台で姦られる。たったこれだけの話なのに延々棒読みＤＪと、トラック走行の描写が続くのにはマイッタ。監督は何をやっておるのか？　モデルがダメなら演出でカバーしてくれよな。台詞ヌキで話を進めるとか、もっと設定をシンプルにして単なるトラッカーのレイプもんにするとか、映画『激突！』をパクるとか、一介のライターのおれですらナンボでも思いつくぜ。カンジンのレイプシーンも緊迫感ゼロ。奈緒美クンがちーっともイヤがっとるように見えんし、同録マイクが衣装とスレてガサガサ音をたてるのにもマイッタ。荷台に移ってからの立ちマンはまあまあだけれど、別にどってことないんだよね。おまけにトラッカーって設定のクセにトラックはジャパレンなのね。ディテールもダメだ。


評者は永山薫という人物で、いまではベテランの漫画評論家、編集者、作家として活躍している。

読書好きの村西とおるがいつこの辛口評を読むかひやひやしていたが、すぐにページを開き読み出してしまった。

しばらくすると鋭い視線をこちらに投げつけ怒りの言葉を発した。

「中澤の野郎。おれが北大神田書店やってたころ、あいつのつくったビニ本をずいぶん扱ってやったのによぉ。恩知らずだっていうの、あの野郎。いまでは出世して白夜書房の取締役になってこんな本の編集長におさまってるけどよお、恩を仇で返すのかっつうの。本橋、こんな所に作品を渡すんじゃないよ。営業妨害だっつうの、あの野郎。あの恩知らずが」

怒れる新人監督は黙り込み再び誌面を読みだした。

量が質を下支えする、という信念のもと、村西とおるは平均制作本数が月一、二作品という時代に毎月十作品以上制作していった。

狂気の疾走がはじまった。

疾走はいまにはじまったことではなかった。

乱作こそ我が命であった。

だが撮っても撮っても売れない。

なんの映像技術も学んでこなかった男がいきなりAV監督になっても無理な話だった。

この時代のことを村西とおるは苦笑混じりに回想する。

「あのころは神楽坂の焼き肉屋に社長の西村氏と行くんだけど、ぜんぜん売れてないからいつも豚足だけだよ。そのうち上カルビ腹一杯食いたいよなあ、なんて二人でこぼしてね。あの神楽坂の焼肉屋、なんていったっけなあ、まだあるのかな」

AVを撮りだした一九八四年秋、村西監督はよく口にしていた決めゼリフ、「メージャーじゃなきゃ、男は。メージャー」を実行しようと、とんでもない企画を打ち出していた。

それはAVではなく、ある女性を主演に据えた大作だった。

日本のほとんどすべてのメディアが殺到する大騒動が目の前に迫っていた。

第6章 14,000円

第7章
10点

『ビデオ・ザ・ワールド』誌上の
新作批評に掲載された
『淫らにさせて』
(主演・森田美樹・1985年制作)の
100点満点の総合点数

驟雨の中、東京・四谷の喫茶室に男はいた。

原稿用紙に向かってツイッターに書き込む文章を推敲している。ネット関係をほとんどやらない村西とおるは、ツイッターやブログに書き込むとき、原稿用紙に手書きで文章を綴り、それを女性秘書に打ち込んでもらう。ツイッターをはじめて半年でフォロワー数は三万人を突破した。

ＡＶ監督をはじめた一九八四年（昭和五十九）秋から暮れにかけて、この新人監督は持ち前の大量生産主義を発揮して撮りまくった。

ところがつくってもつくっても売れない。

「メージャーじゃなければ」を合言葉にしていた村西とおるは、ＡＶを撮る一方で〝メージャー〟な名前の人物たちのイメージビデオを相次ぎ撮り下ろしていた。

その一つが、火野正平であり、伊藤咲子であった。

沢城昭彦とともに、初期の村西組をカメラマンとして支えていたもう一人の人物がいる。

彼の本名はＡＶ業界でも有名だが、訳あってカメラマンと監督をこなす現在はいくつもの名前を使用している。あるときはデューク島崎、またあるときは羅生門、またあるときはミスター渡《わた》鹿野《かの》、女性名では梅沢花代——七色の監督名を持つ男。最近では、五十代をそろそろ終えようとするために、犀秀幸《さいしゅうこう》という監督名を用いている。私と同年生まれだ。

人生の締めくくりの時期を迎えたという最終稿をもじった監督名だ。

「もし二人の娘がいなかったなら、妻が僕の名前を出すことを嫌がらなかったら、僕は本名を出してもいいんですよ。かみさんの反対ですよね。でも仕事のファックスが自宅にガンガン来ちゃうから、娘たちも徐々に、お父さんはなんかＡＶ関係の仕事しているらしいって知ってると思う。

『ビデオ・ザ・ワールド』誌上の新作批評に掲載された
『淫らにさせて』（主演・森田美樹・1985年制作）の100点満点の総合点数

家庭内は冷え切ったねえ。距離感がすごくあるんです」

苦笑混じりに犀秀幸監督が打ち明ける。

ＡＶの帝王村西とおるがまだ無名時代のころからカメラマンとして村西監督の右腕となった影の男。ＡＶという名前がつかない八〇年代初頭、ラブホテルにおさめるエロビデオのカメラマンとして参加した男。同時代を生きてきた男たちが消えていくなかにあって、いまなお現役監督として活躍するこの男は、ＡＶの歴史を証言する貴重な生き証人であり、村西とおる誕生を間近で目撃してきた人物である。

犀秀幸がこの業界に携わったのは古い。

「一九八二年ごろ、ラブホテルで見るビデオを制作する『2チャンネル』という制作会社があったんですよ。そこから、ビデオを撮らないかって依頼があった。僕もエロは嫌いじゃないから、カメラマンとして参加した。当時はスタジオがなかったので、貸別荘で撮っていたなあ。プロダクションもないから、ストリップから女の子を引いてきて撮った。からみは疑似ですよ。男優業も確立されてないから、スチールカメラマンが男優やったり、劇団員がやったりしてた。『2チャンネル』の仕事で北海道ロケに行って、道端に車止めてレイプ撮影した。終わったら女の子をそのまま捨てて帰ってしまうんだから。『女の子、いいんですか?』って聞いたら、『いいんだよ』だから。それ以上聞けない、恐いから。どう見ても犯罪だろう。プロダクションが確立されていないやばい時代ですよ。やり捨てです。エロをやっている人たちが何者かわからない時代でした」

裏ビデオの名作と言われる『洗濯屋ケンちゃん』（一九八二年）が密かに発売されていたころ

だった。

「僕は『洗濯屋ケンちゃん』の監督、元フラワー・トラベリン・バンドのマネージャーだった藤井智憲さんもスタッフの紹介で知ってるんだよね。あのころは金になるならって、いろんな業界から入ってきたから」

サラリーマンの父をもつ犀秀幸は、富裕層が集まる私立大付属中高一貫校に通ったものの勉学に身が入らず留年、仕方なく城北地区の私立男子高に転校するが、そこはヤンキーの巣窟だった。前にいた私立大付属の高校では、運転手付きの車で登下校したり、自宅に遊びに行くと見たこともないフランス製の菓子がおやつに出てきたり、将来は父親の大手企業で働くか、外国留学することを約束された同級生ばかりだった。転校先では、喧嘩に明け暮れる男子ばかり、将来は旋盤工かトラック運転手になろうという男子たち。異なる世界を十代のうちに体験した。

高校を卒業すると手に職をつけようと映像学校に入り、下北沢で昼間は映像関係の仕事をしながら、急激に普及しだしたビデオを仕事にしようと結婚式の記録映像を撮ったり、企業紹介用の撮影をした。

「お金にはなりましたね。二十六歳のころ、世の中チョロいなと思った。こんなチョロいものなんだと思ったが、その後嫌というほど大変だと思い知らされるわけだけどね」

毎月五十万円以上の金が入ってきた。ソニーから高性能の通称ベーカムという高額の業務用ビデオカメラが製造されると、現金一千五百万円をもって即買いした。

ある日、仕事場のビルの真下にあったビデオ編集室で、でかい声の男と出会った。

「私、村西とおると申します。センセイ！　私が撮ったばかりのビデオを編集してもらえません

『ビデオ・ザ・ワールド』誌上の新作批評に掲載された
『淫らにさせて』(主演・森田美樹・1985年制作)の100点満点の総合点数

か」

男は肩から七つも八つも大きなバッグを袈裟懸けにし、両手には撮ってきたばかりの素材テープを提げていた。

それが村西とおるとの出会いだった。

テープの中身は映画館の中で肉感的なＯＬが男に犯される内容だった。歌舞伎町コマ劇場下の映画館の空き時間を利用して撮影したレイプ物で、女優が来なかったために急遽、村西とおるの説得によってメイクの女性スタッフが主演を務めた。この作品は、『私、犯されました。映画館の中で…ゆかり19歳』として発売される。

編集作業を終わった犀秀幸に、今度はカメラマンとしてロケに参加するようにと誘ってきた。

「最初は火野正平ですよ。村西さんは監督経験がまったくなくても物怖じしない。卑屈なものはまったくない。男としてすごい。火野正平に会っていきなり『あなたの歌に惚れましたっ！』ってベタ誉めするんだけど、あの人、火野正平の歌なんてまったく知らないんだよ。ワッハッハッハ！　それでもイメージビデオを撮ったからね。あの人の熱気に押されてみんな仕事一緒にするんですよ」

＊

あべ静江主演ビデオを村西とおるが撮ることになった。

場所はハワイ。

タイトルは『レイプハンター』。

一九七三年、『コーヒーショップで』でデビューしたあべ静江は正統派美女として人気を集め、三十代になった八〇年代には大人の色香が加わりだしたころだった。

三十一年前の出来事を村西とおるが回想する。

「とっても魅力的な女性だったからね。なんとか撮りたかったんです。でもあのとき彼女の精神状態が普通じゃなかったんだね。猫を壁にぶつけてどうたらこうたらなんて噂が広まって、取材陣が成田空港に押しかけたりしたころだったからね、ハワイでもイライラしてたよ。撮影途中で飛び出して消えちゃったり。彼女にはハワイに来るまで台本見せてなかったんだね。ストーリーはレイプがあるんだ。それ読んで怒って帰っちゃったよ」

このときもカメラマンは犀秀幸だった。

その犀秀幸が笑いを噛みしめながら語る。

「夜遅く、僕が泊まっている部屋にいきなり村西さんが、『かくまってくれ!』って入ってきたのよ。なんだかあべ静江の関係者かなんかから逃げてきた」

その話を当の村西とおるにぶつけてみると——。

「それは夜、酒飲んでいて、あべ静江が暴れたんだよ。それで部屋を代わったんじゃないかな。まあ犀秀幸の記憶の中にはそういうシーンが残ってるんだろうけど。彼の記憶はあってるよ。でもね、あのころはそれでいいの。みんな、マネージメントする女優のために一人芝居して、『村西とおるの野郎、許せない! ぶん殴ってやる!』ってパフォーマンスする。おれ一人が悪者になる。それでうまくいけばいいんだよ」

ハワイではもう一人、世間を騒がせているある女性を撮るところまで漕ぎ着けた。

『ビデオ・ザ・ワールド』誌上の新作批評に掲載された
『淫らにさせて』(主演・森田美樹・1985年制作)の100点満点の総合点数

それが池田理代子だった。

あの「ベルばら」――『ベルサイユのばら』の漫画家である。

「コーディネーターの中に、池田理代子、『ベルばら』のね、作者を知ってるっていうのがいて、イメージビデオならいけるだろってことになったんだね。当時、池田（理代子）さんは、妻子ある建設省キャリア官僚と不倫関係になって、マスコミが殺到して姿をくらましていたんですよ。日本中のマスコミが池田理代子を探せ、ってなってるとき、私とハワイで撮影してたんだからね。おれも、ビデオ出演の依頼をしてイメージ風の作品を撮りたい、場所はハワイ、すべて面倒みますって得意の調子で口説いたわけよ。彼女も不倫騒動から逃れてどこかでのんびりと羽を休めたいと思っていたところだったから、出演交渉はうまい具合に進んだんだね」

一九八四年暮れ、ハワイに飛んだ。

池田理代子の作品について、撮ったばかりのころ、村西とおるがこう打ち明けていた。

「撮られるほうも開放的な場所だと大胆になるもんなんです。で、撮りましたよ、『ベルばら』の作者、少女漫画の女王を、ネグリジェにさせたり、ベッドに寝そべらしたり。太ももを撮ったんだよ。オールヌードなんてシーンは無理だから、なんとか太ももや乳房を撮りたかった。それで執拗に太ももを狙ったんだね。そしたら撮影の二日目だか三日目だかに、彼女がおれをホテルのラウンジに呼ぶわけ。こんな棚ぼたがあるとは。監督になってよかったと思ったね。アハハハ。急いでシャワー浴びたよ。頭の中ではどうやって攻めて、体位はどんなバリエーション組ませようかとか、妄想ばかりしてた。池田理代子相手に三回戦いくんだってシミュレーションまで組み立ててからね。とりあえず一回風呂場で抜いておこうかとも考えたくらいだから。時間がないから抜くのは端折《はしょ》って、お土産用に買ってあった白地のアロハシャツびしっと着てさ、約束の時間きっちりにラウンジに行ったよ。そしたらいたよ、御本人。両肩を出した素敵なドレス姿で、いままでにない美しさだよ。『監督、わたしの太ももそんなにお好きでしょうか』『ええ。とっても素晴らしいと思いますよ』『わたしはわたしの太ももが嫌いです』『どうしてなの？　素晴らしい脚をしてるんだから』『わたしの太ももをいまお見せしますから上に行きませんか』。すごいよね言葉のセンスが。わたしの太ももをいまお見せしますからって、男としてわるい気はしないよね。でも、そう来られると、こっちはもう気後れしちゃってさ、おれとしたことが。ダメ押しで、太ももも撮ることはやめにしてくれ、みたいなこと言われて。結局、太ももは追わなかった。そんなことがありましたね。あのとき遠慮せずに部屋に行ったらよかったよね」

あれから三十二年がたった。スリムで色白だった犀秀幸青年もすっかり貫禄がつき、顔中を覆う髭がより重厚感を漂わせている。カメラマンとして参加していた犀秀幸監督によると——。

「太ももそうだけど、池田理代子が本当に寝てしまって、キャミソールのすき間から乳首が見えたので撮った。それを使うかどうかでまた日本に帰ってからも揉めたんです。池田さんは撮影を淡々とやってて、口をはさむのが実の妹さんだったたな」

懐かしそうに村西とおるが振り返る。

「そのころ日本じゃ大騒ぎだよ。わかるでしょ？　姿を消した池田理代子がハワイでビデオ出演してるっていうんだから。ハワイから帰ってきたらいちにのさんで、マスコミがやってきましたよ。性懲りもなくよくああいったスキャンダラスな女を撮ったな、なんて悪意の取材が多かったよ」

矢来町の制作室の電話が壊れたのかと思うほど鳴り響いた。

ビルの下の喫茶店が即席の取材対応の場となった。

『日刊ゲンダイ』からの取材で、村西とおると私が並んで応対したときのことだ。

『日刊ゲンダイ』らしく辛口の取材がはじまる。不倫問題で世間を騒がせているのに、本人はハワイに雲隠れしてのうのうとビデオ撮影などしていて、どういうつもりなのか、という質問だった。

私が答えようとすると、いきなりテーブルの下で怒れる監督が私を蹴飛ばした。そして自分で弁明しだした。こういうときは、インタビュアーに対して怒り心頭ということだ。

池田理代子の作品は完成するまでさらに揉めた。

村西とおるは新大久保駅近くにある東音スタジオでいつも編集していた。

「映画は監督のもの」、という映画界における格言がある。

映画制作において、俳優、カメラマン、シナリオ作家、プロデューサーと様々な人間が関わるが、どんな映画になるのかは監督の力量によるものだということだ。

監督の大きな仕事は、撮ったフィルムをつなぎあわせて一つの作品に仕上げる編集作業がある。編集をどうやるかによって、まったく異なる作品に仕上がり、役者を生かすも殺すも編集権をもっている監督のさじ加減一つになる。

村西とおるは東音スタジオで最後の編集作業をしていた。

近くには新大久保らしく二十四時間営業の喫茶店があった。

「おれが池田理代子のテープを編集してるときですよ。当の本人が来るんだ。こっちは徹夜つづきですよ。編集っていうのは、いったん作業するともう外に出るまでやりつづける。いいカットを選んでつなぎあわせたり、音を入れたり、この作業がもうめちゃくちゃ大変なわけだよ。編集が完了する最後の日、さあ、やっというところ、乳首がもろに見えるところがあったんです。こっちとしては当然乳首は映像に使いたい。向こうとすればそんなお色気で勝負するような作品に出たつもりはない。夜になって池田理代子がやって来て、近くの喫茶店で漫画を描きながら帰らないんだよ。ずーっとそこで描いている。連載誌の編集者とかアシスタントをその喫茶店まで呼び出して、そこで漫画を描いてるんだから。夜十二時になっても夜中一時になってもずーっといる。付き添っている関係者が、『もういい。今日は帰ろう』って言うと、『いえ、こういうときはひたすらお願いすべきなんです。帰ってはいけないんです』って言うわけ。普通なら『そんなシーンは絶対使ってもらっては困ります!』って高飛車にくるよ。さすがにクリエイターだよ、物をつくる人間だよ。創作者としての立場、ポリシーをわかってるから、おれに対しても創作者同士として交渉をするんだよ。で最後には、誠意でおれを口説くしかないと思ったんだろう。最後はこっちが妥協しちゃったもんね。おっぱいが見える部分はほんの五秒くらいだよ。姿勢としては素晴らしいよ。がんばりっていうのを知ってるね。『わたしは映像を描く人間ではなく絵を描く人間ですから、監督の映像は大変素晴らしいと思います。もったいないですけどわたしのために素晴らしいところをカットしてください』って言うんだ。すごいよねえ。絶対諦めないっていう姿勢を見せて粘る。こっちも翌日には、作品を発売しなくちゃいけないんだから。はやくこの話を切り上げなくちゃいけない。喫茶店で結局、十時間以上がんばってたね。五秒カットするために。乳房は出せなかったけど、創作者としての矜持《きょうじ》っていうのを学んだね」

『ビデオ・ザ・ワールド』誌上の新作批評に掲載された
『淫らにさせて』(主演・森田美樹・1985年制作)の100点満点の総合点数

『ハワイの休日　池田理代子ＩＮハワイ』というタイトルで発売された。

話題性はメガトン級だったが、本数は伸びなかった。

大ヒットを目論んでいたクリスタル映像の西村忠治社長の落胆ぶりは大きかった。

＊

ハワイロケではこの他にも多くの作品を撮ってきた。

あべ静江のために書き下ろされた『レイプハンター』のシナリオをもとに、レスリー吉川という女優を起用して本格的なＡＶを撮ろうとした。

「ハワイに住む日系人のモデルをキャスティングして撮影した。同じタイトル。肝心のレイプシーンがほとんど入ってないんで、あれはもう周りから詐欺呼ばわりされた。たしかにあれは『レイプハンター』なんて騒ぎじゃないよな、ひどい作品、当時はつくってたもんだよ」

一九八五年春に乱作されたハワイ物『レイプハンター』『スカイファック』『バスレイプ』『アタック３Ｐ』の売上げは、いずれも惨敗に終わった。

だが売上げとは別の世界、理性とか計算とか妥協といった世界とはまったく別の世界を、村西とおるは刻々と歩み出そうとしていた。

それは狂気の放熱だった。

幼いころ、朝鮮戦争のために在日米軍基地に配属された米兵に食べ物をねだったところ、ミカンの皮を投げつけられせせら笑われた屈辱の経験があった。肉親四名を太平洋戦争で亡くした記憶もあった。村西とおるの戦争はまだ終わっていなかった。

『スカイファック』という作品を撮ったとき、セスナ機を二機飛ばし、一機では男女が肉交をやり、もう一機はセスナ機が飛行しているところを空撮した。

肉交中のセスナ機で村西とおるはあることをはじめた。

「監督、それどうするんですか？」

スタッフが尋ねた。

村西とおるはミカンを口いっぱい頬張っている。

新宿の空を見遣りながら、村西とおるが三十二年前のハワイ・オアフ島上空の復讐劇を追想した。

「パールハーバーに向かってセスナ機飛ばしてグゥーッと、零戦が真珠湾攻撃やったのとおんなじコース辿っていったのよ。あの上は民間機飛行禁止なんだけど、ぎりぎりまで行ってやれって。操縦士はビビッてたけど、こうなると脅しだよ。セスナ機は男と女のやってる匂いが充満してる。動物の匂い。三人の叔父が戦死して一人は震洋で戦死して、そのリベンジだよ。おれに蔑むように米兵がミカンの皮を投げつけたことへのおれなりの仕返しだよ。いくらなんでも、よく子どもに向かってミカンの皮投げたなと思うんだ。おれたちは靴も履いてない時代だからその皮拾って食べたけど。今度はセスナ機上空からアメリカ人に向けてミカンの皮をブワーッとまいてやったよ。ついでにさあ、男優が仕留め汁放ってトイレットペーパーで拭き取ったやつを空からまいてやった。ワッハハハ！」

ミカンの皮と始末したトイレットペーパーの空爆！

村西とおるによるアメリカへの報復劇だった。だが一年後、彼はアメリカから想像を絶する報

『ビデオ・ザ・ワールド』誌上の新作批評に掲載された
『淫らにさせて』（主演・森田美樹・1985年制作）の100点満点の総合点数

復を受けるはめになる。

カメラマンとして参加していた犀秀幸監督は、ハワイでの常軌を逸した村西とおるの監督業を間近で目撃してきた。

「技術とか作品より村西とおるの人間のすごさだけが際立つ日々でしたよ。ハワイロケのときのエロの思い出ってないんだよ。すべて村西さんのとんでもないことしか記憶にないんだから。『レイプハンター』撮ったときだって、主役の女の子がレイプ犯を射殺するシーンで、弾丸がスローモーションで犯人に向かうところを撮るって言うんだよね。実弾を撃てって。そんなの空砲でいいじゃないですか。あとからどうにでもなるんだから。でもカメラに当たらないところギリギリを撃って撮れって言うわけ。スロー再生したら実弾が写ると思ってる。物怖じしない。裏本屋だったという卑屈なものはまったくない。男としてすごい。ハワイのジャングルで『密林レイプ』撮ったとき、奥地まで入るんで食料もってきたはずなんだけど、ADが忘れちゃった。そしたら村西さんがいきなりトゲのある木によじ登って変な実をとってくるんだよ。下りてきたらもう手足が血みどろだよ。実を割って、『みなさん、食べましょう』って食うんだけど、まずい！アハハハ。村西さんだけ、うまいうまいって真剣な顔して食うわけ。あのパワーはなんだ！ロケのあいだいつも『ネバーギブアップ』言ってたっけ」

もっとも尋常ならざる熱情で撮ってきた新作も、悪評まみれだった。

『ビデオ・ザ・ワールド』誌上に掲載された酷評の数々――。

『密林レイプ』主演・林田まり子

しっかし〝レイプ〟とか言っといて、こんなもん完全に〝和姦〟やんけェ。興奮度65点　モデル度60点　総合60点　批評・壺（山本勝之）

山本勝之は一九八〇年、伝説の自販機本『HEAVEN』編集部にいた京都大学中退の文学青年だった。八〇年代後半には『週刊プレイボーイ』でビデオ批評を連載、早くから原発の危険性を訴えつづける硬派な面もあった。二〇〇八年、くも膜下出血で亡くなる。

『アタック3P』主演・ストーミー・ジェーン

パッケージにHow to KINPATHUとかマニュアルビデオとか3Pとか嘘八百並べてありますがダマされないように。ハワイに行って金髪のストーミーちゃんとオメコしただけの話だ。確かに男モデルは2名出て来るが1VS1の本番が2回あるだけで3Pは全くやっていない。こーゆーインチキをやっているとしまいにはボルドーの二の舞だぜ！　興奮度40点　モデル度85点　総合40点　批評・永（永山薫）

村西とおる監督は、このころまだセックスにおける方程式を把握していなかった。〝レイプ〟とうたっても、恋人同士の情交にしか見えなかったり、〝3P〟とうたいながら一対一のからみを二回見せただけだったり——。

このままいけば倒産したAVメーカーの二の舞になるだけだった。

『ビデオ・ザ・ワールド』誌上の新作批評に掲載された
『淫らにさせて』（主演・森田美樹・1985年制作）の100点満点の総合点数

＊

「コペンハーゲンには来週月曜日には到着しますから。今度は北欧を舞台にそこらのAVには真似のできないアダルトドラマを撮ってきますからね。ご期待しててください。そうですねえ、一ヵ月ほどでしょうか、滞在期間は。まとめて五、六本撮ってきますから」

一九八五年春――。

ハワイロケで惨敗した村西とおるは、学習効果などどこ吹く風、今度は日本人にとってもっとも遠い国、北欧デンマークの首都コペンハーゲンで長期ロケをおこなおうとしていた。

「社長、これからはもう四畳半で貧乏くさいセックス撮ってる場合じゃないんですよ。うちはね、コペンハーゲンです。過去にも存在すらなかったものであり、そして今後もない作品になるのは間違いないでしょう。もうね、しびれちゃうような安モデル使ってアンアンノンノンやってる場合じゃないんですよ。うちから連れてくモデルを素っ裸にさせて人魚姫の像に抱きついてるシーンも撮ってきますからね。他社には絶対真似のできないやつ、撮ってきますから、ご期待してください」

村西とおるはそう言い残し本当にコペンハーゲンに飛び立ってしまった。

私も誘われたのだが、書き下ろし本をやっていたので、一ヵ月間日本を留守にするのは無理だった。

村西とおる一行がきっかり一ヵ月間の長期ロケをして帰国したときには、五、六本どころではなく十本も新作を撮ってきた。

コペンハーゲンはよほど気に入ったのか、さらにこの年の秋、村西とおるはスタッフと出演女優総勢約二十名近くを引き連れまたもや再訪し、今度はコペンハーゲンだけではなくベニスやローマといったイタリアまで押しかけ撮影に及んだ。

北欧を舞台に新たに撮った新作を世間はどう受けとめたのか——。

また『ビデオ・ザ・ワールド』誌上の批評を見てみよう。

『忘れられない女』主演・山本美咲

山本美咲は昭和40年9月1日生まれの20歳。またまた得意の北欧ロケ。今回はスウェーデンはマルロー港から船に乗ります。デンマーク、コペンハーゲン行きの水中翼船ですな。この船上で陳腐で貧相な日本人商社マンと出会う彼女。コペンハーゲンでの「世界のあの街この街」的観光案内などが折り込まれ、親しくなった二人はホテルへ。この間、陳腐極まりない男のセリフが延々と続き、身の毛がよだつことと受け合い。7分20秒の前戯のあと、ようやく挿入と思ったら一分足らずで発射。あーあ。この女、実はグラニュー糖中毒だったことがここで判明。男に注射をして再びセックス展開。やや濃厚な描写となるが、この会社、必要もないのに馬鹿でかいモザイク消しをすぐ入れたがる。ビデ倫がそんなに恐いか、馬鹿。結局、第2の濡れ場もたったの4分。おまけに中毒がらみの落ちは爆笑もののアホらしさ。ストーリー最悪、役者ヘタ、モデルに色気なく本番シーンたったの5分。こんなビデオ、いったい誰が買いますか。なにが「忘れられない女」だ、笑わせるな!

興奮度30点　モデル度45点　総合42点　批評・高（高杉弾）

『ビデオ・ザ・ワールド』誌上の新作批評に掲載された
『淫らにさせて』(主演・森田美樹・1985年制作)の100点満点の総合点数

高杉弾は『HEAVEN』『Jam』といったカルトな自販機本編集長を経て、サブカルチャーシーンで健筆をふるう書き手だった。

『淫らにさせて』主演・森田美樹

クリスタル映像のまたまたコペンハーゲンを舞台にしたソフトです。モデルの森田美樹君はファッション、CMで活躍中のおネエさん。ヌードもファックシーンも初挑戦とのこと。つまり、スケベは余り期待できない——と思ったら、うおっといきなり正常位本番そのままスケベの畳みかけを期待したのだが、何とできそこない昼メロのようなドラマがえんえん展開するんですね。美樹君は、市川染五郎似の青年開業医の若妻。青年医、電話で呼び出され山岡夫妻宅へ行ってみると、ジョーという白人青年が急死していた。その青年はどうやら妻美樹の不貞の相手だったらしい。それを知った青年医は美樹を詰問する。問いつめられた美樹は「不貞を働いた私と別れて、でも本当にあなたを愛してるの」なんて言いながらヨヨヨと泣き崩れる——いいんですよ、マジなドラマをスケベに関係なく展開してくれても、ただし面白ければね。後半、美樹の告白でジョーとの軽い本番をはさんで、ドラマ展開。アアア、全くひどい。ほんとうにひどいビデオだ。興奮度10点　モデル度50点
総合10点　批評・友（友成純一）

友成純一はのちにホラー作品を執筆する作家になる。

コペンハーゲンで撮影した九作品はドラマ物で、すべてのシナリオを書いたのは村西とおるだった。助監督だったスタッフが「監督は徹夜してシナリオ書いてたよ」と打ち明けた。

右も左もわからぬ北欧で、大勢のスタッフを指揮し、シナリオを書き、監督業をこなしていく。

三十七歳の村西とおるは絶望的な思いにとらわれていた。

『レディース コペンハーゲン1・2』『レディース ヨーロッパ』といった現地の若い男女を新聞広告で採用して、性交させる作品を撮ったときのことだ。

村西監督の泊まるホテルに、新聞広告を見て女子大生、OL、アルバイトといった二十歳前後の金髪女性たちが集まった。

村西監督は北欧の美女たちを前にして撮影内容を説明しだした。

「私たちは法律を遵守している健全な集団です。ですから、これから皆さんにやっていただくのは疑似本番であって、けっして本当のセックスをやってもらうものではありませんのでご安心ください」

北欧の美女たちは、怪訝な顔になった。

「私たちは、ちゃんとこういう物をして撮影にいどみます。前貼りという物です」

村西監督は、日本から連れてきた男女の役者に前貼りをさせ、どのように演じるか、やってみせた。

「ああああ……。すごい。ああ、ダメ、いきそう……」

日本では性器、恥毛は映像で見せてはいけないことになっているために、映画では前貼りと称

『ビデオ・ザ・ワールド』誌上の新作批評に掲載された
『淫らにさせて』(主演・森田美樹・1985年制作)の100点満点の総合点数

する布でできた物を股間に貼り付けるのが常識だった。

だが北欧は性器も恥毛も性交もオープンだ。

奇っ怪な布切れを股間にあて、男女が挿入することもなく腰をくっつけて、演技をしている日本人。地球の裏側からやってきた日本の撮影隊を見た北欧の美女たちは、「ヘンタイ!」「ヘンタイ!」と母国語で叫びだした。そして笑い出した。

苦笑しながら村西とおるが証言する。

「新聞に出演者募集の広告打つと、信じられないような女性が来るんだよ。イングリッド・バーグマンみたいな女が。北欧だから、そりゃいい女がいるよ。こっちはもう、オーケーオーケーで、『セックスしなくていいんです。大丈夫でしょう』って言って、前貼りつけてもいいし、こうやってって、疑似セックスを手本に見せるわけ。そうすると、オーディション会場で現地の男女たちが笑い転げるんだよ。やってもいないのに、一生懸命腰ふったり、あえぎ声出したりしてる日本人を見てさ、変態か馬鹿に見えるんだね。そりゃそうだよ。先進諸国の中で日本だけだからね、ヘアが見えた見えない、やってるやってないで逮捕されるのは。普通に本番するのが当たり前の国で、偽のセックスを懸命に演じてる。はたから見たらクレージーだよ。地球の裏側まで来て実にくだらないこと、おれはやってるんだなって思ったね。屈辱的だったよ」

＊

『愛をこめてあなたへ』はコペンハーゲン物の一本だった。

主演は森田水絵。八五年度駒沢大学「ミス駒沢」という冠をもって初出演した作品であった。

そんなミス駒沢が頬に火傷痕がある薄幸の美少女を演じる。父親役の盲目の画家には、デンマークに住む初老の日本人男性が演じた。物語は日本から絵の修業にやってきた青年が森田水絵に思いを馳せる悲恋物だった。

ミス駒沢、スレンダーなカラダに美しい乳房、愛らしい笑顔、どれをとっても美少女路線を歩む宇宙企画にひけをとらない逸材だったが、村西とおるには、肉体的ハンディを背負った男女の負のスパイラルを好んでつくる傾向があった。美貌の女子大生の頬にあえて火傷痕をつくるという破壊的演出である。

ご都合主義なのか、森田水絵がからみのシーンになると火傷痕がなくなっている。

売上げは良好だった。

森田水絵は他社でも脱いでいるが、ハードなからみはこの作品のみであった。村西とおるの交渉術の巧みさと破格のギャラによるものだろう。

現在、『愛をこめてあなたへ』は中古市場で八万円という高額がついている。

村西とおるは北欧でも無茶をやった。

立川ひとみという主演女優とスタッフ、現地で採用した出演予定の男女総勢二十名近くをリムジンバスに乗せ、市内観光としゃれこみつつ、運転手に命じて路地裏に入っていかせた。

リムジンに同行し、カメラマンを務めていた犀秀幸監督が証言する。

「観光客を乗せる一番大きなリムジンバスだよ。それを路地裏だろうがどこだろうが、走らせるんだから。もっと行って、今度はあっちとか言って、運転手も村西さんの迫力に押されて進まざるをえない。観光客も現地の人間もびっくりするよ」

『ビデオ・ザ・ワールド』誌上の新作批評に掲載された
『淫らにさせて』(主演・森田美樹・1985年制作)の100点満点の総合点数

当のお騒がせ男はこのときのことをよく憶えていた。

「北欧といえばフリーセックスですよ。それでおれは街のあっちこっちでセックスしてると思い込んでた。アハハハ。そしたら全然してないんだよ。だったら日本発のフリーセックスをお見せしようじゃないかって、果たし状出したんだよ」

リムジン特攻だった。

行き止まりになってリムジンが止まった。日本人女性と現地で採用した青年はともに全裸ですでに車内で互いを貪りあい、異様な設定もあって興奮しきっていた。

「ドユーノーエキベン？　アンダースタン？」

村西とおるの指示に現地の青年はきょとんとしている。ましてや英語だからよけいわからない。

「レッツ・エキベン！」

村西とおるが立川ひとみを抱きかかえてみせた。

ドアが開き、村西監督の合図で結合したまま、現地の青年は立川ひとみを抱きかかえて走り出した。

歩行者天国にいきなり全裸の男女が奇妙な格好で走って行く。

英語、ドイツ語、スペイン語、フランス語、ポルトガル語、世界的観光地だけあってあらゆる国の観光客が突然目の前で起きたハプニングに驚き悲鳴を発した。

世界でもっとも古いと言われるコペンハーゲンの歩行者天国を、〝駅弁〟のカップルが走り抜ける。

初めて駅弁が映像化された歴史的瞬間だった。

決定的チャンスを逃さぬように、カメラマンの犀秀幸が追いかける。

立川ひとみはデビュー時に、〝あそこが二つある女〟というキャッチフレーズがついていた。女性器が二つある、という触れ込みで、膣穴の脇に小さな膣穴がもう一つあった。

この作品は『Two to Love 愛・ふたつ』というタイトルで発売され、奇抜なキャッチフレーズもあって売行きも好調だった。

立川ひとみはのちに村西とおるにとって福をもたらす、いわゆる〝あげまんの女〟となる。

コペンハーゲンではもう一つ、潮目が変わるときがあった。

村西とおるが遂に男優として出演したのだった。

なんでも自分でしないと気がすまないこの男は、裏本の帝王時代も撮影現場で指示を与えながら自分も相手役として出演していた。ＡＶでも男優となって出るのは時間の問題だったのだろう。

「『レディース 北欧』に登場するケイトがおれ好みのいい女だったんだよ。乗馬姿がよく似合う、こんなのとやってみたいなって思ってたら、日本から連れてった男優がへたくそなんだよ。ケイトがうんともすんとも言わないんだ。ケイトは長身だったから撮影スタッフで一番大きな体をしてるのはおれだったからね。監督ってモテるのよ。ケイトはおれに対してとってもラブリーだったからね。だったらおれがやる。まあやりたいのが九割ですよ。そのとき初めておれが出たんじゃないかな」

ケイトは、セミロングで顔に金髪娘特有のそばかすがある、ルックスから見たらそれほど売れるタイプでもなかった。

監督たち一行が泊まるホテルの部屋に乗馬服姿のケイトが入ってくると、いきなり白いＢＶＤ

『ビデオ・ザ・ワールド』誌上の新作批評に掲載された
『淫らにさせて』(主演・森田美樹・1985年制作)の100点満点の総合点数

パンツ姿の村西とおるが登場した。本来ならあの饒舌な話法がここで炸裂するのだが、さすがに初出演のためか無言のまま挑んでいった。

コペンハーゲンのシンボルである人魚姫の像に全裸の日本人女性を抱きつかせたりもした。外国に行くたびに日本から来た撮影隊はあらん限りの撮影をした。日本の恥ととるか、日本人ここにありととるか。北欧・ハワイにおける奔放な撮影は、この後、村西とおるに破滅的な災難を降りかからせるのだが——。

「デンマークからスイスにバスで移動したんですね。スイスの国境付近で降りて食事とトイレタイムとなったんだけど、ふと現地の新聞見たら一面に坂本九の写真が大きく載ってるんだよ。えー？　そしたら日航ジャンボ機の墜落事故だった。イタリアのサンマルコ広場で撮影しようとしたら、突然、楽団が『上を向いて歩こう』を演奏しだしたんだよ。日本人観光客と思って哀悼の意を表したんだろうね。おれも感動してさ、ピアノに黙礼したら向こうも黙礼したっけ」

私は本書執筆にあたって、『ビデオ・ザ・ワールド』発行元コアマガジンを訪れ、バックナンバーをコピーした。

すでに休刊になっている伝説のビデオ専門誌は、中澤慎一代表取締役の脇の書棚に保管されている。

三十年近く前の自分が書いた文章もそこに眠っていた。

一九八四年から翌年にかけてハワイ、コペンハーゲン、ベニス、ローマといった観光地を訪れた村西とおる一行の派手な撮影ぶりが甦ってきた。

ところで、何故にコペンハーゲンだったのだろう。エロスというのはあくまでもリアルな日常生活の中でこそ感じ取るものだ。日本人にとってもっとも非日常である北欧のしかもコペンハーゲンという設定でエロを感じるのは無理がある。

村西とおるは単に旅行好きなので、趣味と仕事を合体させてコペンハーゲン行きとなったのではないか。

すると長年にわたるコペンハーゲンの謎が当人の口から語られ出した。

「クリスタル映像の子会社でハリウッドホームジャパンビデオっていう輸入ビデオを扱う会社があったでしょう。外国の上質なポルノ作品『トレーシー・ローズ』とかよく売れたんだけど。一番売れたのが北欧の美少女物だったんですよ。それを買い付けに行くんだけど、オリジナルがフィルムだからビデオに変換しなきゃいけない。その作業になんだかんだいって二、三週間くらいかかるわけ。その間、なんにもしないのはもったいないから、こっちからたくさん女優とか連れていったんだね。現地でどうせならオーディションして、出演させたりしたんだよ。でもさあ日本では狭すぎる、世界を股にかけて撮るんだって、ヨーロッパに飛んでいざ撮っても、端から見たらおてもやんみたいなの連れて行くわけよ。現地のやつらから見たら、いまわの際に北欧見せてあげようって光景に見えただろうね」

誌面を見て、村西とおるは三十七歳当時の自分を懐かしむのだった。

＊

バブル前夜、一九八五年（昭和六十）――。

レンタルビデオ店が加速度的に普及し、『ビデオ・ザ・ワールド』以外にも『オレンジ通信』

『ビデオ・ザ・ワールド』誌上の新作批評に掲載された
『淫らにさせて』(主演・森田美樹・1985年制作)の100点満点の総合点数

（東京三世社）、『アップル通信』（三和出版）、『ビデオボーイ』（英知出版）、『ビデオメイトDX』（コアマガジン）といったAV専門誌が数多く発行されていった。

編集部は無料で良質のカラーポジフィルムを借りて誌面構成できるし、AVメーカーにとっても無料で新作を宣伝してもらえる。かくして両者の思惑が合致し、AV専門誌は隆盛を極めた（現在AV専門誌はほとんど姿を消してしまった）。

すべてに大仰な村西監督は、出演女優へのギャラもアップさせ、二十万円前後が相場だったときに百万円を出すようになった。百万円は銀行の帯封で束ねられ渡しやすく、現金でもらった相手も喜ぶ。

先行する大手メーカーから、業界の秩序を乱すクリスタル映像にはAV女優を紹介しないように、と多くのプロダクションに指令が飛んだ。映画界に以前存在した五社協定のようなものだった。五社協定とは自社の俳優を他の映画会社の作品に出演させないために結ばれた悪しき内向きの束縛だった。村西とおるとクリスタル映像も五社協定のように他のメーカーから疎んじられ、AV女優の供給を絶たれたのである。わずかなプロダクションだけが供給先になった。

業界はまだ疑似本番が主流で、評論家たちはモザイク越しではあるが、男優の動きと女優の表情、声によって本番物か見極めるのも仕事の一つだった。

他社から出遅れたクリスタル映像は、差別化をはかるために他社とは違った路線を打ち立てようとあがいていた。それが本番路線だった。

販売的には不発に終わったハワイ、北欧ロケもその一つだった。

カメラマンからの紹介で、大学教授を父にもつ音大声楽科の女子大生、葉山葉子をキャスティングした作品があった。

雑誌のヌードモデルでもあった彼女が、一度でいいからニシキ蛇とからんでみたいと私に言った。大蛇の動き、冷たい感触を肌で感じるとオーガズムを得られるだろうと彼女は信じていた。葉山葉子をさっそく村西監督に引き合わせたら、ニシキ蛇が効いたのか出演が決まった。

村西とおるのアイデアで真夏の屋形船で撮影することになり、動物プロダクションから借りてきた二メートルのニシキ蛇が、飼育係の手によって浴衣姿の葉山葉子の肉体にからみついた。すでに葉山葉子は恍惚の表情を浮かべている。一方のニシキ蛇は真夏のうだるような暑さのせいか、ぐったりして裸体に乗っかったままだった。葉山葉子はニシキ蛇を体に巻きつけ愛撫しながら、両手に持ち脚を広げるとバスタオルのように股間を往復させた。タオル代わりにされたニシキ蛇はさらに元気をなくす。蛇の気持ちも知らずに葉山葉子は絶叫し、いってしまった。

村西とおるが「どうでした? 葉子ちゃん、ニシキ蛇とファックした感想は」と尋ねると、「そうですね。蛇皮のハンドバッグみたいな感触でした」とシュールな感想を漏らすのだった。

『妖蛇抄　オナニー・スネーク』というタイトルで発売され、話題になったものの売上げは大ヒットとまではいかなかった。

＊

ＡＶの現場にいてわかったことがいくつかある。

視聴者である男たちは、おのれの性欲に関しては、幼いころ初めて性欲を感じた体験が一生の欲望になるということだ。

『ビデオ・ザ・ワールド』誌上の新作批評に掲載された
『淫らにさせて』(主演・森田美樹・1985年制作)の100点満点の総合点数

三歳のころ親戚の家に遊びに行ったとき、叔母にやさしく抱かれ、そのときの乳房の感触が記憶され、成長してからも年上の豊満な乳房の女性ばかり追い求める男。夏休み、従姉妹《いとこ》の家に遊びに行ったとき、従姉妹のシャツから透かして見えたブラジャーの線に異性を感じ、以後下着に興奮を感じた男。小学三年生の休み時間に伝言ゲームで隣の女子の耳元に囁きかけたとき、女子の白い耳元が目に焼き付き、以後女子の耳に興奮を感じた男（彼はなぜかショートカットの女性ばかり好きになり、その原因がわからなかったが、大人になってショートカットの女性が好きなのではなく、耳が見えるからショートカットが好きになったということがわかった）。

男たちの欲望の対象は、物神的《フェティシズム》である。女性のカラダのパーツや着用する物に欲情する。

これは性愛のメカニズムにおいてまことに理にかなっている。男からフェティシズムを奪い去ったとしたら、男たちはみな女性の顔だけを選択基準に選ぶことになり、美醜の差はより激しくなってしまうだろう。

AVの場合、男たちが密かに劣情を催す具体的なフェティシズムではセーラー服があげられる。ブレザー型の制服ではなく白線が入ったオーソドックなセーラー服が特に人気がある。作品パッケージでブレザー型を着た場合とセーラー服型を着た場合、同一人物でもあきらかに後者のほうが売行きがよかった。白線の入ったセーラー服は、とりわけ戦前生まれの男たちにとって永遠の処女性を感じ取るからだろう。

髪型でみると、ショートカットよりも長い髪に人気があった。風俗でも夜のクラブでも、そこで働く女たちの髪型を見るとよくわかる。生活する際に不便を感じる長い髪は、それだけで性的なものを感じさせる。男たちが長い髪を好むことを、彼女たちや店長たちは経験則で知っている。

昔もいまも変わらぬ傾向なのだが、堅い職業の男ほどインモラルな内容の作品を好む。ある教育委員会幹部の家に行ったら、家族に知られぬように鍵のかかる書棚にレイプ物が数えきれぬほど保存されていた。

不純異性交遊や未成年の夜遊びを監視、監督する中学校のベテラン教員は倉庫に、排泄物を写したスカトロ物を山のように保管していた。

啓蒙的な講演をおこなう人格者としても評価の高いある企業家は、ワンルームマンションを借りていて、そこに大量の盗撮ビデオをコレクションしていた。

エロスとは落差に比例する。

ビルの屋上から下を見るとき、高ければ高いほど動悸が速まることに似ている。

社会的身分が高い紳士ほど、破廉恥な行為は普段との落差が激しいために、常人より何百倍も興奮するのだ。


一九八五年十月十四日――。

那須高原で三泊四日のロケがあった。

このときも村西とおるお得意の大量生産方式がとられた。

ドラマ仕立て六十分物の作品なら三日間かけて撮るのがこの時代の主流だったが、村西とおるは一作品を一日で撮りきった。四日間で四作品を撮りきる村西監督の手法は体育祭と学園祭それに卒業式を一日でやってしまうようなものだった。

このときの晩秋の那須高原において、のちのＡＶ史を塗り替える大きな〝事件〟が二つ起きた。

『ビデオ・ザ・ワールド』誌上の新作批評に掲載された
『淫らにさせて』(主演・森田美樹・1985年制作)の100点満点の総合点数

『愛虐2』というタイトル作を撮ったときのことだった。

ストーリーは、死刑囚二人が脱走し、山荘で暮らす母娘を監禁、凌辱の限りを尽くすという内容だった。母親役は、SM女優として人気を博した女優・末次富士子、娘役は新人の奈津子だった。脱走囚二人は、劇団所属の二十代若手俳優たちだ。

「コンビニのCMにも出たことあるんですよ」

童顔の青年は芸歴を口にした。もう一人の甘いマスクの青年も、敵役として刑事ドラマに数回出演歴があるという。

ほとんどが疑似本番だった一九八五年当時、AVに出演する男優は劇団や映画からやってきた役者たちが多く、本業だけでは食えないので、飲食店や配送業などの副業をしている者が大半だった。

昭和三十年代、テレビは映画より格下に見られていたために、役者がテレビに出ることは格落ちの感があった。同じように、役者がAVに出ることもまた似たものがあったが、彼らは演技者としてのプライドをAVの撮影現場でも失ってはいなかった。

那須高原三泊四日の撮影ロケで、役者のプライドと村西監督の意地がぶつかり、事件となるのは当然の成り行きであった。

「そういう物は、付けるんじゃない！」

村西監督がキレた。

脱走囚が末次富士子と奈津子を山荘で襲うシーンを撮影するために、控え室から登場した二人の役者は、全裸で母娘を襲うはずだった。だが役者たちの股間には、前貼りが貼り付いていた。

前貼りは、ポルノ映画にはなくてはならない代物である。ヘアや性器が画面に映らないように、ガーゼで性器を包み込み、上からテープで留める小道具だ。村西監督がコペンハーゲンの女たちを撮ろうとしたとき、前貼りを見せると、北欧の美女たちは生まれて初めて目撃する不格好な物を大笑いした、あの日本独自の発明品である。

脱走囚役の二人は頑として前貼りを剝がそうとしなかった。

「僕らは前貼りをしないとこうした演技はしちゃいけないんです。事務所からも言われてるんですから」

村西監督も負けていない。

「小津安二郎や今村昌平の映画じゃないんですよ。いいですか、全国一千万アダルトビデオファンのためにつくられる作品なんです。それを勘違いしてもらっちゃ困るんです」

撮影が中断され、どちらも譲らないまま、時間だけが過ぎていく。隣の部屋に二人を引っ張り、村西監督が説得をつづけた。

二時間が経過した。撮影は中止かと思われた。

そのときだ。役者たちが姿を現した。股間の前貼りは先程よりも半分になっていた。それが両者の妥協点だったのだろう。

村西監督が前貼りを剝がすことにこだわった理由を、私は村西監督なりのプロ意識からだと理解した。

今回、村西とおる本人からこのときの心境を聞きだすと、彼の内面は私の予想を超えたせっぱ詰まった状態にあった。

『ビデオ・ザ・ワールド』誌上の新作批評に掲載された
『淫らにさせて』（主演・森田美樹・1985年制作）の100点満点の総合点数

「おれは裏本出身だから、ビデオを撮ってるとき実につまらないんだよ。こんなの誰も見ないだろうって思いながら撮ってるんだから。撮影前のリハーサルであそこに指入れしたりすると鳥肌たって感じてる女が、『入れて、さきっちょだけでも入れて』と言ってくるのに、いざ撮影になると疑似ファック、あくびしながらやってるからね。こんなことやってると、この仕事も長くないなって思ったよ」

非本番を象徴する前貼りは、村西とおるにとって屈辱の象徴であった。

「監督をやりながら、こんなので興奮するのかなって悩んでたね。自分はインチキな物つくっている、いつかバレるだろうと思ってましたよ。これなら仕事替えしたほうがいい、そこまで悩んだからね。あのころは、荒川静香が手足縛られてスケートしてるような心境だったよ。こっちは、イナバウワー見せたいのに、見せられないいんだから」

村西とおるが真性の肉交を撮りきるんだと、密かに決心したときでもあった。

＊

翌々日の十月十六日。

この日、ＡＶ史上、歴史的な出来事が起きる。

にっかつロマンポルノで活躍している女優・神崎真弓主演『女教師・生徒の前で…』の撮影があった。

前日、前貼り論争で時間が押したために、二人の役者はスケジュールの都合で午後には帰京しなければならなくなった。神崎真弓の作品では不良生徒役を演じていたので、彼らが女教師の神崎真弓を襲うシーンが撮り残しになってしまった。

こんなときどうするか。撮影現場はあらゆるピンチに対応しなければならない。ビニ本時代からのカメラマンで助監督をしていた青年と、早大文学部中退の助監督が不良学生の代わりを務めることになった。学生服を着て、できるだけ顔を写さなければなんとか務まるはずだ。

撮影開始。

神聖な教室で女教師を犯す二人の生徒たち。早大文学部中退の助監督が、荒っぽく女教師の胸をまさぐり、女教師の口の中に強引にペニスをねじ込んだ。凌辱される女教師……のはずだった。

神崎真弓の口舌テクニックは抜群で、早漏気味の助監督は口の中で暴発しそうになった。

「あっ、やばいっ！」

助監督が叫んだ。

同時に神崎真弓の口から、唾液に混じり白濁が糸を引きながら顎から首筋、乳房に生き物のように流れ落ちていった。

不良学生が女教師を犯すはずなのに、あっけなく口の中に放出してしまった。これでは役不足だ。村西監督は苦々しい顔をしながら一部始終を撮っていた。

「カーット！」

村西監督が舌打ちをした。

神崎真弓が助監督を見上げて、詰め寄った。

「なんてことするのよ！　彼氏にだってこんなことされたことないのに！」

当時、女性の顔に精液をかける行為は、いまよりもずっとずっとタブーだった。

『ビデオ・ザ・ワールド』誌上の新作批評に掲載された
『淫らにさせて』(主演・森田美樹・1985年制作)の100点満点の総合点数

このときのことをいまだに村西とおるは強く記憶している。

「いまでも憶えてますよ、那須のときのことは。『あ、やばい！』って、漏らしちゃったんだよな。やばくなるほど熱心にくわえないでよ、どっちもどっち」

このシーンは撮り直すこともなく、時間に余裕がなかったのでそのまま使わざるを得なかった。するとと予想外のことが起きた。

『女教師・生徒の前で…』が発売されると、注文が殺到したのだ。

神崎真弓の口から助監督が放ったものが唾液とともに垂れてくる。まだ真性の肉交が珍しかった時代において、口中で発射するのはきわめて珍しいシーンだった。

問屋筋から、またああいうのを撮ってよ、というアンコールが相次いだ。

日本のAV最大の特色である〝顔面シャワー〟のきっかけだった。

世紀の大発明というのは、得てして失敗から生まれることがある。

ノーベル化学賞受賞者・田中耕一が受賞のきっかけになった発見もまた、間違った試料を混ぜてしまい、捨てるのはもったいないとテストしたところタンパク質の質量解析ができていたというのは有名な逸話だ。

同じくノーベル化学賞受賞者・白川英樹もまた助手が指示を間違えて千倍の濃度で実験したところいままでにない物質になり、導電性高分子の発見につながった。

ポスト・イットという付けたり剝がしたりできて、本のしおりや資料の目印に便利な付箋がある。本来は強力な接着剤をつくりだそうとしたところ失敗して粘着性の弱いものができてしまった。だが使い道を変えたら、簡単に付けたり剝がしたりできて、これほど便利なものはなかった。

かように、失敗は固定観念を打ち破る福音になるときがある。

那須高原の失敗シーンもまた、その一つであった。

村西監督は風をつかみかけていたのだ。

「あそこから突き抜けていくわけだよ。だったらフィニッシュに口と言わず顔にかけたらいいだろうって。顔面シャワーの誕生だよ。だったら本番しかない。私に本番撮らせるようになってから実力が出てきたんだろうね。それまで疑似の現場は、全員がしらけてるんだから。氷のような現場ですよ。本番を撮るようになってから、噂がたって、『村西監督のところ行ったら、本番させられちゃう』なんて同業者がバカ言ってたけど、あのまま疑似本番やっていたら、AVに未来はあったのか？　と言いたいよね」

AVの帝王と呼ばれるときは目前にせまっていた。

だが、その前にもうひと山もふた山も大荒れの試練が待ち構えていた。

壮大な成功の前に、悪評、捜索、逮捕の連続が襲いかかるのだった。

『ビデオ・ザ・ワールド』誌上の新作批評に掲載された
『淫らにさせて』(主演・森田美樹・1985年制作)の100点満点の総合点数

第8章

1位

『ビデオ・ザ・ワールド』1985年度
ベスト10に選ばれた
村西とおる監督作品
『恥辱の女』の順位

那須高原のハプニングがきっかけになって、男優がフィニッシュのときに女優の顔に精液をかけるシーンをラストに置き、これを「顔面シャワー」と名づけ、パッケージにうたうと売上げが急上昇した。

発射シーンだけを集めた総集編はさらに売れた。これなどは、撮り下ろしではないために、売上げはまるまる利益になった。

村西とおるがゾーンに入り出した。

テニス、プロ野球、バスケットボール、水泳……スポーツ選手が厳しいトレーニングを積み重ね試合を経験していくうちに、自分でも信じられない好成績をあげるときがある。何をやってもうまくいく。野球でいえば、ボールが止まって見える、といった打撃の神様・川上哲治のように。水泳ではイルカのように水の抵抗をかいくぐり、女子平泳ぎ二百メートル自己最高新記録をオリンピック直前に相次ぎ更新し、バルセロナ・オリンピックで絶好調のまま金メダルをとってしまった岩崎恭子のように。バスケットボールではあのマイケル・ジョーダンが、自分の周りの動きがすべてスローモーションのように見えて自由自在にディフェンスをかいくぐることができたように。

猛烈な集中力と気が遠くなるような練習量、そこから得た本人にしかわからない成功体験を体感として会得する。それが〝ゾーンに入る〟だ。

村西とおるも、乱作し、下手な鉄砲数撃ちゃ当たる路線を維持しつづけた結果、オン・ザ・ジョブ・トレーニングともいうべき仕事の勘が心身に染みつき、視聴者が求める映像つくりのコツを会得したのであった。

『ビデオ・ザ・ワールド』1985年度ベスト10に選ばれた村西とおる監督作品『恥辱の女』の順位

村西とおるの多作時代を支えたのは西村忠治社長率いるクリスタル映像の事務方の力によるものであり、よく持ちこたえたものだ。

問題も起きた。

一九八五年当時、AVはまだ草創期であり、男優業も確立せず、男優はおもに役者がやっていた。彼らは演技はできても人前でそそり立たせる演技レッスンはおこなってこなかったから、撮影現場でしばしば〝勃《た》ち待ち〟という時間を設けなければならなかった。

しわぶきひとつない撮影現場で、一人、男優が自慰をしながら固くさせるのだが、そう簡単に隆起できるものではない。あせればあせるほど迷宮に迷い込み、不能になる。

裏ビデオ、ブルーフィルムといったアンダーグラウンドの世界で男優を務めてきた一部の男優はものになったが、性交のできる男優は一部だけだった。

初期の村西とおる本番路線に貢献したある男優がいる。

速水健二という役者志望の青年で、高校を卒業すると京都から上京し新聞配達をやりながら劇団で稽古に励んでいた。入会金とレッスン料目当ての劇団に入ってしまったことを知ると、退団して新宿のスナックでバーテンとして働きだした。演劇青年だった同僚とともにアクション系のプロダクションに入ると、大河ドラマや杉良太郎の舞台の斬られ役をしたり、仮面ライダーショー、オープン前のディズニーランドのプルートのぬいぐるみ、西武ライオンズ球場のレオをやった。一日三千円のギャラは高くはなかったが、いつか演技の肥やしになると思った。

新しいメディアといわれたビデオから出演の話が舞い込み、美保純と恋人同士で戯れる牧歌的な作品に出た。勃興してきたAVにも顔を出すようになった。芸の肥やしになると思えば抵抗はなかった。

性体験は豊富ではなかったので、監督に命じられ、二人用の長い枕を股にはさんで、からみの練習をさせられた。

私が初めて画面で見た速水健二は、虚無的なマスクとともに存在感を感じさせる青年だった。AVにもこんないい役者が入ってきたのかと思ったものだ。

その速水青年が初めて業界用語で〝本番〟という名の性交をおこなったのは、他でもない村西とおるの現場だった。

神社の境内で村西とおるが指示を出す。

「じゃあ、速水君。出すのは顔にね」

「何出すんですか？」

「精液だよ」

「え？」

「やってもらわないと困るよ」

すったもんだの末、村西とおるの熱弁によって、速水青年はとうとう本番をやるはめになった。ビギナーズラックというのだろうか。初心者が余計なことを考えないでやってみると、競馬だったら大穴を当てたり、麻雀も大勝ちしたりする。速水青年もビギナーズラックで、務めを果たすことができた。

あくまでも演技の幅を広げるために一度だけやったつもりだった。二度と本番はしないと心に決めた。


『ビデオ・ザ・ワールド』1985年度ベスト10に選ばれた村西とおる監督作品『恥辱の女』の順位

このときのことを、後日、速水健二が振り返った。

「すったもんだしました。山の中で夕方になって、もっとごねようかなと思ったんですけど、これ以上やっても帰してもらえそうもないなと思ったんです。強引な村西監督の口調もあったし、半分自分の中でキレて、この野郎、やればいいんだろうって。それでやったんですよ。たまたまそれがうまくおっ勃《た》ちしてハメて、顔射決めて、うまくいったんですよ。こういうのはもうこれで終わりにしようと思ってたら、すぐハワイ・ロケの話が来たんですよ」

村西とおるからハワイ、ラスベガスで撮るからと誘われた。

二十二歳で結婚して子どもも生まれ、親子三人、食っていかなければならない。ハワイ行きの便が飛び立つ前に、空港までベビーカーを押してきた女房に、前払いしてもらったギャラを手渡した。

もう一人の劇団員とともに陽光きらめくハワイで十作品に出演した。ところが今度はまったくだめだった。やらなきゃいけないというプレッシャーが強すぎた。もう一人の劇団員もだめだった。

「こんなに焼肉食わせたのに」と村西とおるから嫌味を言われ、ハワイを後にした。

二度と仕事は回ってこないだろうと思ったら、翌一九八六年早春、村西とおるからまた誘われた。

前回ハワイに行ったときのリベンジを果たそうと仕事を受けた。

村西とおる一行は三週間にわたり、総勢二十数名を引き連れ、ラスベガスとハワイに長期ロケに旅立ったのだった。

一日二本撮り、合計十五本が撮影された。速水青年は一日二発をこなした。何事も慣れが重要というわけだ。開き直ったのも幸いした。

以後、ピンク映画に月に三本出演し、ビデオは月に五本出た。ピンク映画は芝居をしなければならないが、AVにはほとんど芝居もなく、役者志望だった青年にとっては映画のほうが楽しかった。言葉はわるいがビデオはやっつけ仕事、映画が本業でビデオは日払いのアルバイトにすぎなかった。

だがAVが爆発的に本数を増やすと、速水健二の出番も増え、八〇年代後半には二本AVを借りると一本には出ているのではないか、というほどの売れっ子になった。

「三十歳でこの仕事は引退するつもりだったんですけど、バブル時代になって辞められなくなったんですね。時代が良かったのかわるかったのか……。村西監督さんとお会いになったんですか？　お元気ですか？」

クールな青年役が似合った速水健二もいまでは貫禄のある初老役が似合うようになった。

「あのころは、貘《ばく》のように夢を食って生きてました」

＊

一九八六年早春、ハワイから帰国した村西とおる一行は真っ黒になっていた。

ハワイ・ロケで撮った十二タイトルをオムニバスにまとめた問屋向けビデオを、村西とおるが誇らしげに私に見せた。

軽やかなBGMが流れ、男女の肉交が延々と繰り広げられる。フィニッシュは男が陰茎を抜き

『ビデオ・ザ・ワールド』1985年度ベスト10に選ばれた村西とおる監督作品『恥辱の女』の順位

取り女の顔に近づけ大量の白濁液を放出させる。男の放ったものが観念した女の顔に垂れ落ちていく。前回のハワイ行きではまったく歯が立たなかった速水健二も今回はすべて豪快にきめていた。

コペンハーゲンで撮ってきた長尺の疑似性交と甘ったるいドラマより、はるかにアダルトビデオ的だった。

ハリウッドのポルノ映画ではフィニッシュに似たようなシーンはあったが、様式美のようにいつもあったわけではなかった。狩猟民族と農耕民族の違いか、向こうの女優はかけられるとき、口を開けて嬉しそうに受けとめるのに対し、大和撫子たちは固い表情のまま苦行に耐えるかのように受けとめる。それがまた男の征服欲を刺激した。

村西とおるは業界一、過激な本番物を撮る監督になった。

ハワイでまとめて撮ってきた作品のほとんどが真性の性交をしていたことから、村西監督にまつわる黒伝説が流布されるようになった。

その一つが、本番があるのかどうかもわからないままハワイに行った女優のタマゴたちが、パスポートを取り上げられて帰国できなくされ、泣く泣く本番を強制されたのではないか、という黒い噂だった。

この噂について、カメラマンとして参加した犀秀幸監督が証言する。

「ハワイに行くでしょう。まだ業界自体にシステムが確立されてない時代だから、全員が合意があってハワイに行くわけではないんですよ。マネージャーだっていないし。まだこれからのモデルやタレントを連れて行くんです。女の子もやること前提で来ている子もいれば、詳しく聞いていない子もいるんですよ。その場合、現地で口説くんだから。すぐ目の前が断崖絶壁のマイケル・ジャクソンの別荘で撮っていたとき、ある新人が今日の夜からみがあるプレッシャーからか、半狂乱になって崖の柵に馬乗りになって唱歌を歌い出したんだよ。飛び降りでもしたら大変だから、みんな真っ青になってなだめて、こっちに誘導したりしたこともあったなあ」

当の村西とおる本人に直撃すると、大笑いしながら答えた。

「柵にまたがって『夕焼け小焼け』って、たしかに、夕焼け小焼けかもしれないけどね、でもね、（ハワイに）来てる子たちはしたたかだからわかってるの。わかってて夕焼け小焼けやってんだよ。演じてるの。女性のほうがよっぽどしたたか。何をするか。男ですよ、軟弱なのは。なかにはね、速水健二以外に何度もハワイに行ってもできない男優もいたんです。おまえ、どうしたんだ？　って聞いたら、『いや、昨夜ね、女優と一発やっちゃったんです』っていうんです。ばかやろう、撮影する前に一発やっちゃったって、いざカメラが回るとできないんだから、おまえ、なんのために仕事に来てんだって。女のほうがタフですよ。男優のほうが難しかった。チョコボールだとか加藤鷹みたいな、どんなときでも本番できる男優がいない時代でしたからね。大変ですよ。ハワイに来ても前貼りしてね、こんなものおまえ、しちゃダメだよ、女優さんだって前貼りいらないって言ってるんだからって言っても、いやいや、私は将来映画とかテレビに出るんだから、ケツの穴なんか見せたら一生の不覚だって言う。大変だよ。とにかく、現場で女優がちょっとでもだだこねると、マネージャーが一人芝居して、『村西とおるの野郎、あんなことやって許せない！　ぶん殴ってやる！』って、すべておれに（責任を）かぶせるようにおれが指示出したの。それでいいんだよ」

『ビデオ・ザ・ワールド』1985年度ベスト10に選ばれた村西とおる監督作品『恥辱の女』の順位

したたかな新人もたしかにいた。その一方で彼女たちが所属するプロダクションは撮影現場で何をするかわかっていたが、現地でなんとか村西監督に説得してもらえば脱ぐだろうという、他人任せのところもあった。

なかには『夕焼け小焼け』を歌うほどの錯乱をした新人もいたのではないか。

＊

本番路線を歩んでも、立派に性交できる男が足りず、村西とおるは本番のできる男優を求めていた。

助監督にその場で男優として出演させることもあった。

男優顔負けの勃《た》ちのよさをみせる助監督もいたが、そのほとんどが役目を果たすことができなかった。断固として拒否する助監督もいた。

村西とおるは、ある現在日本映画界を背負って立つ著名な監督も、過去に日活ロマンポルノで助監督をしたときには前貼りをして出演した実例をもって説得した。将来監督になるときに男優をやったことはけっして無駄にならないと説得するのだ。その話はよくわかりますけど、僕は男優はできません、と助監督は出演を拒否し、姿を消した。あの応酬話法をもってしても説得できないときもあった。

男は自己を確認する際に、会社や肩書き、身分、職業といった社会的位置関係を基準にする。世間体を気にしたり、体面を重んじたりするのは女よりもはるかに男のほうに多い。人前で裸になることは、女の場合よりもはるかに男のほうが重たいものだった。

男優を起用する一方でスタッフに男優をやらせる路線をとりながら、何事も介入しないと気がすまない村西とおるは、声だけではなく、レポーター役となって出演するときもあった。

山中湖ロケの『ドキュメント・タブー　父と娘』は、息子の嫁と肉体関係をもってしまった父親がクリスタル映像に告白の手紙を出したところ、村西監督が父と娘に直撃取材を試みる作品だった。どこまでが真実でどこまでが虚構なのか、最後までわからないまま映像が追っていく。

この告白自体はまったくの虚構であり、父親は中年俳優が演じ、娘は渋谷ヘルス店に勤務している女が演じたものだった。

台本なし、ぶっつけ本番、すべては即興劇で進行していく。登場人物は虚構の関係を構築しながら、虚構の不貞を告白し、悩みつつ、さらに深みにはまっていくことを演じていく。不思議なもので、虚構を演じていくうちに人間関係は虚構から現実へと移りかけ、役柄に感情移入し虚像が自分の真の姿なのだと錯覚し、熱を帯びていくのだ。

父と娘の情交を盗撮しようと、襖からそっとカメラを回すと、二人は父と娘になったつもりで激しく互いを求めるのだった。

山中湖では、この他にもう一作品撮った。

獣医大を出ながら、牛や馬よりも女子を可愛がりたいとカメラマンになった近松はじめという男がいた。

仕事で知り合った私は彼をスチールカメラマンとして現場に呼んだ。何度か撮影に参加していくうちに、近松はじめはどこからか愛らしい十八歳の少女を連れてくるのだった。

そのうちの一人、柳沢まゆみを主演に据えた『セーラー服を脱がさないで…』では、スカウトしてきた近松はじめ自身が出演することになった。

ストーリーは、近松はじめが主張するように、視聴者を代表するようなモテない男が、暴漢たちに襲われた美少女を救い、いつしか二人が結ばれるという、単純な、しかし男たちが思い描く夢を題材にしたものだった。

モテない男を演じる近松はじめが柳沢まゆみとからむと、柳沢が拒絶反応を示したために、加虐的なからみになりかけた。モテない男と美少女の愛あるからみは霧散していった。見るに見かねた村西とおるが、モテない男役をやると言い出した。

シナリオは急遽変更され、中年男が美少女を救い、二人が結ばれていくという内容になった。

夕飯時に酒を飲み過ぎた村西とおるは、ふらふらになったまま撮影に挑んだ。暴漢に犯された柳沢まゆみをやさしく癒やす謎の中年男を村西とおるが演じる。薄暗がりの和室に敷かれたせんべい布団。

そこに寝かされた柳沢まゆみ。

癒やすことを念頭に置いたためか、からみになると、延々と性感マッサージ風の愛撫がつづき、そのうち村西節とでもいうべきフレーズが発せられる。

「ああ、素晴らしい。ナーイスだ」

疑似正常位をとった村西とおるは愛あるセックスを表現するために、何度も場違いな英語を連発した。まゆみは脚を開いたまま頬を上気させている。

「ああ……君はなんてすてきなんだ。美しい、美しすぎる、美しすぎるといっても過言ではないだろう！　ファーンタスティーック！」

村西とおるは再びまゆみの間に腰を密着させて性交の真似をした。その間、右手は激しくこすったままだ。

「ああっ！　素晴らしい！　ゴージャスだ！」

村西監督はペニスをしごきながら、まゆみの形のいい乳房の上に大量の白濁液を放出した。

「ナーイスだ。なんて君はファンタスティックなんだー！」

村西監督はまゆみを抱え起こすと、ペニスを握ったままままゆみの口元に持っていき、「さあ、お食べー」とおかまのような声をあげた。

まゆみは手で口元に持っていく。

現場に居合わせた人間は村西とおる以外、全員が笑いをかみ殺すのに必死だった。

疑似本番が終わると、汗まみれの村西とおるは壁に背中をもたれさせ、身動きすらとらなかった。

村西節が垣間見える作品に仕上がった。

だが村西節は最初から迎え入れられたわけではなかった。

『ビデオ・ザ・ワールド』批評欄から――。

『セーラー服を脱がさないで…』主演・柳沢まゆみ
モザイクの細かいフェラもまゆみクンの痛々しさも、ネチっこい本番も総てオッサンのクッサイ台詞でブチ壊しになる。「素晴らしいー！」「ナーイスだ」「ファンタスティックだ！」こんな叫び声を聞きながらオナニー出来る奴がいると思てんのかボケエ！　いくら

『ビデオ・ザ・ワールド』1985年度ベスト10に選ばれた村西とおる監督作品『恥辱の女』の順位

サオ師として力量があってもこれでは落第である。視聴者をなんだと思っているのだろうか。このオッサンの台詞廻しこそが時にはいい作品を作る同社の癌であることを再認識。ナメんなよ！　興奮度65　モデル度70　総合63点　批評・永山薫

視聴者も大方、こんな感想を抱き、村西とおるの語りは当初拒絶されたのだった。

『教えて下さい…』主演・早瀬由紀子

あの頭のテッペンから声を出すイヤッたらしいオッサンのインタビューかとウンザリしたのだが、今回は質問がテロップで出て、それに女が答えるというもので、ホッとした。僕はあの声を聴くとホント吐きそうなほど気持ち悪くなるのだが、きくところによるとあのオッサンがクリスタルの社長さんだということだ。批評・山本勝之

『バック・ユー　うしろからのあなた…』主演・矢島裕子

これで女がキレイで、インタビューの男がイヤミなオカマ声でなきゃ、いい点あげたんだけどね。批評・山本勝之

『お口がいっぱい』主演・池田理恵子

インタビュアー（こいつがアホでイヤったらしい最悪の男）が終わった後、「さすがケンちゃん、トイレセックスの第一人者ですねェ、パワフルでした。どーゆーところがトイレセックス

ってムズカシイですか」なんか言って、アホとちゃうか？　批評・山本勝之

『そこには入れないで…』主演・山口めぐみ

例によって他人を小馬鹿にしたようなオッサンの声でインタビューがはじまった。これでは最初から期待できないなと思ってると案の定オナニーがはじまるのは10分後だ。アシスタントとか言う男が出てきてバイブズコズコ。その間にも例のオッサンの「入れて欲しい時は入れて欲しいと言って下さい」などの声が入りシラけるったらありゃしない。　批評・永山薫

村西作品は売行き好調だったが、当初村西とおるの語りは嫌悪感をもって否定された。他人を小馬鹿にしたようなハイトーンの声と口調。ファンタスティック、ゴージャス、ナイス、といった日本人ですら時代錯誤を感じ口にしない英単語を臆面もなく口にする軽薄な会話。詐欺師のような流暢すぎる話芸。うさん臭さ満載の話術。

セックスというもっとも笑いの少ない場面でのことゆえ、ギャグを加味した話術は激しく拒絶されたのだった。

＊

村西とおるが完全にゾーンに入ったのは、一九八五年十一月に発売された『恥辱の女』が、『ビデオ・ザ・ワールド』誌上で一九八五年度アダルトビデオ・リアルベスト10の第一位に選ば

『ビデオ・ザ・ワールド』1985年度ベスト10に選ばれた村西とおる監督作品『恥辱の女』の順位

れたときだった。

『Two to Love 愛・ふたつ』という作品でコペンハーゲンの歩行者天国を〝駅弁〟で駆け抜けた歴史的体現者になったあの立川ひとみが、本作でも主演を務めた。

薄暗い小部屋に集まった男たち。これから彼らが一人ずつ、立川ひとみを奴隷にして屈辱の仕打ちをおこない、誰が凌辱王になるのか競い合うのだ。まるで江戸川乱歩の小説『赤い部屋』を思わせる設定だ。

全裸の立川ひとみが首輪をさせられ、鎖で引っ張り回されていく。サングラスをかけたご主人様は助監督の柳ちゃんだった。普段は大人しくて温厚な柳ちゃんが役柄とはいえ、まるで人が変わったかのように残虐な主として立川ひとみを犬のように引きずり回す。山中湖の湖上でボートをこぎ全裸の立川ひとみを体操させたり、土産物店で小水させようとする。気づいた土産物屋の主人が慌ててカメラを遮り、「迷惑だから出ていけ！」と怒鳴りだし、どうしたらいいのかわからなくなったひとみが半狂乱に泣きじゃくる。カメラマンもサングラスをかけて、全裸の立川ひとみを引き回し、ビデオレンタル店で客に陰部を舐めさせたり、焼き肉屋で客にレバ刺しを立川ひとみの陰部に突っ込ませ味見させたりする。「恥ずかしいよお、恥ずかしいよお」といじめられっ子のようにすすり泣く。

風呂場で大柄な女王様の小水を浴びせられたり、牛乳浣腸で強制排便させられたり、木立の中では女王様に吊り上げられ、蠟燭《ろうそく》と鞭《むち》の拷問を受ける。限界になり逃げ出す立川ひとみ。すると反対側から女装した変態男が登場し立川ひとみに襲いかかり、強引に肛門性交をおこなう。森にこだまする悲鳴。ラストは、小部屋にもどり、立川ひとみが自分にもっとも恥辱を与えた男を選ぶ。立川ひとみはいったい誰を選んだのか——。彼女が指さしたのはカメラ——視聴者そのものだった。

いまだから語れるが、レバ刺しを陰部にひたして食した男たちは本物の市役所職員たちだった。

全編にわたり、エログロ・ナンセンスの毒味が行き渡る一方、センチメンタルなメロディが流れ、湖上のボートで泣きじゃくる全裸の立川ひとみとともに哀切漂う空間が現出する。

ラスト、それまでさんざ虐げられてきた立川ひとみが、奴隷から女王様になって、車座になった男たちを品定めする逆転の構図も見事だった。

村西とおるの回想——。

「立川ひとみの二作目、『恥辱の女』は印象に残ってますよね。めちゃくちゃやったからね。『ここで放尿しろ』って命じられて、土産物屋のおやじが『迷惑だから出ていけ』と怒鳴りだして手でカメラを遮ろうとするけどさ、このおやじ、撮影前に打ち合わせしといたんだけどさ、もっと怒ればいいのに、手でカメラふさがないから、カメラマンやっていた私がおやじの手をとって無理やりカメラレンズをふさがせたからね。やらせの極地だよ。山の中でザーメン顔にかけられて、その後、風呂場で脱糞するシーンが最後の撮影ですよ。終わったら泣きながらクソまみれの体で『かんとくー！』なんて抱きついてくるんだから。こっちも、おお、がんばったなって抱きしめてやったよ」

エログロ満載ながらも孤独な空気が流れるこの作品、いま見てもなかなかの出来映えであり、観賞に堪えうるものだ。

原宿表参道のカフェテリアで、村西とおるは三十一年前の狂乱の作品を振り返った。

『ビデオ・ザ・ワールド』1985年度ベスト10に選ばれた村西とおる監督作品『恥辱の女』の順位

「立川ひとみは六本木で遊んでいた女だったんだよ。たまたま彼女を知っていた男が、『こんな変わった子がいるんですけど』っておれの所に連れてきたの。あそこが二つあるっていうんで。それを武器にAVでなんかやれないかと思って、コペンハーゲンで撮ったり、全裸で引きずり回したりしたんだけどね。とてもがんばり屋でいい子だったね。本人から聞いたんだけどさ、思春期のころ自分のあそこが二つあるって気づいて、お母さんに泣きながら相談したんだって。子どもに心にショックだよ。そしたらお母さんが素晴らしかったね。『いいかい、人間っていうのは目も耳も鼻の穴も手も足もみんな二つあるんだよ。あそこが二つあったっておかしくないだろう。神様が、人より倍幸福になれるように与えてくださったんだよ』って言って抱き留めたんだって。母の愛だよ。ファンタスティック。苦し紛れの言葉だったかもしれないけどね。立川ひとみも、『わかった』って。立川ひとみは海外配信の無修正が見られたり、ボカシの薄い現在だったら、大スターになっていただろうね。AVでは実力を発揮できないままストリップに転身したんだよ。松山の道後温泉のストリップ劇場が初舞台で、そこにたまたま改修工事で来ていた建設会社の若社長が舞台見て、あそこが二つあるんでびっくりしちゃった。惚れちゃったんだな。一年間あっちの劇場こっちの劇場、立川ひとみを追っかけてとうとう結婚したんだ。いま子どももたくさんいて幸せに暮らしてるよ」

『恥辱の女』はコペンハーゲンやハワイでドラマ物ばかり撮ってきて行き詰まった村西とおるが、国内で撮ったドキュメントタッチの作品だった。

本作を一九八五年度リアルベスト10の第一位・最優秀作品賞に選んだのは、ほかでもない村西とおるをもっとも批判していた『ビデオ・ザ・ワールド』の批評家たち四人だった。

永山　クリスタルで好きなのはさ、森田水絵とかじゃないモデルの時さ、コペンハーゲンの街をスッパダカで走らせたり、街娼のマネさせて、青姦させられてマッ青になるとかさ、無茶苦茶やるとこがあって、何が飛び出すか判らないってのが毎月楽しみでさ、スカも多いけどさ（笑）。

高杉　（略）クリスタルにはドラマじゃなくって、いい女を外国でもどこでも連れてって無茶苦茶やって欲しいよ。海外ロケ以外でもいいのあったぜ。飲み屋の便所の床でやるの（一同爆笑）。便所の床転げ廻って全裸ＳＥＸするという、あれ凄かったぜ。クリスタルって変なパワーあるんだよね。

（『ビデオ・ザ・ワールド』一九八六年三月号「一九八五年度ビデオ・ザ・ワールドが選ぶアダルトビデオ・リアルベスト10座談会」）

勢いのある新ジャンルというのは、批評も勢いがあり、互いに刺激しあって伸張していくものだ。

「こっちは確かに力作だとは思ったけどさ、それほど凄い作品だとは思っていなかったよね。立川ひとみが体当たりでやってくれたし、おれもそれにこたえた。それだけですよ。ところがこれが評判呼んで、いままでぼろくそにおれのことけなしていた『ビデオ・ザ・ワールド』が八五年度のビデオ大賞に『恥辱の女』を選んでくれた。嬉しかったね、生まれて初めて自分のビデオが認められたんだから。このころからだね、監督としてやっていけそうかなと光が見えてきたのは。

『ビデオ・ザ・ワールド』1985年度ベスト10に選ばれた村西とおる監督作品『恥辱の女』の順位

一年後に出る黒木香の『ＳＭぽいの好き』の原形になった作品ですよ。それほど売れた作品ではなかったけど、『恥辱の女』はおれにとってエポックメーキングになった作品ですよ」

＊

翌一九八六年が明けるとクリスタル映像は営業部と制作室が離れているのは効率がわるいということで、早稲田鶴巻町に引っ越し、同じ建物内になった。

新事務所は東西線早稲田駅を降りて、印刷や製本の小さな町工場が建ち並ぶ一画にあった。洋服の仕立て直し店が家主の三階建ての貸しビルで、クリスタル映像はそこの一階を商品倉庫と事務関係にあて、三階は広報と制作スタッフが詰めることになった。二階は家主が住んでいるので、狭い階段を上り下りするときは時々職人気質の仕立て職人と顔を合わせることがあった。家主はＡＶ自体よくわかっていない様子だった。

新しい職場で事務方も助監督も高揚しているところに、村西とおるが浮かない顔で現れた。

「このあたりは裏本つくってたころ、指名手配で追われて隠れこんだ街なんですよ。いい思い出がないんです」

一九八六年一月二十六日、大手町サンケイホールで催されたＡＶメーカーと問屋による一大イベントは、村西とおるにとってもクリスタル映像にとってもやっとここまで来たかという感慨があったであろう。

メーカーのブースには、出演作の女優たちが勢揃いし、会場を訪れた一般客からサインを求められたり、自作品を販売したりした。クリスタル映像は、柳沢まゆみと早瀬由紀子が参加した。

トライアングルという三人組の元アイドル・小森みちこがステージで歌い出すと、場内は盛り上がった。彼女は村西とおるがハワイで撮ったうちの一人だった。速水健二がプールサイドで熱い視線を送ったり、現地の警官の制帽を借りて小森みちこにかぶらせたり、イメージシーンとAVがミックスされた作品だった。

ステージから「監督!」と小森みちこが声をかけると、村西とおるはおかま声で「みっちゃーん」と返した。

ステージでは新人コンテストが催され、特別賞に輝いた十八歳の美少女は宇宙企画専属女優・秋元ともみという名でこの年デビューを果たした。

*

一九八六年二月——私は高田馬場駅近くに友人と仕事場を設け、村西とおるとは少し距離を置くようになった。

この年、引っ込み思案の日本人とは異なる奔放な価値観の若者たちを指した新語「新人類」が流行語大賞をとった。

だがAVに出演する女子はまだ少数派で、いまよりはるかに裸に対する抵抗感は強かった。彼女たちにとって脱ぐ際に頭をよぎるのは親の存在だった。

その夏、私が取材でクリスタル映像の四谷の制作室を訪れた際に本来なら個室で面接する新人に対して、時間が押していたせいか、私がいたまま面接し、それが録音テープにそのまま記録され、いまとなっては貴重な会話が残っていた。

『ビデオ・ザ・ワールド』1985年度ベスト10に選ばれた村西とおる監督作品『恥辱の女』の順位

残されたテープから、村西とおるの応酬話法の凄みが伝わってくる。マネージャーに連れられてクリスタル映像までやってきた新人は、二十一歳、美容師をしていたという。大きな双眸、栗色の長い髪、ミニスカートがよく似合っている。

村西とおるはまず、彼女たちの最大の障壁である親問題からさばいていく。

「今日あなたみたいな素敵な女性と出会えるなんて思わなかった。マネージャーも粋な計らいするねえ。ナイスですね。で、さっそくですが、きょうまず私が提案したいのは、ビデオの話なんですね。うーん、素晴らしいね。とてもチャーミングだね。ちょっとこっちを向いてみてください。うーん、ナイス。素晴らしいね。こんなファンタスティックなスタイルはいまだかつて見たことがありません。素晴らしすぎるね。ちょっと背筋伸ばしてみて。あああー、張りそってます、張りそってますよ。いいねえ。最近、若くてもジャンクフード食い過ぎの七段腹じゃないか、なんて子が多いんですよ。でもね、きみは素晴らしい。ファーンタスティック！　でもね、いいですか。あなたのその素晴らしい肉体は、あなたが努力して築き上げたものではないんですよ。わかってる？　あなたの素晴らしい肉体はご両親からいただいたもの、ご両親があなたを生み育てたからなんです。あなたはまずお父さんお母さんに感謝してください。わかりましたね。あなたの努力はその後なんです。これからなんですね」

会話には応酬話法のすべての要素が含まれている。

最大の問題点である親バレについて避けることなく真っ先にもってきて、お父さんお母さんの存在によってあなたが生まれた、という事実を確認させ、新人が抱いている親バレの不安を払拭してしまう。むしろ問題点をメリットにしてしまう。

女性は運勢を信じたがる傾向にある。自分の力だけでなく、他の力によって自分の運命が導かれていく、という運命的な言葉を吐くことによって、彼女の意志を支配下に置いてしまう。

そして若い女性なら誰もが持っている自己存在の確認欲求を刺激させる。

「あなたは非常にラッキーです。この大きな作品に主演として出られる。今回の話は天から降ってきた仕事だと思ってください。わかりましたね？　いくら素敵な女性でも、出られないようなビッグチャンスにたまたまあなたが出くわしたんです。ツイてます。ツキ過ぎてます！　ツキ過ぎていると言っても過言ではないでしょう！　あなたの幸運を感じ取ってくださいね。はっきり申しましてあなたと同じレベルの女の子はたくさんいます。そのたくさんいる中からあなたが選ばれたということは、非常にラッキーなことなんですね。ツイてますよ。このツキを逃してはいけない。ぜひともがんばっていただきたいと思います」

徹底して相手を褒め称え、賛美のシャワーを浴びせまくる。その際、ユーモアを忘れない。笑いは防御態勢を崩す最大のコミュニケーションになる。

「コンビニの前でウンコ座りしてる女を連れてきてやってみても、誰も見たりしないですよ。あなたのようなお嬢様でこそ興奮するんですね。そんな首を振らないでください。わかるんです。こうして向き合っていても気品が漂ってくるのが。素晴らしいね。そんな貴女が一度きりの出来心で出てしまった、そういう娘のビデオに男どもは興奮するんです。十六本も出ている女のどこが見たいんですか？　私とあなたのコラボレーションなら別ですが」

てっぺんまで登らせておいて、いきなり一点を突くことによって、迷いを吹っ切らせる。

「現在、我が国においてビデオ会社はおよそ百五十社存在して、年間三千タイトルから四千タイ

『ビデオ・ザ・ワールド』1985年度ベスト10に選ばれた村西とおる監督作品『恥辱の女』の順位

トルが発売されています。その中で残る女優さんはたったの十人程度なんですね。いやもっと少ないかもしれない。ほんとです。勝ち残るのは個人の力だけでは無理です。その辺をわかっていただいてですね、決して天狗にならないように、いいですか。マスコミやプロダクション、ここにいる大勢のスタッフ、その他たくさんのバックの力があるというのを忘れないでくださいね。さ、握手しましょう。ナイスだね」

まだ逡巡しているようなら、プロダクション経由ではない現金を握らせる。なおも渋るなら泣き落とし。これでたいていの女は出演した。

大の大人がここまでわたしに向き合うのだから、しょうがないけど、一度くらいなら出てもいいかしら。

他者から強く頼まれて仕方なくやった、という責任転嫁は、女性にとって強い動機づけになる。さらに全身全霊で相手とぶつかることで、大方の問題は解決するのだった。

応酬話法の魔術師は新宿を見おろす超高層ビルの一室で、私の強い要望によってあのころ口説いた会話をもう一度再現してみせた。

「まず私を信じなさい。あなたの人生をね、これから歩んで行くにあたって、けっして私と一緒に関わったことはあなたにマイナスになりませんよ。あなたのような魅力的な女性が自分の美しさと能力というものを世に問うてみなさい。そうしたら、世間は絶対絶賛しますよ。一億二千万人は盲目ではありませんよ。そのへんのくだらないチンケな男のオンナだけになって、その男に寄りかかって、その男に命乞いしながら一生を生きていくような人生、そんな誰の誰べーのオンナみたいな人生はやめましょう。あなただけの、あなたのための人生を歩んだらどうですか。一度世間に試してみたらどうですか。これをきっかけに試してみたらどうですか。一度しかない人生に巡ってきたチャンスに賭けてみたらどうですか。神様はそういうことをあなたに命じて私と会わせているんですよ。神様の思し召しのままに生きなさい」

聞き入っていた私や編集者たちは、つられて言葉にならない声を漏らした。

天才的応酬話法の使い手への賛辞なのか、あるいは悪魔的詐術師への畏怖なのか。

「あの当時はね、私が着てたのはどこでも見ないようなコスチューム、パジャマだよ。朝から晩までずっと。本橋君も記憶あるかもしんないけどパジャマですよ。自分自身の第一印象はパジャマですよ、面接してるときは。奇をてらうんじゃなくて、相手もリラックスするからね。ネクタイがなんだのってすぐにお里が知れちゃうのよ。パジャマだとクエスチョンマークがつくでしょ。このオヤジ、なんだろう？　って。その上で、どんなことを言っていても、答えてあげる、安心させられる、納得させられる、寄り添うっていう、そういうものを自分自身が提供できるものがあればね。女の子たちも、一度だったらやってみようかと思うんだね。そしてまずバン！　と百万渡すんだ。やっぱりこれやめてくださいと思ったら、お金は返さなくていいから。発売はしないから。僕はあなたを信じる。あなたが、いやーこんな仕事するんじゃなかったわ。後悔してますっていうときは僕に言って。お金は返してもらわなくていいから――とまでおれは言ったよ。実際に、出演を断る子、一人もいなかったから」

過激な内容を売りにする村西とおる監督作品に、なぜ上質の女たちが相次ぎ出演したのか。その秘密は村西とおるが打ち明けた応酬話法と自己演出、現金、そしてもっとも重要なポイントは、彼女たちが生きてきた人生の中で目の前の男がこれほど全身全霊で説得してくることなどなかっ

『ビデオ・ザ・ワールド』1985年度ベスト10に選ばれた村西とおる監督作品『恥辱の女』の順位

たからに違いない。情熱を込めて道を説く男に根負けしたのだ。

＊

村西組のカメラマンだった犀秀幸監督が回想する。

「村西さんの初めてのファックを撮ったのも僕ですよ。コペンハーゲンで。あの人、バックが好きなんだよね。それで暴発もよくするんだよ。でも三十秒もするとすぐに勃《た》つ。撮影現場はハプニングばかり。作品にならないものもけっこうあったな」

一九八六年春、犀秀幸監督は一緒にハワイから帰国した村西とおるにあることを告げられた。

「村西監督が真面目な顔しておれに言うの。『あのね、うちに新しいカメラマンが手配できたんです。いままで本当にありがとう、お疲れ様でした』って。新しいカメラマン？　それが村西さんだった。ワッハッハハハハ！　もう笑っちゃうでしょ。最高だよ」

ゾーンに入った村西とおるは監督・男優だけでなくついにはあの重たい業務用カメラ、通称ベーカムをかつぎカメラマンまでやるようになり、さらには撮影しながら性交するいわゆるハメ撮りまでするようになった。いまなら手のひらにおさまるデジタルカメラで撮るのだが、あのころは米俵のように重たいカメラでやっていたのだ。

ベーカムを肩にかつぎ、ＢＶＤの白いパンツ姿の村西とおるが、女優に向かって「お待たせしました！」と甲高い声を発する、あの片岡鶴太郎がよく真似した象徴的なスタイルが確立したのだった。

フィニッシュの際に女優の顔に放出する顔面シャワーとともに、村西とおる監督作品は猛烈に売れていった。

「日本の女性と初めてハメたっていうのは、ハワイで撮ったやつで、沢口久美だったね。タイトルが『性・調教師、夜明けまで…』（一九八六年四月発売）。このときはまだいまみたいな村西節はないからね『さあ、お尻を突き出して』『指入れるよ』みたいな短いフレーズしか言ってないんだ。会話らしい会話をしたおれのパターンを確立したのは深見愛ちゃん、女子大生の。『私にHな言葉をいってシリーズ　女子大生編』だよ。これだね。ダーティトーク。これが原点だよね。そんなセリフで女を解体していく。いやらしい言葉を浴びせられたとき、女のとる恥ずかしげなポーズ。それが狙いだったんです。でもおれしゃべるとギャグになっちゃうんだね、これは体質なんだろうか。おかま言葉のような猫なで声は、女性にやさしくっていうところから来てるんですよ。本当は言葉遣いが乱暴。わかるでしょ。裏も表もやってきたおれだからさ。でもそんな話し方してたら、女の子が怖がって撮影できなくなっちゃうんで、あえて意識的におかま声で話したんだね。いろいろな表現で接していくうちに相手の人格、感情、半生まである程度わかるんだね。進駐軍英語？　ナイス、ダイナミック、ファンタスティック……。中学高校って英語はまったくダメだったからね、その程度の語学力ですよ。あれも会話の彩りだよ」

視聴者は村西とおるの猫なで声がどこかうさん臭く、実際はとてつもなくぶっそうな男だとうすうす感じていたであろう。たとえていうなら、紳士的にふるまう暴力団の親分が、いざとなったら平気で人を殺める冷たい意志をもっているのと同じであろう。

村西とおるがメジャーになってからの作品よりも、売れる直前の一九八六年制作の作品群がもっとも脂が乗って、荒々しくクレージーで村西節の醍醐味がある。

『ビデオ・ザ・ワールド』1985年度ベスト10に選ばれた村西とおる監督作品『恥辱の女』の順位

ではそのころの村西監督作品、そして村西とおる本人が肉交する際に発した狂気の言語を採録しよう。

フェラチオの練習をしようとバイブレーターを取り出したとき「近代科学はこのような物を産んだんだねえ」。（あそこにバイブを当てて愛撫しながら）「あーっ、湿ってる湿ってる。薄い皮一枚だ」さらに興奮してくると「ぱっくりお尻が開いている」

――『私にHな言葉をいって…（女子大生編）』

（沙耶の手を自分のあそこに触らせて）「どうですか、ちょっと気に入りそうですか」。（アヌスに挿入して激しく感じる沙耶に）「個人的ＳＥＸではなかなか経験できない。私共クリスタル映像でなければこんなふうに責めてはもらえませんよ」

――『キララ&ペロペロ』

（フェラチオする際）「さあー、おたべー！」。

――『セーラー服を脱がさないで』

（立ちながらバックで入れてるとき）女優がいきそうになった。「ああっ、もういくぅ！」。すると監督（オカマ口調で）「ああっ、いくって言って絞っちゃ、ダメー」。

――『濡れすぎた私』

（女優にオナニーさせて）「さあ、そのグリグリをつづけてください。このビデオを見てる皆様によく見えるように礼儀正しくしましょうね」。そして（入れながら）「締めてるねえ。締めてます。締めすぎてます！　ちょっと動きがとれませんよ、締めすぎてます」。（顔面シャワーの直後）「出た出た出た出た、出ましたよー！」。

――『よすぎてしまった私』

「メンスのときに撮影をして許してくれる？」「うん」（相手がうなずく）「そう。許されついでに舐めましょうね」。（騎上位で）「ナイスだね。ナイスすぎる？」（相手にも移ってしまい）「ナイスすぎる」「そう。よかったねえ。まだまだしようね。よいしょ、こらしょ、よっこらしょ」。体位をバックに変えたときも（女優を四つん這いにさせて）「バックにしようね。十八歳の青春をぶつけてみましょうね」。

――『うしろ好きの私』

（セーラー服を切り裂いて）「ビデオファンのみなさんはこんなふうにしてみたいんですねえ」。（バイブを使って女優を責めながら）「私はあまりこのような器具を使うのは好きじゃありません。でもビデオファンのみなさんが要求するんですね」。（女優に「どんな体位が好きですか」と聞きながら自分で）「初めは正常位、次はバック、ちょっと騎上位そして立って……。わがままだねえ」。（女優の陰部をもてあそんでるとき）「ああー、ヒドヒドだねえ」。（指を入れて）「キツグルシー、ハメグルシー」。

――『燃えろ！　性裸服』

こけしを使って女優を責めてるとき（女優の「いいっ」の声に）「よすぎるだなんてゴージャスだねえ。ゴージャス、ゴージャス」。（女優のパンティを引っ張り上げて）「あー食い込んでる食い込んでる、食い込みすぎてる。ああすごいなー」。

――『素晴らしすぎます』

股姫の所へ忍び込む股ヱ門こと村西とおる（襖の向こうで女優に見つかって）「誰じゃ」「ははっ、股ヱ門でございます」。（胸を揉んでいると）「胸を揉んでるのは誰じゃ」「ははっ、股ヱ門でございます」。（体を愛撫しながら）「ひざを舐めるのはよかれども、あそこを見てはいかんぞえ」と言われて、村西とおるは「ははっ」と言って見てしまう。「入れるのはよかれども動いてはいかんぞえ」「ははっ」と言って動かしてしまう。

――『御指導御鞭撻いたします』

主演女優たちは、最初のうちは村西とおるに警戒感をもっているが、奇妙な言葉を投げかけられているうち、村西言語が伝染し、自らも「ナイスすぎる」と答えてしまう。村西言語帝国の完全支配下におかれた女たちは自身の言語も破壊され、村西王国の住人になってしまうのであった。

宇宙企画、ＶＩＰ、サム、といった先行のＡＶメーカーと違って、クリスタル映像は村西とおる一人が全タイトルを撮り、しかも他社の監督たちが月平均一タイトル、多くても二タイトルを撮るのに対し、村西監督は十二タイトルを撮る量産ぶりだった。

幼いころの食えなかった貧しさゆえ、量が質を凌駕する思想を持ちつづけたのだろう。

創作家というのは必ず量産時代というのがある。松本清張がもっとも傑作を生み出したのは一九六〇年前後、あまりにも書きすぎたために書痙《しょけい》にかかり口述筆記を選択した時期だった。『砂の器』『黒い画集』『波の塔』『日本の黒い霧』『球形の荒野』『わるいやつら』等代表作はこの時期に集中している。傑作群はあの分厚い唇から語り下ろされたのだった。

江戸川乱歩がもっとも量産した昭和五年度には、『孤島の鬼』『蜘蛛男』『猟奇の果』『魔術師』『黄金仮面』『吸血鬼』といった長編代表作を相次ぎ完成させている。

太宰治、芥川龍之介も量産した時代に短編の代表作をいくつも書いている。

量産体制になると、脳細胞が対象に向かって猛烈な活動をおこない、不動の枠型のようなものが形成される。脳に筋力がついたとでもいおうか。

プロ野球でも、過酷な打撃練習をして理想のフォームをつかもうとしているとき、練習後のマッサージを拒否する選手もいる。理想の打撃フォームを筋肉が覚えているので、あえて理想的に固まった筋肉をほぐして記憶を薄れさせるのをおそれるからだ。

村西とおるもまさしく理想の制作フォームを体感的に覚えたのだった。

＊

『ビデオ・ザ・ワールド』1985年度ベスト10に選ばれた村西とおる監督作品『恥辱の女』の順位

村西とおるのプロフィールが初めて活字になって紹介されたのは、『ビデオ・ザ・ワールド』一九八六年三月号だった。

これは中澤慎一編集長から依頼されたものであり、私が同誌に書いた初めての原稿でもあった。ビデオ会社研究というシリーズの一つとしてクリスタル映像を取り上げた。

その書き出し——。


あなたはレバ刺しが好きですか？　それともカルビ？　そんなことはどうでもいい。私は今日もきょうとて焼肉屋の紫煙のなかで、村西とおる監督の撮影現場に同行しているのである。

アダルト・ビデオ業界のなかに突然変異的に一昨年誕生したクリスタル映像。その新星クリスタル映像の全作品（この原稿執筆時までの分だけで71本）そのすべてを、この男が撮り続けているのだ。


私は村西監督がいかに規格外の人物なのか、紹介した。

まず第1に、たった1年半の間に71本もの作品を撮ってしまったこと、これである。

第2の驚異。それは村西とおる自らベーカム・カメラをかついで撮ること。

第3のギネス記録。それはその大半の作品の脚本も彼が書いていること。

第4の驚愕。それは男優もこなしていること。

第5の畏怖。それは大半の作品のタイトル名をつけてしまうこと。ユニークなタイトル、たとえば『お口がいっぱい』『あそこがいっぱい』『かけてお願い!』『そこには入れないで』……。

私は「ビデオ業界のマルコス大統領」「ポルノ界の徳田虎雄」「業界のカダフィ大佐」とあだ名をつけている。

このころはまだマルコスも徳田虎雄もカダフィも元気だった。

いままで謎の男だったクリスタル映像の監督も、この記事でプロフィールがわかり、以後批評欄では「村西社長」といった呼称が登場する。コペンハーゲンやハワイにしょっちゅう旅立つ金満監督を茶化したものだった。

*

村西とおる監督とその作品を否定してきたあの辛口批評家たちの論評も変わってきた。

『かけてお願い!』主演・藤田三輪子

「ヘタな鉄砲数撃ちゃ当たる」とばかりにいい加減なソフトを粗製濫造する〝B級アダルト・ビデオ〟の雄、クリスタル映像の作品です。けなしてんじゃないよ。ヘタな鉄砲精神、ぼくは大好きだし、ほとんどはずれだがたまに当たったときの凄まじい破壊力は、去年の年末作品『恥辱の女』が証明してくれている。当たるとデカいが、はずれるとホントに愚

『ビデオ・ザ・ワールド』1985年度ベスト10に選ばれた村西とおる監督作品『恥辱の女』の順位

にもつかない〝昼メロ〟をやったりする。この思い切りの良さをぼくは評価したい。批評・友成純一

『危険な体験』主演・上杉久美

これからはクリスタル映像の時代であると僕は確信した。村西社長は、もしかすると、とんでもない天才である。新しいビデオの方法論を確立したのではないだろうか。批評・山本勝之

『×××しながら脱がして』主演・森和美

最近の村西社長主演作の楽しさは、経験の浅いモデルが最初の内は「この人どっかオカシイんじゃないのお?」と警戒してビビッてたのが、社長の異様なノリのしゃべくりとデカマラ+テクニックにメロメロにされ、ちんぽちんぽちんぽ欲しい! とスケベな内面をバクロしてしまう辺りにあり。以前の声だけの出演ではアピールすることのできなかった(声だけ聞いているとフユカイの極み)村西の脳天気でスケベでトボケたキャラクターが最近の自らハメまくる作品では見事に生かされている。批評・永山薫

「アホでイヤったらしい最悪の男」「例によって他人を小馬鹿にしたようなオッサンの声」「僕はあの声を聴くとホント吐きそうなほど気持ち悪くなる」といった罵詈雑言を浴びせてきた評論家たちが、実はいち早く村西とおるを発掘し評価したのだった。

一九八六年当時はまだ監督に焦点が当たるような作家性をAVに求めるのは、ごく稀であった。そもそもパッケージに監督名が記されること自体ほとんどなかった。AVというのは誰が撮ろうが重要なものではなかった。

伸張著しい業界には目利きの優れた識者が集うのであった。

＊

少女は東京都の西側に位置する緑濃い小都市で生まれ育った。

幼いころから透き通るような肌と深緑色の瞳は、ロシア系のハーフではないかと評判になった。美少女の両親はどちらも日本人だったのだが。

美少女は妹と両親の四人家族で幸福に暮らしていた。

内面の変化が訪れたのは小学五年生、父が経営していた小さな会社が倒産したときだった。娘はこれからわたしががんばって働かないといけないんだわ、と殊勝に思い詰めるのだった。

スカウトされて高校卒業と同時にモデルをやるようになった。

グラビアの仕事のギャラをもらいに、事務所の代表と渋谷の喫茶店で待ち合わせた。

すると代表はすでに別の大人と話し込んでいた。

代表が話している相手は、声が大きく、両側の髪が耳にかかり、ムード歌謡のバックコーラスにいそうな男だった。

大声で話していたその男が、ふとこちらを見た。

美少女は、なぜかこの男と目を合わせると自分の心が見透かされそうな気がして、ずっと下を向いていた。いままで出会った大人たちにはなかった不思議な引力を感じた。まだ十八歳だから、美少女は大人に騙されないようにしっかりしないと、と自分を戒めたのだった。

顔を上げないまま座っていた美少女のもとに、あの男が寄ってきた。

「はじめまして。うーん、素晴らしい！　お名前は？」

美少女は本名を言った。

「そう。まだ十八歳なんだね。素晴らしい。あなたは磨けばもっと光り輝きます。僕とお仕事しましょう。申し遅れました、私、村西とおると申します」

男はクリスタル映像というビデオ会社の監督をしているという。その会社がどういうものなのかよくわからなかったが、美少女は子どもながら、この人についていこうと思った。

「僕とお仕事すれば、ハワイでもコペンハーゲンでもいろんな所に連れていきますよ」

美少女はそういうことでは惹かれないんだけどなあ、と思った。でもこの人だったら大丈夫だろうと、子どもながらに感じた。

実はすでに美少女は、ミスクリスティーヌという大手メーカーから橋本ルミの芸名で非本番作品『美聖女レイプ囚』でデビューしていた。

クリスタル映像は原則としてAVは他社に出ていない新人を起用してきた。だから橋本ルミという美少女をスカウトしたのは異例だった。

村西とおるは、橋本ルミという芸名を捨てさせ、新たに沙羅樹《さらいつき》という名を与えた。それだけではなく、村西とおるは所属していたプロダクションから移籍させ、沙羅樹をクリスタル映像の専属女優第一号にした。よほど気に入ったのだろう。

ＡＶメーカーが女優を自社に所属させマネージメントまでおこなう、業界でも初めてのケースだった。

私が沙羅樹と出会ったのは一九八六年春、彼女がクリスタル映像専属になった直後のことだった。

そのころ流行った渋谷のプールバーで、沙羅樹は黒い帽子をかぶった母親と一緒にいた。

十八歳の未成年者だった沙羅樹はいま、四十八歳の熟女になった。

記憶力はいいほうだと自負している私だが、沙羅樹は驚くべき記憶力でいまから三十年前の事実を昨日のことのように憶えていた。

「黒島で撮影した年の春、五月くらいだったと思います。『ＧＯＲＯ』（小学館）の記事でモデルを探していて、わたしに依頼してくれたんです」

私はおぼろげながらそのときの記憶が残っていた。

「公園で宣材用の写真、撮ってもらったの憶えてますよ」

言われてみると、三十年前、鶴巻公園で十八歳を撮ったシーンが浮き上がってきた。

「初めて（ビデオ）撮影したのは（一九）八六年の三月です。黒島で撮ったときで、女優さんが十三人もいまして、そのなかにテレビ東京の『サタデーナイトショー』に出ていた青木琴美さんがいたんです。（明石家）さんまさんと青木琴美さんが司会していて、当時から有名でしたから、黒島でも、ああ、スターだなあって羨望のまなざしで見てたんですよ。監督からも、『イメージシーンの歩き方をよく見ておきなさい』と言われましたね」


『ビデオ・ザ・ワールド』1985年度ベスト10に選ばれた村西とおる監督作品『恥辱の女』の順位

村西とおる作品『沙羅樹のSEX・サバイバルゲーム』の撮影は、春先、沖縄県八重山諸島にある黒島という美しい小さな島でおこなわれた。

助監督や男優、七人の若者たちが沙羅樹をめぐって、潜水したりマラソンしたり、単純な体力競争をして勝ち残った者だけが沙羅樹と性交できる内容だった。

ドラマ物に懲りた村西とおるは、コペンハーゲンを舞台に沙羅樹を主役にそえ悲恋のドラマを撮るような間違いは犯さなかった。

南国の陽光に照らされた沙羅樹の白い素肌は光り輝き、男たちから挑まれながら十八歳の白い顔が白濁液で汚されるシーンは、まだ非本番が主流だった当時、衝撃的だった。

「黒島では十三人の女優さんのなかでわたしが最後だったんですよ。だからわたしの番が回ってくるまで一人で何もすることがない。ただ寝てるだけ。テレビも二つの局しかなくてつまらないし。夕食のとき監督に呼ばれて、本番口説きがはじまったんです。それまでわたしは本番というのがよくわからなくて、監督は、（本番）したほうがいいと言うし。わたしはしないほうがいいと思ってましたから。説得するまで夜十時から深夜の三時まで、五時間かかりましたね。（本番）してしまってそれでも評価されない場合、わたしは家にも帰れない。十八歳だし。そうわたしが心配すると、監督が、『大丈夫だ』と言うから、それだったらがんばりますって答えたんです。『きみは絶対に売れるから』。それを受けて『信じますよ』。それで終わりです。『自分を信じてくれたから、スターにしないとな』っておっしゃってました。なんでも言うことをきくから新鮮に見えたんじゃないかな。でもわたし、生意気でしたよ。演技ができなければ女優じゃないと自分で言っていたから。台本は監督がつくるから、売れなかったら監督のせいですよねって。言うことは言っておこう。わたしが信じてついていく大人は、自分のこの目で見極めようって思ってましたから」

沙羅樹の証言は、一九八六年当時のAV事情をよく現している。

本番派が三割にも満たない時代に、発掘した十八歳を本番というハードコア路線にスカウトしたのが村西とおるであった。

沙羅樹が前向きな姿勢であっても、村西とおるの応酬話法による五時間におよぶ説得工作が必要だったのだ。口説きに五時間かけるエネルギーも尋常ならざるものがあるが、受けてたった十八歳も並々ならぬ強い意志をもっていたのだった。

八〇年代は沙羅樹のような女の自立が急進的に巻き起こった時代として記録される。

「鶴巻町のクリスタル映像に行ったのは二回しかなかったんですけど、そこから本橋さんに連れていってもらって高田馬場の白夜書房まで行ったんですよ。『ビデオ・ザ・ワールド』の奥出さんのインタビューに出るので。奥出さんが、『久々に女優っぽい子を見たよ』っておっしゃってたの憶えてますよ。まだ初秋で白い半袖で行った記憶がある」

沙羅樹の記憶力は色つきで固定される。それゆえに正確である。

私は渋谷のプールバーのことは憶えているけれど、白夜書房まで案内役を務めたことはすっかり忘れていた。

九月にインタビューした記事は、翌月発売『ビデオ・ザ・ワールド』十一月号に掲載されている。同号の表紙は十代の沙羅樹だ。親孝行だった娘の秘めた意志を感じさせる素顔が写っている。

八〇年代当時、AVのイメージシーンでよく流された環境音楽のようなピアノの清涼なメロデ

『ビデオ・ザ・ワールド』1985年度ベスト10に選ばれた村西とおる監督作品『恥辱の女』の順位

ィが、沙羅樹の回想とともに私の周りに流れ出した。

撮影シーンをメディアに公開してこなかった村西とおる監督の撮影流儀が、沙羅樹によって語られる。

「まだエロさがわからない、言われたらそうするものだと思っていたんですね。一本目だから羞恥心と緊張感がすごい。監督から、『テープが回ってるとき、カットが入れないようにがんばって』って言われたんですね。それは、いいセックスシーンじゃないとカットをかける。カットがかからなかったら素晴らしいシーンになっている。ですから集中力ですね。撮影のとき、いっちゃってる、飛んじゃってる」

人気が出ると、沙羅樹の私生活にも大きな変化が起きた。

街を歩くと、若い男たちから熱視線を浴びせられる。

雑誌の連載コーナーで街角に立ち、ナンパされるのを待っていると、コンパ帰りの大学生たちに囲まれて、周囲は騒乱状態になり、編集者とともに喫茶店に逃げ込んだ。

両親のいる実家に帰ったとき、同窓生の男子に「帰ってくるな」と罵声を浴びせられ石を投げられたときもあった。

「若いときってエネルギーが有り余ってどこにぶつけたらいいのかわからない。男ならスポーツとかバイクとかあるけど、女はどこにぶつけたらいいのかわからないんですよ。たまたまわたしにはＡＶ業界があった。一つ一つが新鮮でした。史上初だったらしいですよ、映像会社所属っていうのは。最初は給与五十万スタートです。そのうち（村西）監督が登っていくところで、撮影は三、四ヵ月に一回、あとはグラビアとインタビューだけでした。（村西）監督が、『沙羅は

（仕事は）盆と暮れのかき入れ時だけでいい』って。その後、ダイヤモンド映像になってから給料は三百万になりました。遊ばないし、買い物もしない、使うのは衣装代くらいだから貯まる一方でしたね。両親が住み替えするんでお金出したり、父が会社たたんで借金があったのでその返済をやったりして、母にお金全部預けてました。必要なだけ使ってくださいって。わたしは手元には引っ越しできるお金百万あれば十分でしたから。結局、クリスタル（映像）三本、ダイヤモンド（映像）三本、合計六本だけです、わたしの作品は。黒木（香）さんは二本だけです。監督は、『一本でスターになることもあるんだ』っておっしゃってましたね。監督が興したダイヤモンド映像専属になればスターは決まったようなものだったけど、わたしにはよくわからなかったんです。どれだけすごいことかって」

ダイヤモンド映像になってから、沙羅樹は村西とおると共演し、肉交した。

共演者同士の感情ではなく、男と女の特別な感情を抱いていたことを沙羅樹本人が告白する。

「世の中に売り出してくれた恩人だから、好きになりますよね。（村西とおる）監督に対して恋愛感情を持っていたけれど、それは敬愛から成り立った愛情でした。わたし一人だけのものにしたいと思わない。他の女優さんもいたし、とりっこになるから。でもなんでわたしが可愛がられたんだろう？　やっぱりハワイで逮捕されて七ヵ月後に日本に帰ってきて、ハワイに行った女優はみんな辞めたのに、振り向くとわたしが後ろからトコトコついてきたからかも」

村西とおるとはどんな人物だったのか、沙羅樹に尋ねてみた。

「男性は三十代で方向性が見えて四十代で収入も上がってきてやっと『できる男』になるけれど、村西とおる監督は『できる男』の掛ける百倍でした。いまは師匠と思っているけど、昔は生き神

『ビデオ・ザ・ワールド』1985年度ベスト10に選ばれた村西とおる監督作品『恥辱の女』の順位

様と呼んでいたんです。フフフフ」

離婚を経て現在は独身、四十八歳のいまも、生涯現役とAV、映画に出演している。

沙羅樹をなぜここまで重用したのか、当の村西とおる本人に尋ねた。

「いまでも憶えてるけどね、渋谷の喫茶店で見たとき、白い肌の素晴らしい子が隣のテーブルに座ってた。原石を見つけた気がしたね。話すと性格もいいし、素直だし、ひたむきだし。専属にして、黒島まで行って撮ったんです。写真集（『沙羅樹・18歳in SAIPAN［半分少女］』）は中澤（慎一）君の白夜書房から出したんだね。サイパンまで行って。成功体験なのかよくわからないけどさ、沙羅樹の毛を剃って撮ってたよ。なんでも剃るんだよ。シェーバーじゃあるまいし。ワハハハ。ひどいよねえ」

＊

好調の波がつづくと、あるとき突然、揺りもどしが来る。

古来、禍福はあざなえる縄のごとし、という格言があるように。

揺りもどしをなんとか乗り切れば、好調の波は本物になる。

一九八六年四月八日午前十一時、早稲田鶴巻町のクリスタル映像本社と関連拠点合計八ヵ所に、東京税関審査部監察課及び情報第二課による一斉捜査がおこなわれた。

関税定率法第二十一条違反容疑によるものだった。

解禁されていなかったヘア、性器が写っている雑誌、ビデオはいったん税関を通さなければならない。税関は保税業務を東洋現像所と東京現像所に委託して修正処理をしていた。映画の場合はヘア、性器が写っているシーンはばっさりと切られ、ビデオの場合はボカシが入れられた。税関調査部に提出して、許可をとって税金を納め、初めて国内販売が可能となる。

クリスタル映像はこうした一連の手続きをし忘れていた。

今回の違反についてわざと税関を通していなかったのでは、という噂について私は捜査直後、村西監督本人に直撃した。

「私はたしかに八百本のビデオを持ち込みましたが、風景、及びドキュメントとして申告して持ち込んだわけです。そのうちの百本ほどがヘアや性交の写っているもので、それをもとに編集してクリスタル映像の海外ロケ作品が完成するんです。もちろんこうした作品はビデ倫（ビデオ倫理協会）の審査を受けて発売していますし、ちゃんとした商品として市場に出ています」

クリスタル映像の関連会社、ハリウッドホームビデオの発売作品を輸入した際も、この種の手続きをしてこなかった。

「もちろんこれもビデ倫審査を受けていますし、ということは、世間で言われるいわゆる裏ビデオなどではなく正真正銘の表として売っているんですよ」

税関を通さず販売してしまったことに対してどう思うかという質問には――

「その点についてはまことに申し訳なく思っています。恥ずかしいことにそうした手続きをよく理解しておらず、皆様に深いご迷惑をおかけしてしまい本当に反省しております」

脇の甘さは相変わらずだった。

ビデオ業界の自主審査機関、ビデ倫の審査を受けたことで違法性はないと思ったという。それは業界におけるビデ倫の威光がいかに強かったかということでもあった。

『ビデオ・ザ・ワールド』1985年度ベスト10に選ばれた村西とおる監督作品『恥辱の女』の順位

同時八ヵ所、総勢五十名の捜査官による大捜査をＴＢＳとフジテレビがニュースで流した。ＴＢＳは取材班が捜査官のあとから本社内に入ってきた。クリスタル映像社員は、村西とおるがまたドキュメントタッチの新作を撮っているのかと勘違いしたほどだった。

「それにしてもまいったなあ。『有名ポルノ女優を海外に連れていって裏ビデオを制作発売していたクリスタル映像』なんてニュースで言われちゃうんだもんなあ。許せないよね、フジテレビは。あのなんていったっけ、そうそう、幸田シャーミン！　あの眼鏡の相方と一緒になっていい加減なこと言いやがって。あの女がうちのニュースしゃべっているところしっかり画面撮りしといたから、今度は『幸田シャーミンの〝性夢〟』っていうタイトルで一本つくったるか。ワハハハ」

フジテレビのニュース番組とは、夕方の『ＦＮＮスーパータイム』であり、〝眼鏡の相方〟とは、フジテレビ・アナウンサー、のちにフリーとなり売れに売れアナウンサーの頂点に立った、いまは亡き逸見政孝であった。

時代の趨勢《すうせい》を感じさせる発言だ。

幸田シャーミンは美貌の女性キャスターとして人気を博し、冒頭で「スーパータイム」と本場イングリッシュで発音するときと、「こんばんは、幸田シャーミンです」という挨拶は、キャリアウーマンを象徴するシーンであり、清水ミチコ、明石家さんまが物まねをしたほどだった。村西とおるは当時の空気を巧みに利用し、得意のギャグでもって捜査報道を切り返した。

しかし、村西とおる、このときまだ執行猶予中の身ではないか。

行政処分ですんだからよかったものの、刑事処分になれば執行猶予も取り消されるところだった。

好調のときにふと訪れる災難。

だが災難は福となった。

クリスタル映像の作品はなんだか過激らしい。そんな噂が流れ、皮肉なことだが、報道をきっかけにまたもや売れ出したのだった。

悪名は無名にまさる。

ほっとしたのもつかの間、今度はさらに大きな試練が襲ってきた。

同年六月九日早朝、職業安定法及び児童福祉法違反容疑で、村西とおるは助監督とモデルプロダクション社長とともに警視庁昭島署に逮捕された。

この男に安寧という言葉は無縁だった。

次章では、逮捕劇から丸三十年、本人がいままで伏せていた舞台裏を打ち明ける。


『ビデオ・ザ・ワールド』1985年度ベスト10に選ばれた村西とおる監督作品『恥辱の女』の順位

第9章

4本

『SMぽいの好き』
主演・黒木香が
陰部に挿入した指の本数

一九八六年（昭和六十一）六月九日早朝。

ＡＶ女優専門プロダクションが十八歳未満の少女を村西とおる監督に斡旋したり、労働大臣認可の免許を得ずに無免許で経営していたという理由から、児童福祉法違反及び職業安定法違反容疑で摘発された。その関係で村西とおるは職業安定法違反容疑で警視庁保安一課と昭島署に逮捕されたのだった。

マスコミ各社の報道は逮捕から遅れること十八日、六月二十七日午前のテレビニュース及び朝日、読売、毎日といった一般紙の報道からはじまり、『ＦＯＣＵＳ』『ＦＲＩＤＡＹ』といった週刊誌、スポーツ紙が一斉に報道した。

いままでＡＶが新聞各紙でこれほど大々的に扱われたことはなく、村西とおるとクリスタル映像は国民の多くが知るところとなった。

裏ビデオ　少女ら１００人スカウト　監督とあっせん屋組んで

「あなたもスターになれる」と、東京・新宿や渋谷の盛り場で学生やウエートレス、主婦らに声をかけては、アダルトビデオのモデルにしていたモデルクラブ経営者とアダルトビデオ制作会社の撮影監督ら三人が二十七日までに警視庁保安一課、防犯特捜隊と昭島署に職業安定法、児童福祉法違反の疑いで逮捕された。モデルとされた中には地方の中学校を卒業して上京したばかりの少女も含まれ、モデル経営者は逮捕されるまで約百人をスカウト、一千万円を荒稼ぎしていた。

逮捕されたのはモデルクラブ「ボガードプロジェクト」経営、○(26)、クリスタル映像会社ビデオ撮影監督、草野博美（37）、同社助監督、○（27）の三人。

調べによると、○は渋谷区桜丘でもぐりのモデルクラブを経営しているが、三月十九日ごろ、草野との間でモデル供給契約を結び、同二十六日から五月三日までの間、都内の無職、○子さん（17）ら二人を草野のもとに送り、群馬県の別荘でセックス場面などを撮影させた疑い。○は元化粧品セールスマンをしていたが、アダルトビデオのモデルに女性を送り込むと金になることを知り昨年十二月末、事務局を設けた。連日、渋谷や新宿の街頭で十六～二十歳までの少女らに「私はモデルクラブを経営しているが、モデルをしてみないか、あなたの努力次第でスターになれますよ」などと声をかけてスカウト、逮捕されるまでに約百人を二十業者に送り込んでいた。
○は草野の会社からアダルトビデオ一本につき百万円のモデル代を受け取り、モデルの少女には三十～五十万円をわたしていた。
クリスタル映像はアダルトビデオ業界の中では大手。草野はこれまでに約百五十本のアダルトビデオを制作して市場に出しているが、一本制作するごとに約一億円の売り上げがあり、同社は草野の制作したビデオだけで約百五十億円を売り上げていた。（「毎日新聞」一九八六年六月二十七日夕刊。○は掲載紙では実名）

一九八六年当時、新聞報道では被疑者に対して〝容疑者〟という呼称はつかず〝草野〟と呼び捨てである。

ＡＶ監督が大手新聞の社会面トップに躍り出たある意味、記念すべき記事であった。もっとも当人にとっては不名誉極まりないものには違いないが——。

ＡＶメーカーにモデルを斡旋するプロダクションというのは、基本的に労働大臣認可を得られない。裸関係の仕事は有害業務ということで許可が下りないのだ。たまたま許認可がゆるかった六〇年代に奇跡的に大臣認可をとったケースもあったが、ＡＶというジャンルが確立するはるか以前のことであった。大臣認可をとっていないもぐりのプロダクションが大半ということは、警察の摘発がいつ何時あるかわからないということであり、事実、目立ったり羽振りのよさそうなＡＶプロダクションは何度も摘発され、経営者が逮捕されてきた。ＡＶ業界も基盤は脆弱なものであった。

今回の逮捕劇は、〇社長のもとにいた新人女優がプロダクションに支払われたギャラの三割しかもらっていないと憤慨し、警察に訴えたというのだった。

最初は警察もギャラの取り分を巡っての内輪揉めという認識しか持っていなかったが、訴えたなかに十七歳の未成年者がいたことで見過ごすわけにはいかなくなった。性交と顔面シャワーを売りにする村西とおるは格好の標的になったわけだ。

事件直後、村西とおるが語ったところによると——

「まさか私もモデルの子が十七歳だったとは思ってもみなかった。もし十七歳と知っていたなら私は絶対に撮影なんかしていない。アダルトビデオの制作者が警察のごやっかいになるときは、児童福祉法でやられるというのは十分知っていましたからね。けれど、身長が一七二センチ、二十一歳で通る子ですよ。しかも撮影中のセックスマナーも最高。普通セックスさせてみると私には大体わかるんだけど」

事態はこれだけではおさまらなかった。

『恥じらい麗子』という作品の主演・正木麗子も十七歳だったことが判明した。

六月も終わりに近づくころ、村西とおるの職業安定法違反容疑を立証できないまま勾留期限が切れるはずだったが、昭島署の門を一歩出たところで今度は児童福祉法違反容疑で再逮捕されてしまった。

「あれは参った。撮っているときは全然わからなかった。今度警察で聞かされるまでわからなかった。最初、私の逮捕容疑は職業安定法違反だったんです。つまり労働大臣認可の免許を持たず、社長がプロダクションを経営していた、そこから私が女の子を供給してもらっていたというね。ところが、六月二十八日の勾留期限が切れるまでに私の容疑は立証できなかったわけです。それで昭島署の門を出たところで今度は児童福祉法違反容疑で再逮捕されてしまった。都合三十二日間のうち、休みの五日間以外は取り調べ。私と担当検事さんとの会話のなかでこういった話が出てきたんです。検事さんは、『これからどうやって十七歳と十八歳か見分けますか?』と。『いやあ、ですから相手を信じるしかないでしょう』としか答えられなかったんです。そしたら検事さんは『あなたは性善説を取るわけですね』ときた。私はただ、『恐縮です……』」

村西とおるは一九八四年、札幌で逮捕され、懲役一年五ヵ月、執行猶予四年の身だった。もしも執行猶予中に刑事事件を起こして有罪になると、執行猶予は取り消され、新たに犯した懲役刑と併せて牢獄に入らなければならなくなる。村西とおる最大のピンチだった。

不運と幸運は手をつないでやってくる。

スポーツ紙、週刊誌は、過激な作品を撮るAV監督がいかに破廉恥なことをしでかしたのか、扇情的な報道をした。

「世界をマタにかけた乱交・少女モデル起用で逮捕されたポルノビデオ熱中監督」（『アサヒ芸能』）

「十七歳少女出演が運のつき！　すぐ本番しちゃう絶倫監督兼男優　百五十億円ポルノビデオのものすごい撮影現場」（『週刊大衆』）

「17歳の少女との『本番ビデオ』自作・自演してポルノの監督　150億円稼いだウラの商法」（『FRIDAY』）

黎明期のAV業界ゆえに、新聞報道には誤謬があった。一作品で儲けが一億円、というのはいったいどこから出た数字なのか。

この数字は記者が警察関係者から得た数字であった。

村西とおるは日頃の癖でつい「私の撮るビデオは一本一億円の売上げがあるんです」と取り調べ中に吹いてしまったようだ。いくら売れても実際の売上げはこの十分の一程度なのに、大見得を切るのが大好きな村西とおるは、取調室でも大ぼらを吹いてしまったのだ。

一九八六年当時の販売を見てみると、ビデオメーカーが問屋に卸す金額は定価の四〇から五〇パーセント、定価一万四千八百円の四〇パーセントというと六千円弱の金額がメーカーの収入になる。一タイトル三千本の売上げとすると一作品で約千八百万円がビデオメーカーに入ってくる。月に八作品を発売するから総売上げ金は一億四千万円ほど。村西とおるは、月の総売上げを一作品の売上げとして吹いてしまった。何も取り調べ中に見栄を張らなくてもよかろうに――。

あるいは警察側が一タイトルの売上げを月の売上げと勘違いしてしまったのか。

クリスタル映像ただ一人の社員監督が逮捕され、制作が中断してしまった。西村忠治社長は昭島署に何度も面会に行き、今後の対応策を練った。

間接的に聞く村西とおるの状態は捕まってもなお意気盛んだった。

果たしてどんな刑が村西とおるに下されるのか、予断を許さぬ時間が過ぎていく。

七月九日――。

村西とおるが昭島署の留置所から出てきたのは、逮捕から丸一ヵ月経ってからだった。

この間、昔の裏本仲間たちが面会に訪れ、ありがた迷惑だと、村西とおるを困惑させたりした。

そしていよいよ裁判が組まれようとしていた。

だが――村西とおるに下された結論は、意外なものだった。

処分保留。

実質的には不起訴であった。

＊

あれから丸三十年が過ぎた。

時はすべての桎梏《しっこく》を解錠させる。

当事者だった村西とおる本人に直撃した。

「一九八六年の職業安定法と児童福祉法違反容疑での逮捕、あれはなんで昭島署だったんですか」

「もうあちこち警察署、行っているからわからなくなっているんだよ。アハハハ」

「なるほど。あのとき私が聞いたのは、新宿警察署にいた刑事が昭島署に転任したので村西とおるは昭島署で逮捕された、という説が強かった」

「世間を騒がせてる事件とか著名人が絡んでいる場合には、本庁（警視庁）で担当するんですよ。おれも本庁の少年課が捜査の中心にいたからね。警視庁というのはね、捜査をやらないんだ。刑事たちにいろいろ勉強させるから。ああいう事件は、あの警察署で捕まったら、あいつがしゃべったんだなということがわかっちゃうから、全然関係のない警察署に引っぱって行くんだよ。だから事件とは無関係の昭島署だったんだよね」

「所轄をはずして関係のない署が捜査に当たるという警察の手法は、警察組織論としても非常に興味深いですね」

「おもしろいでしょ。刑事を育てるという意味でもあるんですよ。あのときは池袋も渋谷も新宿も全部、少年犯罪のほうでいっぱいで手がふさがっている。でも『昭島（署）とか王子（署）は暇ですよ』ってことになると、『じゃあ、これは昭島に持って行こう』となる。それで昭島署の少年課に担当させたわけ」

「それは本庁のほうで指示を出して？」

「そう。その代わり実際の取り調べも本庁の少年課でするんだよ。本庁からわざわざ昭島署まで出張って来て。全部警視庁でコントロールしているから。そこの警察署管内みたいな話じゃないからね。特におれみたいな著名人は」

「けっこうあのときは勾留も長かったですよね」

「長かったよ。別件逮捕されたからね。別件逮捕っていうのも辛い逮捕でね。一回釈放するんですよ。外に出されるの。『面倒くさいからいいですよ』と言っても、『いや、一回出てくれないと困る』って言う。手荷物を全部持たされて一回昭島署の外に出るんですよ。お巡りが二人くらい後ろからついてきて。まあ、そういうところは形式的なんですよ。段取りを踏むのよ。そういうことについては手続きは厳しいですよ。たとえば、朝の九時から取り調べをして夜の六時までが取り調べ時間なの。六時以降になると必ず『それ以上の取り調べはまずいんじゃないか』と留置管理課からクレームが来るからね。基本的には八時間以上の取り調べはなるべくしないようにとなっている。留置管理課と刑事課とはぜんぜん別なんですよ」

「取り調べ中に自供しやすくするために、刑事や検事がカツ丼をほんとに奢ってくれるんですか？」

「うん。札幌で捕まったときは、刑事が『会長、カツ丼食う？』ってあったよ。こっち（東京）に来てからはそういうのはほとんどなかったね」

「昭島署の逮捕というのは、スカウトマンから紹介されたモデルが未成年だったことを知らずに撮影してしまったという――」

「そう。児童福祉法の精神からいっても、いくら未成年者が年齢を偽ってAVに出たとしても、それは騙された大人のほうが悪いということだからね。そういう未成年者を保護・監督するのが成人の役目ということだから、わからないではすまないから。騙したほうは罰せられないで、騙されたほうが罰せられるというのが児童福祉法で、これはしょうがない。でもさあ、昭島署でおれが顧問弁護士の先生と面会時間が終わって、ドアを開けたら、盗み聞きしてた刑事たちの顔にバチーン！　ぶつかっちゃった。アハハハ。あれも刑事魂なんだろうな。昭島署の係長ともう一人が聞いてたわけよ。相手のほうはバツがわるい。捜査に一生懸命でさあ、たいしたもんだなと思ったよ」

「そうやって実践で腕を磨く」

「立派ですよ。面会所で聞き耳たててんだから」

札幌で裏本の帝王を逮捕した警察は、今回、AV監督になった村西とおること草野博美を確実に実刑に持ち込めると思ったであろう。

なにしろ執行猶予期間はまだ二年残っているときの事件だったのだから。

しかも相変わらず札幌で捕まったときと似たような破廉恥な罪を犯している。

今度こそ刑務所送りだ。

すると、処分保留という予想外の結末になった。

「警視庁ではこの結末に大立ち回りになりましたよ。ようするに、鳴り物入りでおれを捕まえたんだけど、処分保留で終わった。これにはいろいろあってね、まだそのころ、未成年者に騙されたというケースの場合、児童福祉法違反の定義がはっきりしていなかったんですよ」

児童福祉法が成立した昭和二十二年というと、終戦直後、焼け跡闇市の時代であり、親を失った子どもたちが社会問題になり、小学校にも行かせてもらえず家業を手伝わされたり、外で働かされたりする児童が多数存在し、彼らが健全で安心できる日々を送れるように大人たちが責任をもって保護・監督することを目的にできた法律だった。

時代は移り変わり、一九八〇年代になってＡＶというジャンルが登場すると、児童福祉法の精神を根底から揺るがす事態が発生した。未成年者が小遣い稼ぎのために年齢を数歳上に偽り、ＡＶ出演するケースが多発した。出演させる側は、運転免許証や健康保険証といった公的証明書を確認して未成年でないか判断するのだが、自己申告に基づくケースが多かった。ゆるい空気を察知したのか、少女たちは姉の保険証を自分のものだと偽って提出した。本人かどうか確認するために、高校の卒業アルバムを提出させるようになるのは、未成年者を出演させて監督が逮捕されるケースが起きてからだった。

身分を偽り出演しても、逮捕されるのは監督やプロデューサーであり、少女たちは児童福祉法の精神であくまでも保護される対象であり、お咎めは一切なしだった。姉の保険証を持ってきて偽るのだから、立派な詐欺罪にも思えるのだが、彼女たちがこの種の法律で起訴されたことはない。

昭和二十二年に児童福祉法が成立したとき、まさか少女たちが平気で年齢を偽装して小遣い稼ぎするなど想定外だっただろう。

こんな法の不公平さがあったために、村西とおるはぎりぎりのところで放免されたのであった。

だが、真相はもう一つあった。

「警視庁の本部だから一番のエリートが集まる所ですよ。メンツがあるわけですよ。昭島署には警視庁本庁から派遣されておれを取り調べたからね。やる気満々ですよ。それがさ、処分保留ですよ。『どういうことなんだ⁉』ってなるでしょう。最後、保釈されるときには、『おまえ、一緒に来い』なんて言ってさ、警視庁に連れて行かれたのよ、刑事に。『おまえ、どういう手を使っているんだ⁉』って言うの。『上が処分保留で釈放しろって言っているんだけど、おまえ、汚い手を使っているんじゃないのか？』って言うんだ。『いやあ、私は何も知りませんよ』。『おまえ、ふざけてんな、どんな手を使ったんだ』。『知りませんよ』。『わかった』って言って、その後検察と揉めてんだよ」

北大神田書店のころの執行猶予が取り消され、懲役一年五ヵ月という本来の刑と今回の刑が合体して、五、六年は刑務所にぶち込まれてもおかしくなかった男が、処分保留で釈放された。

「ここをしゃべっちゃうと大きな問題になるんだけど……。ここはしゃべれない。あなたがどういうふうに書くかは別として」

「どうしてですか？」

「ここから先は非常に難しい問題になるから……」

能弁すぎる男が急に寡黙になった。言葉を選び出した。

「オブラートに包んで書けば、なんとかいけるかもしれない」

「プライバシーには配慮しますよ」

あの能弁な村西とおるが珍しく言葉を飲み込んだ。

村西とおるは三十年間封印してきた真実を後日、明かそうと約束した。

それまで物語を進めていこう。

＊

クリスタル映像が飛躍的に売上げを伸ばしていたときに、一ヵ月間勾留という過酷なハンディを背負った。

だが事態は思わぬ結果を招いた。

今回の逮捕劇がメディアで大々的に報じられると、いままでAVというものに見向きもしなかった一般人がにわかにAVに関心を示すようになり、逮捕された村西とおる監督とクリスタル映像は過激な作品を出しているらしいと噂が流れ、クリスタル映像の村西監督作品は爆発的に売れ出したのである。

逮捕によって、数十億円の宣伝効果を発揮したようなものだった。

レンタルビデオ店が近所にないと、直接本社に買い求めに来たり、通信販売で購入する男たちが急増した。彼らの多くが、教師、地方公務員、銀行員といったお堅い職業の男たちだった。

サブカルチャー好きのマスコミ業界人もまた村西とおるのおもしろさが口コミで伝わりだすと、彼の口癖の「ゴージャス」「ファンタスティック」「ナイスですね」という言葉が普段の会話に登場するようになり、男性週刊誌やAV専門誌に村西とおるが毎週登場するようになった。

村西とおるはセックスという世界に、初めて笑いを持ち込んだ人類史上初の男となった。重苦しく生真面目だったアダルトビデオの世界に突如降って湧いた道化者となった。

逮捕騒動後、さらに彼を取材するメディアが増えた。

村西とおるが何か騒動を起こしたり逮捕されたりするときには、決まって私が背景を解説する評論家になった。事情をわかりやすく正確に伝える義務があると思って引き受けるのだが、どこか人の不幸で飯を食う気がして、航空事故が起こるたびにテレビ出演する航空評論家もこんな気持ちなのかと思ったりしたものだ。

早稲田鶴巻町の本社から制作室は分離して、四谷津之守坂《つのかみざか》にある超高級賃貸マンションで二十四時間体制となった。

購入すれば億単位の部屋ゆえに完全防音がなされ、矢来町や鶴巻町の制作室とはがらりと雰囲気が変わった。

一九八六年といえば日本経済がバブルに突入する直前であり、村西とおるの金と女まみれの時代は目前に迫っていた。

村西とおるは制作室になった四谷の超高級マンションにスタッフとともに寝泊まりしだし、寝場所にしていた六本木の部屋には帰らなくなった。

村西とおるは完全にゾーンに入った。

昼夜を問わず働きづくめだった。撮影現場で口より先に手と足が出る村西とおるの過酷な扱いに耐えかねて、脱走する新人スタッフが後を絶たなかった。十人採用しても残るのは一人いるかいないかだった。その一人ももって半年だった。

＊

一九八〇年（昭和五十五）春——。

一人の若者が岐阜県土岐市から上京した。

高校を出たばかりの彼は自転車屋の三人兄弟の長男だった。

祖父は戦前、一代で造り酒屋を経営し、芳醇な味と薫りが評判を呼び大いに繁盛した。

ところが終戦直後、結核にかかり治療で大金をはたいたうえに、結核という当時では難病の印象があったために、酒屋から客足は遠のき、三十八歳という若さで祖父が逝くと家運はかたむいた。

父の代になると、造り酒屋とは無縁の自転車店を開き地道な商売をしていった。

自転車屋の家訓は健康をなによりも優先するものとなり、三人兄弟の長男坊は一度も親から「勉強しなさい」と言われたことはなかった。夜、宿題などしようものなら「早く寝ろ。体に悪いだろ」と叱られるほどで、それでも勉強しようとすると、「この親不孝者」と怒られる有様だった。

頭脳明晰であったために、学校の授業だけ受けていればクラスの上位にいられた。

隣町にある岐阜県立瑞浪《みずなみ》高校という進学校に入学した。

さすがに予習復習をまったくしない長男は成績がじりじり下がっていった。それでも親と長男は気にしない。彼は高校に進学するまで、その上に大学という教育機関があるという知識すらなかった。

学年のほとんど全員が進学するなか、わずか数名が就職希望だった。そのなかの一人、自転車屋の長男坊は実家が自営業だったせいで、サラリーマン生活をしてみたいと担任教師に相談し、気になる会社をみつけた。そこはカーテンや壁素材、床材といった内装の総合卸し商社で、建築ラッシュとともに急成長してきた会社だった。名古屋に本社があり、自転車屋の息子は「トヨタとボーナスが同じ」といううたい文句に惹かれ入社した。

名古屋本社採用となった後、東京支店に配属となり、品川の大きな倉庫で働き出した。

四千点の商品在庫のなかから注文伝票が来ると、注文品をトラックに積み込む作業を丸一日する。伝票を読みとり、全力疾走で走り、目当ての商品を肩にかつぎまた走る。朝七時半から出社して毎晩残業で夜十一時まで働き通す。悪評高いサービス残業で一円もつかず、深夜零時になってやっと倉庫の隣にある寮に帰り倒れ込んだ。長身だったので、かがむ姿勢をとっているうちに腰を痛めた。

佐川急便のドライバーが「うちよりきついねえ」とあきれるほどだった。

入社時に百名いた高卒組は三年で七十人が辞めていった。踏みとどまった三十人も毎日の重労働で腰と膝を痛めていた。

将来は安定したサラリーマン生活を送って、二十代半ばで結婚して可愛い奥さんと二人の子どもたちとささやかながらも幸福な暮らしができたらいいと思った。

そんなある日、社の机の上に置かれていた極秘扱いの給料の等級数を覗いてみたら、大卒は入社時点で高卒の同年齢よりもずっと上のラインからはじまり、その差は定年になるまで開いたままだった。高卒組は出世してもやっと係長止まりだった。

自転車屋の長男は、初めて学歴の壁に突き当たった。大量採用した高卒組は、消耗の激しい最前線で働く兵隊であり、脱落者を見込んでの大量採用だった。

未来がないなと、のんびり屋の長男坊も気づいた。

仕事のきつさを忘れるのは、寮にいるとき読む『週刊プレイボーイ』のグラビアに写る水着アイドルたちだった。こんな子たちと仲良くなれたら、どんなに幸せなことか。

寮を見渡しても、もてる男はいそうもなかった。たった一人、山崎という後輩が、のちにデビューする吉川晃司に似て、モテそうだった。

休日には山崎に誘われて渋谷や新宿に繰り出すが、長男坊は自分から声をかけるのが苦手で、いつもナンパするのを見ているだけだった。

一九八三年真夏のある日、これ以上会社にいても先がないと、三年半勤めていた会社を辞めた。土岐市に帰郷し、両親に会社を辞めたことを報告すると、両親は二十二歳の長男に、健康でありさえすれば食っていけると言うだけで、あとはなにも言わなかった。

東京に舞いもどり、恵比寿の安アパートで暮らしはじめた。

働きずくめの三年半だったので給料はほとんど手をつけないまま残り、六畳一間の部屋は借りられた。

『週刊プレイボーイ』のグラビアに出てくる水着の可愛い女の子たちと知り合うには、どうしたらいいか。

そうだ、水着アイドルを撮るカメラマンになったらいいではないか。

野村誠一のようなカメラマンになってみせる。二十二歳にしてはじめて芽生えた野望だった。

カメラマンになるには、女の子のたくさんいる渋谷、原宿を毎日歩いてモデルのスカウトをすればいいだろうと安直な気持ちで街を流した。

映画鑑賞会員勧誘のいかがわしいキャッチもいれば、「ハンコ買いませんか」と近寄る新興宗教の勧誘もいた。そんななかに紛れて、可愛い女の子にやっとのことで「写真撮らせてくださ い」と声をかけるのだが、相手にされない。

半年ほどたったある日、渋谷ハチ公前でカメラマンから声をかけられた。

「なにやってんの？　いつもいるよね」

サファリジャケットに肩からカメラバッグをいくつもぶらさげ、ニコンのカメラを持ち、渋谷駅の交差点を行き来する体格のいい男だった。

声をかけたのはプロのカメラマンだった。

仕事仲間のカメラマンがこのころ流行った道行く女たちを撮りだして人気を得ていたので、体格のいいカメラマンも渋谷に繰り出してみたのだった。

ところが自転車屋の長男坊と同じく、道行く女たちに声をかけようとしてもなかなかうまくいかず、似たような立場の長男坊を代役にして声をかけてもらおうと思ったのだった。

長男坊はカメラマンの弟子になった。

給料は月三万円だったが、貯金があったので東京の一人暮らしもなんとかなりそうだ。ニコンＦＥを購入すると、『週刊プレイボーイ』へのデビューが一歩近づいた気分だった。

カメラマンの弟子になったものの、命じられて行くのは、フジテレビの『お笑い芸人大集合』といった番組宣伝用の白黒写真をスタジオで撮って帰ってくる仕事だった。肝心のアイドル水着写真の撮影はいつまでたってもまわってこなかった。

二年近くアシスタントをやってみて長男坊はやっと気づいた。

師匠の本業は戦場カメラマンだったのだ。

水着モデルと出会えるはずがなかった。

カメラマンの道をあきらめ、アルバイトをしながら暮らした。

アルバイト先のマクドナルドで働いていた女の子とほんのちょっとつきあって、童貞喪失を果たした。

ゴーダ福丸というお笑い芸人をめざす若者と知り合った。

「助監督を募集してるんだけど、行ってみない？」

ゴーダ福丸が紹介したのは、クリスタル映像というAVメーカーだった。

金がなくてビデオデッキが買えなかったから、アダルトビデオは一度も見たことがなかったが、もしかしたら水着女子と出会えそうだからと、訪ねてみることにした。

行った先は四谷の豪華なマンションだった。面接担当は村西とおると名乗った。

「うーん！　合格！」

二秒で採用が決まった。

「日比野正明君。がんばってね」

「はい」

入社しようかどうしようか、考える暇もなかった。

「歓迎して一曲歌いなさい」

村西監督に命じられ、助監督の沼ちゃんが橋幸夫の『潮来笠』をプロ顔負けのうまさで朗々と歌いはじめた。

「潮来の～い～たろう、ちょっと見なれば～、薄情そうな渡り鳥～」

倉庫で働いていた世界とも、カメラマンのアシスタントの世界ともまったく異なる野放図で陽気な空間だった。沼ちゃんの『潮来笠』を聴いているうちに、この会社で働いてもいいかなと思った。

翌日から六年以上にわたって休日もまったくなく、会社に寝泊まりして働きつづける毎日が待っているとも知らず――。

*

「じゃ本日から九州にロケ行きます」

採用された翌々日から九州ロケに出発することになった。

この日以後、日比野青年は一度もアパートに帰ることはできなかった。

初めて撮影現場に参加した日比野青年は、照明機材が煌々と照るなか、何をしたらいいのかもわからず隅っこで固くなっていた。

村西監督が肉交を見せた。

目の前で他人が性交する光景を一度も見たことがなかったから、動物的なあえぎ声が聞こえ出すと鼓動が信じられないほど早まった。

日比野青年に初めて与えられた仕事は、小型の照明、アイランプを持ちながら、出演者に当てる任務だった。

カメラの移動でスタッフが音を消しながら移動するとき、日比野青年はジーパンの前の部分が痛くてうまく移動できなかった。

日比野正明が初めて撮影現場に参加したときを回想する。

「昼間のうちにイメージシーンを撮ったりドラマ部分を撮ったりして、からみはいつも夜撮るんですよ。いやあ、興奮しました。したなんてもんじゃない。いまでも印象深いのは、出演する女の子の緊張感ですね。初夜のような緊張感。女の子のドキドキ感が伝わってくるんですよ。裸になってこれからハメられちゃう。そのころは大量生産だったから、ドラマ物よりも、ベッドの上に座らされて、村西監督に『さあ！　やってまいりました！』って、いきなり男優がスッと現れて、やられちゃうパターンが多いんですよ。女の子も六十分でいったい何が起きたか全然わかんない状態のまま、あれよあれよですから。そのころは地元の素人さんが出演してからむという六十分物が中心でしたね。初めて行った九州ロケでは九州大学の学生が参加する、素人参加型のビデオだったんですよ。口は達者だったけど勃《た》たなかった。照明がガンガン当たって暑い上に周りでスタッフが見守っている。そんななかで勃たせるなんてなかなかできっこないですからね。そのあと、村西監督がからんだのかな。助監督がよく指名されて男優をやらされてたんだけど、助監督だってそんなに勃ちがよくないからすぐ逃げ出しちゃう。それでロケ先の青年参加型になったんです。いざ撮影がはじまって村西監督が『お嬢さん。お名前は？』とか言って、『これから、あなたとファックをします。今日、呼んできたのはこちらの大学生でございます』なんて言って、『それでは、レッツゴー！』なんて。で、間にイメージシーンがあって、からみがあって顔射して、それで終わり。一日に三本くらい撮っちゃう。

女の子たちも、だいたいAVってものよく知らないんだから。その当時の女の子のいまとの違いですよ。いまの子たちは、自分がこれからやろうとしているものがAVだって知っている。飯島愛とか桜樹ルイを見て育っているから、だいたいどういうことするのかわかるんです。ところが、僕が入った一九八六年ころはAVというものがまだよくわかってないまま現場にやってきた子も少なからずいたんです。ひどい子になると、『〝火曜サスペンス劇場〟ですよね？』って言うんだから。ほんとなんだよ。アハハハ。スカウトマンが適当なことばっかり言うわけですよ。スカウトマンも金が欲しいから、女の子をなんでもいいから連れてくればいいと思って、渋谷の路上で女に声かけるとき、『〝火曜サスペンス劇場〟できみ、いきなり副主演だよ』とか吹くんです。そんなこと信じる女もいまはいるわけないけど、あのころはほんとにいたんですよ。『火曜サスペンス』に出られるんだって信じ込む子が。夜の十時にからみの撮影がはじまって、女の子が『いやだ』って言うと、朝の四時まで撮影が中断して、途中説得して朝の五時から撮影しはじめることがあるんですよ。だからもう全然寝られないですよ」

国内ロケは毎月のようにおこなわれた。

行く先々で、からみの撮影は地元のラブホテルが使用された。北大神田書店時代の仲間がラブホテル関係者と知り合いだったりするので、その伝手《つて》でワンフロア丸ごと借りるのだった。当時はいまと違って、撮影機材も大きく重量も重く、スタッフも多く、機材、出演者、村西監督、スタッフ、撮影用と部屋を五つ以上借りた。

日比野青年にとって印象深いのは、入社して三ヵ月目、一九八六年十一月、伊豆諸島北部に浮かぶ火山島・伊豆大島でロケをしたときだ。

出演応募してきた国鉄（現・JR）職員が大島の地元漁師に扮し、伝説の体位〝カジキマグロの一本釣り〟を披露するという内容だった。国鉄職員はねじりはちまきさせたら漁師そのものといった風貌になった。

「さあ。それでは大島の漁師さん！　伝説の〝カジキマグロの一本釣り〟、お見せください！」

村西監督が高らかに発声した。

ご当地名物をそのまま新体位として発案してしまう、村西監督お得意の強引な演出であった。

いざからみがはじまると、突然地響きがした。地震かと日比野助監督が旅館の窓を開けると、夜空を焦がすかのようにオレンジ色の炎が天高く噴き上がっていた。

三原山の大噴火だった。

日比野は急いで旅館の女将さんに、「火山が噴火しましたよ！」と告げに行った。すると、女将さんがあきれた顔をして言った。

「あんた何言ってるの。ずっと前から噴火して大騒ぎしてるっていうのに」

朝から夜中まで延々と撮影していたので、撮影隊の誰もが天変地異すら知らなかったのだ。

十一月十五日十七時二十五分、溶岩を噴き上げ、二百年に一度と言われる三原山の大噴火がはじまった。

歴史的な大噴火をとらえるべく、日比野たち撮影隊一行は噴火が間近に撮れる高台まで走っていった。するとＮＨＫをはじめとして民放各局が横一列に撮影をしていた。見覚えのあるニュースキャスターまでマイクを握りしめ中継している。

帰京して、この大噴火をパッケージに使ったのはいうまでもなかった。三原山の噴火写真とともに、「三原山大爆発！　三原山噴火決死ロケ敢行！」というコピーを堂々と載せた。このときの新人女優は「大島つむぎ」という芸名になった。

カジキマグロの一本釣り体位、という〝駅弁〟の変形体位を撮った上に、三原山の歴史的な大噴火を映像におさめることができて村西とおるは満足していた。

帰りは「なだしお」に乗船した。

二年後、この船は自衛隊の潜水艦と衝突して沈没する運命になる。

三原山の大噴火はこのあと村西とおるたちに起きるある出来事の前触れだったのだが、もちろんこのときは誰も予期するはずもなかった。

＊

一九八六年清秋――。

〝事件〟は目前に迫っていた。

それがいかに歴史的な出来事になるのか、当事者にとってはなかなかわかるものではない。

四谷の豪勢な制作室を訪れた私に、村西とおるはいつものように「できたぞ」と言って、新作のデモテープをくれた。

まだパッケージもできていない、裸のビデオテープに録画された発売前の新作だ。

高田馬場の仕事場にもどり、原稿を書こうとしたものの、いまひとつ気が乗らないので、さっきもらったデモテープがあったのに気づき、再生しようとした。ビデオテープの背には、マジックで『ＳＭぽいの好き』と書かれている。ビデオを流しながら、ワープロを打ちはじめた。

しばらくすると黒の下着姿の女性が映し出された。黒髪をかきあげこちらを挑発するかのように見つめている。画面から女の強い意志がナイフのように突き刺さりそうになる。

異様なシーンになった。

女の脇の下に黒い茂みがある。大胆に両脇を広げて黒い茂みを見せられると、見てはいけないものを見てしまったような気になる。

黒木香と名乗る新人ＡＶ女優は自己紹介をはじめた。

「いま、大学で美術の理論を勉強しています。来年九月にはイタリアへ行きもっと深く勉強したいと思います。どうしてイタリアが好きかというと、わたくしの性にあっているのだと思うのです」

美大生なのだろうか。

デッサンでは裸になれるモデルが起用される。

黒木香という女子大生もまたヌードモデルなのだろうか。

「好きな色は黒。黒の持つ深遠でそして奥深くそして包容力のあるすべてを包み込んで隠して、大きさ、深さ、あたたかさ。イマジネーションをかきたてるのです。好きな季節は冬です。わたくしにとっては黒のイメージなのですね。自然がまだ眠っている状態で、でも空気がピーンと張りつめている。静かだけど死んでるんじゃない、何かがはじまろうとしている、でもまだその時期じゃない。これもやっぱり包み隠したようなそういう感じに引かれるのです」

整然と語る姿は学級委員のようなできの良さがあった。

健康的な日焼けを是としていたこの時代、多くの女子大生は、好きな季節をたいてい夏と答えたが、冬と答えた黒木香は異質な光を放っていた。

画面が変わった。

白いバスローブをまとった黒木香が緊張気味にすわっている。

そこに白のＢＶＤパンツをはいた村西とおるが登場した。

「さーあ！　これからあなたとファックをしたいと思います！」

せっかく黒木香が構築したインテリジェンスの世界を木っ端微塵にしてしまう、村西とおる得意の偽悪的な登場の仕方だった。

「今日はただファックをするだけではありません。一つの小道具を有効に使いたいと思うんです。その小道具は何かと申しますと……」

ピンク色の突起物がついている奇妙な貝を手渡した。

「なんだかわかりますか。知ってるくせにわからないふりをしてるんじゃありませんね。笛なんです。ちょっと口にくわえてみてください」

黒木香は奇っ怪な貝の笛を大切そうに両手で包み、唇の間にはさんだ。

「くわえ方がとてもセクシーですね。出し入れさせなくてもよろしいですよ。吹いてみてください」

プーというまぬけな音がする。

「ああ！　いい音だ。もう一回」

プー。

「セクシーだ！」

いままでの厳かな絵画的世界が、とたんに吉本新喜劇のような笑いに転じた。それもまた村西作品らしいのだが。

「あなたとわたしとこれからファックをします。でもすぐにあなたのあそこにわたしの大きな物を入れるわけではありません。前戯があります。あるいは中戯があるかもしれません。そしてご期待の本番ファック！　あなたにはその笛を吹いていただきたいんです。たとえば、まあまあ感じてきたなというときには一回」

黒木香は律儀にプーと笛を吹いてみた。

「もっと感じてきたときには二回」

プープー。

「たまらないときには三回」

プープープー。

「そうすれば見ている方たちがあなたの感じ方の度合いがよくわかるはずでございます。よろしいですね」

素直にうなずく。

村西とおるの前口上はいつものように絶好調だった。

「そこで、どんなセックスがご希望でしょうか」

「荒々しく……そしてときにはやさしく、です」

すると村西とおるは「荒々しく！」と言いながら彼女の両脚をいきなり両手で大きく開いてしまった。

白いパンティの上を左手でまさぐり「やさしく……ということですね」と言った。

「それではご希望通り荒々しくいきたいと思います」

パンティの上を乱暴に指で摩擦する。

「たとえばこの胸をさわるのでも……荒々しく！」

乳房をわしづかみにする。

黒木香は恍惚の表情を浮かべながら「ウーン！　ウーン！　ウーン！」と本能的な嗚咽を漏ら

しだした。

村西とおるは下品な強盗のように、「あー、卑猥な眺めだあ。ヘアがパンティからはみ出てますねえ」と言葉で犯した。

足の指を頰張り大げさな音をたてて吸いだした。

「もっともっと！」

パンティを脱がせ陰部を覗き込んだ。

「あー、濡れてる濡れてる。ぱっくり開いてますねえ。赤貝のように、ミル貝のように、ドドめってるなあ。ああ、見える見える見える」

黒木香は浅い呼吸になり、インテリジェンスあふれる女子大生の姿は崩壊している。目の焦点がぼやけている。

「言いなさい。何がしてほしいのかはっきりと！」

「舐《な》めてほしい」

村西とおるは陰部に口を当てて大きな音をたてて舐めはじめた。

「あああ！　もっともっと！」

黒木香が初めて笛を吹いた。

黒木香のバスローブを荒っぽくはぎ取った村西監督は、乳房を力まかせにわしづかみにした。

「ほおら。ミルクが出てくるよ。すごいすごいすごいすごいすごい」

「ああ！　どうして？」

「出てるねえ」

いきなり黒木香の白い尻を叩きだした。膣に指を入れる。そして他の手は女子大生の尻を狂ったように叩きつづける。

「これが大好きなの！」

女子大生は雌鶏が絞め殺されるような声を発し、悦びを表した。

本能的な叫び声が延々と画面から流れるために、ボリュームを下げざるを得ない。

村西とおるは黒木香の輝く黒髪をつかみ、右の頬を思いっきり張った。

「あー、淫らだ」

性器を吸われると黒木香は「もっと強くー！」と絶叫した。

「ああ！　好きなの。こうされたいわ！」

逆さ吊りにしながら村西とおるは陰核と膣を道路工事の現場のように舐めつづける。

「オー！　オー！　オー！　オー！」

黒木香はオノ・ヨーコが『京子ちゃん心配しないで』を歌い上げるときの奇声にも似た断末魔のような声を漏らしだした。

私は思わずボリュームを下げた。

惨殺される女の悲鳴のような不気味な声が響く。

「アー！　アー！　アー！　アー！」

プープープープープー！

「すてきだよ。とってもすてきだ」

画面が変わり再び黒木香のモノローグが流れる。

「いま、とっても充実していること、それは油絵を描くことです。真っ白なキャンバスに自分だけの世界を構築していく、それはとても楽しい作業です。何かこう一つの世界を征服する満足感があります。好きな男性のタイプ。こころの大きい広い人。そして目的と自信を持って生きている人。顔や年齢は関係ないのです」

先ほどの獣じみた姿からは想像もつかない、寸分の隙もない理知的な返答だ。

画面が変わり再び獣欲の世界がはじまった。

村西とおるがバスローブの紐を抜き取り黒木香の首を締め上げた。苦しそうに顔をゆがめる黒木香。絞殺現場を見てしまったかのようなシーンだ。同時に最高の快楽を感じているかのようだ。生と死——エロスとタナトス。

「こういうのが好きなんでしょう」

足で激しく女子大生を蹴りつづける。

「わたしはどうしようもないすけべな女です。言ってごらん」

「わたしはどうしようもないすけべな女です」

「そうだ。おまえはすけべな女だ！　ここで自分の手で開いてビデオファンのみなさまに見てもらいなさい！」

虚ろな女子大生はカメラに向かって陰部を開いた。

「指を入れてごらん」

命じられ女子大生は膣に自分の指を一本ずつ埋めていった。

「三本入ったの」


『SMぽいの好き』主演・黒木香が陰部に挿入した指の本数

凄惨な笑みを浮かべながら黒木香が言った。

「すけべだな。もう一本入れてごらん」

「あー、入った」

「入った？　何本指が入ってる？」

「四本」

「四本も入れたー!?　しょうがないなあ。抜きなさい。体に毒だ。四本も入れたところに私の物を入れるなんて、私に失礼でしょう。せめて三本にしなさい！」

「いやあ」

「どうして？　まだ四本入ってる？」

「……」

「わがままなんだね。じゃあ、私の物を入れてあげないよ」

「いや」

「じゃあ、三本にしなさい」

三本と四本の違いにたいした差はないのだが、男と女は本能の赴くままにその差を論じている。

滑稽だ。狂っている。

村西とおると黒木香は、獣じみた行為に思考まで破壊されてしまったのか。

大きく両脚を開いた女子大生の陰部に村西とおるの男性器が入っていく。

「あー！　大きい！」

「大きいのが好きでしょ」

「大好き」

「そう。よかったねえ」

「うーん！　もっと！　もっと！　もっとよ！」

プープープー。

「そうよっ！　まわして！」

プープープー。

「あー、奥まで入ってる！」

煎餅布団に移動して、さらに互いの肉体を貪りあうかのように性交をつづける。

モニターを見ながら黒木香は村西とおるの上に馬乗りになり「すごい」とにやけた。

犬のように四つん這いになると村西監督が後ろから挿入する。

「あー！　いっちゃう！　あー！　ダメよ、いやいやいや、ひどい人！」

「いま、どこに入ってる？」

「あー！　ああー！」

肛門性交をおこなっている。

「アナル、一度したかったんでしょ。よかったねえ。できてね。ビデオに撮ってもらえてよかったねえ。こんなことしてもらいたい人はみんなビデオに出たほうがいいよね。たとえばこんなふうにアナルセックスもできるんだからねえ」

「あ、あ、あ、あ、あ、あ、あ、ダメよダメよダメよダメよダメよもうダメ！」

女子大生はくの字に体を曲げられて、上から男性器を挿れられた。快楽の波にさらわれたら人外魔境に飛ばされてしまうと思ったのか、黒木香は歯を食いしばり必死に耐えている。あの理知的な女子大生とは思えない凄い形相だ。

「いいわ！　いいわ！　見える！　すごい！　うごごっ！　よいしょっ！」

いったい何だ？

「よいしょっ」とは何なんだ？

性欲に翻弄された女と男は、言葉のカオス状態に陥った。

布団の上で正常位になり、互いの顔を見つめながら膣とペニスの快感を味わっている。

村西とおるは猛烈な速度で腰を突き上げだした。背中の汗が鈍く光る。

紐を女子大生の左手首に巻き付け身動きがとれないようにして、肉の往復運動を早めていく。

出し入れするたびに漏れてくる淫靡な粘着音。女子大生の絶叫。解析不能の不協和音。

それでも笛を吹きつづけている。吹きすぎて音がかすれてしまった。

カタストロフが訪れようとしていた。

クライマックスが迫る。

ついに村西とおるが女子大生の顔に発射した。

「うんうんうんうん」と言いながら、黒木香は犬のように顔に着いた精液を舌で舐めとった。

「おいしい。もっと欲しい！」

誘拐した富豪の令嬢をなだめすかすかのように、村西とおるは言い放った。

「よかったねえ……」

＊

ビデオが終わった。

うわんうわんと混乱した音が渦巻き、私をどこかに連れ去ろうとしていた。

村西とおるはとんでもない作品をつくってしまった。

翌日、私は四谷の制作室を訪れ、あらためて昨日見た『ＳＭぽいの好き』を称えた。

いままでのＡＶとはまるで異なる新作を私は絶賛した。自分が創作した作品が果たしてどんな評価を受けるか、創作者はいつでも不安なものだ。村西監督は本作への批評が予想をはるかに超えたものだったせいか、相好《そうごう》を崩した。

そして隣室に行くと昨日見た主演の女子大生を連れてもどってきた。

白いブラウスに白のスカートを着た細身の女子大生がほほえみながらソファに座った。

「黒木香です。初めまして」

女子大生は横浜国立大学教育学部三年生だと自己紹介した。

昨日見た怜悧な自己分析は、国立大に籍を置く女子大生だとわかると納得がいった。

横浜国大生は自分のことを「わたくし」と耳慣れない、美しい日本語で呼称した。

実母も「わたくし」と呼称するのだという。

腋毛を生やしたのは、ヘルムート・ニュートンの写真に影響を受けたからだと言った。

「女性の自然の美に感銘したわたくしは、それ以来伸ばしているのです」

そしてこんな言葉を加えた。

「来年にはイタリアに留学してみたいと思っております。ビデオはこれでもういいですわ。わたくしなど撮りたいと言ってくださるお方もいらっしゃらないでしょうし」

十月二日に発売された新作『ＳＭぽいの好き』は、衝撃をもって受けとめられた。

村西監督作品を大批判していた『ビデオ・ザ・ワールド』の批評――。

『ＳＭぽい……好き』主演・黒木香

これはものすごい大傑作だ。モデルの黒木香21歳は烏丸せつこと池上季実子を合わせたような顔をしているが、何といってもイイのは、黒々とした見事な腋毛を残しておられることだ。僕もポルノ・ビデオをずいぶん見てきたが、腋毛のあるモデルを使った作品はほとんど記憶がない。（中略）そして登場の村西監督、爆笑のあとはアイデア抜群の壮絶な笛吹き本番を展開してくれます。女のスケベ全開で文句なしにいい。興奮度80点、モデル90点、総合89点　批評・高杉弾

罵声を浴びてきた村西とおるがめげずに下手な鉄砲数撃ちゃ当たる路線で撮りつづけ、ＡＶの歴史を塗り替えた。

大傑作を評価する論評もまた熱気を帯び、歴史的なものとなった。

すぐれた創作物にはすぐれた論評があった、幸せな時代であった。

タイトル表記が『ＳＭぽい……好き』となっているのは、パッケージ、ビデオカセット、ビデオタイトル等、すべてが微妙に異なって発売されたことによる。パッケージのタイトルをとるか、

カセットに印刷されたタイトルをとるか、映像のタイトルをとるかでこの大傑作のタイトル名が微妙に異なるのだった。この作品が発売当時、たいした期待をされていなかったということがわかる。

横浜国立大学教育学部三年生が主演した『ＳＭぽいの好き』は、口伝えで内容が伝播し、ＡＶ専門誌に紹介されてから火がつき、一般週刊誌が異例の大きさで取り上げた。

国立大学の女子大生が常軌を逸した性交を体験しているのに加えて、美的観念から脇毛を生やしていることと、自らを「わたくし」と呼ぶ古風な側面が注目を集めた。いままでＡＶなど見たこともない人たちが噂を聞きつけ観賞し、さらに火がついた。『スコラ』では詳細に画面撮りして全編を解説し、歴史的作品のラストがなんの脈絡もなく黒木香が放尿するシーンで幕を閉じるシュールな結末までリアルに追っていた。

テレビ画面に向かってノースリーブの脇毛を披露すると、黒い茂みが現れる。まるで下の陰毛を見せられたような錯覚に陥る。法律では下半身の陰毛は逮捕要件になるが、脇毛は除外されている。それを逆手にとって、黒木香は確信犯的に脇毛を披露させた。

人気はさらに沸騰し、お茶の間の主婦や小中学生といったＡＶとは無縁の層が黒木香の存在を知ることになった。

I awoke one morning and found myself famous.
（ある朝、目覚めてみると、私は有名になっていた）

横浜国大生はバイロンの有名な詩を体感した。

何故に男たちが黒木香に熱狂したのか。

男たちには学級委員コンプレックスとでもいうべき情欲が根付いている。女子の学級委員というのは頭がよくて生活態度も良好な生徒である。そんな学級委員に男たちは憧れる。

エロスは落差があるほどエネルギーを増すように、学級委員がつい女の顔を見せると、男たちは意外性を感じて欲情する。

『SMぽいの好き』は前衛芸術作品でもあった。女と男は言語とインプロビゼーションで肉体の極限まで性を堪能していった。

黒木香の人気はますます高まり、村西とおるはアダルトビデオの帝王という異名を持つまでになった。二人は日本に出現したジョンとヨーコでもあった。アバンギャルド・アートの二人を取材しようと、四谷の制作室に連日のようにメディアが押し寄せた。

『平凡パンチ』から黒木香を起用して文化人、知識人を相手にした連載対談が企画され、対談のまとめ役として私が参加することになった。

ホテルセンチュリーハイアットで黒木香との対談に応じた村上龍は「『SMぽいの好き』は記念碑的傑作だ」と激賞した。

「あなたの演技見ててすごいなあと思うもの。指を順々に入れるシーンがあるじゃない。あれなんか、白石加代子もまっ青みたいな、もう狂気の世界だもんね。興奮するというより、声がでたよ、怖くなった」

黒木香は応じてオスカー・ワイルドの『ドリアン・グレイの肖像』の中の一節を引用し芸術と

実生活の対比を論じた。二人は波長があったのか、対談が終了しても芸術論、人生論、社会構造論を延々と語り合っていた。

荒木経惟と六本木のすっぽん料理屋で対談したとき、黒木香は彼の著書『写真論』（冬樹社）のなかの「ジャクリーヌのわきげ」を取り上げて対談を切り出した。

「あのビデオ見ていると隣に聞こえないかと思ってボリュームを下げちゃったよ」と、羞恥心など無縁のような天才カメラマンは頭をかくのだった。

中上健次と新宿の京王プラザホテルで対談したとき、握手する直前、中上健次は「緊張するなあ」と右手をズボンで拭いた。黒木香が好きな作品は『十九歳の地図』と『蝸牛《かたつむり》』であることを発言すると、作家は嬉しそうに照れた。中上健次は失敗作と言われる『蝸牛』に愛着をもっていたということが後にわかると、あらためて黒木香の目利きの鋭さを思い知らされた。

銀座のレストランでH氏賞受賞詩人のねじめ正一と対談したとき、黒木香は「わたくしがセックスに強い関心を抱きはじめたのもドストエフスキーがきっかけだったかもしれません」と発言し、ロシアの文豪の話題で盛り上がった。

詩人は「わたしは黒木さんの出現によって、前人未踏の折り目正しい淫乱さを掘りあてた気分ですよ。純金に値しますよ。そのへんのわたしの気持ち、わかっていただけるでしょうか」と賛辞を送った。

『チベットのモーツァルト』を書き上げた宗教学者・中沢新一は「黒木さんのビデオ見て、ああ、ひさびさに括約筋の天使のようなものを感じて、これはいいなあと思った」と発言した。

映画監督・森田芳光と文明堂銀座本店で対談したときも二人の話は盛り上がった。

黒木　森田監督が看板にこだわらずに色々な所でお仕事をなさってきたというのは、監督さんご自身の作品がドキュメントであったという気がいたします。

森田　そうですね。81年の『の・ようなもの』は森田の81年のドキュメントであるし、『それから』は85年の森田であり、『そろばんずく』は86年の森田であるって……。それはあると思いますね。

黒木　作品というものは、監督さんそのもの、監督さんのペニスであるのかもしれませんね（笑）。

森田　ああ（感心した風）。黒木さんはわかって、どうして映画評論家はわかってくれないんですかねえ。すごいですねえ。

黒木　いえ、わたくしは素人でございます。

女子大生が独自の価値観、世界観を持ち合わせていることに、多くの識者が驚愕した。『平凡パンチ』の対談に加えて『週刊ポスト』誌上でも対談がはじまり、野坂昭如、大島渚、呉智英、泉麻人、川崎徹、菊地秀行、田中小実昌、栗本慎一郎、北方謙三、和田勉といった論客と語り合った。

黒木香は八六年から翌年にかけて、当代の論客を一週間に二人相手にすることになったわけだ。女子大生が毎週、時代をリードするカリスマ二人と互角に対談する、ということはおそらく黒木香以外、今後も現れないだろう。

黒木香が発言する際にほんの数秒沈黙が流れる。このとき彼女は猛烈な速度で完璧な文章を頭の中で綴っていた。

黒木香が売れ出したころ、私が「また会ってみたい文化人は？」と聞いたことがあった。すると彼女は嬉しそうに「泉麻人様」と意外な名前を答えた。

アダルトビデオを初めて世間に認知させた『ＳＭぽいの好き』は八〇年代後半のサブカルチャー・シーンを代表するものと評価され、この作品をどう見るかによってその人間の思想あるいは世界観が問われるような扱いにまでなった。

都内の自宅を出て一人暮らしをはじめた黒木香は、クリスタル映像が用意した早稲田大学の大隈通り商店街にあるマンションに住みはじめた。

仕事では高揚した語り口で能弁であるが、普段の横浜国大生は寡黙だった。

無名の女子大生が突然世間に存在を知られるようになり、彼女の中でどうやってバランスをとるのか心配したが、自身にもたらされた運命を享受しようという嫋《たお》やかさがあった。

＊

歴史的な大傑作となった『ＳＭぽいの好き』が誕生してから三十年が経過した二〇一六年春、村西とおるは狂熱の時代を振り返った。

「『ＳＭぽいの好き』を撮る前のおれのイメージはさ、草原を駆ける美少女だったんだから。それがいざ撮るとおれがやり込められちゃってるようなね、まったく、人間というか女性というかこういうえげつないっていうか、こういうものを世間の皆様にお見せしても、ついてこれないだろうと思ったんだね」

村西とおるは当初、黒髪の神秘的な女子大生を宇宙企画のような清廉なイメージで撮る予定だったと告白した。

「あれは制作費正味六万で撮ったやつで、一泊三万のペンションを二日借りて撮ったものですよ。そんなもんだったんですよ、あれは。那須まで交通渋滞に巻き込まれてしまってペンションに到着したのが夕方。外撮りはやめて部屋の中で撮ろうってことだったんですね。何のためにわざわざ那須まで行ったのかわかんないよね」

総予算数千万円のコペンハーゲン・ロケではまったく売れなかったものが、制作費六万円の作品で記録的な大ヒットとなってクリスタル映像を潤したのだった。

「撮影開始前八時間ぐらい、黒木さんと別室でこもってやってたのよ。インサートはしないで。撮影前には、ここで目を開けてくださいよとか、目を閉じないでくださいよとか、声は出してくださいよとか、こう言ったらこう答えてくださいよとか、どこ感じるのとか、いちおう教育的指導する時間があるわけよ。普通は三十分ぐらいしかやらないんだけども黒木さんは八時間ぐらいやったわけ。おれもね、打てば響くっていうか黒木さんにスイッチがたくさんあるから、あっちもスイッチこっちもスイッチ押してったらきりがないわけよ。ロケ地は夏のリゾート地だから、週末の家族連れがたくさんいて、いざ、撮影がはじまると、子どもが『おとうちゃん。何か犬かオオカミが吠えてるよ』みたいなこと言うんだよ。お父さんはさ『オオカミじゃないだろ、いいよ、行くぞ!』って早足で逃げていくんだ。アハハハ。すごい吠え方だから、おれは、これはすごい。どれくらいすごいんだと確かめつつ、もうくたくたですよ。撮影がはじまったら、これはとんでもない状態になったなと思った。頭の中に、さっきの予行演習八時間と同じことをやったんじゃダメだなと思ったから、突然ぶん殴ったりしたわけ。予定調和で終わらないように。その前にちょっとつねったり、ぐっと強く肉を絞り込んだりしたらけっこう反応がいいわけよ。だから少しSM的な要素を入れたほうがいいかなと思って、本番では予定になかったああいうふうに過激にいったわけだね。ただ唯一、SM的なことはまだしてなかったから、いざ撮影がはじまって途中から行こうと思って暴力でいったら黒木さんが応えてくるわけよ。本橋君にもご好評博した『せめて三本にしなさい』っていうあの名ゼリフになっていくわけよ。あんなセリフ、シナリオに書けないよね。『せめて三本にしなさい』ってさ、ほんとに握りこぶしみたいの挿れてんだもの。おれは『オナニーしてみなさい』って言ってないんだよ。女性ってね、何を一番嫌がるかっていうと、オナニーを見せてくれって言われるのが一番嫌なんですよ。フェラチオとかさセックスとかそんなの全然問題じゃない。一番嫌なのは何かっていうとオナニー。それは自分自身を、本性を見せなくちゃいけないから。撮影の合間にアナルセックスを終えて、その後そのまま膣にインサートするわけいかないから一生懸命お風呂場で洗ってた。ふっと見たらさ、グーッって指四本でやってんだもの。何やってんの？　って言ったの。きみ失礼じゃないのかと。アハハハ。おれにとってはショックですよ。何やってんだと。ワハハハハ」

一九八六年当時、女性が主導権を握り、性欲を押し隠すことなく堂々と性行為におよぶことはまだ稀なことだった。本能のおもむくまま、性欲を貪る女性が、国立大学在籍中の女子大生ということも女の性欲の開放を先導した。

「日活ロマンポルノじゃできなかったですよ。日活ロマンポルノがどうのこうのっていうけどね、あれはね、エロを単なる暴行だとか強姦だとか痴漢だとか犯罪的なスタンスでしか描くことができなかった。女性と一対一で相まぐわう、はたし合う、拮抗するという、そういう世界で世の中に送り出したその嚆矢となったのは『ＳＭぽいの好き』ですよ。それまでは、あんなこと女性がするとは思わなかったですよ。あの作品は日本の性文化を変えた作品となった。こういうことやっていいんだということを、世の人たちが覚醒した作品だったね。女性もこんなふうに奔放に、どすけべに、やりたいことやって、すけべなこと言って、のたうちまわって、アタックかけていってもいいんだということを見せた。そういう新しいファンタジーが生まれたのが『ＳＭぽいの好き』ですよ。ガツンと頭を殴られたような作品なんだろうね。世間の皆様にはね。

やっぱり感動にはレベル、ラベルはないからね。黒澤明で感動した、山田洋次で感動した、村西とおるの作品で感動した、興奮したと。それはさ、アダルトというラベルを剝がしても、甲乙つけがたい、やっぱり村西監督のほうがいいという自負はあるんですね。だから僕は黒澤明だとか山田洋次と比較しても負けない、おととい来いですよ」

そして六十六歳になる男はこうつけ加えた。

「おれは裏本で男優やってたから、めちゃめちゃ自信があったわけよ。セックスを見せるという意味でだよ。この仕事がやっぱりいいんだなと思ったのは、裏本で捕まったときに、お巡りに、『これおまえだろ』と裏本のおれが男優になってやってるページを見せられたときがあったのよ。いや、私じゃありませんよと否定してみせたんだけど、『この玉袋のホクロ、これおまえだろ！』って指摘するから、いや私じゃありませんよって否定したら、『嘘を言うんじゃない。だったら警視庁科捜研でこのホクロ鑑定するぞ！』って言うから、世界一の科学捜査をもってしたら玉袋のホクロも見破られてしまうんで観念したのよ。ワッハッハッハ！　それで、『はい、私です』って言ったんだけど、そのお巡りがビニ本捜査のスペシャリストなの。いみじくも、ふと、『それにしてもおまえは、いい仕事してるよなあ』って言うわけ。褒め言葉って人を伸ばすんですよ。あのお巡りの言葉がなければ、ＡＶ監督の村西とおるはないよ。おれはそれでその気になっちゃって、プロがいい仕事してるって言うんだから、やっぱりおれの仕事はいいんだなと自信を持ったね」

＊

黒木香は『ＳＭぽいの好き』出演以前に、『ＳＭ隷奴』（スタジオ４１８）という他社からの作品にも出ていた。

村西監督がその事実を知ったのは撮った後だった。

「おれ、黒木に電話したんだ。おまえ、なにかおれに嘘ついてないかって。そしたら、『なんでしょうか？』って言うから、おまえ、おれのとこに来る前に他のビデオ出てないか？　って追及したら、『いや、出てません』ってとぼけるから、『おまえふざけたこと言ってんなよ。おれの手元にはおまえそっくりの女が出てるビデオのパッケージがあるぞ。これおまえだろ』と言っても、『いや違います』と言うんだよ。『わかった、おまえんちにいまから行くから、白黒つけようじゃないか。正直に言ってみろ、おまえなんだろ』と言ったら、『ホホホホホ！』って笑い声が聞こえたんだ。なんて言ったと思う？　『ばれたら仕方がありませんわね。どうなさいます？』って。いやあ、これはすごいなあと思った。おまえが出演したと正直に言ってくれたからかまわないよと、それでこのメーカーに連絡して、発売を後回しにしてくれ、うちの作品を先にするからって言ったのよ。そのころはみんなおれに恐れをなしてるから、『わかりました』ってことになって、先に『ＳＭぽいの好き』を出したの」

世間に衝撃を与えた余波をかって、第二弾『愛虐の宴』（一九八六年十一月十三日発売）を撮影した。

視聴者参加ビデオ方式で、名古屋のスーパー店員と食品会社部長が手を上げた。

村西とおるは今回カメラマンに徹した。

若いスーパー店員と中年部長、最初は自信たっぷりだったが、なかなか奮い立たせることができず、黒木香は笑顔ながらもどこか欲求不満気味だ。

途中、カメラをかついだ村西とおるが、「本当はね、僕は思うんですけども……」と言いつつ、突然黒木香を平手打ち、さらに「本当はこうされたいんでしょう」と、足蹴にしだした。黒木香はいままでとは打って変わり、前作のような動物的な咆哮を発しだす。情け容赦なく顔を踏みつけるとさらに被虐の声が高まりだした。

カメラマンが撮りながら被写体に暴行する前代未聞のシーンだ。

スーパー店員と部長の代役として、ミッキー柳井とゴーダ福丸、二人の男優が黒木香を荒々しく犯していく。

前作の緊張感と興奮に比べると、散漫な感が否めないが、それでも村西とおるが手抜きなしの暴力をふるったとき、黒木香の変貌ぶりが生々しく、反道徳的な性絵巻が繰り広げられた。

一部に、『愛虐の宴』という視聴者参加型作品に出た黒木香の淫乱ぶりに注目した村西とおるが、二作目『SMぽいの好き』で主演をはらせたのでは、という説があるが、順番は『愛虐の宴』が後である。黒木香の期待の二作目を視聴者参加型ビデオというお手軽なパターンにはめてしまうところも、量産型村西とおるの荒っぽい手法であった。

「黒木さんのエピソードでこういうことありますよ。『愛虐の宴』で名古屋の視聴者参加させて乱交させたわけ。四時間ぐらいバーッと乱交してやっと終わった。いやあ、すごい疲れた。おれも黒木さんを撮りながら足で蹴飛ばしたりなんかしてる間に黒木さんが頭にこんなたんこぶできたりして大変なことになって、申し訳ないなと思って一回休んでメシでも食おうとしたわけ。そしたら黒木さんが『すみません、お電話をお借りしてもよろしいですか』と言うの。当時はケータイなんてないからね。いいよ、それ使いなって、少し離れたところで電話しはじめたんだよ。当時付き合っていた男に電話したんだね。その野郎がさ、黒木さんがいないことをいいことにして他の女を連れ込んでたの、自分の部屋に。黒木さんと一緒に同棲してる部屋に。そしたら黒木さんが、『どちら様ですか！ 代わってください！』って急に大きな声出した。『どういうことですの！ え！ 正直におっしゃってください！ 卑怯者！ ずるい！』って。ずるいのはどっちだって。アハハハ。こっちで五人も六人もやっててさ、『卑怯者！ 嘘つき！』ってないだろう。黒木さんっていうのは半端じゃないなって思った、そういう印象的な思い出もありますよ。黒木さんで忘れられないエピソードはたくさんありますよ。人間黒木香ってのは実に面白いなあと思ったね」

＊

熱狂的な黒木香ブームは年末もつづいた。

この間、村西とおるはまたもやハワイに大勢のスタッフ、出演者を引き連れ旅立った。

黒木香はスケジュールの都合で先に帰国した。

後発だった村西とおるとクリスタル映像は、いまやAV業界の象徴的存在として君臨した。

名声と富が一気に押し寄せてくる。

私は間近で目撃した一人の人間の成功譚に酔いしれた。

だが人間、幸福なときというのは不幸がそっと忍び足で寄ってくるものだ。

富と名声を手に入れた村西とおるは、いきなり奈落の底に突き落とされた。

ハワイ・ロケの最中、マシンガンやピストルで完全武装したFBI・入国管理事務所捜査官・ホノルル警察・税関職員の四チーム合同捜査隊が撮影現場に突入して村西とおる撮影隊全員を逮捕してしまった。

旅券法違反容疑とマン・アクト法違反容疑という聞き慣れない罪名だった。

今度ばかりは村西とおるも命脈が尽きた。

なにしろ懲役三百七十年という、日本人に対するいまだかつてない超重刑を求刑されたのだから——。

第10章

370年

村西とおるが米国司法当局から求刑された懲役年数

一九八六年（昭和六十一）十一月二十四日、村西とおる一行は、新作と八七年度カレンダー写真撮影のためアメリカへ旅立った。

同行した女優は黒木香、深野晴美、結城麻美、幸丈《こうじよう》恵巳《えみ》、沙羅樹、早瀬由紀子。

バスをチャーターして、ラスベガス、グランドキャニオンで撮影した。

ハワイに移動したのは十二月一日。五日にホノルル市の高級住宅地カハラ地区の海辺の豪邸を借りて、撮影に入った。

現地時間一九八六年十二月五日午後十時二十分、マシンガンを構え重武装をしたＦＢＩ・入国管理事務所捜査官・ホノルル警察・税関職員の四チーム合同捜査隊百名が、撮影中の貸別荘を急襲した。逮捕容疑は旅券法違反だった。

村西とおる一行は全員現行犯逮捕された。

不幸中の幸いだったのは、仕事の都合で黒木香は先に帰国してこの逮捕劇から間一髪、逃れることができたのだった。

ハワイにおける逮捕は、幸丈恵巳主演作品を撮影中におこった。室内が停電し、いきなり男たちがマシンガン、拳銃を持って部屋に押し入った。村西とおるをはじめ、スタッフ、女優はいったい何が起きたのかとっさには判断できなかった。

三十年が経過したいまでも、沙羅樹は当夜の出来事を強く記憶している。

「最初、強盗が押し入ったのかと思いました」

助監督の日比野正明もこのときのことは記憶に強く刻まれていた。

「逮捕された瞬間、これは映画だって思ったね。別荘で撮ってたんですよ。貸し別荘、一ヵ月丸ごと借りて撮影してたんだけど。僕らが来て一週間くらいからＦＢＩが内偵しはじめてたんです。もうすぐ僕たちが明日帰るっていう日に、別荘を百人態勢で包囲してたんですよ。僕らがジャパニーズ・マフィアだという触れ込みだったので全員防弾チョッキを着てました。しかも、ちょうど山口組の幹部がＦＢＩのおとり捜査で逮捕された事件があったんですよ。しかも日本企業がハワイの主要なホテルをみんな買っちゃう。アラモアナセンターをダイエーの子会社が買っちゃったりそういうハワイが日本に侵略されてるというイメージがあった。アメリカ国民にたいして何かパフォーマンスを打たなきゃいけない、警察や国としては。それで反日感情が盛り上がったときに僕らがのこのこ来てしまったんです」

全員を床に寝ころがらせ、後ろ手に手錠をかけ、少しでも動けば足で踏みつけられた。

一行の責任者、村西とおるもまた、最初は強盗に押し入られたんじゃないかと思った。移民局に連れていかれたときは、旅券法違反の微罪だ、と担当官に言われたのでいくらか安心したが、甘かった。

村西とおる監督に対して、アメリカ人ですら聞き慣れないもう一つの容疑、連邦法八章一三二八条、別名マン・アクト法という法律を持ち出して逮捕したのだった。

マン・アクト法とは、合衆国内に売春の目的またはその他の不道徳な目的でいかなる外国人も連れて来ることを禁じたものであった。この法ができた背景には、黒人差別が激しい時代に、黒人が白人女性を連れて歩くのを忌々《いまいま》しく思っていた白人が、黒人男性と白人女性の接触を禁じるためにつくられた差別的性格の色濃い悪法であった。

日本から来た撮影隊の責任者である村西とおるにその悪法で再逮捕してきたのだ。一行十五名各人への責任ということで、累積して懲役三百七十年という気の遠くなるような重刑を求刑してきたのである。

事件には伏線があった。

かなり前から現地で村西監督はブラックリストに載っていたふしがあった。

一九八六年当時、バブル前期の日本企業はハワイ・ワイキキビーチのホテル買収をはじめ、アメリカの不動産を買い漁り、ハワイにおける日系人、日本人に対する風当たりが強まっていた。

前年、元トライアングル、小森みちこ主演作『フィジカルドリーム』をハワイで撮影した際、警察官の制服・制帽を現職の警察官から借りたことがあった。このときの警察官が村西とおる一行逮捕の際に当人かどうか首実検のために捜査陣の中に混じっていたのだ。

本来なら日本人観光客がアメリカ大使館で誰でももらっているＢ１ビザで十分許可される範囲の撮影だった。旅券法違反容疑だけでは、重罪を科すことができないとふんだのか、マン・アクト法を持ち出してきて、求刑三百七十年という過酷な攻撃をしてきたのだった。

裁判の過程で検察側の書類が明らかになった。その中に逮捕の際の作戦指揮書に衝撃的な英文があった。

「OPERATION TORA・TORA・TORA」

「トラ・トラ・トラ」とは、いうまでもなく太平洋戦争勃発時、日本海軍が真珠湾攻撃に用いた暗号名である。それを意趣返しで、村西とおる一行逮捕の際にアメリカ捜査陣が用いたのだった。

村西とおるがマウイ島上空でセックスし終わった後をぬぐったトイレットペーパーとミカンの皮を空からばら撒いたことも、毎年のようにハワイ・ロケをおこない、本番セックスを撮ってい

村西とおるが米国司法当局から求刑された懲役年数

たことも、すでにアメリカ側捜査陣は知っていた。

村西とおるの友人である日本人夫婦がハワイで土産物店を営んでいた。来日したとき、村西とおるが夫人に土産物としてクリスタル映像の新作十作品を贈呈した。夫人がハワイに帰ったとき、もらった新作十点をハワイ税関は商売用としてみなし摘発した。

税関職員が新作十点を隈なく検査すると、村西とおるがハワイを舞台に日本人の出演者たちとポルノを撮っているのがわかった。『バスレイプ』『スカイファック』『密林レイプ』……。

税関職員にしたら、ジャップが神聖なハワイで好き放題のことをやっている、と忌々しく思ったことだろう。

毎年のようにハワイで好き勝手やっている村西とおる監督をなんとかしてやろうと、連邦税関が画策し、FBI、ホノルル警察が乗った。

一九八六年春、山口組幹部を巧みに誘い、武器を購入しないかと寄ってきた日系人がいた。実はこれはFBIによるおとり捜査で、武器購入に乗った山口組幹部を逮捕したのだった。だがあまりにも露骨なおとりの誘導だったために、裁判では無罪判決が下りた。

FBI・ホノルル警察はおとり作戦の失敗を反省し、今度は村西とおる一行がハワイにいつ来るか教えろと、土産物店夫人に命じた。ハワイ在留日本人にとって、取締り側の要請は絶対であった。

村西撮影隊は手ぐすね引いて逮捕をしようとしている捜査陣の中に、みすみす飛び込んでいったわけだ。村西とおるに油断があった。

しかし、まさか自分が陽光ふりそそぐ楽園で、懲役三百七十年という超長期刑を強制されるとは夢にも思わなかっただろう。

この男、逮捕癖がついてしまったとしか言いようがない。

村西とおるたちがぶちこまれた収容所は、山口組系竹中組竹中正相談役がＦＢＩのおとり捜査で逮捕収監された同じ房だった。

雑居房には大勢の凶悪犯が収容されていた。殺人犯、放火犯、婦女暴行犯、不法入国者。さすがに日本人は珍しかったらしく、岩のような体格の男たちが寄ってくる。

「アー・ユー・ヤクザ？」

山口組の収容が一年前にあったからか、ジャパニーズ・マフィアは畏怖の的だった。なかには日本から送られた『週刊実話』を開いてみせて、「おれはこの男を知ってるんだぜ」と山口組幹部の写真を見せて自慢する囚人もいた。村西とおるたちを本物のヤクザと勘違いした殺人犯が、煙草をすすめてくれたりした。

それをいいことに、村西とおるたちはヤクザのふりをしていたのだったが、地元新聞に載った事件の記事を囚人たちが知ると、ただのポルノ屋だということで、小馬鹿にするようになった。洋の東西を問わず、エロを仕事にする人間についてまわる蔑視感情であろう。

誰も煙草を差し入れることもなく、冷たい視線を浴びながら、二メートル近い囚人たちがなにかことがあったら殴りかかってやるという攻撃性を感じながら、村西とおる一行は肩身の狭い思いをしていた。

日比野正明が回想する。

「いつ大男にオカマ掘られるんじゃないかって、緊張感がすごかったですよ。ほんと。唯一安らげる時間といえば運動の時間だけですからね。刑務所の庭で日本式のラジオ体操やってまた獄舎にもどるんです。そのとき、何か肛門に凶器やドラッグを隠していないか、看守の前でお尻を突き出して見せる検査があるんですよ。看守の前で全員が『cough cough!』って咳払いするんですよ。僕たちは日本人らしく堂々とやってやろうぜって、相撲の四股《しこ》を踏むようにして『cough cough!』って毎回やったんです。そしたら生まれて初めて見る相撲の四股に看守も、『オー！ジャパニーズ・スモウ！』なんて喜んじゃってね」

日比野たちが収監されていた房は三十名の囚人たちが押し込められていた。房にはテレビが一台だけ備え付けられ、許された時間内だけ視聴ができた。房の中は娯楽もなく、囚人たちは時間を持て余していた。

囚人たちは単純な筋力自慢が大好きなのか、三段ベッドに何人乗せて上げられるかという力比べをよくやった。部屋を揺るがす大声で男三人を乗せた三段ベッドを持ち上げようとする。

口笛、拍手と歓声。

持ち上げきったとき、巨漢は赤鬼になった。

日比野正明が語る。

「そんなところですからね、僕たちも何か青い目の方々とコミュニケーションとろうよってことになったんですけど、英語もしゃべれないし、逮捕のショックでそれどころじゃない。そうだ、歌ならなんとかなるだろうと、沼ちゃんに何か歌わせようとしたんです」

ＡＶ業界に入る前、レコードデビュー寸前までいった沼ちゃんだったが、レコーディング当日、二日酔いで起きられず遅刻したため、怒ったディレクターから「代わりならいくらでもいるんだ」と冷たくあしらわれ、あえなく新人歌手デビューの好機を失った男。

だが歌のうまさなら自他共に認めるところだ。沼ちゃんが『潮来笠』を歌ってみたが、反応がない。ハワイの囚人たちが橋幸夫を知っているはずもないだろうと急遽、西城秀樹バージョン『ＹＭＣＡ』に変更してみた。

沼ちゃんが様子をうかがいながら恐る恐る歌いだした。日本語バージョンだから、囚人たちも何を歌っているかよくわからない様子だ。歌っていくうちに沼ちゃんが調子をあげてくる。

「素晴らしいー、Ｙ・Ｍ・Ｃ・Ａ！」

囚人たちも、ＹＭＣＡのくだりになると、わかりだした。

「オー！　ＹＭＣＡ！」

沼ちゃんが高らかに歌い上げる。

「素晴らしいー、ＹＭＣＡ！　ユーウツなどー吹き飛ばしてーきみも元気だせよー！　ＹＭＣＡ！」

「ヘイ！　ＹＭＣＡ！」

アメリカ人はノリがいい。

沼ちゃんのＹＭＣＡに合わせて大男たちもつられて「ＹＭＣＡ！」と歌いだした。隣の獄窓からも巨漢たちの合唱が加わった。

「オウッ！　ＹＭＣＡ！」

沼ちゃんの「ＹＭＣＡ」のところだけ獄窓全員が「ＹＭＣＡ」の大合唱になる。

看守もハミングしている。

娯楽に飢えている囚人たちにとって、沼ちゃんの歌は最高のエンターテインメントになった。

日比野正明が回想する。

「それいけ、沼いけ、やれそれで、村田英雄、五木ひろし、美空ひばりショーです。郷ひろみの『お嫁サンバ』は特に盛り上がりましたね。その日からまた煙草の差し入れがはじまりました。アメリカ人は何か技術を持つ人間をとても尊敬するようです」

新人歌手デビューを棒に振った沼ちゃんも、ハワイの刑務所で束の間のスターになった。

*

日比野正明たちスタッフは一週間で保釈されることとなった。

保釈されても今度は身元引受人と宿泊先が必要になってくる。

ハワイの日本領事館に相談をした。

ところがである。

逮捕された身なのだから身元引受人を推薦することはできない、速やかに裁判を受けて罪を認めてからにしなさい、というのが日本領事館の答えだった。

海外でトラブルに見舞われた日本人が、日本大使館、領事館に駆け込んでも冷たくあしらわれた、という話をよく聞く。

厄介者たちを引き受けてくれる善意の人は出てこなかった。

村西とおる一行は途方に暮れた。

すると「うちが引受人になってもいい」と声がかかった。

ハワイ天台宗別院住職・荒了寛《あらりようかん》という僧侶が、「うちで寝泊まりしなさい」と言ってくれたのだった。檀家衆は難色を示したが、荒僧侶はポルノだろうがなんだろうが、困ってるときはお互い様だと引受人になったのだった。

村西とおるは荒僧侶の寺に身を預けることになり、残りのスタッフ、出演者たち十五名は徒歩二十分の寺の宿泊所で共同生活をすることになった。

第一回公判は一九八七年四月十七日に開かれる予定だったが、検察側が異例の引き延ばしを画策し、第二回目も延期され、結局六月九日の公判となった。

村西とおる一行は法廷闘争を余儀なくされた。

当初は旅券法違反という微罪で即釈放、国外退去処分になるだろうと予測したが、事態は楽観視できるものではなくなった。

いまよりはるかに血気盛んだった当時の村西とおるの憤り——。

「アメリカ人のポルノ制作に関しては野放しにしておいて、外国人であるということだけでおれを取り締まろうとする。こんな馬鹿なことありますか？　人の足踏んでしまったら、『なんだこのヤロ！　足の先舐《な》めて三べん回ってワンと言え』と言われたようなもんです。だったらファイトするしかないでしょ。私が保釈されて、半年間宿泊と身元引受人としてお世話になった天台宗ハワイ別院荒僧侶も、『監督はハメられたな』と言ってるわけで、今回の事件はＦＢＩとホノルル警察、連邦税関、移民局の合同による意図的な逮捕と言えますね」

アメリカの司法制度に詳しい弁護士、法律学者に尋ねてみても、長期刑は免れないだろうという意見が大半だった。

深夜、私はハワイの村西とおると国際電話でやりとりをするようになった。黒木香とのからみで見せたあの狂気ともいえる饒舌な語りは影をひそめ、達観した僧侶のような口調に変わっていた。日本で村西とおる・黒木香の大ブームが起きていると私が伝えると、海の向こうの囚われ人は、静かな声で喜びを語るのだった。

裁判は予断を許さなかった。

村西とおるによると、ハワイには表には出てこないが、逮捕されている日本人が何人かいるという。

「おれもハワイから生涯帰れないかもしれない。他の刑務所に強姦未遂の罪で二十年の懲役をくらった日本の青年がいるんだよ。彼と話したら、ストリートガールに誘われて部屋に入ったら、もう一人仲間の女がいて、マリファナをやりだしたんだって。自分はマリファナは好きじゃないからその女を外に出したら、お巡りにみつかってしまったんで、その女が言い訳で『日本人にレイプされた』って嘘言ったのよ。そしたら逮捕ですよ。青年は日本領事館に相談したら『許してくださいって日本のように言えばいい』ってアドバイス受けたんだけど、そうやったらなんと懲役二十年。日本とアメリカじゃ法律が違うし、民族も違うから、ほんと、油断ができないんだよ」

＊

ハワイ抑留中、やることがないスタッフたちは昼間、英会話学校に通ったり、それぞれ得意分野の講師になって、他の仲間たちを指導する時間をもった。村西とおるは将棋道場、沼ちゃんはカラオケ教室、広報部長が空手教室。

荒了寛僧侶が仏画を描くので、全員が精神修養のために水彩で仏画を描いた。なかでも荒僧侶が「絵心がある」と誉めたのは沙羅樹の仏画だった。

運動不足解消のために、クリスタル映像スタッフチームと出演者チームに分かれてソフトボール大会も催された。村西とおるがキャッチャーを務め、ミットをど真ん中に構えるものだからヒットが続出した。ゲストたちに気を遣い、花を持たせたのかもしれないが。

試合が終わると、勝ち負け関係なく全員が胴上げした。

明日をも知れぬ十五名を束ねて、裁判闘争に向かわなければならない。

沙羅樹が当時を振り返る。

「ハワイ事件は子どもながら辛かったですね。あそこで人間学を学びました。周りを見ていると、大人たちが言い合っているんです。なかには（村西）監督とは運命を共にしたくないと文句を言う人もいたし、イライラしてくる人もいたし。それを見ていて、わたしは何にも言わないほうがいいと思ったんです。無になろうって。東京は何マイルも先なのかなあって海を見ながら、早く帰りたいなって思ってました。日本からの雑誌を見ると黒木（香）さんが売れ出したのがわかるし……。それまでわたしはただの明るい子、やる気だけある子でしたから。それがハワイで考える時間がたくさんあったんですね。仏画を描いていると、荒了寛先生から、『おまえは絵心がある』と言っていただいて絵の材料の金粉をいただきました。時間がたくさんあったから、絵を描くついでに詩まで書いたんですよ。楽しかった。おかげで集中力がつきました」

帰国申請書をスタッフたちは何度も出した。

裁判所へ一時帰国の申請書を提出して、裁判官の判断を仰ぐのだ。

裁判官の心証をよくする帰国理由を書かなければならない。日比野正明をはじめ、みんな必死になって考えた。

「母が明日をも知れぬ病なので、なんとか早く帰って親孝行をしてあげたい」

「バイク免許が切れてしまうので更新したい」

「動物好きの私はエサを与えられていない熱帯魚のことを思うと一日でも早く帰りたい」

審判当日――。

裁判官が面と向かって発言した。

「私は長い間この仕事をしているが、バイクのライセンスが切れるから帰りたい、熱帯魚にエサをあげたいから早く帰りたい、などという理由を聞いたのは初めてです。こんな愉快な人が日本人の中に存在することがわかり、とても嬉しいです」

村西とおるを除く一行十五名は、全員帰国許可が出たのだった。

バイク免許のため、と申請したのは沼ちゃんだった。

一九八七年四月――。

村西とおるを除く十五名一行は無事帰国を果たした。

四谷の制作室で四ヵ月ぶりに再会したスタッフや女優たちは、みな元気だった。

なかでも元気なのは自転車屋の長男坊だった。

成長したと感じたのは、沙羅樹だった。

描いた仏画は本職の画家が描いたのではないかというほど、本格的なものだった。沙羅樹本人も自身が描く仏画のように深い趣をもつ女になっていた。

十五名が先に帰国すると、一人残った村西とおるは毎朝、荒了寛僧侶と座禅を組み、先の見えない公判に備えるのだった。腕立て伏せ千回、腹筋五百回、十キロマラソンが日課となった。酒・煙草は一切やめた。

楽観はできなかった。

事件後、村西とおるの身元引受人になった天台宗・荒了寛僧侶が事件の背景を私に証言した。

「今度の事件を聞いたとき、ハマったな、と思いましたね。ハワイは移民局への密告が非常に多いんです。ねたみそねみでレポート《密告》するんです。山口組のおとり捜査が失敗したので、検察側はポイントを失っていた。ポイントを上げるために次のターゲットを待っていた。だから今度の事件は徹底的にやられるぞ、と弁護士も言ってました。背景は政治的な面を抜きにしては語れないでしょう。検察側の失地回復、まさに背水の陣であったわけですよ」

春になって変化が現れた。

アメリカ司法当局も、途中から司法取引による罰金刑を向こうのほうから言い出してきたのだ。マン・アクト法というかび臭い差別的な法律を持ち出してきて強引な起訴をしたにもかかわらず、アメリカ側も有罪に持ち込むことが無理だとわかったのか、途中から司法取引を持ち出してきたのだ。

司法取引とは、被告人と検察官が法廷外で取引をし、被告人が罪状を認めるか、捜査に協力することの代わりに、検察側が求刑を軽くしたり起訴を見送ることを指す。

事件数が日本よりもはるかに多いアメリカでは、いちいち法廷で白黒つけるより、ドライに割り切って事前に解決してしまおうということだ。この際、被告側で金を支払う場合がよくある。

当時の村西とおるの発言。

「クリスタル映像の社員の半分が逮捕・抑留状態にあって、仕事が半年間もできないんですからね。普通の会社なら社員の半分がいなくなればとっくの昔に潰れていますよ。もちろん何ヵ月かかっても無罪を勝ち取るまで徹底的に争うつもりでしたが、それじゃいくら金があっても足りなくなる。ハワイでは腕のいい弁護士は一時間百五十ドルもしますからね。それぞれ担当範囲が違うから七人の弁護士を雇わなきゃならない。弁護士費用だけで四千万円かかりました。海外で撮影なんてやめたほうがいい。とんでもないことになっちゃうからね。まあ、昔は海外で一ヵ月もロケするっていう気概があったわけですよ。ベニスだ、サンマルコ広場だ、ハワイだ、コペンハーゲンだ。ものみなみせてやるっていうのがあったよね」

司法取引が成立した。

罰金十五万五千ドル。日本円にして二千二百万円。弁護団への費用と滞在費を含めればクリスタル映像が支払った額は一億円近くにのぼった。

「日本じゃ一万五千人しか弁護士いないけど、アメリカじゃ六十万人もいるんだからね。弁護士ブローカーの国なんですよ。バナナで滑って転んだって弁護士がかけつけてくるような国だから。ま、おれはファイトして優秀な弁護士もつけて闘って、むこうには司法取引っていうのがあるでしょ。いくら払えば保釈するという。それで決着ですよ。いざとなったら、ボートを調達して太平洋を横断して帰ってやろうかって思ったくらいだったけどね」

一九八七年六月十七日、午後三時過ぎ、私の仕事場に電話がかかってきた。

村西とおるだった。

ハワイからの国際電話かと思ったら日本からの電話で、村西監督は成田空港に降り立ち、車に乗り込むところだった。

午後五時少し前に早稲田鶴巻町のクリスタル映像に私と中澤慎一『ビデオ・ザ・ワールド』編集長が到着すると、自らの無実を表現しているのか、真っ白なTシャツにスラックスの村西監督がいた。七ヵ月ぶりに再会した村西とおるは、ハワイの太陽で日焼けした分、たくましくなっていた。

中澤編集長の乾杯の音頭で紙コップに注がれたビールを全員で飲み干した。村西監督が謝意を述べると後は、盗聴を気にしてハワイからの国際電話で語れなかった話を語りだした。

旅券法違反とマン・アクト法違反という強引な摘発だったために、途中から相手側は司法取引による罰金によっていかに高く巻き上げるかを画策していた。日本のＦＢＩ駐在員に司法取引の際、どれだけ金がふんだくれるか、クリスタル映像の資産状況を調べさせていた事実も判明した。

「絶望的な状況の中で監督を支えたものは何だったんでしょう」

「そうですねえ。経験は人間を変えないですね。人間やっぱり目的を持つこと、これに尽きるんじゃないでしょうかね。おれは絶対に無罪だ、絶対に日本に帰るんだという信念を持って裁判闘争に挑みましたからね。目的があって初めて人間は変われるものなんですね。人生論の本を開けば最初のページに書かれているような文句なんだけど、わたくしは一億の金と七ヵ月の月日を費やしてようやく実感としてわかったんですよ」

部屋は帰国の報せを聞きつけてきた記者たちで埋まりだした。

帰国した村西とおるを待ち受けていたのは、いまだかつて本人が経験したことのなかった多くのメディアからの取材だった。

すでにハワイに旅立つ前の村西とおるではなくなっていた。

あの黒木香を発掘し育てた男。AVという新たに勃興したメディアの中でももっとも過激な顔面シャワー生みの親。奇っ怪な言葉を駆使して撮影・肉交する絶倫監督。タブーという障壁がなくなった八〇年代において、最大のトリックスターになった男。

この七ヵ月間、日本にいなかったことが余計にメディア側に渇望感を与え、すさまじい取材合戦となった。

二〇一六年春、村西とおるはハワイ抑留体験を振り返る。

「ハワイに抑留されてた七ヵ月間はいま思ってもぞっとするね。人生において一番つらかった。山口組がいた拘置所におれも入った。山口組幹部に求刑二十年が突きつけられて、すごいなあと思ってたら、なんとそこにこのおれが三百七十年っていう求刑をくらってしまったんだから、しびれちゃうよねえ。異国の空で南十字星見たのはつらかった。日本で捕まってもだいたいわかるでしょ、自分の判決がどれくらいかは。ハワイのときはまったく読めなかったからね。アメリカの弁護士は、もう泣いたり笑ったり、法廷での立ち居振る舞いも役者だからね。陪審員に訴えるために。日本みたいに有罪率九九・九九パーセントなんてことはあり得ないから。なんとか法廷で陪審員に訴えれば逆転無罪ってこともあり得るからね。それにもう一つは司法取引ってあるわけよ。犯罪のだいたい八割ぐらいは司法取引ですんじゃう。裁判まで行くのは二割って言われている。それでないと公判がこなせないんですよ。だから司法取引がほとんどなの。司法取引に行くまでがまた、ポーカーゲームみたいなカードの見せっこですよ。司法取引の制度っていうのはね、裁判を迅速にする。それと弁護士を弁護士らしい弁護士にしてくれる。要するに、自分の弁舌次第でどうにもなる世界があるわけです。いまの日本みたいに起訴されたら（有罪で）終わりだったら、弁護士なんてなんの役にも立たないよ。そういう無罪判決の可能性がほとんどないから、弁護士も自分自身の弁舌に磨きをかけない。弁護士としてのテクニカルな部分とか法理論ということに対して投げやりなんだよ。アメリカの弁護士は違う。金の取れる弁護士というのは、みんな独禁法とか経済関係の弁護士になるんだよ。刑事事件畑では有能な弁護士を採用するにはカネがかかるんですよ。だからアメリカの黒人バスケットボール選手のO・J・シンプソンなんか殺人事件でも逆転無罪なんてあり得るんだからね」

もっとも、帰国した直後の村西とおるのコメントは激烈だった。

「ハワイの領事館なんて足引っ張るだけで何もしてはくれないからね。全部私が弁護士手配から滞在費の工面から今後の対応策までやらなくちゃいけない。ほんと、外国でもしトラブルに巻き込まれたら、日本の大使館は何もやってくれませんよ。威張り散らすだけでね。これだけは覚えておいたほうがいいでしょう。パスポートには、通路故障なく旅行させ、必要な保護扶助を与えられるよう、関係の諸官に要請する、なんて書いてあるけど、僕のときはこう言ってました。『今回あなたのような事件をサポートするとこれが前例となって、以後収拾がつかなくなるので困る』とね」

ちなみに村西とおるはこのとき、陪審員制度への懐疑的な見方をしていた。

もしもこのとき陪審員裁判だったら、自分は有罪になっていただろうというのだ。庶民から選ばれた陪審員は、庶民感覚ゆえにこのてのポルノ裁判に対しては厳しく、プロの裁判官より厳しい判決になったという。

これはのちの日本における裁判員制度を予見していた。

日本では難関の司法試験をくぐり抜けたごく一部のエリートだけが裁判官になるので、市民感覚から乖離した判決になりがちで、もしも市民から裁判員が選ばれて裁判をおこなう裁判員制度になれば、冤罪も減り首をかしげるような判決も少なくなるだろうという意見だった。

ところが実際に裁判員制度がはじまってみると、期待した流れとはむしろ逆になった。

市民感覚は、悪に対してプロの裁判官よりずっと厳しく、プロの裁判官が下すよりも重刑が相次ぎ、プロの裁判官が死刑判決を下さないケースでも裁判員が極刑を選択する場合が増えた。

市民感覚というのは洋の東西を問わず、モラルが高く、不道徳に対して嫌悪感を強く抱くのである。

村西とおるの自叙伝『ナイスですね』は、村西監督がハワイから無事生還した五ヵ月後の一九八七年十二月八日、書店に並んだ。

一年前まではまだ業界内有名人だったこの人物が、自伝まで出すことになった。

『ナイスですね』では、村西とおるがＡＶの帝王として一つのピークに達するまでを追った。もうこれ以上劇的な展開はないだろう、これが頂点だろうと思った。

だが山はこの後も、さらにひと山もふた山も待ち受けているのだった。

ハワイから凱旋した村西とおるは、七ヵ月間の精神的肉体的疲労を癒やす休養期間など一日もとらず、北海道ロケに旅立った。

帰国してからの村西とおる監督がいかに強行スケジュールをこなしていったか。

六月二十六日から一週間、札幌ロケ。六作品撮影して帰京。一週間後、再び北海道へ撮影ロケ。帯広・網走・札幌を回り、七日間で五作品撮影。七月二十二日から今度は伊豆で一泊二日。二作品収録。帰京して都内で三作品撮影。一週間後、再び伊豆へ。一泊二日で二作品撮影。その一週間後、沼津へ。三泊四日、四作品撮影。帰京後都内で四作品撮影。八月二十二日から北海道留寿《る す》都《っ》高原へ七泊八日のロケ。十二本撮影。「本当は十四本撮るはずだったけど、女優が二人来れなくなって」。

九月二日からローマ、アテネ撮影旅行。黒木香と沙羅樹の作品収録。この間、日本の雑誌、テレビ関係十数社からの取材をこなし、『黒木香写真集』の写真撮影も同時にこなす。十五日帰京、その五日後、沖縄ロケ。十作品撮影。十月七日には海外ロケのためフランスへ。

狂乱のスケジュールだ。

月平均二本撮れば売れっ子監督と言われたこの時代、村西監督は二十本撮っていた。

乱作の上にさらに乱作を重ねる。裏本帝国の部下だったパンチパーマの似合い過ぎるミツトシが食い詰めていると知ると、せいふく舎という新しいAVメーカーをつくらせ、村西とおるは松本源一郎という父の名前を借用し、せいふく舎の監督となり、新作を毎月四タイトル撮り下ろすのだった。

会社名のとおり、セーラー服、キャビンアテンダント、OL、看護師といった制服女子が登場する他社と差別化をはかった新メーカーだった。

そのうち村西とおるは二社で毎月三十タイトル以上の作品を撮るようになり、半分以上を自ら出演して肉交をおこなうようになった。

朝から深夜まで働きづくめになる。終わらなければ徹夜になる。ロケ地から帰り、徹夜で編集作業をしてまた撮影に向かう。自分も寝ないし日比野正明をはじめとした部下たちも寝かせない。制御できない仕事への情熱を部下にも強いた。

村西とおるの口癖は「仕事仕事仕事仕事仕事仕事仕事仕事！」だった。

それはこうも言い換えることができた。

セックスセックスセックスセックスセックス。

私はまったく休まず働きつづける村西とおるに、「たまにはスタッフにも休日を与えて、心身ともにリラックスしたほうがいいのでは」、と意見を述べた。社屋に寝泊まりして働くだけでは視野が狭まり、作品だってマンネリ化するのは目に見えている。

だが、狂熱の仕事人は聞く耳をもたなかった。

＊

高田馬場に仕事場を設けた私も、舞い込む原稿依頼をこなし、乗りに乗っていた。

『ビデオ・ザ・ワールド』誌上であの辛口批評家たちの中に加わり、毎月新作の批評をおこなうようになった。

さらに一九八七年六月から、先達の奥出哲雄の後を引き継ぎ、巻頭のカラーページでＡＶ女優インタビューを連載することになった。ＡＶ、裏ビデオ、ビニ本、裏本といった裏メディア系批評の重鎮・奥出哲雄から引き継がれたこと、初めて連載タイトルに自分の名前が冠されたことなど、私にとってやりがいのある仕事に違いなかった。

奥出哲雄は映画『限りなく透明に近いブルー』（原作・監督・村上龍／一九七九年東宝）の助監督をはじめとして映画畑で働いていたが、文筆活動をするようになり、まともに論じられてこなかったＡＶ、裏ビデオ、ビニ本、裏本、といった分野を真正面から取り上げ、鋭い論評をしてきた。スタイリッシュでクールなマスク、洗いざらしの髪、控え目な語り口、姜尚中《かんさんじゅん》教授のような人物であった。モデルやＡＶ女優たちにもよくモテた。黒木香が裏メディア系識者たちの中で唯一、奥出哲雄を〝先生〟と呼んでいたものだ。

その奥出哲雄はあるとき、文筆活動を辞めて、ＡＶ制作に乗り出し、いくつかのメーカーでプロデューサーをするようになった。

やる気のある個人が飛び込み一攫千金を目論む。八〇年代後半、ＡＶがいかに脚光を浴び、勢いがあったかという証左でもあった。

この時代、他にもＡＶ事業に参入する個人、メーカーがつづいた。富を得るには土地や株、他のビジネスがあったのだが、ＡＶという女を題材にした企業活動で成功することは、男としての勝利感をこれほど満たすものはなかっただろう。

もっとも、多くのメーカーは消えていった。

食と性は人間の本能ゆえに、ビジネスにすれば潰れる心配はないとされてきたが、いざ経済活動になると厳しい市場の風にさらされた。

のちに奥出哲雄は「アロックス」という新メーカーの経営者におさまり、華々しく活動をおこなうが、売行きが伸びず、あちこちから借金を繰り返すようになる（村西とおるは無担保で一億円を貸した）。

倒産してからは、アロックスの作品の無修正版が闇に流れたり敗戦処理に追われながら、一時期は村西とおるが北海道でVシネマを撮ったときにプロデューサーとして参加したときもあった。借金返済のために薄消しビデオを手がけたりもしていた。奥出哲雄はストレスからか、毛が抜け丸坊主になり、太った姿と相まって別人のような風貌になっていた。

そしていつしか表舞台から姿を消したままになった。

＊

一九八七年秋——。

「おーい。あの工事中の音、止めてきてくれ」

年配のディレクターが新人ADに指示を出した。

千葉県浦安市の分譲住宅地販売案内コーナーのCMを制作会社が撮っていた。

新人ADは工事中の音がどこから出ているのか駆け足で探しに行き、アスファルトを打ち鳴らしている道路作業員に拝み倒して、三分だけ工事を中断してもらった。作業員たちは新人ADをにらみつけたが、何度も何度も新人ADが頭を下げているうちに、作業を中断した。

新人ADが撮影現場に駆けもどると、撮影が開始されていた。スーツ姿の中年レポーターがマイク片手に、いかにこの分譲住宅がお買い得か、大仰な身振り手振りで解説する。

空からヘリコプターの音が鳴り響くと、年配のディレクターが撮影中断を命じた。

道路の縁石に腰掛けて、新人ADはコンビニ弁当をほおばりながら、退屈な仕事に見切りをつけようと思った。

新人ADは埼玉県立川口高校という進学校を出ると、大好きな映像の世界に飛び込もうと専門学校に一年間通い、CM制作会社に就職したのだった。

翌月退社すると、埼玉県の自宅で親と同居しながらアルバイトでしばらく食いつないだ。国立名門大学を出て金融機関に勤めている兄と比べると、いまだに定職に就かない自分が不甲斐なかった。

就職情報誌をひろげて、映像関係の会社ばかり探してみたがなかなか思うような会社が見つからない。

洋画ビデオ配給会社　新人スタッフ急募！　ハリウッドホームビデオジャパン本社・早稲田鶴巻町

映画と名が付けば、夢が近づくだろう。

軽い気持ちで会社訪問してみた。

印刷会社や製本工場が集まる下町のちっちゃなビルの一階に会社はあった。

椅子に腰掛け、面接がはじまるのを待った。

緊張しながら壁に貼られたポスターが目にとまった。

『スカイファック』『密林レイプ』『バスレイプ』『おロがいっぱい』『セーラー服で抜かないで』……。

ん？

ここは洋画配給会社のはず……。

すると西村忠治社長はこう切り出した。

「うちはビデオもつくってるんだ。よかったらそっちも手伝ってくれないか」

昭和四十年生まれの若者が迷い込んだ会社、ハリウッドホームビデオジャパンとは、新興AVメーカー・クリスタル映像の別部門、洋画配給セクションであった。AV制作の助監督を募集しようとしても、広告規制でなかなか求人広告が載せられない。そこでこんな奇策を用いたのだった。

クリスタル映像が助監督を急募したのはわけがあった。ハワイでクリスタル映像の監督、スタッフたちが全員足止めをくらい帰国できず、仕方なく西村社長は外部に仕事を発注するようになっていた。外注スタッフとの橋渡しになる正社員を採用しようと、ハリウッドホームビデオジャパンの求人広告を出したのだった。

「じゃあ八木裕二君……だったね？」

「はい」

「さっそく明日から頼むよ」

「わかりました」

洋画関連の仕事をやろうと思っていた八木裕二は次の日から、右も左もわからない撮影現場に駆り出され、助監督をやるはめになった。

ＡＶ女優が目の前で全裸になり、男優の巧みな前戯であえぎ声を漏らし、男優がゆっくりと股の間に割って入る。腰が蠢き、女が乱れる。

集音マイクが先端についた長い竿を持つ八木青年は、えらいところに迷い込んだものだ、と自分の運命を呪った。しかし、目の前で艶めかしく蠢く女体を見ると、つい見入ってしまうのだ。

八木青年は二十一歳になるこの年まで、まったく異性のカラダに触ったことすらなかった。高校時代はラグビーに明け暮れ、恋愛どころではなかった。高校の学園祭にやってきたブレザーの女子高生とフォークダンスをしたとき、手を握っただけだった。

クリスタル映像に入社して一ヵ月が経った。

焼けつくようなライト、薄い布団のセット。主演女優は佐山加奈子という八木と同年齢の新人である。監督が八木青年に耳打ちした。

「八木ちゃん。きみ、やったことないんだよね？」

「はい」

「いま、童貞喪失してみないか？」

「え？」

「やってみてよ」

「はい」

八木青年が童貞だったことを知ると、外注監督は急遽、童貞喪失シーンに書き変え、撮影がはじまった。ＡＶではこんなアドリブ的進行は珍しいものではない。

童貞の八木青年はぎこちなく愛撫しながら、正常位で割って入っていった。

本能というのは不思議なもので、中に入れれば自然に腰が動きだした。動かしながら、思った。自慰をしているときの指の感触よりも中はゆるい。でも温かさが伝わって興奮する。これが夢にまで見た男と女の行為なのか。

自慰に慣れていた八木青年は延々往復運動をつづけ、発射したのは挿入から二時間たってからだった。童貞なのに最後はしっかり顔面シャワーを決めた。のちに作品が発売され、八木が「童貞です」と発言してもなかなか信じてもらえないほど、一連の動きは手慣れたものだった。

村西監督が無事帰国すると、八木青年も加わるようになった。

寝る間も惜しみ撮影に挑み、助監督たちは村西監督からの容赦ない鉄拳と足蹴、罵声を受け、彼ら助監督チームは、〝サンドバッグ軍団〟と呼ばれるようになった。

キャップは日比野正明。

社屋に寝泊まりし、寝る場所といったらソファか床。村西監督が帰国してから六年間、八木青年もまた一日も休むことなく働くことになり、会社が住まいとなった。日比野正明とならび、二人は日本で一番働いたサラリーマンになる。

あれから二十九年――。

五十歳になった八木裕二が童貞喪失を回想した。

「タイトルは『やめてけれズボズボ』。これだけは何があっても忘れません。顔色がわるかった子だけど、めちゃくちゃ興奮しました。あのころは生でしたね。体力もありましたね。入っている感覚がないから二時間も動いてたんですから。いまなら三十秒動くと疲れて休んじゃう」

八木青年は助監督を務めながら、男優もこなすようになった。ラグビーで鍛えあげた肉体、確実に顔面シャワーを成功させる怜悧な意志を持つ男として、彼はいつしか〝ターザン八木〟と呼ばれるようになった。

彼は助監督をやりながら、六年間で肉交したAV女優はざっと八百人を超えた。

一度もプライベートでセックスをしたこともなく、人が見ているなか、照明とカメラの前でセックスをしてきたことから、私はターザン八木を、あの名作にちなみ〝AVロッカーベイビー〟と名付けたものだ。

「もしも洋画配給会社だったら、半年で辞めていたでしょうね。AVメーカーだと最初からわかっていたら入らなかったですね。でもこの世界、女とやりたくて入ってきた奴って、つづかない。いつハメられるんですか？　って言ってるうちに辞めちゃう。映像やりたいっていう奴のほうが長つづきする。この仕事、徹夜朝帰り当たり前ですから」

＊

ハワイから生還した村西とおるは団塊の世代の新たな英雄として祭り上げられ、週刊誌の多くの編集者たちが彼の熱烈なファンになった。このAV監督の奇妙な英語とコミカルな話法が世間に広く知られるようになり、ビートたけしや片岡鶴太郎がテレビで「ナイスですね」とまねるまでになった。

このころの村西とおる発言。

「いまは儲かって儲かって笑いが止まらないよ。売れない日々、あのがんばった一年間が今日の自分をつくったのです。辛い苦闘の日々が一億にも二億にもなって自分に返ってくる。つくってもつくっても全然売れなかった時期がある。もしあのときチマチマ低予算でアダルトビデオ撮っていたらいまの私はないよ。クリスタル映像のすべてのメンバーにはそういった意味でとても感謝してますよ。湯水のように私に金を使わせてくれたことを。おれも昔はAVをテレビとか映画と勘違いしてたんだよね。役者たちにまかせて映画みたいなセリフしゃべらせたら立派な監督になったつもりだったんです。そのころはまだ私は出演してなかったけど、人から見たらパンツも全部脱いだ裸の王様に見えたでしょうね。BVDのパンツなんか関係ないからね。みっともないよねえ。出演しないときから裸の監督やってんだから」

日本一売れない監督から日本一売れる監督に成長した。

一方、ハワイの抑留生活はスタッフたちに目に見えぬダメージを与えていた。

日比野正明が撮りきったテープをチェックしていると、ぶつぶつなにかを言っている声が録音されていた。精神に変調をきたしたあるスタッフの声だった。またあるスタッフは重篤な内臓疾患になって、入院し手術までしなければならなかった。

日比野が入社する前からいた助監督たちが辞め、日比野正明の役割が重くなっていく。村西監督から殴られ、蹴飛ばされる回数も増えていった。

後から入ってきたスタッフも過酷な職場に耐えかねて相次ぎ辞めていった。

村西組がハワイに行く前に、伊豆の温泉宿で三日間のロケがあったときだった。

村西とおるが新人助監督を男優に指名した。日焼けした健康そうな青年だ。

「きみは伊豆の漁師になりなさい」

その一言で、新人助監督は生きのいい漁師に扮して、新人女優とからむはめになった。

「どーですか。漁師さん。伝説の技、マグロ漁船の一本釣りの冴えをみせてくださいね。それではレッツゴー！」

新人助監督は、あの伊豆大島で生み出された〝マグロ漁船の一本釣り〟と村西監督から命名された、女を抱きかかえて腰を動かす新しい体位をやらされた。煌々とライトに照らされ全身に玉粒の汗が噴く。

「どうですか。漁師さん。マグロ漁船の一本釣り、決まったでしょうか」

村西監督の無慈悲な声に、新人助監督は固まった。一時間以上経っても挿入できない。

悪役レスラーにめった打ちにされる吉村道明とタッチして、颯爽と力道山が空手チョップで悪役レスラーを退治するかのように、新人助監督の代わりになって村西監督がからみだしていつもの顔面シャワーをきめた。

撮影が終わったのは午前三時。

機材を片付けていると、さっきの新人助監督が日比野に近づいてきた。

「日比野さん。ここはどこでしたっけ？」

「どこって、ここは伊豆半島だよ」

「伊豆半島のどのへんですか？」

「たぶん熱川あたりじゃないか」

「そうですか」

ここから熱川の駅まで徒歩だと十五キロはあるだろう。逃げるとしたら東京に帰ってから、人知れず消えるに違いない。日比野はそう思って、現場で二時間だけ仮眠をとった。

明け方起きてみると、青年が消えていた。真っ暗な獣道を延々と走り、青年は脱走したのだった。自由になるためなら十五キロの夜道など関係なかったのだ。

日比野だって、できるものならすぐに逃げ出したかった。

問題はいつ抜け出すかだった。

勉強でも遊びでも、親から言いつけられた自転車屋の当番でも、途中で投げ出すことだけは絶対にやってこなかった。

辞めるときは辞表を出して、礼を述べて退社しようと思っていた。

もっともハワイから帰ったらすぐに辞めようと計画していた日比野であったが、仕事が忙しく辞めるタイミングを逸してしまった。

勃《た》ちの悪さから、いままで端役でしか出演してこなかったが、もしも伊豆ロケの青年のように、主演格で村西監督から指名をうけたら、役をこなした後、辞めてやろうと思った。

＊

村西監督がハワイから帰国し、復帰第一回目のロケ地に選んだのは高倉健が好きな村西監督らしく、北海道だった。

いっぺんに八名の出演者を引き連れ、真夏の阿寒湖に到着した。

村西とおるは常人には計り知れない発想を次々と繰り出し、新人女優のキャラクターを際立たせ、マスコミが取り上げやすくしようと、とんでもない芸名をつけた。なかでもヒットしたのが、松友伊代だった。アイドル歌手の名をもじったものだ。いつか深夜番組で本家が「わたし、この名前知ってる」と告白したほど、際物の芸名ではあったが強烈な存在感を与えた。

北海道ロケではさらに村西とおるの悪魔的な命名が発せられた。

出演する女子が八〇年代に流行した聖子ちゃんカットをしていたので、「きみは松畑聖子に決定だ」と村西監督が命名したのだった。

聖子といえば明菜である。共演するもう一人の新人は、大森明菜に決定した。

「じゃ、撮影はじめますよ」

宿泊先の旅館が撮影現場だった。

二人は、プロダクションが連れてきた新人の中でも、おまけ的な存在だった。村西監督は、売れる新人を真っ先に連れてくるプロダクションにはよそのメーカーが採用しない女子までついでにまとめて採用した。

「からむのは、八木と沼。いや、沼ちゃんは審判役で笛を吹きなさい。八木とからみで対決するのは……」

旅館の奥座敷で村西監督があたりを睥睨《へいげい》した。

「日比野、おまえだ」

「ぼ、僕ですか？」

「そうだ。たのむぞ」

日比野は人前でからみたくてこの職場に飛び込んできたわけじゃなかった。ただ可愛い水着アイドルと友だちになりたかっただけだった。

「さっそくもう撮りはじめますよ」

ハワイから帰国した村西監督は一分一秒がもったいなかった。

日比野は白いパンツ一枚になった。

沼ちゃん、八木もカメラ前でパンツ一枚になっている。

自転車屋の長男坊は自身に訪れた理不尽を呪った。


『聖子と明菜のおもいきりエクスタシー』主演・松畑聖子・大森明菜。一九八七年北海道・阿寒湖にて。


「さあ、お名前からお聞きしましょう！」

村西監督の頭のてっぺんから吹き出したような脳天気な声が部屋中に響く。

地味な顔立ちの女性が二人並んでいる。

「大森明菜……十八歳」

「松田……（笑いを嚙み殺している）すいません」

松畑聖子が名前を言えなくて吹き出した。

「いいんです。名前間違えることもあるんです」

村西監督が猫なで声で許した。

「松畑聖子です。十八歳です」

「ともにヤングレディ。ナイスなお名前もってるんですね」

初体験は、聖子も明菜もともに十七歳、明菜のほうは「七月十五日です」と日付まで覚えている。

　二人は熱海と御殿場出身で同級生だという。

　聖子は五歳上のサラリーマンが初体験の男だった。

「犯されちゃったの？」

「まあ、そういう……。わからないうちに、いびきかいて寝てたらホテルで……。初めて好奇心で入って……」

「相手はハメ心だったんですね」

「まあ、そうですね」

「悲しかった？」

「好きだったから」

「作戦通りだった。そういうもんかもしれませんね」

　明菜は三歳年上の先輩と沼津の町中を昼間デートしてて、その後ホテルで体験した。

「幸せいっぱいでした」

「花ならつぼみの乙女ですねえ！」と村西監督が大声で褒めそやした。

　聖子が「ぶぶっ！」と吹き出した。

　明菜は、何言ってるんだこのオヤジ、というようにふてくされている。

　聖子が「すごい長いのが好き」と男性器の好みを言い、手で理想のサイズを示した。

　明菜は「太いほうが長いのよ」と、太さと長さの比例を体験的に主張して、手で好みのサイズを示すのだった。

すると村西監督が「明菜ちゃん。いまは長さを言ってるから、太さはまたあとでね」と割って入った。

「はい」

明菜がサイズを手で示したままおとなしくなった。

「わたしは細いほうがいいです。細くて長いのがいい」と聖子が手で性器のサイズを示す。

「とてもナイスでしたよ。がんばってくださいね」と村西監督。

男性器の太さと長さを三者三様で言いながら、嚙み合わないシーンは、滑稽でシュールな映像だった。村西監督作品を大勢で集まってまるでお笑い番組の録画ビデオのようにみんなで笑いながら観賞する、という隠れた流行も、こんな聖子と明菜と村西とおるとの掛け合いにあった。

「お待たせいたしました！」

明菜と聖子の背後に、三名の男たち、日比野が左、中央に口髭を生やした沼ちゃん、右手にターザン八木、みなパンツ一枚だ。

「さ、自己紹介を！」

「制作の八木と申します」

「沼です。カメラマンやってます」

「山崎です」

日比野は退社する機会をうかがっていたので、山崎という倉庫係時代の後輩の名前を借用した。

じゃんけんをして、勝った日比野が「私の前の方と」と、松畑聖子を指名した。八木は大森明菜が相手だ。

「いやがうえにも盛り上がってきました！　沼さん、笛吹きシリーズ、沼さんにやっていただきたい。吹いてください！」

ぷー！

明菜と聖子が吹き出す。

「人前でやったりするのは何回目ですか？」

村西監督が尋ねる。

「初めてです」と二人。

「ナイスですねえ。それではいきましょう！　聖子明菜の萌え萌えタッグトーナメント！」

笛が吹かれ、八木と日比野二組が同時にからみだした。

中央に沼ちゃんが陣取り、二組のからみに、ぷーと笛を吹き、声援を送る。そのうち性欲を刺激された沼ちゃんが笛を吹きながら参加しだした。

日比野の姿が見えない。

部屋の隅でパンツの中に手を入れてせわしない動きをしていた。まだバイアグラが発売される前なので、撮影現場ではこんなシーンが散見されたのである。

ぷーぷーぷー。

大森明菜に性器をしゃぶられた沼ちゃんが感極まって笛を吹きまくった。

「どうしました？　山崎さん」

村西監督がカメラを向けると、まだ日比野はパンツに手を入れてせわしなく動かしている。汗まみれになり、目がうつろだ。

後輩の八木に完敗だった。

勃《た》たなくて撮影が終われば、村西監督の鉄拳が飛んでくる。

遥けき故郷のおふくろと親父の顔が浮かんできた。去年の正月以来、ずっと岐阜には帰ってなかった。

横ではターザン八木が正常位から駅弁に変わり、女を悶絶させていた。

「山崎さん。どうしましたか？」

村西監督が猫なで声でカメラを向けた。顔は笑っていない。

「いえ、ちょっと。絶不調で……」

日比野に代わって沼ちゃんがからんでいる。日比野は後背位でやっている沼ちゃんをじっと見て、自らを奮い立たせようとした。

「山崎さん。どうしました？」

「す、すいません。ちょっということきかないんです」

村西監督の目が鋭くなっている。

「山崎さん。どうしました？　このままでは終わりませんよね。山崎さん。間合いをはかってどちらかにってことですよね。山崎さん」

日比野は「はい」と言いつつ、右手をせわしなく動かしている。

カメラをかつぎながら、村西監督が殺気立つ目で日比野をにらんだ。

登り詰めた八木が腰を離して「いくよ！」と合図した。明菜の顔が白く汚れると、やっと日比野が参加しだした。

好きでもない相手にいやいやをするおのれの一物をあてがい、なんとか挿入すると、ぎこちない腰の動きをしだした。

必死の思いで腰を動かし、やっとのことで登り詰めると、腰を離し明菜の顔に発射した。

笛をくわえながら正常位でしていた沼ちゃんも発射した。

三人の男たちと二人の女が全身を汗で濡らしきって、精根尽き果て倒れていた。

「最後は審査委員長のワンダーランドでございましたね。両者甲乙つけがたいでしたよ。山崎さん、いかがでしたか？」

村西監督のきつい視線が日比野に向けられた。

「一時はどうなることかと思いました」

義務だけは果たすことができた日比野は、一生分の汗をかいた気分だった。

「山崎さん、どうですか？」

村西監督から質問をふられた。

何を言ったらいいんだ。脳裏には、一列に陳列してある自転車屋の薄暗い店内が思い浮かんだ。

「ひじょうに締まっていて、よかったです」

「そうですか。ナイスでしたよ」

カメラを操作している村西監督は、鋭く日比野をにらんでいる。

「アダルトビデオならではの不条理シーンの数々をお見せしましたけど、三千万ファンのみなさん、ご満足いただけたでしょうか。審査委員長、笛、おいくつでしょうか」

沼ちゃんがここぞとばかり笛を三回吹いて幕となった。

*

撮影が終わって、シャワーを浴びて出て来るとさっぱりした沼ちゃんが寄ってきた。

「日比ちゃん。おれ、体調が最悪なんだ。カメラまわすとよけい悪化するから代わりにカメラまわしてくれよ。あとはよろしくね」

「なんだよ。急にそんなことを言われてもさ。沼ちゃん、どこが悪いんだよ」

「おれ、癌《がん》かもしれないんだ」

「そんな顔してないぞ」

「とにかくカメラマン、頼むよ」

沼ちゃんはカメラマンの座を日比野に明け渡し、自分は退社の時期をうかがっている様子だった。

日比野正明がこのときのロケを振り返る。

「露天風呂に入って、明菜に聖子、おれたち三人で混浴するっていうシーンがラストにあるんです。地元の人しか知らない秘湯があるっていうんで、いざ山道を歩いていったんだけど、猿か鹿しかいないすごい山奥だったんです。一時間山道歩いた。一シーン撮るために。撮影に使った旅館は煎餅布団でしょぼかった。道央の阿寒湖で超ハードスケジュールでした。帯広ロケも行ったし、毎日百キロ以上走行してました。八木が途中で居眠り運転して危なく事故るとこだったし。とにかく一睡もできなかったんです。ラブホテルの廊下で寝ましたから。撮影が終わったら車で移動、一週間で五本撮ったのかな。よその五倍以上の量産ですよね」

一九八七年当時、監督・村西とおる、カメラマン・日比野正明、男優兼助監督・ターザン八木、不動のトライアングルとなった数多くの作品の中から、沖縄ロケのわずか二時間で撮られた作品を紹介しよう。

＊

『彼より大好き』主演・紀本葵。一九八七年制作。

砂浜に白いワンピースを着た紀本葵が波とたわむれている。

細身の体と長い黒髪、男好きするタイプだ。

意志を秘めた目力のある女だ。

環境音楽が流れ紀本葵が砂浜を歩く。

画面が宿泊先のホテルに変わり、紀本葵が緊張しながら椅子に腰かけている。

カメラ横にいる村西監督がこれ以上できないというような猫なで声で、紀本葵に語りかけだした。

「さっそくご質問からうかがいたいと思うんです。まずお名前からお聞きしたいと思います」

椅子に座っている紀本は言葉が出てこない。さっきまで複数の出演女優たちと食事して、撮影は今日は終わりで明日から再開するのだろうと思っていた矢先、部屋に呼び出されて撮影がはじまってしまったのだから（村西監督作品にはよくあることだった）。

「ハオウ・オール・アー・ユー？」

ハワイから生還したばかりの村西監督が、進駐軍に習ったかのような発音をした。

「十八歳です……」

「学生さん？」

「短大……家政科です」

「初めてのビデオ出演なんですね。他で写真なんか撮られたことないんでしょ。ドキドキしちゃうでしょ。緊張してすぐメンスになる子もいるんです。葵ちゃんだいじょうぶ？」

「だいじょうぶです」

「がんばってくださいね。まず、あのことをする前に、葵ちゃんがどんな子かビデオ見てる人に紹介しましょう」

　素人のういういしさを生かすために、できるだけ演出をほどこさず、素材をいじらず撮るのが村西流だ。

「セックスは？」と村西監督。

「一週間前。彼と……。学生です。サーフィンしてる人」

「特に腰のバネなんてすごいんでしょうね。すごいの？　一晩で？」

「二回」

「三回もしちゃうの？　幸せですね。でも、これから知らない人とセックスしてしまう葵ちゃんなんです。恋人の彼は知ってるんですか？」

「知らないです」

「ではもし知ったら、葵ちゃんの横っつら二、三発……いえいえ、そんな彼じゃいけません。あなたはＡＶアイドルなんです。あなたに手をかける男なんて、世間は許しませんよ」

猫なで声がさらに強まると同時に、いかがわしさが部屋中に充満する。

初体験は十八歳、年下の恋人と雰囲気でしてしまった、とまで紀本葵に語らせ、「平安京時代にも貞操観念はそれほどなかったといいます」と歴史的な背景でもって紀本葵の過去を肯定して、肉体を賞賛していく。村西とおるの応酬話法は相変わらず冴え渡る。それと同じくらいうさん臭さもたっぷりだ。

「脚……とてもナイスでございますもんね。どんな体位が好きなの？」

沈黙の紀本葵。

村西監督が勝手に「普通の騎乗位が好き？　上に乗るのが好き？　一般的なバックが好きなの？　なんでも好きなんだね。そう、セックスに見境はありません」

一人舞台だ。

紀本葵は村西ワールドに迷い込んでいた。

葵がスリーサイズをあかした。

「83・58・90」

「素晴らしいプロポーションですねえ！　そんな体をしているくせにエンゼルのような顔をしてるんですねえ。その唇、ふくむんでしょうね。ドキドキしちゃいます。さあ、緊張ついでに素晴らしいバストを見せてもらおうと思うんですが、いかがでしょう。ちょっと見せてー。椅子の上に立ってみてくれませんか。ごめんなさいね。よろしゅうございますね」

白いブラウスを着た紀本葵が椅子に立ち上がった。

「お美しい！　お美しい！　スカートめくってみて。すすっと。全部お見せしてくださいね。意地悪しないでくださいね」

　白いパンティが見える。

「はりそってますね。うーん、はりそってます。おパンティをおろしてみて。ああ！　素晴らしい！　カメラさん、ズームで寄っていただきませんか。パーンアップしてください。とてもナイスです。全国の視聴者をじらしてはいけません。ああ、でたでたでたでた！　いいおっぱいですね。恥ずかしいかな？　ねえ。けっこうですよ。こんなことされると思ってました？　でもそんなあなたの意外なハプニングに遭遇した表情を見たいんです。あなたの看護婦姿、スチュワーデス、といった役をやるより、いまはあなた自身のセックスライフ、旬の姿を見たいんですね。能書きが多い私ですね。許してくださいね」

　部屋の空気はうさん臭さで汚染された。

　紀本葵が机の上に横になる。

「足の指を舐《な》めさせたら日本一の男が舐めに入ります。じゃ、どうぞ！」

　村西監督のかけ声で、パンツ一枚のターザン八木が登場した。右足から指先を舐めていく。

「どう、薄気味わるい？」

　生まれてはじめての体験に、家政科短大生は放心状態におちいった。

「彼氏に負けずに私たちも見ましょうね。見せてー」

　村西監督の声で紀本葵がパンティを脱がされる。ターザン八木が女性器をのぞきこみ、「ピンクです。濡れてます」と理科室の生徒のように生真面目に報告した。

「糸びいてます。糸びいてます。糸引いてるんです。指？　それとも舐める？　どっち？　指？　指好きなあなたです」

村西監督が状況描写した。

ターザン八木が「きつくて温かいです」と中指を挿入して報告した。

「あそこはよく締まるね、なんて言われるの？」と村西。

「はい」

「そう。よかったねえ」

何がよかったのかわからないまま、生まれたままの姿になった紀本葵が、机の上で八木に抱かれていった。

「パートナーのあそこ触ってあげて。どう？　小さい？」

「大きい」

「そう。迷惑じゃない？　彼のとどっちが大きいの？」

「おなじくらい」

「そう、彼のも大きいんだね。おしゃぶりしてくださいね。ごめんなさいね。おしゃぶりのあとは入れてもらいたくなるもんなんです。入れっこ出しっこしたくない？　出し入れっこする？」

「はい」

「よかったねえ」

下心満杯の口調である。

机の上で、正常位がはじまった。紀本葵は覚悟をきめた表情になった。

「はまりすぎてる？　そう、今度は違う体位でする？」

村西監督が考案した四十九番目の体位、駅弁で八木が紀本葵を抱えて部屋中をのし歩きだした。あの童貞喪失から一年たらずなのに、八木はあらゆる体位を楽々とこなす第一線級の男優になっていた。

村西監督が解説しながら進行していく。

「自分の出入り、見てごらん。見える？　出入り見ながらしたことあるの？」

「はじめて」

「そう。感じていいよ。彼とどっちが感じるの？」

「いま！」

「そう。彼なんかよりずーっといいの？」

「そう」

「よかったねえ」

すべてを強引に予定調和の世界に誘う「よかったねえ」の村西言語マジック。

帆掛け船から騎乗位、後背位となって、部屋中に喘ぎ声が響く。クライマックス。

左側の顔半分に八木の白濁液が命中した。

「葵ちゃん、素晴らしかった。素晴らしすぎます！　よかった!?」

「すごくよかった」

「ナイス……でしたよ」

浴衣に着替えた紀本葵が椅子に腰かけている。

先ほどまでの固い表情が溶解し、髪の乱れと相まって情事の後を物語り、放埓な色香が出ている。

村西監督が猫なで声で語りかけだした。

「ごくろうさまでした。ナイスでしたよ。顔にヌメッとしたのがかかったのがわずか数分前のできごとでした。このような作品、つくるたびに思うのですが、事後の顔というのは、どんなメイク、どんな衣装でもかないませんね。ファンタスティック！　と言っても過言ではないでしょう」

「彼よりよかったです」

と感想を述べる家政科短大生。恋人の面目丸つぶれだが、紀本葵は上気している。

「そうですか。光栄でございます。二時間あまり、エス・イー・エックスの中にこそドラマがあるんですね。素晴らしいドラマを見せてくれたあなたに、こころより全国三千万ＡＶファンにかわってお礼を述べたいと思います」

紀本葵が「騎乗位、はじめて体験しました」と感想をなんのためらいもなく述べた。

「素晴らしい！　なだれ込むようにやるとは思ってはいなかったでしょう。ご親戚、ご家族、お友だちがこのビデオを見て、なんだこれはと思うような作品をつくるわけにはいきません。ご親戚、町内会のみなさまに見ていただいてもご満足していただける作品になっていると思うんですが、いかがでしょう。また出てくださいね。ナイスでしたよ」

親戚、町内会といったもっとも出演作を見てほしくない存在を平気で出してしまい、むしろ紀本葵をバックアップするかのような錯覚に陥らせる。村西とおるの悪魔のような応酬話法が妖しく花開くのだった。

村西とおるは撮影現場に取材記者をほとんど入れなかった。

からみの撮影は集中力が増す夜になった。

普段の姿とあられもない姿、その落差があればあるほどエロスはエネルギーを増す、という法則を撮影でも熟知していた。

＊

宇宙企画と英知出版は新宿区愛住町のしゃれたビルに同居していた。

創業者は、高田馬場の雑居ビルの一室で、グリーン企画という小さな出版社の雇われ社長を務めて仲間たちとビニ本を制作していたあの山崎紀雄だった。

のちの白夜書房を立ち上げる森下信太郎、末井昭、中澤慎一と別れ、山崎紀雄は独自の美少女路線を歩み出し、ビデオは宇宙企画、出版は英知出版に分けて大成功した。

ここで一九八七年当時のＡＶ・アダルト系出版の群雄割拠ぶりを振り返ってみたい。

クリスタル映像は後発だったにもかかわらず、村西とおる監督が打ち立てた顔面シャワー・本番路線によって前年八六年から急速に売上げを伸ばしていた。黒木香主演『ＳＭぽいの好き』が決定打になったのはいうまでもない。

最過激派のクリスタル映像に対するアンチテーゼは、極北の美少女路線を歩む宇宙企画だった。

早川愛美、麻生澪、秋元ともみ、かわいさとみ、小森愛――これまでの裸系モデルとは一線を画す美少女ぶりで、みなどこかクールで寂しげでそこがまた男たちの保護本能を刺激した。宇宙少女とも呼ばれた彼女たちのからみは、いまから見たら眠くなるようなもので、村西流の顔面シャワーなどもなかった。過激なからみを期待するファン層がある一方、好きなAV女優が汚されてしまうことを嫌がるファン層もいるわけで、宇宙企画のとったソフト路線は戦略として正しかった。

宇宙企画と同じ社屋にあった英知出版は、宇宙企画出演の少女たちを中心に誌面が構成され、当時の日本においてもっともレベルの高い脱げる女たちが集結していた。

『べっぴん』『すっぴん』『デラべっぴん』『ビデオボーイ』といった月刊誌の総発行部数は毎月百万部を超える勢いで、宇宙企画、英知出版合わせて膨大な利益を生んだ。宇宙企画、英知出版はロケも一週間以上組まれ、写真集も海外ロケがよくあり、豪華さという点でも業界一だった。会社には普段から早川愛美や麻生澪といった超売れっ子たちが遊びに来て、まるで共学の高校みたいな雰囲気があった。

AV業界全体も売上げを伸ばし、私への原稿依頼も増えた。

一九八七年春、英知出版の『ビデオボーイ』の仕事で、そのころもっとも注目を集めた黒木香のインタビューを英知出版編集室でおこなった。

売れっ子のAV女優などいつも見ている編集部の人間が何人もやって来て、黒木香にサインを求めた。業界人がやってきてサインをねだることは珍しいことだった。

私たちが話していると、ふらりと男が近づいてきた。そして黒木香と芸術談義に花を咲かせるのだった。

口髭と長髪という風貌はダリに似ていた。

後からこの人物が、宇宙企画、英知出版の創業者、山崎紀雄代表だったとわかった。

高田馬場の雑居ビルの一室ではじめた四人の若者たちは、それぞれ大成功をおさめ、山崎紀雄は莫大な収入と宇宙企画の美少女たちを従えて、アメリカ版プレイボーイの創設者、ヒュー・ヘフナーにたとえ、日本のヒュー・ヘフナーと呼ばれた。

膨大な収入を得た資産家が絵画のコレクターになるように、山崎紀雄もまたルオーの世界的コレクターだった。黒木香と芸術談義を戦わせたのも、山崎紀雄の絵画に対する並々ならぬ情熱によるものだった。西洋美術史に造詣の深い黒木香が、とても嬉しそうに山崎紀雄と話していたのがいまでも記憶に残っている。

山崎紀雄は、自ら女優たちの着る服の材質にまで注文を出した。秋元ともみが着用したセーラー服の生地をイブ・サンローランにした。一番こだわったのは目だった。白目をもっと白くするためにいろいろな目薬を試し、一番目が白くなるからと女優にさすものはアイリスＡＧ１を指定した。

山崎紀雄は、絵画だけではなくＡＶにも印象派をもたらそうとした。

夏服ワンピースを着た美少女が高原で麦わら帽子を手にしながら、カメラに向かい微笑む。清涼な環境音楽のようなＢＧＭが流れていく。一九八〇、九〇年代の主流となったＡＶ定番のシーンは山崎紀雄の美的価値観から派生した。

村西とおるが力説する、「エロスは落差」というテーゼは、山崎紀雄も同じだった。

山崎紀雄は、女優に対して、顔はポエムで情緒感があって、男がなんとかしてあげたくなるイメージをつくりあげ、その子が股を広げるという落差を一枚の写真の中でつくった。山崎紀雄にとって、落差というのは、まず女優を徹底して高みに置くことだった。

エロス落差論は、山崎紀雄と村西とおるでは同じ論であってもベクトルは真逆だった。

そして二人は、どちらも一度は天下をとったのである。

＊

一九八八年――。

株も土地も絵画もゴルフ会員権もすべてが投資対象になり、日本列島が金まみれの熱病に取り憑かれていた。

村西とおるも絶頂を迎えつつあった。

社屋に寝泊まりしながら、一日も休みなく働きつづける。熱量は限界に達したかにみえたが、それでも寝ずに働く。寝るときは会社のソファか床だった。助監督たちも床に倒れ込むようにして、束の間の睡眠をとった。

人間の限界を超えた働き方についていけない助監督たちが相次ぎ逃げ出した。

「日比野さん。お昼の弁当買いに行っていいですか？」

「いいよ」

昨日入社した元大手電機会社を中途退社して入ってきた二十代半ばの青年だった。

日比野正明はこれまでに新入社員が入ってきてもほとんどが数日かもって三ヵ月で消えていくことを目撃してきた。この大手電機会社を中途退社してきた青年は映像に前から興味があったという。こいつならやれるかもしれない。

だが弁当を買いに行った大手電機会社中途退社の青年は、いつまで経ってももどってこなかった。

まさか。

リュックもあるから、帰ってこないわけはないだろう。

と思っていたが、帰ってこなかった。

「おいおいおい。リュックの中見たら、運転免許証もあるから、翌日、佐川急便で送ってやりましたよ」

日比野正明が苦笑しながら語った。

社会人にとってなにより大事な運転免許証を置いてきても、逃げ出したかったのだろう。

煙草や弁当を買いに行く、と言ってそのまま消えた若者は他にもいた。

村西とおるも苦笑いしてこの当時の異様な働きぶりを思い出す。

「やっぱり一日三十六時間でも足りないのよ。ノッているときっていうのはね。なんで人間眠らなきゃいけないんだぐらいに思っていたんだから。いまじゃさあ、八時間寝ないと調子悪いし、七時間ぐらいだと『ああ気分悪いな』となっちゃうんだけど。このころは違うのよ。一日二十四時間じゃ全然足りない、三十六時間ないと。なぜ人間は寝なきゃいけないんだと、真剣に悩んだもんね。寝なくていい薬があるんだったらその薬欲しいなと思ったもん。もっともっともっと働きたかった。神様はどうして人間にこんな睡眠なんかさせているのかなあと思った。おれ、寝たくないよと訴えたかった。次から次に儲ける話、新しいビジョン、新しい方法、いろいろ模索していくから次から次に案件がどんどん芋づる式に来るし、仕事が広がっていくわけですよ。そういった熱気がああいったタコ部屋みたいになっちゃった。あるとき、お巡りが来たら、二ヵ月ぐらい前に入ってきた社員がその後ろにいるんだよ。『この青年の荷物を取りに来ました』って。なんですかって言ったら、『この青年が、〝タコ部屋に入っていて、恐ろしくて辞められないんで、お巡りさん一緒に来てください〟っていうので、私がついてきたんです』って言うわけ。『煙草買いに行ってきまーす』って出て行って、もどってこなかった。本当にどうにもならないなと思い込んじゃって、ここはお巡りさんの力を借りないことには自分はここから出られないんじゃないかと思ったんだね。まあ、あんな三百六十五日休みなしで何年も働くなんて考えられないよな。あれ、なんなんだろうね。仕事人間。そうなっちゃうんだよ」

沼ちゃんも消えた。

とうとう自転車屋の長男坊が助監督のチーフに押し上げられ、カメラマンまで任されるようになった。

いつ辞めるか作戦を練っていた自転車屋の長男坊も、気づくと不動の助監督になっていた。

長身の日比野正明がソニーの業務用大型カメラ、ベーカムを肩にかつぐと、絵になった。

AV出演で童貞喪失を果たした助監督のターザン八木も日々、たくましくなっていた。

『駅弁大将物語』（一九八八年一月十六日発売）では、いじり魔子を相手に村西とおるが樹立していた駅弁記録八百九十歩を追い抜き、九百八十九歩という駅弁新記録を樹立した。

タイトルといい駅弁新記録といい、AVというイメージを根底から覆す、エロとはかけ離れた大人のお遊びのようなことまで村西とおるはやった。

いじり魔子と名づけられてしまった新人女優は、日向まことという芸名に改名し、あやういところで村西帝国の支配下から脱出したのだった。

バブル絶頂期を迎え、AV業界も売れつづけていた。

四谷の高級マンションを引き払い、高級住宅地、渋谷区青葉台の一画にある白亜のビルが自社ビルとなった。正面がゆるくカーブを描く壁面になっている洒落たビルだ。

村西とおるの勤労意欲は燃えさかり、新しい社屋には日比野、八木といったサンドバッグ軍団の寝場所も確保されるようになった。自宅に帰る希望は完全に絶たれた。

私が執筆している『ビデオ・ザ・ワールド』で、村西とおる監督が助監督を募集している、という記事を書いたところ、さっそく大阪から山本という青年が採用担当の日比野正明に履歴書を送ってきた。撮影を終えた日比野がすぐに山本に連絡を入れると、上京するという。

面接もせずにいきなり採用だった。

以前から村西監督作品を見ていた山本青年は喜び勇んで上京すると、その日から会社に寝泊まりするようになった。

唇が厚く、精悍な双眸《そうぼう》をしていることから、日比野に〝クロコダイル〟というあだ名をつけられた。

最短半日で会社を辞める新人がいるなか、大阪からやってきたクロコダイル山本はしぶとく仕事をこなしていった。

村西とおるのように分厚い体は健康そのものであり、病魔など寄せ付けないエネルギーを放っていた。

二十数年後、この体に病魔が巣くうなど、誰が想像できただろうか。

そして猛烈な勢いで撮りつづけていると、様々なベクトルが働いてぶつかりあい、ハレーションを起こすときがある。

あるＡＶ女優が漏らした何気ない言葉が、戦後芸能界史上最大のスキャンダルになる。

村西とおるが米国司法当局から求刑された懲役年数

第11章

6人

村西とおると対峙した メリー喜多川副社長が 会議室に乱入させた親衛隊人数

言葉はエネルギーを内包している。

一度放った言葉はその瞬間、空間でエネルギーを失い蒸発していくが、受け取った人間に伝播するとまたエネルギーをもち、化学反応を起こす。

幾千万の言葉を操る言語の幻術師、村西とおるはまたさりげない言葉をアンテナでキャッチする天才だった。

ある言葉は、戦後芸能界史上最大のスキャンダルとなって世の中を騒然とさせる。

きっかけは一九八七年（昭和六十二）暮れ、沖縄のオクマリゾートのホテルで撮った『顔にベチョッとください』という作品だった。

主演の梶原恭子という新人が撮影の合間、ぽろっとこんなことを漏らした。

当時、人気絶頂だったトシちゃんこと田原俊彦の追っかけをしていたとき、本人から声をかけられ、金沢のホテルで一夜を共にしたことがあるというのだ。AV女優の中には芸能人、プロ野球選手と一夜を共にした、付き合ったという者がいることはよくあった。

雑談の中になにげなく出てきた告白が、村西とおるのアンテナにかかった。

二十九年後の現在、当事者の村西とおるが証言する。

「夕飯のときに何気なく主演の梶原恭子が『こないだわたし、トシちゃんとしちゃったんだ』って、もう何気ない話なのよ。僕はその横で『あー、そうなんだ。どうだった？』みたいに聞き流してたの。でも途中から、あれ？　その話って面白いんじゃないかって。それで『また撮影するときに、その話おまえしろよ』と言ったら、『うん、わかった』って。それで何気なくしゃべったの。そんときはあんまり意識してないんですね」

次に撮るとき、村西とおるは梶原恭子自身に雑談のときに出てきた告白を、ビデオに収め、男優と金沢の一夜を再現させたのだった。

作品は『ありがとうトシちゃん』という人を食ったタイトルで一九八八年一月に発売された。村西流悪ノリで、トシちゃんと梶原恭子が関係をもったとされる金沢の夜を、当の梶原と男優が再現した。パッケージコピーも刺激的だ。

〈トシちゃんのあれが私の中をズボッたの！〉

〈大きさは普通以上かな？　でも色がきれい〉

〈バック、騎乗位、いろんな形で……〉

〈たまらなくなってイッてしまったの。恭子の私生活に登場したトシちゃん〉

村西流便所の落書き的コピーがこれでもかと炸裂している。

田原俊彦といえば八〇年代前半、近藤真彦、野村義男とともに、たのきんトリオとして最大のアイドルとなりジャニーズ事務所の屋台骨を支えてきた。トシちゃんは『教師びんびん物語』（フジテレビ系）をはじめ、映画『課長島耕作』（東宝）で主演を張るなど、歌に踊りにドラマに他の追随を許さぬビッグな存在だった。梶原恭子はトシちゃんの追っかけをしていて、金沢のコンサートで見初められ、その夜に関係をもったというのだ。

これをきっかけに、すべてを下世話なオブジェに変えてしまう村西帝国の騒動に発展する。女性週刊誌、夕刊紙、総合週刊誌が、田原俊彦の一夜のアバンチュールを報道した。

村西とおるの回想――。

「おれが当時、『11PM』（日本テレビ系）のレギュラーに出てたんだよ。『監督、今度はどんな

それを書いたわけ。『面白いですね監督、いきさつを聞かせてください』と」

許せないなと思ったよ。弔い合戦しなきゃいけないなっていうことで、今度は『週刊ポスト』が

川からクレームがきてたんだって。それでディレクター二人がクビになっちゃったわけ。これは

けっこうです』って話になっちゃったわけ。聞いたら日本テレビの幹部のところに、メリー喜多

週にスタジオに行ったら、ディレクターたちの姿が見えないんだね。『監督も今週で（出演は）

ですね』ってウケたのがテレビにバーンと出たわけ。そしたらさ、大騒動になったわけよ。次の

作品ですか?』って聞かれたから、『ありがとうトシちゃん』だよって言ったら、『あー、面白い

衝撃の告白　ビデオギャル梶原恭子　有名アイドル歌手Tは私の口の中で〝筋骨隆々〟と

なった（『週刊ポスト』一九八八年四月八日号）

田原俊彦は「T」というイニシャルではあったが、当のジャニーズ事務所がこの記事に猛烈な抗議をおこなった。

「小学館の重役室だか会議室だかに抗議に来たもんだから、小学館側から、『先方、ジャニーズが引かないんです。困ったことになってます』とおれに言うんだね。『小学一年生』とか学年誌があるでしょ。あれにジャニーズのタレント使ってるから、そっちから突き上げがきちゃって、ポストとしても困ってて、梶原恭子の話が事実かどうか対面してもらえませんかというわけ。『いいよ』ってことになって、おれは梶原恭子連れて小学館に行ったわけですよ。三十坪はあるだだっ広い会議室にね」

発行元の小学館にメリー喜多川副社長、娘の藤島ジュリー景子、白波瀬傑広報部長、そして田原俊彦本人が乗り込んできた。

机をはさみ、村西とおる側から見て、右端に田原俊彦、隣が白波瀬傑広報部長、その左にメリー喜多川副社長、そして藤島ジュリー景子。対する村西側は、村西の右隣に梶原恭子。少し離れた場所に小学館の幹部三名が同席した。

「まあこっちも相手にとって不足はないよね。メリー副社長はこんなこと書きやがってと、もうカリカリしてたよね。トシちゃんも、トシちゃん自身を演じちゃって、あの口調で『僕はこの子と寝てなんかいないよ』と言うんですよ。この期に及んでまだトシちゃんしちゃってるんだからね。恭子だって負けちゃいないよね。やった、いや、やってないって、天下の大出版社で言い合うんだよ。おれはそんなことどうでもいいだろうと思って、『田原君ね、きみも男だし、この社長連中のいる前できみはね、やりましたとは言えないだろうけども、黙ってたらいいんじゃないのか』って言ったんだ。うつむいてたよね。そしたらメリー副社長がカチンときたんだね。『ジュリーさん、呼びなさいよ、呼びなさいよ!』って言うんだよ。で、目くばせしたら、『ハイッ!』ってジュリーが扉を開けたの。そしたらバタバタッと隣の部屋から六人くらい血相を変えた若い女たちが入ってきたわけ。トシちゃんの親衛隊が。それが梶原に向かって、『あんた、コンサート会場になんかいなかったじゃないのよ! ウソつき女!』ってゴーッとしゃべるわけ。あの母は、娘に(外敵の)しばき方を教えないといけないと思ってるんだね。娘への英才教育、こうやって敵を打ちのめすんだ。お母さんは、ああやって平伏させたでしょうっていう後継者教育なんだろうけどさ、上手の手から水漏れだよ。おれは関係ないから。圧力受けてテレビ干されようがなにされようが。おれはケシ粒のように飛んでいくだろうと思ったんだろうね」

所属タレントの名誉を守るために、トップが体を張るというのも、のちのジャニーズ事務所興隆の大きな原動力になったであろう。

二〇一六年、前年暮れから日本中を揺るがせたＳＭＡＰの独立解散騒動と二十八年前の村西とおるとのトラブルは相通じるものがある、と当の村西とおるが分析する。

「事務所は自分のタレントのために体を張るのは当たり前。でも抗議先までタレントを連れていかないよ。マネージャーなり事務所の担当部署の人間が所属タレントに代わって抗議に来るもんだよ。あのころ娘のジュリーと田原俊彦が付き合っているという噂があったでしょ。母親も、娘が（田原を）好きなら一緒にさせるしかない、と思ったんだろうけど、あれを亭主にするのはねえ……。人の上に立つポジションはもっとしっかりした人じゃないとと思ったんだろうね。メリー副社長は、マッチを寵愛してるからね。わたしのマッチはどうするんだってことですよ。ともかくここでトシちゃんを一発ぎゃふんとさせないと。あの場にトシちゃんを連れてくるのがもう一つのメインテーマだった。ジュリーにしてみたら、トシちゃんが追っかけと寝たなんてこと、信じたくない。だからわたしに証拠見せてちょうだいって思いですよ。だからね、あのとき、メリー副社長は『この機会にトシちゃんを放逐してマッチを帝国のナンバーワンにしよう』という思いを巡らせていたんですよ。メリーはマッチが可愛くて可愛くてしようがないんだから。トシちゃんも家に帰って、『おれはなんであそこに引きずりだされてしまったんだろう』って悔し涙流したと思うよ。そういう思惑があの場で交錯してたんだよ」

やった、やってないの水掛け論を会議室でやっている間、同席していた田原俊彦は、公開処刑されたような気分だっただろう。まさしくＳＭＡＰが担わされたテレビでの謝罪と同じ状況下にあったのではないか。

ジャニーズ事務所のメディアにおける影響力は絶大なものがあり、当時からいまも弟のジャニー喜多川社長よりも姉のメリー喜多川副社長のほうが強硬派のようだ。

のちに田原俊彦はジャニーズ事務所を離れ、近藤真彦はジャニーズ事務所最年長として、いまも君臨している。

騒動はこれで終わったわけではなかった。写真週刊誌『ＦＯＣＵＳ』は翌週、小学館に抗議に来たメリー喜多川一行の写真をスクープした。転んでもただでは起きぬ村西とおるが、前もって『ＦＯＣＵＳ』に連絡を入れ、隠し撮りのチャンスを与えたのだった。

当時、光ＧＥＮＪＩが絶大な人気を博し、表紙にうたうだけで売上げが三割アップするとまで出版業界で言われた。他にも、近藤真彦、野村義男、シブがき隊、少年隊、といった超人気アイドルたちを擁するジャニーズ事務所は芸能界、マスコミ最大のタブーとなっていた。

そのジャニーズ事務所に対して村西とおるは喧嘩を売ったのだ。

事態は思わぬ方向に転がり、世間を揺るがす大騒動にまで発展する。

本業で儲けているからとはいえ、村西とおるは無謀な闘いに挑んだものだ。

いったい、損得抜きの喧嘩好きはどこから来てるのだろうか。

「自分自身がそういう性格なんだから仕方がないよね。前に前に行っちゃうんだよね。そういうことがなければ、ＡＶ監督っていうのはやれない仕事だったんですね。意気地なしだったり臆病だったり引きこもっていたら、やっていけない仕事だったから。ふっと気がついたらさ、自分自身がこの業界を背負っていくみたいな、第一人者みたいな、そんな意識が芽生えちゃった。誰にも頼まれてもいないのに、AV業界の名誉をかけてみたいな気持ちになっちゃうんですよ。AV業界の人間をバカにしてんのか、みたいなね。そういう感覚になるわけですよ」

＊

後述するが、ジャニーズ事務所と激しく対峙していたころは、クリスタル映像からダイヤモンド映像に移り変わる時期で、売上げも散々だった。

「AVの帝王」の異名を欲しいままにしてきた男の本業はうまくいってなくても、ジャニーズ騒動では進展があった。

まだネットやSNSが存在しない時代において、村西とおるはわざわざ電話回線を引いて「ジャニーズ事務所マル秘情報探偵局」を開設し、世間、芸能界からジャニーズ事務所所属タレントの垂れ込みスキャンダル情報を収集し、ジャニーズ事務所の力が及ばない一部週刊誌、夕刊紙、といった媒体に載せて復讐を果たそうとしたのだった。

いくつかの週刊誌、夕刊紙に「ジャニーズ事務所マル秘情報探偵局」の電話番号が載った。まずここにかけると、テープから聞き慣れた村西とおるの頭のてっぺんから突き抜けたような声が流れてくる。

「ハーイ！　こちらはジャニーズ事務所マル秘情報探偵局です！　探偵局ではいま、ジャニーズ事務所に関するあらゆる情報を集めています。ナイスな情報を教えてくれたきみに、千円から一千万円までの賞金をお贈りいたします。さあ、思い切ってきみだけが知っているジャニーズ事務所に関する情報、ぜひ話してください。ブーッという音が鳴ります。そしたらきみの連絡先も忘れずにね。さあ、いいかな……いくよお……レッツゴー！」

録音された声は様々だった。

「何がレッツゴーだ、馬鹿野郎！」（中年男性）

「バーカ。そんなことして何が面白いの。最低。おまえなんか死んだほうがいいんじゃないの」（十代女性）

「おい、村西、聞いてんのかよ。わかってんのかよ村西、その敬語やめろ！」（二十歳前後の青年）

「なにがナイスよ！　ひどいんじゃない。トシちゃんをそんなにいじめて何が面白いの⁉」（十代女性）

「ジャニーズ事務所をいじめるのやめてください。アイドルのプライバシー侵害するのはいけないと思います。絶対にやめて。わたしたち、みんな怒ってます」（二十代前半の女性）

「自分が児童福祉法違反で捕まったからって他人までまきぞえにするのは絶対よくない。人に見せるためにセックスするなんて最低」（年配の主婦らしき女性）

こんな勘違いの電話もあった。

「黒木香とやらせろ！」（中年男性）

「村西さん、私とテレフォンセックスしてちょうだい」（欲求不満の人妻？）

真偽の程が不明の情報も混ざっていた。

「光ＧＥＮＪＩのカーくんが工藤静香さんと公園のベンチにいるところを目撃したんです」（十代女性）

「えー、光GENJIの諸星のあばら骨が折れたときの原因は、少人数の奴らによって殴られての怪我だったんです」（十代男性）
「光GENJIの大沢君って昔からナンパしまくっているんです。人気が出たら連絡をなんにもくれなくって、この前連絡したら、『電話するな』ってガチャンって切られちゃったんです」（十代女性）
内部情報も複数入ってきた。
「ジャニーズ事務所に伊豆喜久江っていう四十代の女性がいるんです。彼女は総務を担当してるんですが、事務所のなかでも実力者でメリーさんに気に入られています。毎年メリー賞というのがあって、その年に仕事をがんばったスタッフに賞が贈られるんですが、たいてい伊豆さんがもらっています。でも彼女はスタッフの間では、『伊豆ババ』と呼ばれて煙たがられているんです」（二十代男性）
この他にも、ある所属アイドルが赤坂の焼き肉屋で母親に甘えていた、といった微笑ましいネタや、何を勘違いしたのか、光GENJIのサイン入りポスターがほしい、といったものまで、わずか一ヵ月間で千本以上の情報が吹き込まれたのだった。
そのなかのごく一部に信憑性のある情報がふくまれていた。
紅白歌合戦連続七回出場、七〇年代男性アイドルグループのなかでももっとも人気のあったフォーリーブス、そのリーダーだった北公次がジャニー喜多川社長と同棲していた、という情報が入った。北公次は芸能界から引退し、故郷の和歌山県田辺市に蟄居《ちつきょ》しているという。北公次なら、過去のいきさつを語るのではないだろうかということで、大阪出身のサンドバッグ軍団メンバー、バタ臭い顔でクロコダイルと日比野正明から呼ばれた山本に、北公次がどこにいるのか探すように命令が下った。

田辺市になんの知識もなかった山本だったが、駅を降りて人探しをしていると薬局で北公次の住んでいる住所を聞き出した。

いきなり見知らぬ青年が訪ねてきたとあって、北公次は戸惑っていたが、村西とおるからの交通費を手渡され、熱心に口説かれると上京することをやっと了承した。

浅草ビューホテルが北公次の東京の仮住まいとなった。

フォーリーブスはジャニーズ事務所の土台をつくった四人組のアイドルグループであり、弟分としてデビューしたのが郷ひろみだった。北公次はクールで、なによりも彼を有名にさせたのは、男性アイドルで初めてステージ上でバック転を披露したことだった。東京オリンピックで見せた男子日本選手の軽やかな床運動を思わせるバック転に、少女たちは嬌声を発したものだった。

和歌山県田辺市に生まれた北公次は中学を卒業すると、大阪の鉄工所や寿司屋で働きだした。彼は人気を集めていたジャニーズに憧れ、いつか得意の踊りと歌で身を立てようと夢見ていた。日劇ウェスタン・カーニバルを見に行ったとき、偶然ジャニー喜多川社長から声をかけられ事務所の雑用係、いわゆるボーヤになった。その間レッスンを受けるようになり、厳しい稽古をつづける。いまでは最大の芸能事務所として君臨するジャニーズ事務所もまだこのころは個人商店規模だった。

ジャニー喜多川社長がアメリカに渡って仕事をしていたとき、一人になった北公次は食い詰めてヒッピーのような暮らしをしていた。

ジャニーズ事務所にとっても苦しい時期であった。明日の成功を夢見てジャニー喜多川社長と北公次が苦労を共にしていた姿は、一つの青春物語でもあった。

初代ジャニーズが解散し、次のグループの一員に北公次が選ばれた。フォーリーブスという四人組のグループでデビューを飾ったのは一九六八年、彼が十九歳のときだった。

青山孝・江木俊夫・おりも政夫と組んだ北公次は女子を魅了するアイドルになった。

北公次はすべてをマネージャーにやってもらうので、新宿駅から電車に乗ろうとしてもどうやって乗ったらいいのかわからなかった。給料もいくらもらっているのか明細書さえ見たことがなかった。

紅白歌合戦に七年連続で出場するなど、人気は常にトップクラスだった。

一九七八年八月三十一日、新宿厚生年金会館で解散コンサートをおこない、四人は別々の道を歩む。

ソロになった北公次はいきなりつまずいた。グループが解散する以前から覚醒剤を常用していた北公次は、一九七九年四月、関東信越地区麻薬取締官事務所に逮捕されてしまう。

保釈後、故郷の田辺市にもどり、初任給九万円の水産加工会社で働くようになった。朝四時から働きはじめ、陸揚げされた魚を箱に詰めて冷凍庫に運ぶ。懲役十ヵ月、執行猶予三年の判決が下りた北公次はもう一度芸能界で身を立てようと、沢竜二主宰の劇団に入り修業する。だがなかなか芽が出ない。

彼を支えてくれたのは日本航空客室乗務員の女房だった。男の子も生まれた。

芸能界で生きていけなくなった北公次は職を転々とする。食い詰めて大森の洋服問屋で婦人紳士服の積み下ろしをやったこともあった。気を利かしてくれたのか誰も過去を聞いてくることはなかった。職場は三ヵ月契約で元アイドルはまた無職にもどった。液体風邪薬を乱用するようになり、もうろうとした日々を無意味に過ごした。

そんなある日、彼のもとに電話が入った。金子正次という役者だった。今度制作する『竜二』（川島透監督作品）という映画の主演を張る金子正次は、中学時代フォーリーブスのコンサートを見て北公次のファンになっていた。ステージで見せた北公次のバック転に彼も魅了されていた。竜二を演じる金子正次は北公次を映画に出演させたかった。やっと居所をつきとめると、鈴木明夫名義で書いた脚本の中に登場する竜二の弟役ヒロシを演じてもらいたいと口説いてきた。ヤクザ映画だから派手な撃ち合いでもあるのかと思ったら、地味な生活を追ったストーリーだったので期待外れではあったが、北公次は出演することに決めた。

『竜二』は各方面から絶賛を浴び、金子正次は第二十六回ブルーリボン新人賞を受賞する。北公次も好演した。

次の映画も共演しようと誓い合った二人だったが、不運が襲った。金子正次は胃癌によって三十三歳という若さで逝ってしまった。北公次は最大の理解者を失い、元アイドルはまた無職にもどった。

同じ団塊の世代だった村西とおるは、北公次復活を全面的に支援すると申し出た。

「公ちゃんね、わたくしも福島の片田舎から上京して裸一貫からやりはじめた男ですよ。ところがですよ、こうやってサクセスして満ち足りてしまった生活に物足りなさを感じているのも事実なんです。もともとファイトするのが人一倍好きな人間なのに、このところすべてに満足しちゃってる。ぬるま湯に浸かりきっちゃいけないんですよね。常に刺激がほしいんです。だからジャニーズ事務所とやりあうようになってからいきいきしてるんです」

ジャニー喜多川社長との関係を中心に半生記をぜひ書いてみたら、と勧めたが、当初北公次はそういう事実はないと全否定していた。

だが村西とおるの粘り強い説得もあって、北公次はやっと自らの過去を徐々にではあるが告白しだした。

一九八八年十月、データハウスから発売された北公次の自叙伝『光ＧＥＮＪＩへ　元フォーリーブス北公次の禁断の半生記』はたちまちベストセラーになった。

北公次はジャニー喜多川社長に見いだされ、フォーリーブスとしてデビューするにあたり、〝北〟はジャニー喜多川の喜多からとったものだった。『光ＧＥＮＪＩへ』は北公次とジャニー喜多川社長との関係に注目が集まりスキャンダル的な扱いをうけたが、内容は二人がショービジネスの極北をめざし労苦をともにする姿であり良質の青春ストーリーだった。

村西とおるは北公次復活計画をプロデュースし、彼を再生させようとある秘策を練っていた。

それはマジシャンだった。

いまもって北公次をなんでマジシャンとして復活させようとしたのか、村西とおるのもくろみがよくわからない。

村西とおるは、そのころ人気絶頂だったMr.マリックのような線を狙って、歌手活動に見切りをつけた北公次を再生させようとしたのだろう。

青葉台の本社二階で、北公次が手品の猛特訓をはじめた。

プロが使うマジックの道具を村西とおるは総額で一千万円以上の金を出して買い与えた。高額だったのは、手品用の小鳩だった。社屋の屋上に檻を設置し三十羽を飼育するのだ。手品用の鳩は小型の鳩を用いるため飼育も難しく、北公次用の三十羽の小鳩はダイヤモンド映像に入社したての元自衛隊員が担当することになった。痩せた元自衛隊員もまたどこか鳩に似た哀愁漂わせる男であり、いつしか彼は「鳩部長」と呼ばれるようになった。

「こうなったらもうジャニーズ戦争なんかより、公ちゃんを復活させるほうが大事だよ。これも乗りかかった船だ。公ちゃん、おれにまかせろ」と村西とおるは豪語する。

人体浮遊の手品用マシーンも数百万出して購入した。

そして練習の日々。

フォーリーブス時代の後期から北公次はドラッグにおぼれ、依存症になる。週刊誌で記事になった犬の首輪をアクセサリーにしたのもドラッグの影響だったし、解散コンサートのステージで狂ったかのようにハンドマイクのコードを振り回したときも、ドラッグでキマっていた。

そのころ、美貌の女優とも交際していた。

ドラッグ中毒になった北公次は女優との恋愛もうまくいかず、途中で彼女はある著名な俳優と電撃結婚した。

「おれと結婚しなくてよかったよ」

北公次は自嘲気味に私に打ち明けた。

大人になりきれない大人、北公次には常にアンバランスな部分があった。

それがまた保護本能をくすぐるのか、彼の身の回りの面倒をみる往年のファンもいた。

ミュージシャンとして復活したい北公次はマジシャンの練習に耐えかねて、村西とおるが北公次のために借り上げた部屋を脱走して、両者の縁は切れてしまった。

敗者への追慕なのか、北公次に手をさしのべる男はまだいた。

自叙伝『光GENJIへ』の版元、データハウスの社長が男気を発揮し、本の売上げの一部を北公次復活ライブの費用にあてることになり、滋賀県や三重県に住むベテランのミュージシャンが北公次のバックを務め、オリジナル曲を提供した（これがなかなかいい曲だった）。

私はリハーサル中のスタジオに何度か訪れて激励したことがあった。

復活直前の北公次がこんなことを言った。

「おれがフォーリーブスを解散してからいろんなやつが言い寄ってきたよ。甘い言葉で役者の話や歌手の話を持ちかけてくるんだけど、どれもいいかげんな話ばかりなんだ。口は出すけどいざとなったら金は出さない。村西監督はその点、言うことも言うけど金もちゃんと払う人だったからね」

一方の村西とおるはどんなことを言っていたのか――。

「ロック歌手になるっていってもダメなんですよ。無理なんですよ。過去の栄光なんてもうないんだから。言ってるでしょ。マジシャンになるしかないって」

なおも北公次マジシャン計画への未練を隠そうともしなかった。

ジャニーズ事務所を脱退した元所属タレントたちが、北公次の自叙伝発行元データハウスに集まった。

彼ら七名は、「新光GENJI」という仮のグループ名で、もう一度復活しようと北公次とともにレッスンに励んだ。

北公次の大人になりきれない大人を表す印象的な出来事があった。

北公次を慕ってカムバックしようとした若い彼らにもファンがつきだした。ファンの女の子たちが花束を渡すと、北公次は花束を奪うようにして、「こういうのはまだいらない」と無造作に床に投げ捨てたのである。

自分以外の若手に注目が集まるのを面白く思わないのか。その態度はわがままな子どものそのものだった。

ジャニー喜多川社長に対して恨みつらみを吐き散らす。それはまた別れた恋人への未練にも似ていた。

ウイスキーや日本酒を飲み、アルコール臭が口から漂う。北公次は酩酊しながら、自分には他人に言えない危ないモノを持っているのだ、と口にした。

拳銃か、刃物か。

仕事もうまくいかず、私生活でも家庭を失った男がいつ暴発するかわからなかった。そのときは乗りかかった船で、私が引き留める覚悟をしていた。

北公次はそうやって自分の味方なのかどうなのかを見極めていたのかもしれない。

＊

一九八九年一月二十五日、公園通りを上がりきったところにあるライブハウス「渋谷エッグマン」に開演を待つ人々が列をつくりだした。

午後六時の開演直前には立ち見の客であふれかえった。

楽屋で北公次は一升瓶をかたわらにすでに酔っていた。別れた女房が連れて来た子どもと一緒だった。

ミュージシャン復帰で別れた女房と子どももう一度やり直せるなら、今回のジャニーズ騒動もわるいことではないだろう。

北公次が一升瓶を手に持ち酔いしれているうちに、ぎらりと光る日本刀を抜きだした。

気合いを入れるためか、口に含んだ日本酒を刀に勢いよく吹きかけた。

真剣なのか模造刀なのか、北公次に尋ねても答えない。

狭いステージに大音量が鳴り響き、黒いスーツにサングラスの北公次が登場した。『地球はひとつ』『ブルドッグ』を歌っていたころの声質ではなく、しわがれた決して声量のある歌声ではなかったけれど、塵労にまみれて生きてきた男の凄みが効いた呪い節であった。バックバンドのスカーフェイスは最高の演奏で不遇の元アイドルを支えた。

彼らがつくったオリジナル曲は北公次によく似合い、どれも名曲だった。

『ダイアルMを廻せ』『想い出のツイスト&シャウト』『ソドムの市』『流るる大河』……。

四曲目にさしかかるころ、客席の後方にスーツを着た男が現れた。

村西とおるだった。

同伴している女性は花束を持った青木琴美だった。ブラウンがかった巻き髪に白い肌を濃いルージュで彩った青木琴美はライブハウスでよく目立った。

荒い息を整えながら、北公次が村西とおるをステージに招いた。

いつものスマイルを浮かべた村西とおるは、マイクを手に持つとビデオで聞かせる口調でお祝いの言葉を述べだした。

「児童福祉法違反で謹慎期間中のわたくしでございますが、公ちゃんの復帰コンサートということでやってまいりました。まあなんて言うんでしょうか。素晴らしいステージですね。わたくしもビデオの中で駅弁ファックなどをお見せしてるのですが、公ちゃんのステージもそれ以上の迫力がございます。フォーリーブス時代には見られなかったアダルトなロックシンガーになってこれからもがんばっていくことでございましょう。ジャニーズ事務所に反旗を翻し闘う男、公ちゃん、ナイスですね。応援してますよ」

笑いとともに村西とおるがステージから下りていった。

そしてラストが近づいてくる。

シュビドウドウービドウワ
おれひとりじゃ眠れない
シュビドウドウービドウワ
あの子とダンス踊ってただけ

北公次のかすれた声が響いた。

ステージは機材とＰＡ装置で埋め尽くされていた。

日比野正明、ターザン八木といった助監督と、専属監督の沢城昭彦が記念すべき復活のステージを無償で撮影している。

北公次がサングラスを投げ捨てた。

いままで見たこともない笑顔だ。

すると目の前で奇跡が起きた。

いきなり後方の宙に舞ったのだ。まるで大地を疾走する豹のように。

もうすぐ四十歳になろうとする中年男のバック転は、カクテルライトを切り裂くように光を放ち、着地した。フォーリーブス時代によく披露していたあの華麗なバック転となんら変わらない、いやそれ以上の切れ味があった。

ステージの横で、北公次を探しに紀州・田辺まで遠征し一人で突き止めた助監督の山本が泣いていた。

梶原恭子の何気ない一言からはじまった騒動は、巡り巡ってついにこんな復活劇まで呼び込んだのだった。

自身に関わったことをすべて大河ドラマにしてしまう村西とおる狂気の演出だった。

間奏になり、北公次の独白が流れだした。


あのころのおれは何もかも持っていたはずだった。

でも本当はいつだって飢えていたんだ。

そしてきみに愛のかけらさえも与えることはできなかった……。

＊

話は少し前にもどる。

一九八八年春――。

ジャニーズ騒動が次第に大きくなるなか、ある噂が業界に流れていた。

村西とおるがまた逮捕される――。

噂は日増しに大きくなっていった。

当の本人は噂など気にせず、ジャニーズ騒動に力を注ぎつつ、本業もよりいっそう励んでいた。

逮捕の噂が大きくなるにつれて、マスコミが話を聞きに来る。当の村西とおるはどう思っていたのか。

「横綱千代の富士だって待った待ったがきくこの時代に、待ったもなしに逮捕なんかされてたまるかっていうんですよ。そうでしょ。私が逮捕されるなんていう噂たててるやつのところに一軒ずつ出向いていって、そういう根も葉もない噂はやめてくださいねって言ったところで止まるもんでもないけどね。不肖村西とおるが待ったもなしに逮捕というXデーが近づいているというじゃないですか。しびれちゃうんですよ。実際ひどいもんですよ。取材に来たカメラマンなんか『手錠をかけられたような写真を二、三枚お願いします』なんて言うんですからね」

しかし風聞が現実となってしまった。

逮捕癖がついてしまったのか、村西とおるはまたもや児童福祉法違反容疑で警視庁少年二課に逮捕されたのだった。

本当によく捕まる男だ。

一九八八年四月二十七日――。

売れに売れていた村西とおるが、二度目の児童福祉法違反容疑で逮捕された。

前年八月に発売された『吹きすぎてしまった私』に主演した高槻真理子が十七歳という未成年者だったことが逮捕理由だった。

前回の警視庁昭島署における逮捕時は、知る人ぞ知る人間だった村西とおるも、今回は著名人だったためにマスコミが殺到した。

青葉台の新しい社屋で暮らすようになった黒木香がタクシーで帰社すると、殺気立つメディアから、村西とおる監督逮捕についてどう思うか、矢継ぎ早に質問が飛んだ。

逮捕をまったく知らなかった黒木香は、テレビの『どっきりカメラ』かと思ったが、様子が違うとわかると、彼女らしいウイットに富んだ名言を吐いた。

「それは寝顔にスペルマでございますわね」

五月十九日、二十二日間にわたる勾留生活を終えて村西とおるが保釈された。

聞きつけた週刊誌や新聞の記者たちが青葉台の応接室に詰めかけた。なかには、児童福祉法違反を繰り返す村西とおるを徹底して糾弾しようとする女性ジャーナリストもいた。

半袖サファリシャツを着た村西監督が登場して記者たちの前でテーブルに両手をつき、頭を下げた。フラッシュが何度もたかれる。

「このたびはお騒がせいたしまして申し訳ございませんでした。毎年の恒例のようになったレジデンス暮らしから、わたくし村西とおる帰ってまいりました。拘置所では雑居房に入れられていたんです。警視庁という本庁が扱う事件ですから同じ房にいる逮捕者もまたすごいやつらばかりですよ。冷凍庫に人間入れて殺しちゃった地上げ屋とか、戦後最大の取り込み詐欺師とか、警視庁はじまって以来のマシンガン密輸犯とか、覚醒剤大量密輸犯とか。最低でも懲役八年、なかには無期懲役なんてやつもいたからね。みなさんの悪漢ぶりに比べればわたくしなんて小物ですよ。金嬉老や永山則夫といった有名人と一緒だったムショ暮らし三十年というすごい人物もいましてね、わたくしなんかお恥ずかしいかぎりでしたね。『おまえ何の罪で入れられたんだ』ってたずねてきますので、わたくし、埋めました、十七歳の女の子を、と申しましたら、彼も『すごいなあ』と驚くんです。ですから、いやあ、十七歳の穴に埋めたんですと言いなおしましたら、男はあきれかえっておりました」

息巻いていた記者たちから失笑が漏れた。

「今回の逮捕容疑というのは『吹きすぎてしまった私』という作品に出演した高槻真理子というナイスな子がたまたま十七歳だったことによるものでした。二年前、同じ児童福祉法違反でお縄をちょうだいしているわたくしですから、十八歳以上の子でないと絶対採用しないんです。そのために健康保険証といった書類あるいは運転免許証を必ず提示させることにしているんです。ところが今回の彼女は保険証がお姉さんのものを持ってきてしまったんですね。お金の必要に迫られた子がたまにこんなことをしてしまうんです。それを見抜けなかったわたくしがわるいのですが、みなさまもご覧になったと思いますが、あのグラマラスなボディ、おとなびたマスク、つぼを心得たセックスマナー、どれをとっても十七歳には見えないんです。作品が世の中に出回ってしまってから気づいたわけなんです。彼女が十七歳だってことを知ってからは、もう顔で笑っていてもこころはパニックでした。夫婦になれば警察も見逃してくれるんじゃないかと思いまして、いっそのこと彼女と結婚してしまおうかと思ったほどでした。全国三千万アダルトビデオファンのみなさまにご満足いただける作品を撮りつづけてきたわたくしでございますが、『また十七歳のピチピチした子を連れてきて撮ってみろ』なんて無理なことはおっしゃらないでください」

村西とおるの応酬話法は今回もみごとな威力を発揮し、逮捕という深刻な現実を笑いに変えてしまった。糾弾するはずの女性ジャーナリストも戸惑っている。

「まあそんなことがありまして、いまに至ったわけでございますが、不肖村西とおる、これをもちましてしばらくの間、AV監督を休業することにいたしました」

意外な言葉を口にしたため、記者の間から「いつまで休業するんですか」と質問が飛んだ。

「恐縮です。無期限でございます」

沙羅樹が記者たちにアイスコーヒーを運んできた。

「拘置所で一番やりたいなと思ったこと……沙羅樹とセックス……なんてことは思いません。隠れて自慰はしましたけど。ハワイで長期勾留されて今度はまた児童福祉法で逮捕ですからね。昔、新英出版をつくり新たな流通網を確立しようとして頓挫してようやく五年がかりでここまで来たのに、こんなことになって、さすがに拘置所の中では食欲もありませんでした。焦りとストレスで二十日目にはいきなり天井がグルグル回りはじめたんですね。看守も驚いてわたくしは警察病院に運ばれたんですが、自律神経失調症になってしまったんですね」

これからはじまる裁判に備えて村西監督は言葉を選んで話さなければならない。

「逮捕されて一番気を使った点はなんだったんでしょう」

記者の質問に保釈中の男は神経質そうにあごを撫でた。

「そうでございますねえ。風呂は三日に一回入れるんですが、かみそりを共同で使わなければならないんですね。最近、巷ではエイズが問題になっておりますので、かみそりは使う気がしませんでした」

釈放されたばかりの男は、悪夢を振り払うかのようにつくり笑顔を浮かべ、アイスコーヒーを口にふくんだ。

＊

二度目の児童福祉法違反だったので、懲りない男に対して今度こそは実刑だろうというよみが新聞記者をはじめ多くのメディア関係者、ＡＶ業界人に広まっていた。

だが児童福祉法違反は罰金刑で終わった。

北海道で逮捕された事件の執行猶予期間が過ぎていたのも幸いした。

多くの識者は意外な結末に驚いた。

二〇一六年（平成二十八）春――。

あの事件から二十八年が経過し、封印してきた舞台裏を村西とおるが告白する。

「おれを取り調べたのは池袋警察署少年課の刑事を中心にした六人だったんだよ。ちょうどおれが『週刊宝石』にコラム連載していたときに捕まったのね。その週の連載はやれないけど、次の週から何回か黒木さんがバトンタッチしたのよ。そしたら『わたくしは村西監督の面会に行ってまいりました。面会に行って久しぶりにそそり立ったものを、確認してまいりました。シットリでした』みたいなことを書いたのよ。その『週刊宝石』が発売された夜の十一時ごろ、寝ていたらトントントンっておれのいる留置所を叩いて三人ぐらい入ってきて『監督、ちょっと』って起こしにきたの。留置所の中で話すと目立つから外に出して話したいんだろうけど、留置官から時間外の接触は厳しく禁止されてるんだよ。『監督さん、あんなことをさ、黒木香が書いて大変なんだけど、あれは監督が書かせたの?』『何のことですか?』『黒木さんが変なことを書いちゃったもんだから大変なことになっているんだよ』。黒木さんが面会に来たときに、取り調べの部屋で黒木さんと会わせてくれたんだね。黒木さんと親しく話をしたいから。そのことを黒木さんがストレートに書いちゃったんだけど。本来はそういうことをやってはいけないんだよね。最後までやってはいないけど、手を触ったりスキンシップはしましたよ。そういうことを書いたら、警視庁で大問題になったわけ。だから慌てて夜の十一時ごろ刑事たちがやって来て、しどろもどろになっているのよ。『じゃあ、何をして欲しいんですか?』『いやあ、まずいんだ。おれたちはそこまでさせていないと、監督、きちっと話してくれないか』と言うわけ。『いいですよ』って言ったんだけど、翌日になったら刑事たち全員配置転換ですよ。それで事件をまったく知らない刑事が一から取り調べやり直しですよ。そんなことがあって池袋署にいた少年課の刑事が翌日六人全員いなくなっちゃったんで、びっくりしたんだよ。どこに行っちゃったんだろうね。警視庁ってそういうことって厳しいんだね」

取り調べ刑事たちが左遷させられたという警視庁にとっては前代未聞、屈辱の事態であった。

ここまで公権力を舐《な》めきっていると、報復は凄まじいものになるのだが、悪運というのか、村西とおるはぎりぎりのところで救われた。

もっとも村西とおるは決して反権力的な思想はもっていない。週刊誌の副編集長が取材に訪れたとき東京サミットの話になり、警察が車両検問をすることが過剰警備ではないかと副編集長が問題視したところ、村西とおるは、車両検問した結果、ドラッグの摘発件数がアップしたので検問は大いにすべきだと発言した。わいせつ関連以外の遵法精神は強い。

たまたま自身の仕事が恥部・陰毛の類いで商売することを禁じた刑法第百七十五条に触《てい》觝《しょく》したり、未成年者だと知らずに出演させたことで児童福祉法違反で摘発されたが、反体制的なもくろみがあったわけではない。言い換えれば村西とおるの悪魔的ともいえる甚大なエネルギーが体制内に収まりきれない意味では反体制的であった。

笑いという概念とは無縁の肉交中にギャグを連発させてきた男だから、取り調べ室でも人間臭さをまき散らし、刑事たちを煙に巻いた。巻かれたほうも、いつしか村西とおるの言説に聞き惚れてしまう。

のちに莫大な借金を背負い、その筋の取り立て人に、命の保証をしないという物騒な脅しの電話を受けた村西とおるは、二十分ほど話しているうちに互いに笑い声になって難を逃れるという、天才的な人垂らしの才があった。

さらに村西とおるは重大な舞台裏を証言した。それは次の逮捕騒動にも関わってくるので、その際に明かすことにしよう。

＊

一九八八年九月――。

またもや業界に衝撃が走った。

村西とおるがクリスタル映像と決別し、新たな会社を設立したのだ。

新会社の名称は――ダイヤモンド映像。

この年はバブル経済の頂点とも言える時期であり、土地も株価も絵画もマンションもリゾート地もゴルフ会員権も、ものみなすべて投資の対象となり右肩上がりで日本経済は成長すると誰もが信じ切っていた。

村西とおるの新会社名は時代の予兆であった。

この男に安寧はなかった。

次の総選挙で「日本ナイス党」を立ち上げ総裁として立候補するとマスコミの前でぶち上げてしまったのだった。

毎回話題を提供するこの男をマスコミは放っておかない。さっそく青葉台の新会社に各社が殺到する。

村西とおるは悪ノリして、BVDパンツ一枚になって、日本ナイス党のたすきを斜めがけして、マイクのかわりにバイブレーターを持ってカメラ前に立った。

謹慎すると言いながら自己存在の証明欲求はどこまでも強かった。

村西とおるがクリスタル映像から離れて果たしてうまくいくのか、業界関係者はお手並み拝見といった体であった。

ダイヤモンド映像の設立は、あらためて営業と制作の宿命的な対立を思い知らされた。

どこの会社でも組織でも、営業部門と制作部門は活動内容も理念も異なり、両者の関係はけっして融和的ではない。制作側は制作費をふんだんに使いたがるし、営業・事務方はそんな制作側のやり方に対して、経済活動の仕組みをわかっていないと非難する。制作側は、商品として割り切って扱う営業側の態度を、産みの苦しみをわかっていないと非難する。

クリスタル映像の場合、村西とおるが常人の想像をはるかに超えた制作費の使いっぷりに、いままで耐えてきた事務方の西村忠治代表が限界になったことと、村西とおる自身がもっと自由に組織を運営しようとして、たまたま両者の思惑が合致したのが別離の背景にあった。

クリスタル映像と決別した当時の事情を村西とおるが語る。

「ハワイから七ヵ月ぶりで帰ってきたとき、自分のいる場所がなくなったなあと虚しさを感じたんだよ。西村氏たちとコミュニケーションできなくなったから。西村氏も思うことはあったのだろう。おれみたいにいつも『日本一を目指さなきゃ！』みたいなのに辟易していたんでしょうね。最後のころは、二人のコミュニケーションができなくてね、お互い文通で話をするようになっちゃったんだ。これはもう、どうもなんないなと思った。彼は彼でもう別々にやってもいいんじゃないかと思っただろうね。やっぱり自分の会社であって自分の会社じゃなかったところがあるから。決定権はおれが握っていたようなところがあるでしょ。やっぱり自分としての会社をつくりたかったんですよ。おれはいつも『日本一にならないと生き残れないよ』と言っていた。他のKUKIだの宇宙企画だの、みんなおれを叩きつぶそうと思っているから。宇宙企画とかKUKIには因縁があるわけですよね。ビニ本時代にこっちがブイブイ言わせていたときに、宇宙企画の山崎紀雄なんか長靴はいておれの事務所に売り込みにきてた。おれに『ダメだよ、長靴で来ちゃ』なんて怒られて。『ああゴメンゴメン、すいません』なんていう関係で仕事をしていたから。こっちは裏本のメーカーでありながら自分の流通網、販売店を持っていたから、一目も二目も三目も置かれていたってことがあるわけ」

ＫＵＫＩは寺山修司が主宰した天井桟敷出身・中川徳章が創設したＡＶメーカーで、自販機本の編集プロダクションから発展し、ビニ本制作の「九鬼」という版元をつくり、ＡＶメーカーとしてもいち早く創業してきた大手だった。

もともとＡＶメーカーはビニ本、自販機本の版元が立ち上げたところが多く、村西とおるの北大神田書店・西村忠治のアド企画がクリスタル映像、山崎紀雄のハミング社が宇宙企画、早大社会科学部中退・早大全共闘出身・明石賢生の群雄社がＶＩＰといったように、同業者でありライバルでもあった。

「おれもＫＵＫＩだろうが宇宙企画だろうがＶＩＰだろうが冗談じゃないよ、という気負いもあったんだ。過去を辿ればね。そういう思いがあって、村西監督VS大手五社みたいに対立して、そこに西村氏がある意味、巻き込まれちゃったわけよ。おれ、女優たちに『百万出すよ』と言って、ギャラをどんどん払っていくしね。あのころみんな二十万ぐらいしか払っていないからいい迷惑なわけよ。『二十万で十分なんだよ。百万なんて払うのはとんでもないよ』と業界連中は言ってたんだから。おれはバカじゃねえかと言ったよ。人生を賭けさせているのにね百万ぐらい払わなきゃ、いい女の子は入ってこないよって思ったから。なかには、村西のところに行くと本番やらされたり無理矢理やられちゃうぞって吹くやつもいたからね。でもこんなもの、嘘セックスなんかやっていたらね、飯を食っていけなくなっちゃうぞとおれは言っていた。日活ロマンポルノのなれの果てをわかっているだろうって。裏本つくっていたおれがAVの撮影現場で、こんなもの誰も相手にしないよってわかるんだ。本番に行くのは自然だって。よその連中は『いやあ、本番やったら捕まりますよ』『警察は、本番やったら逮捕しようと虎視眈々と狙っていますよ』ってそんなことばかり吹いてた。西村氏がいつも言っていたのは、『監督、日本一なんていいんだよ。食っていければいいいんだから、食えればいいいんだから』と。おれは『西村さん違うんだよ、これは闘いなんだよ。生き残れるか、残れないか、どっちかなんだから。勝負をしなきゃしょうがないでしょう』と。他の大手五社VS村西とおる、みたいな対立構図だったから、おれは潰されてたまるか、日本一になるんだっていう気概だった。一緒に仕事しているとそういうところの差が出てくるわけ」

業界の頂点に立つかどうかという時期に分裂するのは、どう考えても得策ではないだろう。

私は別れたとき勝算はあったのかと質問した。

「ないですよ。ただ、男の意地だからなんとかがんばろうということで出たんだけどね。ついてきてくれたのは、黒木さんと沙羅（樹）ちゃんと、日比野、八木君、あとジェラルド、山本……」

高額な編集機材はすべて手渡した。

新たな会社から発売される村西監督作品のパッケージに、村西とおるの顔マークをつけることになり、早くから村西監督に注目していた漫画家のとり・みきに似顔絵を依頼し、以後、とり・みきによる村西とおるマークがパッケージにつくようになった。

波乱はもうひと山もふた山も襲いかかってきた。

クリスタル映像から独立し新たにダイヤモンド映像を創業した矢先、一九八八年九月二十八日、村西とおるは三度目の児童福祉法違反容疑でまたもや逮捕となった。

さすがに今度という今度は、村西とおるも終わりだと思われた。

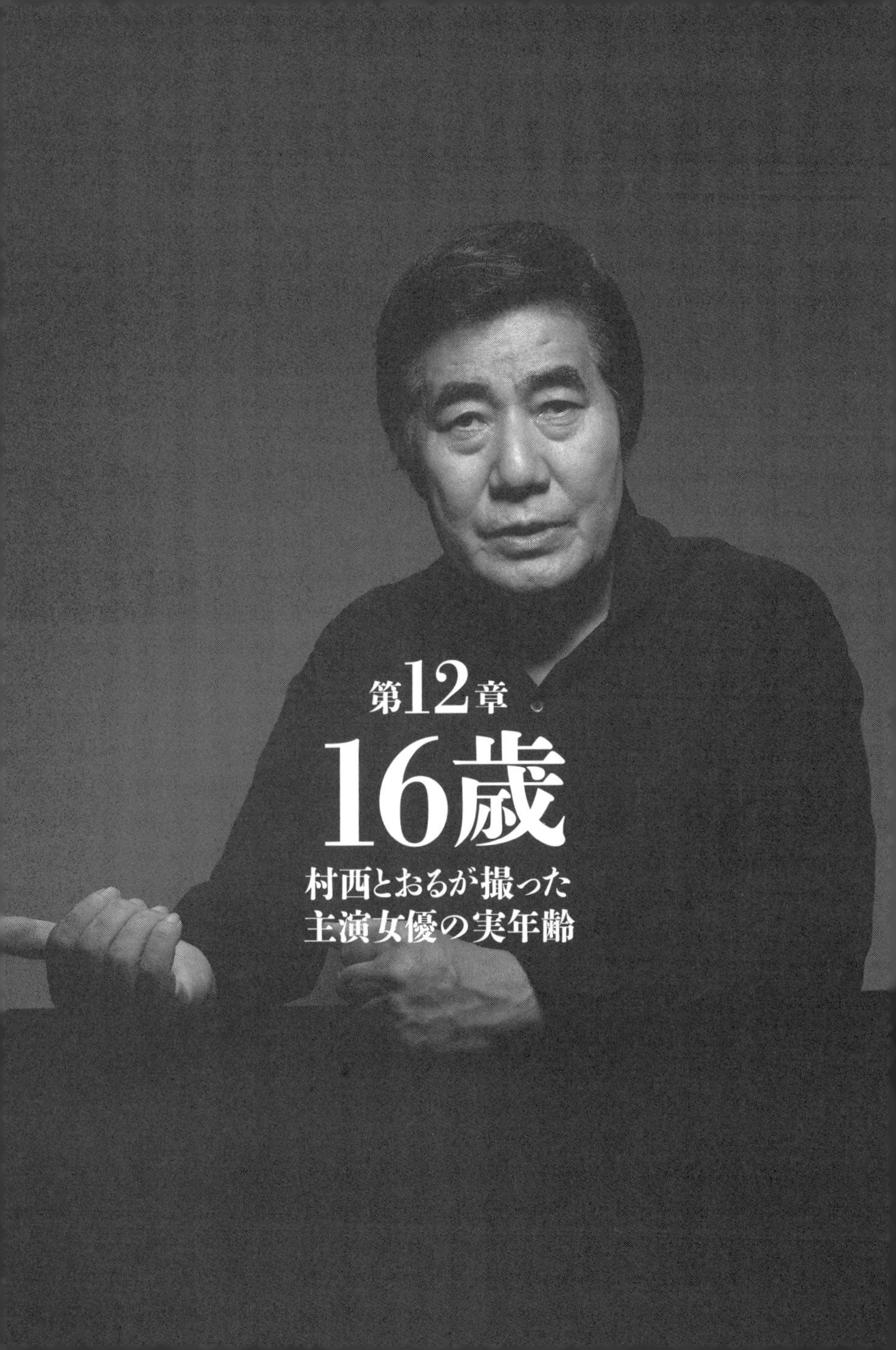

第12章 16歳

村西とおるが撮った主演女優の実年齢

一九八八年八月四日発売、クリスタル映像時代の作品『風のファンタジー　桐生舞子』主演女優の実年齢が十六歳だったことが逮捕容疑となった。

またもや姉の健康保険証を自分のものだと偽って出演したのだった。前回逮捕のときの高槻真理子といい今回の桐生舞子といい、写真や動画で見るかぎりどう見ても二十代の大人にしか見えない。

撮影は専属監督の野坂珍平（あのターザン八木の童貞喪失作品を撮った）であったが、面接担当した村西とおるだけが逮捕・起訴された。AV業界を象徴する男を逮捕することの見せしめ的な波及効果を考えてのことだろう。

合法・非合法の線引きが曖昧な世界では、あまり目立ちすぎると捜査の手が入るときがある。日本ナイス党などという政党を立ち上げ、次の参議院選挙に出馬すると冗談半分で表明したことも当局を刺激した。なにしろBVDパンツ一丁で日本ナイス党のたすきをかけ、マイクの代わりにバイブレーターを持つ姿をあちこちのメディアに撮らせたのだから。

今度という今度は村西とおるも終わりだろうというのが大方の予測だった。

児童福祉法違反という同じ容疑で三度目の逮捕となったのだから、いくら未成年者が姉の保険証をもってきて騙したといっても、心証は最悪である。

そして判決が下りた。

意外な結末だった。

判決は大方の予想を裏切り、懲役一年、執行猶予五年だった。

一九八四年のわいせつ図画販売で生まれて初めて逮捕されたときは執行猶予、一九八六年の関税定率法違反のときは罰金刑、同年の職業安定法違反、児童福祉法違反は処分保留。

一九八八年春の児童福祉法違反は罰金刑、そして今回の児童福祉法違反は執行猶予。

これだけ警察の手をわずらわせても実刑をくらったことがない村西とおるは、逮捕歴はあっても強運というのだろうか。

二年間で三回も児童福祉法違反として捕まれば、実刑は確実だろう。

「ここから先は非常に難しい問題になるから、オブラートに包んで話さないといけないんだけどね」

事件から二十八年後、西新宿の高層ビルのカフェで、当の村西とおる本人が私の前で珍しく重い口になった。

以前、口を濁してきたある事柄を慎重に言葉を選びながら、語りはじめた。

それはいままでの常識をくつがえす超弩級の衝撃だった。

「一九八六年の逮捕のとき、おれが警視庁本部に捕まって処分保留で出されたでしょう。警視庁本部だから一番エリートが集まる所ですよ。メンツがあるわけですよ。それが処分保留ですよ。『どういうことなんだ⁉』ってことになって保釈されるときには、『おまえ、一緒に来い！』なんて言って警視庁までおれは刑事たちに連れて行かれたのよ。『おまえ、どういう手を使っているんだ⁉』って。『検察は処分保留で保釈しろって言っているんだけど、おまえ、汚い手を使っているんじゃないのか⁉』と。『いやあ、私は何も知りませんよ』『おまえ、ふざけてんな、どんな手を使ったんだ！』『知りませんよ』『わかった』って言って、検事のとこで揉めてんだよ。『なんであの野郎を処分保留で出すんだ』って言って。でもおれは自信があったわけ。その当時、ある関係からある人を紹介されたわけだよ」

村西とおるが口にした人物名は、すぐには信じられない超大物だった。

「その人が大事にしている女性が、中島みゆきが好きなわけ。中島みゆきのショーをやると、『チケットとれませんか』って来るわけ、その人と一緒に。おれも焼き肉屋で待たせておいて、ダフ屋に行って高いチケットを買ってきて、『どうぞ』と渡して、といったように、いろいろおれ、サービスをしていたわけ。もちろん向うは代金を払うつもりだけど、おれは受けとれないよね。だからどうにでもなるという自信があったわけ。あれほど捕まっても、大騒ぎになっても、結果的には実刑にはならない。あんな三回連続でやっていたらね、行きますよ実刑に」

村西とおるが語るその人物とは、検察庁の長い歴史のなかで戦後最強の検事と呼ばれ、政界の巨悪の摘発から様々な大事件に辣腕《らつわん》をふるった大物中の大物であった。

「向こうもおれをAV監督として知り合って、一緒に飯を食いましょうということでときどき会ってたんだよ。現金のやりとり？　それはない。一緒に飯を食ったり、中島みゆきのチケットとってやった程度ですよ。おれも紹介されたとき、検察ってこれはすごいなと思った。弁護士なんかに気を遣うよりも検察に気を遣ったほうがいいよ。世間的には、あの連続三回も立てつづけに捕まって、何で実刑に行かなかったのかなって思うかも知れないけど、そういうことがあったのよ。検察も人の子だよ。こっちはわいせつ罪というものに対する罪の意識がないから。またあの検事さんも、殺人みたいな被害者がいる事件は別だけど、『この程度のものに』という現実的な、生活者としての認識はあったと思うよ。それじゃなきゃそんな大岡裁きみたいなものはあり得ないよ。これは微妙なことだけど事実だから」

日本においては、刑事事件を裁判で争う際に審判を申し立てる公訴権は刑事訴訟法二四七条によって検察官が独占している。起訴するかしないかはすべて検察官の胸三寸ということになる。戦後最強の検事と呼ばれた人物なら、村西とおるに降ってわいた事件など、取るに足らないものだっただろう。

「昭島署のときが処分保留で、後で罰金が十万かなんか来たのかな。その次も罰金で、四回目が執行猶予だから。いまになってみれば馬鹿馬鹿しいんだけど、昔は毛が三本出てるかどうかで、一生懸命目の色変えて警察が追っかけていたんだからね。いまじゃアンダーヘア出したって捕まらない。コンビニの雑誌で見られるよ。北大神田書店で捕まったときもその程度の話でしょ。外国ならまったく問題ない話ですよ。だから警察は厳しい取り調べしたけど、検察は好意的だったね。いつもニコニコ笑っていて、怒鳴られたなんて一回もないよ。『大変なんですね』みたいなね。おれの顔を見て吹き出したり、そんな感じです。時代の寵児であった時期もあるだろうしね。でも札幌では違ったな。札幌では警察はノリまくっていたね。『稀代の指名手配犯を捕まえた!』みたいな変な正義感があってさあ。検察というのは、最終的には担当検事が判断するわけじゃないからね。起訴する、起訴しないというのは、最終的には自分の上司に持っていって裁可をもらって、『よし』となるんだよ」

その上司というのが検察庁でもっとも影響力のある実力者だったとしたら——。

恐るべし、人垂らしの天才、村西とおる。

どんな人間にでも話題を提供し、一瞬にしてお笑い演芸場のように笑いを振りまく。お堅い職業の人間のほうがかえってこんな人間くさい男に興味をもつものだ。しかも村西とおるはＡＶという現代人にとってもっとも興味をもつ世界の住人である。

幾多の逮捕・裁判を経てきた男だけが体感する、人間関係の深い裏側がさらけ出された。

検察が処分保留にしたり、思ったよりも軽い求刑をしたりすることで、検察官の意図を読み取った裁判官も実刑を下す気はなかったのだ。

村西とおると長年にわたって親交のあるコアマガジン代表・中澤慎一が稀代の人たらしについて解説する。

「村西さんの人間性は、誰とでも仲良くなるんだよね。一回捕まったときに担当になった検事でもなんでも仲良くなる。ものすごく親しくなる人もいるわけ。村西さんの他にも薄消しビデオやって捕まったある人も、何回も捕まってるんだけど、やっぱり刑事と仲良くなったりしてるんだ。それは性格だから。話が合って面白いっていうのも。裏の世界ではそういう人たらしがいるんだけど、村西さんは抜きん出ていた。あの笑顔にころっといっちゃうんだよ。検事にしても、出会ったころはまだそんなに偉くなくて、取り調べしてるうちに親しくなって『おまえ、面白いやつだ』とか何だかんだとなって、それで付き合うようになる場合もあるんだ。ある関係者から紹介してもらうこともあるだろうし」

村西とおるが見せる笑顔というのは、童心にかえったような無垢なものであり（実際のところはわからないが）、万人の心を武装解除させる。彼に対して快く思っていない人間でも、あの笑顔はいい、と言うほどだ。一度微笑まれると好いてしまう催眠的な魔力がある。

応酬話法とともに村西とおるの笑顔は彼自身の危機を幾度となく救ってきた。

「弁護士っていうのは何が必要かって言うと、弁舌も大切かも知れないけど、日本の裁判システムの中で弁護士が弁舌をしたって、九九・九九パーセントは有罪なんだから、なんといってもクライアントの信頼を獲得することですよ。そのときに何が有効かというと〝笑顔〟なんだ。弁護士の〝笑顔〟。私の顧問弁護士は、ぱっと部屋に入ってきたら『大丈夫、大丈夫』ってニコニコって笑うんだ。こういう笑顔ってほんとに必要なんだよ。逮捕されて錯綜していた気持ちがフーッと鎮まるんだね。だから弁護士の笑顔ってとても必要なの」

＊

実刑は免れたものの、新会社ダイヤモンド映像は出航の時点でトラブルに見舞われた。自主審査団体ビデ倫が未成年者を起用した監督作品の審査を拒否すると通達したために、村西とおる監督一人が実質的に監督廃業に追い込まれた。

代わりに助監督の日比野正明をはじめ、外部の監督たちが撮るようになった。

その一人に、口髭を生やした男がいた。久しぶりに見る沢城昭彦監督だった。

村西とおるがまだ駆け出し時代にカメラマンを担当していた男だ。真冬でも黒い素肌、口髭、サングラス、低音。白いメルセデスを駆り、ロケ現場でも一日三回着替える男。住まいのマンションの一部屋は洋服室。ダンディ監督ナンバーワン。もっともギャグを連発するところは村西とおるに負けなかった。

一時期、沢城昭彦監督はクリスタル映像と決別し、自らレーベルを起こして『笑体常』というくすぐりをテーマにしたシリーズを制作した。チチョリーナという大勢の前でヌードになるイタリアの女性議員が来日した際、沢城昭彦監督が撮ることになった。相手役は太賀麻郎というAV

黎明期に活躍した青年が起用された。

発売前から話題を呼びながら、メーカーが経営不振に陥り、作品はお蔵入りになりかけたが、羽振りの良かった村西とおるが版権を買い取り、ダイヤモンド映像から発売されるはこびとなった。

金に余裕があったころの村西とおるは、困窮している人間に助け船を出すときがたびたびあった。

これがきっかけで、また沢城昭彦監督は村西とおるのもとで専属監督として働き出した。

新体制で船出したものの、新会社の知名度不足や独自色を打ち出せず、これといった特色もなく、ダイヤモンド映像からのヒット作はなかなか生まれなかった。

唯一、白井麻子という美少女が主演した『笛を吹きます』（監督・野坂珍平）が、ヒットした程度だった。

世の中は不動産、株価も高騰し、のちにバブル経済と呼ばれる時代のまっただ中にあったが、村西とおるとその周辺は不況に突入しかけていた。

新作のパッケージもタイトルも寒々しく、輝きを失った宝飾品のようだった。ダイヤモンド映像倒産の噂は広まり、あとは時間の問題だとされた。

＊

一九八八年晩秋――。
自衛隊幹部の父がいるお堅い家に生まれ育ち、品のいい娘として育った大妻女子短大生には、誰にも言えないコンプレックスがあった。

乳房が人一倍、いや、比較にならないくらい大きいことが悩みのタネだった。

ある日、街を歩いていて、スカウトされた。

AVのスカウトマンだった。

断ろうと思ったが、スカウトマンの熱心な口説きで一度だけ、AVメーカー代表の話を聞きに行くことになった。

目黒区青葉台。

高台には美空ひばりの豪邸もある高級住宅地の一角に白亜のビルがあった。

そこで顔と声のでかい男から面接を受けた大妻女子短大生は、その場で採用された。緊張していたが、男の笑顔になんだか安心してしまったのだ。

短大生がダイヤモンド映像を、業界を、そして「巨乳」という造語を広める、八〇年代最高のAV女優になろうとは、このとき、誰も想像すらしなかっただろう。

短大生のデビュー作は、沢城昭彦監督が担うことになった。

沢城監督、日比野正明、ターザン八木がスタジオで短大生の写真撮影を開始しようとした。短大生の緊張を解こうと、三人の男たちは短大生の好きな男性のタイプやら、どこに食べに行くのかなど、女子大生がいかにも好みそうな話題を振るのだった。

いざ服を脱ぐことになった。

カメラ前で、短大生が恥ずかしそうにシャツを脱ぎ、ブラジャー姿になった。そしてはらりとブラジャーを落とすと、スタジオ中に男どもの悲鳴ともつかぬ声が鳴り響いた。

「でっ……でっけー!!」

胸には人間の頭大ほどの乳房が二つ、たわわに成熟していた。真っ白な肌に静脈がうっすらと浮き上がり、乳首は薄桃色をしていた。

見たこともない大きな乳房だったが、気品があった。

沢城監督たちは撮影を終わらせると、青葉台に引き返し、村西監督に「あの子は絶対に売れます!」と力説し、専属女優にするようにと熱弁をふるった。だが、村西監督は昔からセーラー服と巨乳は大の苦手だった。

ダイヤモンド映像の専属女優といえば、沙羅樹、黒木香、この翌年スカウトされた卑弥呼、と全員が細身の女たちである。

沢城監督たちの熱心な勧めもあって、売れれば専属にしようということになった。

デビュー作は『でっか〜いの、めっけ!』。

沢城監督たちが一斉に声をそろえたあのときの言葉がタイトルになった。

短大生は松坂季実子と命名され、一一〇七ミリという衝撃のバストサイズがメディアに取り上げられた。

愛らしい顔に不釣り合いな乳房。激しい真性本番。いままで胸の大きな女は頭が悪い、といった俗説があったが、松坂季実子は頭の回転も速く、聡明な語り口だった。

デビュー作は売れに売れ、毎月一日に松坂季実子の作品がリリースされることになり、沈没しかけたダイヤモンド映像は立ち直り、以後、破竹の快進撃となる。

一時期、村西とおる関連の仕事から手を引いた私だったが、新会社設立ということもあってまた手伝うようになり、毎月の新作リリースはすべて私が書くようになった。新作を買い付けてレンタル店に卸す問屋向けに書くもので、文章の出来不出来で問屋からの注文数が変わってくるから、短い文章でよりインパクトの強い表現に留意した。そこで考案したのが、短大生最大の魅力、あの巨大な乳房だった。ごく自然に〝巨乳〟という言葉がみつかった。「毎月一日は巨乳の日！」と銘打ち、毎月一日に大々的に松坂季実子を売り出し、そのたびに私はあの手この手で新作をアピールして〝巨乳〟という言葉を文章に踊らせた。

ＡＶという作品を紹介するとき、いかにもすごいことを撮っていると視聴者に訴えようとするあまり、まるでプロレス記事のように勇ましく書いてしまう傾向がある。

「対決」「撃沈」「肉弾戦」「決戦」といった文字が躍ると、エロティックな空気は霧散してしまう。むしろここは駅トイレの落書きのようなコピーのほうが劣情を催すものだ。

いまだから語れる話だが、一一〇七ミリというサイズは、村西監督の遊び心から、イイオンナと読ませることから生まれたものであり、実測は九〇センチ台だった。小柄な松坂季実子だから、それでもバストは人並み外れた大きさであった。

毎月一日は巨乳の日。

一千本売れればホームランという当時、松坂季実子の新作は毎月一万本売れた。

倒産寸前だったダイヤモンド映像は息を吹き返し、新たに専属女優も決まり、巨大ＡＶ王国を築くことになる。短大生の乳房が村西とおるを救ったことは間違いない。

後述するが、村西とおるから依頼され「パワースポーツビデオ」という芸能人のイメージビデオを制作発売する新レーベルの総合プロデューサーに抜擢されたのが、イエローキャブという芸能プロダクションの野田義治社長だった。

堀江しのぶがスキルス癌で亡くなり、かとうれいこが売れる前で、野田社長は自らのプロダクションを経営しつつ、パワースポーツビデオでプロデューサーを務めていた。

のちに野田社長のマネージメントするタレントがみな巨乳なのでイエローキャブは巨乳プロダクションという異名をもち、野田社長も「巨乳マイスター」「巨乳バカ一代」と呼ばれるようになる。

野田社長はいつも松坂季実子の他にもダイヤモンド映像新作ビデオが発売されると、持って帰るのだったが、すべてが巨乳物だった。

毎月リリースする松坂季実子の新作案内で私が〝巨乳〟という表現を用いたことで、のちに巨乳の命名者がこの私だという伝説が流れた。

＊

村西とおるは、作品も監督も専属女優たちもギミックをもって世に送り出した。ギミックとはプロレス用語で、キャラクター設定、あるいは、仕掛けともいう。

ギミックによって専属女優たちはより印象深くなり、ドラマ性が生まれる。

歯車がかみだして、村西とおるのプロデュース力は威力を発揮し、次々と企画は当たっていった。

巨人の桑田真澄投手と付き合っていたアニータ・カスティロという恋人がいた。彼女を口説いてＡＶ出演させると村西とおるは、監督にジゴロ沢城を指名し、タイトルも『噂の恋人アニータ一球ぞっ根！』として、マスコミの話題をさらい、作品も大ヒットした。

昭和三十年代前半最大の国民的ヒーローとなった『月光仮面』は映画版もあった。映画版『月光仮面』を務めた俳優が東映ニューフェイスの大村文武だった。幼いころ村西とおるが繁華街の映画館で夢中になって見た月光仮面を演じていたのは、大瀬康一でなく大村文武だった。

不遇をかこつ俳優に村西とおるは手を差しのべた。『性戯の味方　只今参上』というタイトル作品で大村文武を監督兼男優に起用し、十八歳の美雪沙織を相手役として真性本番をおこなわせた。あろうことか村西とおるは、大村文武に月光仮面のコスチュームで登場させるという苛烈なプロデュースをおこなった。

もしも原作者・川内康範が知ったら、とんでもないことになっていただろう。森進一『おふくろさん』の作詞をした川内康範は、のちに無断で詞を改編されたことに怒り、森進一と断交したことがあった。だが川内康範もまた、コケティッシュな奥村チヨの『嘘でもいいから』の作詞をした際には「たまには涙で抱き抱きしてよ」とまで書いたくらいだ。どんな人間にも硬派と軟派の両面がある。

北公次といい大村文武といい、村西とおるは忘れ去られた男に対するレクイエムを抱いていた。マジシャンにされそうになった北公次も、月光仮面の格好でAVに出た大村文武も、ありがた迷惑だったのかもしれないが。

吉祥寺の美容学校に通っていた東北出身の女がいた。

肉感的で色白、顔のホクロが男心をそそる。

貧血気味で美容師のような立ち仕事が向いていないとわかると、中途半端な自分を嘆き落ちこんだ。

スカウトマンが声をかけてきて、何の気なしにＡＶ出演を受け入れた。

デビュー時、美容学校生につけられた芸名は、多岐川梨沙だった。脇役ばかりのいわゆる企画系女優の一人にすぎなかった。

心機一転、芸名を岡崎美央に変えてみた。そこそこ売れるようになったが、数本出演してひっそり消えていくはずだった。

そこにマネージャーから相談があった。

「村西監督のところでやってみないか？」

疑似性交が主流だった一九八九年当時、村西監督率いるダイヤモンド映像は本番が売りであり、業界一売れている会社で、美貌の専属女優たちの過激な本番が大いに支持を集めていた。

岡崎美央は決断した。そして女としてもう一つの決断もした。岡崎美央時代はどこか野暮ったさがあったのだが、ダイヤモンド映像専属が決まると都会的に変貌していた。芸名も変えてみた。田中露央沙という無国籍風で生活感のないものにした。名付け親は村西監督だった。当初は、〝ローザ〟と片仮名書きだったが、私の前で様々な漢字をあて、露央沙に決めた場面を記憶している。

歌手や役者は、改名が一つの転機となって売れることがあり、露央沙も改名によって生まれ変わり成功した一人だった。

防音設備が整っていても、露央沙のあえぎ声と色欲は壁を突き抜けてしまう。マンションスタジオの外でいつの間にか高校生たちが窓に鈴なりになってのぞき込んでいた。露央沙は「三食食べても平気」というほど肉好きで、撮影時の昼食はいつも焼き肉弁当、文字通り元祖肉食系だった。バタ臭い彼女は、やはり田中露央沙という芸名しかなく、専属女優に抜擢した村西とおるの審美眼は本物だった。

私立女子高を卒業して浪人生活を送りだした十八歳がいた。

ミス日本東京代表に選ばれた抜群のスタイルで、長い黒髪がよく似合った。

バブルまっさかりの春、十八歳のミス日本東京代表は高校を卒業し浪人中のとき、知り合いのプロダクション経営者からこんなことを言われた。

「面接に行くだけで五万円あげるから」

つれられていった先は、青葉台から移転した代々木上原の瀟洒《しょうしゃ》な洋館だった。

「素晴らしい！　ファンタスティック！」

村西とおるが賛美のシャワーを浴びせまくる。芸能界に憧れはあったものの、まさか自分がＡＶに出演するなどとは夢にも思わず、出演依頼を断った。だが時給八百円のアルバイトしかない浪人生にとって、村西監督が提示するビデオ出演のギャラは宝くじが当たったような金額だった。一本につき六百万円というバブル時代のＡＶ業界史上最高額が提示されたのだから。

時代の最先端を象徴した彼女は、デビューの際に、あえてはるけき古代日本の女帝の名をもって、村西とおるから卑弥呼と名づけられた。

卑弥呼は人間が考え得る最高のプロポーションを授かりこの世に生まれた女だった。

サイズをごまかすのが当たり前の業界で、卑弥呼のＴ１６６・Ｂ88・Ｗ58・Ｈ85という数字は偽りがなかった。見惚れるような長い脚、触れたくなる長い黒髪、張りのある乳房。普通これだけ美しさがそろうと、お高くとまった女を連想するが、卑弥呼はどんな男のつまらないギャグでも、コロコロとよく笑う愛嬌のよさまであった。卑弥呼と一度でも接した男なら、誰もが骨抜きにされてしまうのだ。

長期間におよぶAV業界を取材したノンフィクション作品『アダルトな人びと』（講談社・一九九二年）の著者・足立倫行が卑弥呼をこう描写している。

髭モジャの監督に蹂躙される彼女を眺めて、「どうしてこんな娘が！」と思わず中年らしい憤りを覚えたほどだ。

卑弥呼の美貌は冷静な書き手まで熱くさせた。

＊

裕福な家庭に育ちイタリアのフィレンツェ大学にオペラ留学していたある音大生がいた。湾岸戦争が勃発し、ヨーロッパもきな臭い匂いがしてきたために、一時帰国したところ、渋谷でスカウトされた。

連れて行かれた先は、代々木上原の小高い丘にある瀟洒な戸建てのダイヤモンド映像だった。

「素晴らしい！　ブラボー！　グラッチェ！」

音大生がイタリア留学経験があるということですかさずイタリア語をぶっこみ、村西流の歓待をあらわした。

音大生は芸術と性に対して深い関心があったために、村西監督のもとでデビューとなった。ヨーロッパ文化を体現したかのような音大生に、村西とおるはあえて、藤小雪という演歌歌手のような名前を与えた。ミスマッチの技によって忘れられない芸名にした。

デビューにあたって、藤小雪はイタリア留学を目標にし、芸術に関心があり、インテリであった黒木香を意識していた。

専属女優の一画に藤小雪が参画できたのも、美貌と頭の回転の良さ、愛嬌のある立ち居振る舞いによるものだった。

ユニークなのは、村西監督から問屋関係の営業を担当する事務職の仕事を任され、営業部長の名刺を持たされたことだった。普段は眼鏡をかけた彼女は、営業職としても向いていると思っての指示だった。

本番中でも眼鏡をはずさない女。

というキャッチフレーズでデビューしたのが、野坂なつみだった。

普段は眼鏡をかけない彼女が眼鏡をかけるとたんにインテリ秘書のような女に変貌した。撮影中も眼鏡をかけたままで、フィニッシュで顔にかけられる寸前で眼鏡をはずした。クライマックスをこれほどうまく演出したものはないだろう。プロデューサー村西とおるのもっともうまくはまったギミックだった。

桜樹ルイはすでにテレビドラマや歌を出してきたアイドルで、VIPから『突然、炎のように』というタイトルでAVデビューを果たしていた。

女友だちが村西とおるのもとに面接に行くので付添人として同行したところ、助監督の一人が桜樹ルイだと気づき、その場でスカウトされた。

ダイヤモンド映像専属女優になった桜樹ルイの第一弾は『ホジってください』。アイドル然とした桜樹ルイにあえてこんな便所の落書き的な悪趣味のタイトルをつけたのも村西とおるだった。

他社では疑似性交でお茶を濁してきたが、この作品では本当の肉交をおこなっている。監督・男優は村西とおるだった。

他社がアイドル的存在の桜樹ルイを疑似性交というソフトな扱いにしているのに対し、村西とおるは情け容赦なかった。『ホジってください』は爆発的ヒットとなった。

その他の専属女優も、いずれも個性豊かで美しい女たちばかりだった。

高倉真理子はお嬢様が大好きな村西とおるにとってもっともお嬢様的雰囲気を付加された専属女優だった。聡明な女性で、AV女優というイメージとは異なる雰囲気があった。

ゴージャスぶりを発揮した専属女優のなかでも、向井亜紀子は素朴な味わいがある女優だった。

坂上真琴は色白で細身、凛とした美しさがあり村西とおる好みだった。

童顔で男の保護本能をくすぐるところがあったのは小鳩美愛だった。ターザン八木と共演しているうちにロマンスが花開きかけ、作中で同時進行的に映し出されて話題になった。

乃木真梨子は専属女優のなかでも美貌の点において一、二位を争うほどで、のちに村西とおると結婚する。

桃瀬くららはバブル期を象徴するようなルックスであったが、AV出演はさほど乗り気ではなかったとされる。

北岡錦は、左腕に錦鯉の刺青がある異色の専属女優だった。日比野正明監督に好意をもっていたことは関係者の間で知られていた。

篠原さゆりは謙虚な人柄だったが、秘めたハングリーさがある専属女優だった。のちに、塩見隆也元赤軍派議長が定期的に開く勉強会に彼女を連れて行ったところ、いたく気に入られたものだった。

後期の専属女優だった栗田ひろこは、アイドル風の顔立ちで人気を集めた。

『月光仮面』の大村文武と共演した美雪沙織も美形で気立てのいい性格だった。

牧瀬めぐみは肉感的な体で人気を博した。

朝比奈めぐみ（伊集院美子）、栗田ひろこ、三田沙織もアイドル風のルックスながら過激な肉交をみせた。

柏木よしみは他社で出演していたが、村西とおるが惚れ、引き抜きした女優だった。村西好みのクールで細身の女優だった。

沙羅樹、黒木香といった専属女優の一番手、二番手が牽引したダイヤモンド映像の専属女優制度は、質量ともに業界のトップを走り、しかも全員が過激なナマでの本番であった。

ダイヤモンド映像グループの新作は売れつづけた。

＊

ビデ倫から審査拒否されていた村西とおるに朗報が届いた。

宇宙企画、ＫＵＫＩ、アテナ映像、ロイヤルアート、ＨＯＰの五社合計二十四タイトルに出演していた伊藤友美という新人が十五歳という未成年者だったことが発覚し、所属事務所とメーカー関係者が続々と逮捕された。

村西とおるを実質的にビデ倫から除名した際の通達は、十八歳未満の者を成人ビデオに起用し、摘発された制作者に対して審査しない、というものであった。

ビデ倫を支える大手の宇宙企画、ＫＵＫＩ、アテナ映像などが同じような問題を犯したことから、村西とおる一人を締め上げることはできなくなった。

ビデ倫が通達を撤回し、村西とおるは復帰を果たすことになった。

麻雀で勝ち出すと、勝ち運に乗って恐いくらい勝ち出すときがある。上げ潮に乗るとさらに登り詰めていく。松坂季実子の爆発的な売行きで盛り返したダイヤモンド映像はまさしく勝ち運に乗っていた。

村西とおるは寝る間も惜しみ働き、部下たちもますます過酷な日々になった。

ダイヤモンド映像に入社してきた助監督たちは、家に帰れない二十四時間労働に悲鳴をあげ、途中で脱走する。ごく少数だったが、耐えて生き残る者もいた。

鬱《うつ》と不眠症で職を転々としてきた男が入社してきた。彼は村西とおるから、いつまでも逃亡者でいるな、なるなら逃亡者デビット・ビンセンを追いかける警部ジェラルドになれとして、彼をジェラルドと呼んだ。六〇年代アメリカテレビドラマで最高視聴率を叩き出した伝説の『逃亡者』というドラマに登場する逃亡者と警部にかけたものだった。本来なら、名前はジェラード警部なのだが、村西とおるは、ジェラルドと呼称したために、新人はジェラルド、略して「ジェラ」と呼ばれるようになった。

「ジェラは航空自衛隊に勤務していたとき、管制室で間違って指示を出したために自衛隊機二機を墜落させたことがあるんです」と、村西とおるが彼一流のギミックで週刊誌記者に語ると、記者はどう反応していいのか戸惑うばかりだった。

ジェラルドは村西流二十四時間労働をたたき込まれ、寝るときも会社の長椅子や床だったりした。助監督の仕事は何でも屋でもある。照明やカメラの移動、セッティング、衣装、小道具の準備、車両手配、後片付け、さらには男優まで命じられた。

長年不眠症に悩まされてきたジェラルドも苛烈な労働で睡眠時間を奪われると、逆療法的効果で熟睡できるまでに回復した。

小柄ながらも持ち物がコルト拳銃のように威力を発揮するということで、コルト湯島と名づけられた助監督も、数多の現場で男優を務めた。

片山邦生は屈強な体で、助監督をやりながら男優を務め、現在でも男優として活躍している。強い天然パーマが特徴的な青年は、パンチ藤原と呼ばれ、人当たりのよさから広報と専属女優マネージメント担当となった。

北公次を探し求めて見事に辿り着いたあの助監督・クロコダイル山本も、広報を手伝いながら撮影現場に出ていた。

他にもたくさんの助監督が村西とおるのもとで働き、その大半が人知れず消えていった。

村西とおるの語りは、一度味わうと中毒性があり引き込まれるのだが、うさん臭さを感じると警戒心が生まれてくる。

村西とおるのもとで働く助監督たちも、あの熱量を受け入れるとカンフル剤になるのだが、殴る蹴るという職場に耐えきれないと思うと脱走するしかなかった。

社屋に個室があった沙羅樹が証言する。

「監督がイライラしてくると、スタッフにぶつかるんですよ。殴ったり蹴ったり、日比野さん、山本さん、ジェラさん、草食系はみんなやられた。特に山本さんは広報をやるようになってから、机のある台所にいるときが多くなって、近くにいる監督からいつもやられるんです。そうするとだんだん無表情になっていくんですよ」

他の新人たちは耐えきれず、辞めていくなか、大阪から出てきた山本はよく耐えたほうだった。

キャッチフレーズ名人の村西とおるが新しいキャッチフレーズを言いはじめた。

「空からスケベが降ってくるんです」

衛星放送が新たなメディアとして注目されだし、村西とおるはいち早く衛星放送で自社の豊富な作品を流そうとしていた。

ダイヤモンド映像傘下のレーベルからは毎月数十タイトルが発売されているから、衛星放送で流す作品は十分ある。

「昔は地下からスケベが湧いてきましたが、これからは空からスケベが降ってきます」

豪語する村西とおる。

横で聞いていた助監督の山本がぽつりと言った。

「空から何でも降ってきたら面白いですよね」

村西とおるは残った部下たちを引き連れ、専属女優たちの作品と写真集の撮影のために、数々の海外ロケをおこなった。

ハワイでさんざ懲りているはずなのだが、勢いというのだろう、各地で武勇伝の数々を積み上げていった。

スリランカでは、仏陀が経を読んだという敬虔な場所で〝駅弁〟をやったところ、国辱犯として指名手配になり、北のほうに逃げたところ、反体制武装ゲリラに襲われ、命からがら国外脱出した。

タイでは国技のキックボクシングの少年ボクサーを写真集に起用し、全裸の沙羅樹が少年にまたがり、頭に手を乗せたポーズで被写体におさまった。ところがこれが問題になった。タイでは頭の上は神聖な箇所であり、ここに全裸の女が手を乗せたということで、スリランカ同様、国辱ものだといって逮捕される寸前、国外脱出した。

香港では名物二階建てバスで全裸撮影を敢行し、公然わいせつで危うく逮捕されるところだった。

国内でも命を落としかけたこともあった。

沖縄ロケの際、地元のコーディネーターに、人がやってこない孤島があるか尋ねたところ、自信たっぷりに「ある」と言うので、漁船をチャーターして孤島に上陸し、新人女優と〝駅弁〟をやった。

すると頭上に不気味な爆音がしだし、黒い影が地面を覆った。

米軍ヘリコプターが飛来してきたのだ。

「ここは何なの?」と村西とおるがコーディネーターに尋ねたら、「米軍の射撃基地です」と返ってきた。

人がいないのは当たり前だった。米軍の射撃訓練がはじまる直前に、命からがら脱出した。遅れたら肉片と化していただろう。

村西とおるとその一行は、狭い日本を抜け出し世界を股にかけ撮るんだという意気込みで撮っていた。

第13章

∞

村西とおるが保証した清水大敬組の制作費

一九八九年（昭和六十四）——。

村西とおるは拡大主義を爆発させる。

その一つとして、優秀な監督を専属にした。

その一人が伊勢鱗太朗だった。

ＡＶ女優という呼称もまだ存在しない一九八〇年代前半、ビニ本のヌードモデルをやっている彼女たちがビデオに出ていた。

映画畑出身の伊勢鱗太朗監督は、彼女たちを起用してドラマ物を撮ろうとした。ところがどこか違和感を感じる。

「ピンク映画のようにフィルムで撮ると感じないけど、ビデオのナマ撮りはリアルな映像だから、女の子が芝居しているのがわかってしまうんです。ビデオは素《す》に近い演技をすればいいんじゃないかと思いました。しょせんＡＶ女優って、演技の素養ぜんぜんないから、間にインタビュー入れたり、わざと長ゼリフ言わせたりしたんですね。映画だと女優は短いセリフで、体で表現できるけど、ＡＶ女優はできない。だったら説明セリフを書こうと、わざと説明的なセリフを書いたんです。演技力のなさを板付き（同じ場所のまま）芝居で終わらせたんです」

一九八〇年代後半、伊勢鱗太朗作品は花開く。

『大人はわかってくれない』『勝手にしやがれ』（以上、ＫＵＫＩ）、『社会的責任』『基本的人権』（以上、Ｖ&Ｒプランニング）。

東清美、前原祐子、姫野真利亜といった人気絶頂のＡＶ女優を起用し、本格的なドラマを制作した。演技力の無さを逆手にとり、延々とつづく長セリフで大根演技を露呈させ、それがまた不思議な前衛演劇のような作風となった。

『勝手にしやがれ』では、男優に8ミリビデオカメラを持たせて、一対一のからみを密室で撮るいわゆる「ハメ撮り」物のさきがけとなった。ハメ撮りの要領もまだわからなかったので、伊勢監督が男優の背後でカメラを支えたり、体位を変えるとき、カメラを手渡すようなフォローをした。漫画家・平口広美を起用したことも作品に個性を出させた。

一方、伊勢鱗太朗はドラマ物では、演じているうちに出演者が素になって、ドキュメンタリーに移行するといった、仮想と現実の溶解を演出した。

のちに、『プロジェクトX』（ＮＨＫ）のナレーションで有名になった俳優・田口トモロヲや、漫画家・蛭子能収を出演させたり、ロックバンド・JAGATARAを音楽に使用するなど、自由な作風でＡＶを撮った。

ＡＶという新しい世界で、自由な手法を用いて撮ってきた伊勢鱗太朗は〝イセリン〟の愛称で呼ばれるようになる。私はリアルタイムでイセリンの作品群を目撃した。『ビデオ・ザ・ワールド』年間ベスト10の第一位に毎年伊勢鱗太朗作品がランクインするのが恒例となった。

だが監督料も安かったうえに仕事にも疲れ、イセリンは下北沢でジャズバーを開き、マスターにおさまった。

カウンターに立つイセリンは、ジャズバーの風景にやけに映えた。

一九八九年のある日。

奇妙な男が店にふらりと入ってきた。

「はじめまして。村西とおると申します」

村西とおるはダイヤモンド映像を立ち上げ、専属女優制を敷き、売上げを伸ばすバブル時代の寵児となっていた。売れる女優はいるが、毎月二十タイトル以上制作するので力量のある監督が足りなかった。

「もう一つ、会社をつくろうとしてるんですが、伊勢さんに監督・プロデューサーとしてまかせたいんです」

監督料は破格だった。いままでの五倍以上出すという。

引退同然だった伊勢鱗太朗をここまで見込んでくれるのだから、男イセリン、意気に感ずるしかなかった。

伊勢鱗太朗は「ビックマン」と「裸の王様」、二つの会社をプロデューサーとして任されることになった。

後世、この時代はバブル時代と呼ばれ、有史以来日本がもっとも金まみれになった特異なときだった。

バブルと寝た男として、永遠に刻印される村西とおるは、なおも領土を拡張していく。

清水大敬は明治大学文学部演劇学科を卒業後、劇団や役者をやりながら、黒澤明監督作品『影武者』(東宝・一九八〇年)のオーディションで一万四千七百七十八人の中から武田の騎馬武者、原昌胤《はらまさたね》役に抜擢された実力派の役者だった。

だが乗馬訓練中に落馬し骨折、回復を待たずに撮影に臨んだために映画が完成してから後遺症で入退院を繰り返した。

役者の道は厳しい。すっかり忘れ去られいつしか仕事は来なくなった。生活の糧を得るために、

『テレビ三面記事ウィークエンダー』（日本テレビ系）という番組の再現ドラマにしばしば出演するようになった。男女の痴情のもつれから起きる殺人や破廉恥事件を再現する役者だった。デニス・ホッパーになりたかった男は黙々と来た役をこなしていくうちに、ピンク映画の出演依頼も来るようになった。役者は台本をもらって演じるのが仕事だ。ピンク映画でも映画は映画だった。

ＡＶという新しい映像の世界でも何か役が演じられればそれでよかった。なにしろ三十五歳まで演劇でまったく食えなかったのだから。

ＡＶでは突然、八百屋の格好をした清水大敬が乱入して男女を蹴散らしたり、因業な中小企業の社長役を演じ、女性従業員に迫ったり、女を裸にさせて、皇居に向かって万歳三唱しろ、と命じたり、めちゃくちゃな演技が光った。

私が面白い男優がいると村西とおるに紹介すると、その場で「監督をしてみませんか」と勧め、清水大敬監督の誕生となった。

また著名大学文学部を中退し、明日をも知れぬ生活を送っていた若者がいた。

出版社に入りたかったが中退ではなかなか入れてくれない。高倍率の出版社になんとか潜り込めたが、そこは街角にひっそり立たずむ自動販売機専用のエロ本を制作する自販機本の出版社だった。三年後、コピーライターをやりはじめた。

自身の生活と数千万円のマンション広告のコピーには乖離があった。虚しい仕事だった。

「うちでＡＶ撮ってみない？」

自販機本時代に知り合ったＡＶメーカーの社長から声をかけられ、何の気なしに撮ってみた。

『少女うさぎ・腰ひねり絶頂!!』（KUKI・一九八五年）は豊田薫名義の監督となった。

あてもなく街をさまよっていたころ、詩人・寺山修司の映画『書を捨て街に出よう』（ATG・一九七一年）に夢中になり六十回も見た。初めてAVを撮るにあたって、豊田薫は寺山修司の映画から多大な影響を受けた。映画に登場するウサギを溺愛する少女の代わりに青年を主人公に据えた。青年がウサギの分身である美少女を街の中で見つける。

「僕のウサギを見つけた」

気だるげなモノローグ。人混みで賑わう原宿竹下通りに主人公の青年が横たわり、ウサギを抱き、頬ずりする。それを近くのビルから撮った。撮影を知らない群衆は、奇妙な青年をよけて通る。都会の孤独。新人AV女優の性器にニンジンを挿入し、ウサギがコリコリと食べる。いままで見たこともないシュールな映像だった。

AV業界に天才現る。

豊田薫は芸術・文学をやりたかったが、仕方なくAVを撮っている、という男ではなかった。エロの確信犯だった。

「豊田監督の作品は、ヘアが見えている」

「女性器が一瞬、映っていた」

「フェラチオ・シーンでペニスが丸見えだった」

「あれはたしかに出し入れするアップだった」

業界で噂が噂を呼んだ。AV業界には、ビデ倫（日本ビデオ倫理協会）という自主審査団体がある。審査員が、局部が映っていないか、わいせつなシーンはないか、といった発売前の作品を審査する機関である。レンタル店では、審査を通過した証としてのビデ倫シールが貼ってない商品は置かないという不文律があり、ビデ倫は、メーカー・監督にとって絶対的な権威をもつ存在であった。豊田薫の歴史はビデ倫との闘いの歴史でもあった。

「おれ、ビデ倫が大嫌いだったからね。いつも喧嘩してた。おれの作品でヘアが見えるって？あらゆる作品でやったからね。ビデ倫に逆らおうという気持ちがあった。ビデオで一フレーム、二フレームに性器の映像入れちゃうの。サブリミナル効果をわざとやったんだ。作品を審査する審査員って、映倫の天下りのおじいさんたちだから、途中寝たりするわけ。ごまかせるんだ。起きてくると、どのシーンで性器が出てくるかわかるから、そのシーンが近づくと肩たたいて『先生先生。あのですね。最近僕は映像論としてこう思うんですけど』って話しかけるわけ。すると『それはだねえ』なんて言ってくる。その間、問題のシーンは素通り。『どうもありがとうございます』。ハンコ押されたらOKだからね。会社帰って、通っちゃったよって、鬼の首とった気分で凱旋したもんだよ」

ヘアヌード写真集の出現などまだ先のことだ。少しでも陰毛が見えると、警視庁に呼び出され、始末書を書かされた時代である。豊田薫は一人、表現の自由を獲得しようと闘っていた。

いつしか、豊田作品の限界を超えた露出度は〝豊田マジック〟と呼ばれた。

「なんでおれの作品が審査に通ったかというと、これは経験的に学んだんだけど、編集の仕方で通るんだ。あそこのアップにいったら、脚のアップにいっちゃう。いくつかへだててフルショット（全身）にいけば、通るんだ。ところがわからない監督は、ヘアのアップいったら、次にフルショットにいっちゃう。迂回する作業をしてない。これは通らない」

過激な豊田作品を、一時期ビデ倫が審査拒否をしたために、豊田監督は変名で監督をせざるをえないときがあった。先駆者ゆえの苦悩も味わってきた。

「ほんと、あのころはＡＶ夜明け前だったよ」

専属だった芳友舎から離れた豊田薫を迎え入れたのは村西とおるだった。

新たに豊田薫に「ヴィーナス」という会社を設立させ、ダイヤモンド映像グループの一員にしたのだった。

＊

ダイヤモンド映像は松坂季実子、卑弥呼、田中露央沙といった人気の専属女優を中心に売り出す一方で、一度だけの出来心組とでもいうべき新人作品を織り交ぜた。

一度だけの出来心組は、ＯＬや短大生がアルバイト感覚で出演する場合が多かった。このころから女たちの価値観がバブルという金の熱気に煽られて変化していった。

一度きりの出演のつもりで出た彼女たちのギャラは三十万円だった。二、三日でもらえる額としてそれが多いか少ないかは意見が分かれるところだろう。

一本だけ出た彼女たちは、素知らぬ顔をしてまた大学や会社にもどっていく。

なかには、専属女優に負けず劣らず存在感を発揮する出来心組もいた。

清水大敬作品に出演した青木さえ子という芸名の世田谷の短大生は、彫りの深い顔立ちでスタイルもよく、一本だけというわけにはいかず他社でも撮るようになり、樹まり子という名前になって九〇年代前半最大の人気を誇るＡＶ女優になった。

京大生の響奈美は、真っ赤なボディコンがよく似合う巨乳の女子大生だった。ＡＶ女優として完璧なプロポーションでありながら、京大生というアンバランスさが魅力でもあった。国立大学生にありがちな、知性だけではなく女としての魅力もあるという自己確認をしたくて出演したのだった。

「ビックマン」は作家性の強い作品を特色とした。「裸の王様」は伊勢鱗太朗をプロデューサーにして、個性的な作品を特色にした。

ＡＶはまだレンタル系が中心で、小売価格一万四千円前後の作品が約半額の卸値で大手問屋に売られた。また直接買い求める個人も数多くいた。売れる作品になると三千本から五千本、ときには一万本に届く作品も生まれた。冬の時代になったいまでは信じられない儲けになった。

＊

村西とおるの言語感覚は新人女優命名に際しても大いに威力を発揮してきた。

クリスタル映像時代には、アイドル歌手松本伊代に似ているからと、松友伊代という新人をデビューさせたばかりでなく、日米貿易摩擦にちなみ、世界に名だたる日本車を芸名につけようと、豊田加露羅（トヨタ・カローラ）、豊田香里奈（トヨタ・カリナ）、豊田聖梨華（トヨタ・セリカ）といった車種名を新人につけ、豊田三姉妹として売り出した。大手広告代理店などから圧力がかかり訴訟問題に発展しかけた。

村西とおるの悪のり的命名は勢いを増し、覇牝手《はめて》三姉妹なる新人を一気に三名誕生させ、覇牝手沙緒、覇牝手魔羅、覇牝手華梨という当人たちにとってはけっしてありがたくはない芸名でデビューさせたのだった。ふざけた芸名ながらも、つけられた当人たちのルックスは上質だった。

橋本ルミという平凡な芸名を、沙羅樹という仏教をイメージさせる芸名に変えたことで、西東京出身の十八歳は神秘的な魅力を増すようになった。

岡崎美央という地味な芸名で鳴かず飛ばずだったAV女優を、田中露央沙というバタ臭い芸名に変えたところ、当人のグラマラスな雰囲気に合致して大人気となった。

十八歳の浪人生に古代日本の女王、卑弥呼と名づけたことによって、極上のスタイルはより迫力を増した。

専属監督たちに自由な創作活動を依頼し、平均二十万円程の監督料を一気に百万円以上という破格の監督料を支払う一方で、村西とおる自身の創作活動も過激かつ異色なものに発展していった。

村西とおるタブー破りの極北は、パリ人肉食事件の佐川一政を男優としてキャスティングしたことだろう。

一九八一年六月十一日、日本からの留学生・佐川一政は留学先のパリでオランダから留学中のルネという二十五歳の女子学生を自室に招き入れ、背後からカービン銃で射殺、屍姦《しかん》の後に解体して遺体の肉を食した。大型カバンにバラバラ遺体を詰め、ブローニュの森に遺棄しようとしたところパリ警察に捕まり、精神鑑定の結果、心身喪失との判断で不起訴。国外退去となり帰国後、松沢病院に入院し、一年半後に退院。以後職を求めるが殺人・人肉食という過去が問われ、どこも雇い入れるところもなく、細々と著述活動をしながら親の援助を受けて生きてきた。

人を食って食い詰めた佐川一政に手を差しのべたのが、他ならぬ村西とおるだった。

「失うものはなにもないんだから、これからはＡＶ男優としてやっていきなさい」

有無を言わせぬ村西流の手荒い処遇で、青葉台にあったダイヤモンド映像社屋に佐川一政を招き入れ、出演させた。

専属女優たちに「この男は人を食べたんです」と紹介しても、事件を知らないために彼女たちは不思議な表情を浮かべるのだったが、事件を教えてもらうと専属女優たちは表情が固まってしまった。

田中露央沙、松坂季実子といった肉感的な女優が踊るのをじっと見つめながら、佐川一政がナイフとフォークでカチンカチンと打ち鳴らす。狂気の演出は村西監督だった。

さらに村西とおるは無慈悲な出演を命じる。

浅井理恵という元アイドルのＡＶ女優がダイヤモンド映像から『バットマンが来た！』（一九九〇年）で主演を果たした。

チャーターした大型クルーザーで浅井理恵はターザン八木とからんだ。このとき、浅井理恵のために人間肉布団を村西とおるから命じられたのが佐川一政だった。

ターザン八木の話――。

「浅井理恵って子、この後、テレビのドラマロケで古谷一行と寝たという記者会見開いたりした子ですけど、すごい性格がいいんですよ。『バットマンが来た！』というタイトルで、僕がバットマン役になって相手しました。やっぱり当日、嫌そうな顔してるんですよ。もともとアイドル路線でやってきて、ＡＶに出たくないから。村西監督はそういうの敏感に察知しますから、舞台設定を豪華にして、これだけ力入れてるんだってところを見せようと、クルーザーに乗せて、沖のほうから僕がジェットスキーに乗って、誘拐された理恵ちゃんを救いに来るというストーリーなんです。僕、カナヅチなのに、村西監督が、『もっと姿の見えない沖のほうまで行って、そこからジェットスキーで来なさい』なんていうもんだから、必死になって運転しながら、何度も溺れ死ぬ思いでクルーザーまでやって来たんですよ。空ではヘリを飛ばして日比野さんが空撮してる。やってることは大がかりだけど、あとはハメるだけ。フィニッシュになると佐川さんにも発射しようとしたら、察知した佐川さん、必死になって理恵ちゃんの下から脱出してました」

＊

ビックマンで村西とおるは『すすり泣きの女』シリーズを毎月リリースした。

主人公は毎回、村西とおる自身で、日常に起きた出来事や人間関係を映し出し、どこまでが現実でどこまでがフィクションか境界線が曖昧なまま進行する虚実皮膜で描ききる異色作であった。真実性を増すために毎回主演女優は、あえて無名の新人を起用した。

『葛飾柴又の女』（ビックマン・一九九〇年）では、蒲池法子という新人が登場する。この名前は松田聖子の本名そのままであり、作中に登場する蒲池法子もまた髪型が聖子ちゃんカットで、愛らしさを強調するキャラクターも本家に似ていた。

葛飾で生まれたという蒲池法子は村西とおるとともにリンカーンリムジンの後部座席に座り、四年ぶりに訪れた故郷の流れる景色を窓から見ている。

青葉台のダイヤモンド映像本社で、蒲池法子の面接をしているシーンが回想される。

村西とおるがホームビデオで面接風景を撮影すると、マネージャーが不審がる。

「どうして撮影してるんですか?」

「面接のときにはですね、どういう方がどういう状況のもとで面接に来られたかということを撮影させていただくことになっているんでございますね」

「でも僕は関係ないから、撮影は……」

「けっこうでございますよ。これは私どもの資料としてですね、恥ずかしい話でございますが、何度か当局のご厄介になっておりまして、こういうとき一番問われておりますのは女の子の身元確認なんですね。間違いなく十八歳以上であることをどうやって確認したのかが問題になってくるわけでして、大変恐縮ですが、面接の際の情景などもですね、ビデオにおさめまして自らの身の潔白と申しましょうか、たしかに十八歳以上であるということを確認しまして撮影いたしました、こういったような保全と申しましょうか、保身と申しましょうか、きわめて恐縮ではございますが、我が身の過去を振り返りまして撮影させていただいているわけでございます」

「ああ、そう」

「許してくださいね。前科者なんです」

マネージャーは不満ながらも、撮影付きの面接に応じざるをえない。

実際に村西とおるは出演希望の女子による年齢の自己申告で何度も騙されて児童福祉法違反容疑で逮捕されてきた苦い経験がある。

どこまでが現実でどこまでが演出かわからない流れがつづく。

画面に登場するスタッフもヘアメイクもみんな本人たちであり、面接の途中でかわす会話も普段聞き慣れているものだ。

本人たちが作中で本人を演じている。

視聴者はどこまでがリアルでどこまでがフィクションなのかわからぬまま、展開を見守るしかない。

未成年者ではない証拠を記録するためにビデオを回すという建前があるために、村西とおるが撮るホームビデオの映像は必然性のあるものとして視聴者に伝わってくる。いわば作中トリックだ。村西とおる自身が作中で村西とおるを演じるという手法は、江戸川乱歩自身をモデルにしてトリックを組み立てた傑作『陰獣』にも似たものであろう。

「私どもは本番ということが前提になっておるんですが、その点はどういうお考えなんでしょうか」と村西監督がマネージャーに確認をとる。

「それは本人も納得した上ならいいんじゃないですかね」

マネージャーとされる中年男が、抑揚のない声で答える。

隣にいる主役・蒲池法子も控え目に「そうですね。仕事ですから大丈夫」と受ける。

村西監督が「私はそんないかがわしい男ではございません。世に出ている男ですから」と撮影しながら断言する。

実際に面接しているときの村西とおるが口にする言葉だ。

「それではマネージャー、十分ほどお時間いただいてちょっと……」

村西監督が蒲池法子を連れてリビングから奥の部屋に消えていった。心配そうに見守るマネージャー。

劣情を催した村西とおるは、テーブルに蒲池法子を押し倒し、交接におよぶ。

「マネージャーには内緒だよ」

そう言いつつ、村西とおるはホームビデオでおのれの一部始終を撮影している。

ことがすみ、マネージャーのいる部屋にもどると、村西とおると蒲池法子の様子がおかしいことに気づいたマネージャーが強硬な抗議をおこなう。次第に抗議はエスカレートし取っ組み合いの喧嘩に発展、そこに登場したのがふっくらとした中年女性、多津子という村西とおるの女房だ。

このとき村西とおるは独身なので、多津子という女は劇中の夫人である。その劇中夫人がいまだに夫が仕事とはいえビデオで若い女と肉交するのが許せず、夫を非難して、取っ組み合いになる。お互い本気で殴り、蹴り、髪の毛をつかみ、罵声を浴びせる。

間に入って戸惑っているのは、夫人の義弟とされるスーツを着た光という青年だ。

村西とおるはターザン八木と蒲池法子のからみの撮影をしながら、自分が出演しないかわりに光を投入する。

撮影現場に同行していた村西夫人はここでもまた撮影を中断させようとしてくる。

夫婦喧嘩が再燃、村西とおるは夫人の介入に音を上げそうになる。

「あんた！　やったんでしょ、あの子と。冗談じゃないわよ！　日本一の監督があきれるわよ。そんな粗チンぶら下げて！」

「静かにしなさい！」

撮影に向かうリンカーンリムジンに割り込もうとする村西夫人を置き去りにして、一路、蒲池法子が生まれ育った葛飾柴又に向かう。

その最中に蒲池法子は意外なことを告白する。

「あの……実は主人がいるんです」

「え？」

「そうですか。マネージャーがね。よくあるんですけど。でも驚きましたね。結婚してるの?」

「二年くらい……」

蒲池法子は年齢確認の証拠として持ってきたアルバムを見せる。

村西とおるが広げると、髪の長い蒲池法子が小さな女児とともに写っている写真がいくつも貼られている。

「主人がギャンブルにはまってしまって……」

「お定まりでございます。おきまりのギャンブルコース。アダルトビデオが大好きで家庭が不幸になったというのは聞いたことがございませんけど、そうですか、人妻でございますか。人妻と私はしてしまったんですね」

「もう……」

村西とおるが触ってくるのを蒲池法子は遮ろうとするが、強引にキスを求めてくる村西とおるに遂には体を許してしまう。

村西とおる一行が向かったのは、矢切の渡しだった。

ここでターザン八木に命じてからみを撮影する。

ターザン八木はさっそく村西仕込みの〝駅弁〟で、矢切の渡しを疾走する。

録音マイクを持っているのは義弟の光、村西とおるがまた本番をやらないようにと、嫉妬深い女房は付きっきりで監視している。

蒲池法子の出演料をもらったマネージャーは先ほどの怒りは収まり、煙草を吹かしながら遠くで撮影を見守っている。

蒲池法子の意外なプロフィール、マネージャーの現金な態度、混迷の現場を仕切る村西とおる。これはまさしく一九九〇年当時の、嘘偽りのない村西とおる監督撮影現場の光景だった。

フィクションで撮るほうがリアルな世界をうまく描写できることがある。

常にそう言いつづける村西とおるの撮影手法が光った作品だった。

同時期に撮られた『横浜ベイブリッジの女』でもまた、村西とおる監督自身が冒頭から登場する。

たびたび村西監督のもとに電話がかかってくる。はた迷惑といった顔の村西とおる。

撮影中にもかかってくる。

村西とおるは遂に電話の主がいる、渋谷円山町の焼き肉店「香貴苑」に向かう。この店は村西とおるが資金を出したもので、黒木香の店、という触れ込みだった。

店を訪れた村西監督はこのときも小型ビデオカメラを回している。

「お仕事忙しいのね」

「忙しいよ」

「ぜんぜん会ってくれないんだもん」

店のママ役は、新人の青山里美が演じている。

「五年前に引退したロリータアイドル」という解説テロップが画面に出る。

「貴女《あなた》ね、僕は仕事してるんだから、みっともないから止めてくれない？」

「だって寂しいんだもん」

「一日何回電話してるの⁉　会社で僕は恥さらしですよ」

「なんかワルいことしてるんでしょ」

「何をしてるっていうの。ともかくね、子どもじゃないんだから、いいかげんにしてちょうだいっていうの」

「寂しいんだもん」

「あのね、みんな寂しいよ。どうせ死ぬのわかって生きてるんだから。寂しいですよ。でもね、そのたびにね、寂しいだの暑いだの、寒いだの、小学一年の二学期じゃないんだから」

「……ずるい」

「なにがずるいのよ」

「好きな女性できたんでしょう」

「誰のこと言ってるの？　これはね、お仕事でしてるんだから」

「わたしも浮気してやる」

「しなさいよ。しなさいって。何それ」

「寂しいんだもん。貴男《あなた》にはわからないわよ」

青山里美がすすり泣きしだした。

「死んでやる」

「二言目には死ぬ死ぬって、誰もなんとも驚きませんよ、お父さんもお母さんも」

「お母さんに電話するもん！」

「お母さんに電話して、いまから死にますって言うの？　監督と喧嘩したから、いまから死にますって電話するのか。電話しなさいよ！　死にますって電話しなさいよって言うの！」

「ひどい、ひどい！　ひどい！　ひどい！　ひどい！　ひどいひどいひどい！」

「どっちがひどいのよ。ねえ、貴女、子どもじゃないでしょっていうの。みっともない。泣けばなんとかなるの？　うん？　泣けば世間がなんとかなるんですか」

「言葉は人を殺すのよ」

ひどいひどいの連呼。

手に負えなくなった村西とおるは、「チーフ、悪いけどさ、一時間くらい店閉めてくれる。ごめんね」と臨時休業を要求しだす。

チーフが出ていくとすぐにトレンチコート姿のまま村西とおるが青山里美を抱きすくめ、濃厚なキス。女を壁に寄らせて背後から刺し貫く。

女の本能的な叫び声が店内に響き渡り、二人は肉欲の饗宴となる。

村西とおるはおのれを道化にした。いうなれば私小説的監督の復権であった。

「監督、わたしもまたお仕事したい」

場面が変わり、白いスーツの村西とおるとアイドル風のコスチュームをした青山里美が編集室で二人並びカメラに挨拶をする。

「ここで朗報がございます。青山里美ちゃんが五年ぶりに再デビューを決意なさいました」

青山里美は再デビューが決まり、以前とは別人のような明るさだ。

「青山里美が五年ぶりに皆様の前にもどってまいりました。これから、写真集、レコード、テレビ、映画などいろいろ企画されておりますので、みなさんどうぞ応援してくださいね」

「もちろんでございます。応援し過ぎたいと思いますけれども、里美ちゃんの出身はどちらでございますか？」

「横浜です。元町です！」

「元町小町と呼ばれて久しゅうございます、青山里美ちゃん。最近ではあの界隈に名所として横浜ベイブリッジができてございますねえ」

うなずく青山里美。

「まず再デビューとして横浜ベイブリッジでの撮影とまいりましょうか」

「ウホーイ！　キャッホー！　みなさま、がんばります。よろしくお願いしまーす。ねえ、ベイブリッジ？　何するの？　ねえ、なになに？　ねえ教えてー。アダルトビデオじゃないでしょ？　ダメよ、アダルトビデオはダメよ」

場面はリンカーンリムジンの後部座席。

村西とおるが青山里美にバイブレーターを挿入し、ストレス発散のように攻める。

アイドル予備軍や元アイドルをさんざAVに出演させ、精液を浴びせまくってきた村西とおるが偽悪的に元アイドルをバイブで攻めたてる。自身の酷薄な素顔を露呈させている。

「気持ちいい？　ほら、言ってごらん。どこが気持ちいいの？　うん？　さあ、もうそろそろ横浜に着くよー。生まれ故郷の横浜。ね、ベイブリッジ着くよー。うーん？　ベイブリッジ。着くよー。ほら、五年ぶりにデビューします。五年ぶりに感じてデビューします、よろしくお願いしまーす、言ってごらん。ほら！　五年ぶりに感じてデビューしまーす、よろしくお願いしまーすって。ほら！」

「五年ぶりに感じて……デビューします……、よろしくお願いします……。ああ」

「ほら、いきなさいよ」

快楽の海に飲まれ、絶叫がつづく。

バイブを情け容赦なく出し入れさせ、征服者の顔になる村西とおる。そこには愛のかけらもない。

リンカーンリムジンがベイブリッジに到着した。

後部ドアが開き、トレンチコートを着た村西とおると毛布をかぶった青山里美がベイブリッジに降り立った。

「えー、こんなところでするの⁉」

「早く早く」

「えー⁉」

リンカーンリムジンを壁にして青山里美の裸体を荒々しく愛撫し、立ったまま刺し貫く。

「愛してる、愛してる、愛してる！」

無言のまま肉の往復運動をつづける村西とおる。

「愛してる？」

青山里美の魂からの問いかけに対して村西とおるは「愛してるよ」といかにも付け焼き刃の返答だ。

「愛してる？　あああっ」

いつしか全裸になる二人。

"駅弁"スタイルになった村西とおるは、遂にベイブリッジを走り出した。

すすり泣いていた青山里美は激しく泣きじゃくり、村西とおるにしがみつく。

ベイブリッジをコミカルな格好で走り、時にはくるりと回転させて、単調になりがちな〝駅弁〟に変化を与える。深夜とはいえ、ベイブリッジを車が通過する。

「愛してるよ」

口からでまかせの言葉を吐きながら、ベイブリッジを疾走する。

このシーンが証拠となって、神奈川県警が公然わいせつ容疑として捜査し、発売中止に追い込まれた問題の場面だ。

『すすり泣きの女』シリーズは、村西とおるが村西とおるを演じる異色のシリーズになった。

専属女優たちをはべらせ、仕事と私生活でも関係をもつ。アイドル予備軍、元アイドルを応酬話法で口説き落とし、ＡＶ出演させる。

マネージャーには現金をつかませて意のままにさせる。店内で即物的な肉交で女を黙らせる。露悪的な村西とおるの実像を自ら暴露している。

映像の特性として、ドキュメンタリーは嘘をつく、というものがある。

事件・人物を描いたつもりが、実は作り手側があえて写さない、意図的に省略したために、真の姿がわからない、偏ったものになり、それを真の姿として提示する。ドキュメンタリーと銘打っているから厄介なものになる。映し出されたものがすべてだと錯覚に陥る。

村西とおるは映像の素人から出立し、失敗と試行錯誤を繰り返しながら映像の限界性を体感した。

真の姿をとらえるには、時としてフィクションで迫ったほうがより真実を伝える、という真理を。

『すすり泣きの女』シリーズの舞台裏を当の本人がいま解き明かす。

＊

「女ってみんな上手な嘘をつくんですよ。だから演技がうまい。嘘がヘタな女なんて一人もいないよ。ワハハハハ。ところが世間の監督というのは手取り足取り変な演出してしまうんだね。なんだろね、あれは。自然と彼女たちの演技上手を導いてやればいいんですよ。『ベイブリッジの女』の青山里美っていう子はスカウトマンが連れてきた一本きりのモデルですよ。あのころは一本きりという条件で出て静かに消えていく子が多かった。いまよりずっと閉鎖的な世界ですよ。青山里美が演じた焼肉屋のママさん役は、あの店でママさんやっていた青木琴美とおれとの関係をモチーフにしてる。うまいでしょ。それでベイブリッジに着いたら、彼女は『ここじゃあ……』って立ちすくんでたよ。もたもたしてたら捕まっちゃうから『そんなのいいんだよ！ 服脱いだらおれの首に手を回してればいいんだから！』って言って、ベイブリッジで〝駅弁〟やったよ。発売一週間後、神奈川県警の刑事部長がやってくるから、『わかりました。発売中止にします』って言っておいたけど、だいぶ出ちゃってたからね。

『葛飾柴又の女』の蒲池法子も消えたね。いまでもおれの女房は、この作品に出ておれと取っ組み合いしたあの多津子って太った女だと思いこんでる人が多いんだよ。ワハハハハ。あの女？　あれはほら、浅井理恵の女マネージャーですよ。古谷一行と温泉ロケで一夜をともにしたって、ワイドショーに出てさあ、あのマネージャーが記者会見で、『古谷さん、うちの浅井理恵の思いをどうお考えですの？』なんて訴えかけてたけどさあ、笑わせるんだよ。あれだけのことするんだから、おれの女房役でおれと取っ組み合いやっても屁でもないんだよ。腹が据わっている。迫真のいい演技ですよ。マネージャー役の男は、おれの北海道時代の部下で、あいつから連絡が入ったんだよ。千葉県のブラウン管検査工場で働いているっていうんだけど、毎日八時間、ブラウン管の傷をチェックするために真っ暗な工場で働くから、目ヤニと涙で目がボロボロになるって嘆くんだよ。文字通りのブラック企業だよ。『おまえ、いい仕事あるから来いよ！』って言って連れてきたの。そう？　いい味出してた？　女房の義弟役・光っていうのはね、スカウトマンなんだよ。あのころはスカウトマンはおれの所に来るのを嫌がっていたんだから。だって、来たらすぐビデオに出されちゃうんだから。『おまえ、やれよ』って。あのころは加藤鷹もチョコボール向井も活躍する前だから、男優探すのも大変だったよ。劇団員だとダメなんだ。顔は出してもキンタマは出せません、なんて言うんだから。僕はいつかステージに立つんですから困ります、なんて。だからうちに来たマネージャーだろうがスカウトマンだろうが出しちゃう。ぶーんと飛んできたバッタを捕まえてカゴに入れて、いざというときにカゴから出すようなもんだよ。ワッハッハッハ」

大金持ちであろうと庶民であろうと、人間は体一つしかないので一つの人生しか歩むことができない。社会的に成功した大企業の社長でも、ある日ふと、もしも自分が画家になっていたら、指揮者になっていたら、牧場主になっていたらどんな人生だったのだろうと思うときがある。影の人生とでも言おうか。人間はけっして同時に二つの人生を歩めない。だからこそ、別の人生を歩むことは最大の願望である。自分以外の人間を演じられる役者というのは、それゆえに最大の願望をかなえる職業でもある。

村西とおるがその場で起用したスカウトマンもマネージャーも事務所社長も、ヘアメイクもサラリーマンも、出演することにためらいながらもどこか与えられた役を楽しんでいるように見えた。

村西とおるの『すすり泣きの女』シリーズは、虚構と現実を交錯させて村西作品の最高傑作シリーズになった。

ただやるだけのビデオではなく、男女関係、人間模様を折り込み、作品ラストの着地点がどこになるのかわからない魅力があった。

創作はエスカレートし、作中で村西とおるの実際の母親のもとに行って遠方から隠し撮りをしたときもあった。

究極のシーンは、作中で若い男女が肉交しているところに村西とおる自ら参加し、女とからんでいるうちに勢い余って若い男の陰茎を頬張る衝撃の行為だった。

「ワハハハハ。フェラをしたこともあったな。しゃぶられたあいつ、いまじゃメーカーとプロダクションやってBMW乗り回してるんだよ。なんかあったらあのときの生テープ出すぞ！　って脅してるんだけどさ、『それだけは勘弁してください。人生においてもっとも消したい過去なんです』なんて青くなってる。そういってもあのときしっかり勃《た》ってたぞって言ったら、困ってたけどな。小銭でも持ってきたらまたしゃぶってやるよ。矢切の渡しで駅弁！　大石静もジェームス三木も書けない作品だよ。昭和の匂いがあるでしょ」

一九八九年、九〇年というバブル経済まっただ中のとき、ダイヤモンド映像グループもまた膨大な利益をあげていた。

その一方で村西とおるは毎日のように怒りを爆発させ、スタッフに手と足が出ていた。あのときの怒りは、絶頂期にあってどこか経営にも危うさが見えてくる予兆に対する不安から巻き起こったものだったのだろうか——。

「映像は一発勝負。そのときしか撮れない。だから物事にものすごく集中しているんだよ。将棋の羽生名人のように三十手先をよんでいないと、いい映像が撮れない。二手三手でもたもたしてるとついこっちも手が出るんだ。真剣勝負の場だから」

それが当人の答えだった。

*

村西とおる率いるダイヤモンド映像グループは勢いづき、市場の四割を占めるのではと、推測された。

潤沢な資金をもとに、村西とおるは専属監督たちに湯水のように制作費を使わせた。

「江副浩正の大弁護団と清水大敬監督の制作費は青天井なんです！」

当時、リクルート事件の裁判がはじまり、江副浩正被告が大弁護団を結成したことが話題になった。その弁護団費用だけでも空前の額になると噂されていたが、何事もタイムリーな話題を会話の枕にする村西とおるは、しばしばこの弁護団費用を例えに出したものだった。

他社の作品に出演することと監督することを禁じてダイヤモンド映像専属にしたことに、清水大敬監督は不安に感じていた。それを見越して村西とおるは「青天井」の名セリフを吐いたのだったが、さらにこんな破格の契約を宣言した。

「清水監督とは百本契約しました」

百本撮るまでは半永久的に専属契約するという常識外れの契約を提案し、清水大敬監督の不安を打ち消そうとしたのだった。

村西とおる究極のギミックといえば、麻魔羅少将《あさまらしょうしょう》監督を誕生させたことだろう。

編集プロダクション代表でダイヤモンド映像の素人投稿物AVを撮ってきたある監督がいた。

村西とおるが街で選挙活動中のオウム真理教の教祖とその信者たちを見て、素人投稿物を撮っている監督の風貌がなんとなくその教祖に似ていることに気づき、強引に新監督名をつけさせた。

その名も、麻魔羅少将。

弁護士一家拉致事件が起きていたが、当時はオウムの犯行だと決めつけるには早計過ぎるという情勢だった。しかし容貌が似ているからと、麻魔羅少将という監督名にさせ、徹底してパロディにすることを指示した。名づけられた監督は、この手の諧謔《かいぎゃく》がわかる男だったので、修行服をまとって毎回作品が出るたびにオーメ真理教を名乗って、出演女優たちに怪しい性のイニシエーションをおこなわせ、凌辱したのだった。卑弥呼を凌辱する麻魔羅少将の撮影を見たノンフィクション作家・足立倫行がつい憤ったのは、この監督のときだった。

オーメ、オーメ、オーメ……。

怪しいマントラを唱えながら、卑弥呼の女性器に酒を垂らし、麻魔羅少将がわかめ酒のように飲み干していく。

ＭＺＡ有明でおこなわれた一九九〇年年末の『ゴージャス！　ダイヤモンド祭り』では、居並ぶ監督たちがタキシードで壇上に上がり、肌もあらわな専属女優たちが来客たちにサービスショットを提供した。

会場が一瞬、沈黙し失笑の波がたったときがあった。麻魔羅少将監督の登壇であった。

オーメ、オーメ、オーメ、オーメ……。

怪しいマントラを唱える麻魔羅少将。

村西とおるは悪ノリして、麻魔羅監督に『弁護士一家を知りませんか』というタイトル名で新作を撮らせたのだった。上九一色村までロケに行ったこの作品は、村西監督が喝破したように、オウムの犯行を言い当てた貴重な作品と言えよう。

さらに村西監督に新人女優を紹介してきた盟友のようなプロダクション代表を、芥川漱石という名前で監督デビューさせ、素人をスカウトしてその場で性交してしまうリアルなシリーズを撮らせた。

村西とおるは自らベイブリッジで〝駅弁〟を強行したように、ぎりぎりの限界を撮影することがＡＶの存在意義だと思っていた。専属監督たちにも同じように限界を超えた撮影を指示した。渋谷・新宿の繁華街でゲリラ撮影はもちろん、北極圏でのＡＶ撮影まで指示して実行させた。

村西とおる自身が裏本の帝王時代から対警察との攻防戦を体験してきたので、体を張っていない男を軽んじるところがあった。だから専属監督たちや部下たちにも情け容赦しない。専属監督たちには他社の五倍から十倍の監督料を支払い、過酷な日々を随伴してきた日比野、八木たちには同期の会社員の五倍以上の給料を支給していた。

＊

山科薫という役者がいた。仕事がないときは官能小説を書いたりしていた。彼の実父の妹があの田中角栄の愛人、辻和子その人であった。山科薫の父は、ピンク映画に出演する息子を止めるため、この戦後政界最大の権力者に説教してもらおうとした。すると田中角栄元総理は、「大学出っていうのは、理屈ばかりいって社会に出ても役にたたんこともある。それよりもだ。若いうちから手に職をつけるってのは、大賛成だ。まっそのー、ヤクザでもオカマでも何でもいいから、やるからには一番になれ」と励ますのだった。

村西とおるはたまたま清水大敬作品に登場した山科薫を見て、お公家さん風の顔立ちから、「あいつは光源氏という監督名で監督兼役者でやらせよう」と言いだし、貸衣装屋から平安貴族の衣装を借りてこさせ、遂にAV監督デビューさせてしまった。

すべてをギミックに仕立て、すべてをドラマティックに再構築させる村西とおる流ドラマツルギーは際限なく膨らんでいく。

豊富な制作費と、作中で真性本番が二回撮られていれば、あとは何をやってもいい、という自由な空気が時にはのちに傑作となる作品を生んだ。

伊勢鱗太朗監督作品『原発ピンク列島／スケこまし、出した後は綺麗にしてね』（ビックマン・一九九〇年）

社会問題に前から深い関心を持っていた伊勢鱗太朗《イセリン》は、原子力発電の危険性に注目し、無謀にもAVで原発問題を取り上げようとした。主演・石川英美は、原発と原爆の違いもわからない十八歳だ。そんな彼女をロケ車に乗せ、原発銀座と言われる福井県をロケ、美浜原発の海岸で水着でたわむれ、助監督とセックスする。警備員が気づき、中止するよう警告するが、その隙に撮ろうとするスタッフたち。

浜辺で、原発の危険性について、即興の演技をする男たち。いま、バラエティーやドラマに引っ張りだこの温水洋一。もう一人は、演出家・役者・作家として絶大な人気を誇る松尾スズキである。ともに無名時代の文化人をAVに出演させる伊勢鱗太朗の目利きの良さであった。ストーリーに関係なく突然、割って入って原発の危険性について解説するのは、『ビデオ・ザ・ワールド』の辛口批評でもおなじみの山本勝之だった。

からみよりも原発を撮るほうが多いこの作品は、福島第一原発の放射能汚染を予見したかのような作品だった。バブル時代、しかも村西とおるのもとだからこそできた作品であった。いままでは絶対に撮れない怪作である。

一九八九年当時、外注監督の監督料は平均二十万円程度だったが、村西監督は監督料として最低でも一本につき百万円、なかには五百万円という想像を絶するギャラを支払った。口癖のように「こっちは金を使いたくてしょうがないんだから。使い方が足りないんですよ。もっともっともっと使ってもらわないと。なにかそのへんの通行人のほっぺた札束ではたいて出演させましょうか。こうなったら」と外注監督たちの前で吹きまくるのだった。

これも村西とおる流の、おれについてきたら大船に乗ったつもりでいなさいというアピールであった。

ＡＶだけではなかった。

「パワースポーツビデオ」という会社ではグラビアアイドル、女優の水着姿をおさめたイメージビデオを毎月リリースした。杉本彩・斉藤慶子・飯島直子・蓮舫・かとうれいこ・武田久美子・柏原芳恵といった豪華な出演陣だった。

これらの制作を任されたのは、「イエローキャブ」というプロダクションの野田義治代表である。

「日本ビデオ映画」という新会社では、本格的なビデオ映画を制作した。『女教師仕置人　地獄の女神』（一九九〇年）といった派手やかな作品には、かとうれいこが主演し、『ダンディーとわたし』（一九九一年）というコメディタッチの作品には、本田美奈子、中山秀征が主演した。大阪から進出したばかりのダウンタウンの二人を撮ったこともあった。藤岡弘、宍戸錠といったベテラン俳優も数多く出演し、映画『野良猫ロック』シリーズ、テレビドラマ『あぶない刑事』の監督・長谷部安春を迎えてアクション映画を制作した。また昭和三十年代から新東宝、東映でカメラマンとして活躍してきたベテランを採用したりした。

この他にも「ビバリーヒルズビデオ」なる会社では、アメリカ版映画をビデオ化して販売した。

一階の営業部の壁にはその月の発売作品の売上げ本数が棒線グラフになって貼られていた。

村西とおる、専属監督、日比野正明、ターザン八木、みな自作の売上げ本数を毎月、知らされることになる。

グループ全体の売上げは膨らむ一方だった。

業界全体の四〇パーセント近くはダイヤモンド映像グループの作品で占められる勢いだった。

専属女優が調理する食事、ロココ調家具、クラシック音楽、一部屋を占拠した豪華な衣装群。飛び交う現金。メルセデスの群れ。

バブル時代を体現したかのような村西監督とその周辺であった。

村西とおるはまさしくバブル時代と寝た男だった。

ダイヤモンド映像グループの頂点は、一九八九年暮れ、日本列島がバブル熱で浮かされていたそのときであろう。

日経平均株価は近い将来、十万円まで跳ね上がるだろうと、経済評論家たちはしたり顔で言い切っていた。

ホワイトのメルセデスが飛ぶように売れ、土地代が跳ね上がり、私が仕事場をおく高田馬場でも地上げがあり、月極駐車場では車が追いやられマンションが建ちはじめ、渋谷道玄坂の月極駐車場が月十六万円という話を友人から聞いても、あのあたりならそれくらいするか、と納得してしまう時代であった。

膨れ上がったバブルは、いつか弾ける。

*

ロココ調の家具に囲まれた豪華なオフィスでも、日比野正明をはじめとしたスタッフたちは一年三百六十五日、休日もなく、会社に寝泊まりするのだった。

ベッドに入っておだやかにまどろむ、といった寝方を数年ほど忘れ、失神睡眠とでもいおうか、寝るときは、気を失うときだった。

編集作業をやりながら、うたた寝をすることもあった。

村西とおるはすべての会社の新作タイトルとコピー、発売日、値段を自分で決めていた。人間一人の能力ではとっくに限界が来ていた。それでもすべて自分でやらないと気がすまない。

その一方で北大神田書店時代に学んだ教訓なのか、代表取締役という表だった役職は他の人間にやらせた。

池袋のバー「どん底」で手荒い祝福をした後、しょうが焼き定食をおごってくれたあの上司を見つけ出し、かつての恩に報いようとダイヤモンド映像の代表取締役に抜擢した。

会社を潰した沙羅樹の父をダイヤモンド映像グループの営業職に雇い入れた。

ビザが切れたまま不法滞在していたブラジル人女性に、帰国費用まで持たせて祖国まで見送った。

昔のビニ本・裏本の仕事仲間が失業中だと、迷うことなく営業部員に雇い入れた。

村西とおるは困窮している人間、横道に反れた人間を見るとどうにかしてやりたくなる性分があった。

青葉台から移転した代々木上原の小高い丘にあった瀟洒な洋館は不夜城と化した。

助監督たちが中心になって三度の食事をつくり、沙羅樹、田中露央沙、松坂季実子といった専属女優たちが手伝いをする。

雑誌やテレビの取材が訪れるとお茶を出すのも専属女優たちだった。

村西とおるをはじめ、日比野正明、ターザン八木、他のスタッフたちと、沙羅樹、田中露央沙、松坂季実子、卑弥呼といった専属女優たちは撮影で肉交していた。三度の食事を共にし、セックスさえも目の前の女とおこなう、食と性のまさしく原始共産制そのものだった。

渋谷円山町に黒木香経営の焼き肉屋「香貴苑」という店をオープンさせた。黒木香はめったに店には顔を出さず、普段は青木琴美が店を切り盛りした。

柏木よしみとも親しい仲になっていた。黒木香の住まいは会社内にあり、村西とおるの部屋の隣だった。松坂季実子以外の専属女優のほとんどが村西とおると共演し肉交していた。

ハーレム状態だった。

金と体と出演保証で村西とおるは専属女優たちを支配した。

バブル期ゆえに、銀行やノンバンクはすでに企業向けに融資をし尽くしていたために、次の融資先ターゲットになったのはダイヤモンド映像のような銀行融資が受けにくい会社だった。バブル期には銀行やノンバンクが、金を借りてくれ、と向こうからにじり寄ってきた。

村西とおるはその金をもとに山手通り、世田谷経堂、目黒、といった土地に建てられた大規模ビルを相次ぎ買った。ヘリポート付き大型クルーザー、ロールスロイス、マンションといった高額物件までも次々と買い求めていった。

村西とおるが回顧する。

「専属女優たちに高級ブティックで一晩五千万買ってるんだから。四谷の制作室があったあのマンションの下のブティックですよ。松坂季実子の一点物ドレスなんか五、六百万するのよ。黒木香にだって何千万も衣装買ったし。うちの女房（乃木真梨子）には一億の時計プレゼントしたんだから。あとでイベントのときに盗られたけど」

専属女優たちに高級ブティックの豪華な洋服を買い与えたときは、いつも、「ここからここまで」と、店に吊されている服を端から端までまとめ買いした。普通ならこれだけ買ったら値切るのに、村西とおるがまったく値切らないので、店側が恐縮して値切るようにと申し出るありさまだった。

集めた監督たち、女優たち、スタッフたち、そのすべてが村西とおるの魅力と破格のギャラに引き込まれて仕事をしていた。

村西とおるをもっとも崇拝していたのはなんといっても日比野正明だった。村西とおるからもっとも信頼されていた日比野正明は、監督・助監督・編集作業といったすべての過程を任され、その働きぶりは凄絶さを感じさせた。徹夜がつづき、朦朧とした意識で、モザイク処理を入れたり、つなぎのカットを入れたりする。

かくーんと頭が落ちる。

いま、夢みてた?

いつも夢の中で川が出てきて目が覚めた。三途の川をうろうろしているから、そんな川が出てくるんだと恐くなった。煙草の本数が増える。喘息がする。心臓が脈打ち、鼓動が大きくなり、顔が紅潮して息が苦しくなっていく。意識がふっとなくなりかけると、無意識で編集作業のスイッチを止めた。夢遊病患者のようだった。

大勢のスタッフがロケの合間食事をとるとき、しばしば焼き肉屋が選ばれた。

総勢八人で腰かけると、村西とおるが注文する。カルビ二十人前、ユッケ二十人前、レバ刺し二十人前、ハラミ二十人前……テーブルに所狭しと皿が置かれ、焼けた網に肉がどさりと置かれる。ほんの十秒程度で焼いて食べなければ村西とおるの罵声が飛ぶ。ほとんど生肉のまま日比野たちは食した。すべての男たちを文字通り肉食系に変えてしまう村西とおるの肉食ぶりである。

アメ車好きの村西監督が選んだ新車は、日本ではその筋の人間くらいしか乗っていない超ロングボディのアメリカ車だった。

入社当時はペーパードライバーだった日比野正明も、このころには日本の道路事情にあわないロングボディのリムジンを無難に運転するようになっていた。もっとも、リンカーンリムジンが狭い道にせまってくれば、対向車は何事も起きないでいてくれと、端っこでじっと待機してくれたのだが。

日比野正明は辞める時期を逸し、殴られ蹴られ、カメラの前で素っ裸になって、気づけば丸四年がたとうとしていた。

故郷の岐阜にも四年も帰っていなかった。

電話ではおふくろに、いま自分がやっている仕事を映像関係の仕事と、多少の粉飾をまぶして言っておいた。

二十九歳になる。

世間では結婚適齢期にあたるのだろうが、撮影スタジオで目の前を裸の女たちが通り過ぎても、自分にはまったく関係なかった。

『週刊プレイボーイ』のグラビアに登場するような水着の女の子とつきあってみたい。単純な理由からこの業界に飛び込んでみたものの、まさか人前で素っ裸になってからむとは想像もしなかった。

専属女優たちは本業のＡＶだけではなく、テレビ、雑誌、歌といった様々な舞台で人気を博した。

＊

松坂季実子の愛くるしいルックスとアンバランスな巨乳は特に人気を呼んだ。

明け方、寝起きのスターのもとにこっそり忍び込む番組にまで登場した。

「あれって本当に部屋に忍び込んでくるんですよ」

松坂季実子が意外な顔をして言った。

ラサール石井とデュエット曲『ソレソレどうするの』まで出した。

あるパーティーで大学教授が松坂季実子と並んだとき、白い胸の谷間が見え隠れして、大学教授は文字通り固まってしまったときがあった。男というのはどんな立場でもどんな職業でもどんな聖人でも、本能的に異性の肉体に引き込まれる。

卑弥呼もマイクロミニから伸びる美脚に多くの男の視線が釘付けになった。

田中露央沙も人気を博し、ある東北のロータリークラブで、もっとも会いたい人物にあげられたため、ターザン八木とともに招かれ、体位講座を披露して大歓待を受けた。

ほとんどの専属女優たちと作中で肉交を果たしたターザン八木が、こんな感想を漏らした。

「いままでもっともよかった相手役は誰かというとですね、やはり田中露央沙でしょう。なんていうんでしょうか、肌にしっとりくるんですよね。どんなタイプの男にでもあの子の皮膚感覚に合わせてまとわりついてくる。東北の赤線地帯の女のように、わいせつ感があって、イクときの情念が感じられるんですよ。男にとってこれ以上の女はいないです。（松坂）季実ちゃんは性的にまだ未熟のような気がしましたね」

九州の金融王から招待されると、村西とおるは卑弥呼を同行させた。

招待主は〝玄界灘の裕次郎〟というあだ名をもち、九州一の金融王、病院経営者、ゴルフ場経営者、でもあった。

村西とおるは知人の紹介で知り合い、この金融王に招かれて、東京ヘリポートから金融王の持っているジェットヘリで卑弥呼を連れて名古屋まで行った。名古屋から今度は金融王の所有機である四十人乗りのジェット機で九州の空港に到着した。空港から今度はロールスロイスで移動、某所にある総ガラス張りの大別荘で休息し、そこからクルーザーで海風を楽しみ、ワインを飲んで食事をして、金融王が所有するゴルフ場でプレイした。

食事は迎賓館と呼ばれる豪勢な洋館でもてなされ、隣にある広大な日本庭園と贅沢な造りの日本家屋でさらにもてなされた。

建物は大理石造りで、応接室もすべて大理石、畳五十畳分の広さがあった。歌が好きな金融王は舞台装置にも凝り、スイッチ一つでミラーボールが下りてきて、スモークが焚かれて、いざ熱唱となる。歌はすべて大好きな石原裕次郎の曲だ。

「年に一回、金融王のディナーショーが開かれるんだよ。一晩で三千万円する歌謡ショー。出身地の公民館に五百人くらい集めるんだ。そこでディナーショーやるんだ。三千万円は何に使うかというと、一曲歌うでしょ、そうするとくじ引きやって、『まず十等賞！』っていうと『はい。自転車ー』。それまではもうみんなお話したり飯食ったりして、誰も歌なんか聴いちゃいないんだよ。三段腹のストリッパーが出てきたようなもんですよ。誰も見向きもしない。ところが歌が終わってくじ引きになるとみんな真剣になるわけよ。本人は気持ちいいから延々二時間半ぐらいやるわけだ、歌謡ショーを。ハワイ旅行券が当たるのが二等、最後に高級自動車とかが当たるから、みんなそれが欲しくているわけ。だからとにかく大盛り上がりの三千万ディナーショーをする男、玄界灘の裕次郎というわけよ。非常にユニークな男でさあ。ある女性演歌歌手の愛人もやってたっていうんだ」

玄界灘の裕次郎に接待された村西とおると卑弥呼にとって、このもてなしは後々まで印象に残るほどだった。

＊

専属女優たちの作品をすべて把握しプロデュースする村西とおるは、あらゆる作品のパッケージのタイトルからコピー、写真まですべて自身で決める、まさしく独裁者だった。

他人の意見も聞くが最終的には自身がすべて決断した。

刷り上がったばかりの松坂季実子のパッケージがテーブルの上に置かれていた。

新作は『乳酷管理法違反』（一九八九年）というドラマ仕立てで、パッケージには、「WANTED」という文字が描かれたポスターに松坂季実子の顔が小さく写っている。人気AV女優は今回悪役というためか、ふてぶてしい笑みを浮かべあごをしゃくっていた。

パッケージ写真は売れ行きを左右するもっとも重要なものであり、悪人面をあえて使用するというのも、いままでの松坂季実子像を壊す試みなのかもしれないが、ファンが引きそうな危険性もあった。

松坂季実子は不満そうだった。スタイリストも「ちょっとねえ……」と顔を曇らせ、隣にいたスタッフも「この写真はないんじゃないですか」と言った。

全員の意見が一致した。

一時間半ほどたつと、村西監督がもどってきた。テーブルの上に置かれているパッケージを手に取り「どうだ。これ、季実子の新作」と周りにいる人間に意見を求めてくる。意思が統一されていたにもかかわらず誰も写真のことを言えない雰囲気になってしまった。

「今回は冒険なんですよ。この写真選ぶのにおれも勇気がいったんだから。なあ、季実子」

私はそこまでファンは深読みしないから、写真はいつものように王道をいったものがいいと意見を述べた。

しばらく沈黙が流れてから松坂季実子が「監督、この写真、ちょっとブスに撮れてませんか」と切り出した。

「そんなことありませんよ。ミステリアスな作品を表しているいい写真ですよ。そうだろ」

村西とおるは大声であたりを制し、断固として変更を認めなかった。討論は打ち切られ、沈黙が支配した。

あれから二十七年――。

毛糸の三ちゃん坊を小粋にかぶった村西とおるは、一時期の闘病生活から解放され、だいぶ顔色もよくなっている。

太陽の日差しを浴びながら、市ケ谷駅のなだらかな坂道を歩いていく。

時折、すれ違うサラリーマンが、おや、という顔になる。

二〇一六年の村西とおるが苦笑交じりに回顧した。

「巨乳ってのはどうしてもおれの中でイメージがなくてさあ。だから松坂季実子から、『監督、どうしてわたしを抱いてくれないんですか』って泣かれたことがあるんだよ。おれは松坂季実子の作品は撮らなかったし、からんでもいない。（専属女優の）みんながね、監督のお気に入りで、やってもらうつもりで作品に出るもんだと思っているわけですよ。彼女にとっては、一度もされたことがないことがすごくコンプレックスだったわけ。『監督にわたし、好かれてない』って思い込んじゃった。おれはそこまで思い至らないわけ。そこまで思い至って、いろんなことを言ってあげればよかったのに。その涙の意味がわからなかった。まあおれも罪深いことをした。なんで巨乳ぎらいかだって？　それは趣味嗜好の問題。『乳酷管理法違反』のパッケージのことで大もめしたとき、おれはどうでもいいんだけど、本橋君がいつになくしつこいなあと思ってさ、あれ松坂季実子に頼まれたんだろ？」

「いや。あのとき、四、五人集まったんですよみんなが。で、『これどう思います？』ってことになって、何か悪相の顔を写真に選んだから、『ちょっと変わった写真だよね、いままでと違って』と言ったら、『そうですよね、本橋さん言ってやってよ』ってことになって、『わかった』と言って、意見を言ったんですよ」

「本橋君がいつになくこんなことに口出ししてるなあと思っておれは、『なに言ってんだよ、これでいいんだよ』と言った覚えがあるんだ。そのときに、ああ、季実子に頼まれたんだろうなと思ったんだけど」

「頼まれたというか、みんな言わないから。で、私がちょっと言っておこうと」

「おれはあのころ、フセインみたいだったからね。誰も何も言わない。言えないんだよね」

「まあそれはありましたよ」

「ワンマンもいいとこだから」

「あのころは、金正恩《キム・ジョンウン》的なところがありましたよね」

「逆らったらバズーカ砲で一発いくぞ、みたいなね。ワハハハハ。そういうパワーがみなぎっていたんだろうね。普通の人間じゃなかったと思うよ、あのときは。エネルギッシュで……」

「一日が三十六時間あればいい。もっともっともっともっと働きたいという」

「その感覚だよね」

笑い声が市ケ谷の初夏の空にのんびりと蒸発していった。

＊

村西とおるとサンドバッグ軍団の働きぶりの一例——。

真夏のある日、金沢でのサイン会から帰京したときのことだ。

黒木香が読売テレビに出演するので、日比野が運転するワゴン車で一路、東名から名神に乗って大阪まで走らせた。

日々野は前々日から一睡もしていなかった。

黒木香と村西監督が同乗している。後続車両には小鳩美愛、藤小雪、田中露央沙といった専属女優たちを乗せ、睡眠不足のターザン八木がダッジというアメリカの大型ヴァンを運転していた。

午後三時から生放送がはじまる直前にテレビ局にすべりこませた。

このあと大阪市でサイン会が待ち受けていた。夜九時から愛知県岡崎市でのストリップショーが待っている。テレビ局を出て、サイン会場のある大手レンタル店まで車を移動し、にぎわう会場でファンたちの整理をした。

仕事が終わると、二台の車に村西監督、女優たちを乗せ、愛知県岡崎市までひた走る。

ステージ開始は夜十時からだ。劇場に横付けしたのは開始十分前だった。

幕が下りると日比野、八木は気絶するかのように眠りに落ちた。

ストリップ劇場の赤ら顔した支配人が二人を起こし、割烹に招待すると言い出した。本音を言えば眠りたいのだが、断り切れず、半分目を閉じ山海の珍味を口に放り込み流し込んだ。満腹感が睡魔をさらに強くさせた。

二人はやっと解放されてホテルにもどったが、ここで寝たら二度と起きあがる自信がなかったから、一睡もしないまま朝五時には一路金沢のキャンペーン会場まで走らせることにした。

睡魔が襲ってきた。気を失いかけて、ハンドルに額をぶつけた。痛みで目が覚めた。

金沢中の問屋をキャンペーンで回ると、どこに行っても大歓待をうけた。

終わったのは日も暮れる夕方五時、あくびを噛み殺していると、村西監督が突然、「明日朝八時、黒木は羽田空港から札幌にキャンペーンに行かなきゃいけませんから、このまますぐ東京に帰ります」と指示を出した。

昨日も一睡もしてない日比野は夕刻六時に東京に向かった。北陸道を時速八十キロで走行しつづけると、睡魔がまたもや襲ってきた。

村西監督の声が遠くから聞こえる。新潟のインターチェンジで降りるように命じられた。

「ここはわたり蟹が有名なんです。さあ、みんな蟹食って元気出すぞ」

道端で売っているわたり蟹を、全員でむしゃぶりついた。

新潟経由で関越自動車道に乗り、一路東京に向かった。退屈で危険な走行がまたはじまった。

外が白んできた。

早朝四時、関越自動車道の高崎付近で濃霧が発生し、前がまったく見えなくなった。霧の中、車が蛇行しはじめた。夢の中、蛇行がつづいた。突然、車が不機嫌な音を発した。中央分離帯にぶつかりそうになり、慌ててハンドルをきった。バックミラーには蛇行運転している八木のダッジが見えた。

霧の中、壁が目の前にせまってきた。

タイヤが中央分離帯をこすった。必死になって車を立て直す。もはや夢の中で運転をしていた。

ポケットからボールペンをとりだし、太股に突き刺した。

何度も刺すと痛みが麻痺するので、新たな眠気覚ましを探してみた。ラジオがあった。早朝のラジオは、宗教や健康番組ばかりだったが、それでもまだ音があったほうがいい。

「ラジオ消しなさい」

村西監督がいつの間にか目を覚ましていた。

「ラジオ聴いてると頭が悪くなります。やっぱり小沢昭一さんだけですね。ラジオで聴ける唯一の番組は」

村西監督がラジオを消してしまった。また走行音だけが車内に流れる。

日比野正明以外はみな、寝息をたてて寝ている。暖房と寝息が日比野を睡眠に引きずり込もうとしていた。太股にボールペンを刺しながら、関越自動車道を都心に向けてひた走った。渋滞に巻き込まれ、止まったり走ったり、のろのろ運転を繰り返し、何度か眠気に襲われ前の車のバンパーに接触しそうになりながら、なんとかやっとのことで羽田空港まで到着した。

黒木香を無事に乗せた全日空機が青空に飛び立った。日比野は青空を見上げながら、眠気がどこかにいってしまったことに気づいた。

のちに、日比野に黒木香の思い出の中で何が一番印象に残っているか、尋ねたときがあった。

するとこんな答えが返ってきた。

「ミカンですね。ミカン。ミカン」

「ミカン？」

「そう。ほら、日本縦断みたいな超ハードスケジュールで車走らせたんですよ」

「ああ。日比やんが蟹、食ったとき」

「そうそう。蟹食って富山から回って関越自動車道に入ったとき、走っていると、明け方で霧が発生して、まったく見えない。どうしても朝八時までに羽田に黒ちゃん（黒木香）を送り届けないといけないんで、ひたすら走っていた。けど、眠くて眠くて……」

「うん」

「そしたら黒ちゃんが後ろでミカンむいてさ『日比野さん。ミカンですわよ』なんて言うわけだよ。後ろから手が伸びて、おれの口にミカンを入れてくれたんだ。ものすごい印象に残ってるんだよ。みんなガーガー寝てるのに。忘れないよ。あの酸っぱいミカン」

*

一九九一年（平成三）三月──。

私は完全に村西とおるのもとから離れ、文筆活動一本にもどった。

毎月入るプロデュース料が一切なくなることは経済的には痛かったが、精神的には自由になる。

周りの仕事仲間たちは、辞めることはない、もったいない、と口々に言った。

だが自分は引き際だと思った。

自分の出自は物書き業なのだと思った。

収入は十分の一に激減したが、それでもまた筆一本、いや、ワープロ一台で盛り返す気持ちだった。

原稿書きに疲れると、暗い台所に立って水道の水を飲む。

振り返れば、奇しくも私が物書き稼業にもどった一九九一年三月という刻は、日本経済のバブルが弾けたまさにその時であった。

ダイヤモンド映像グループの売上げは伸びていったが、出て行く金も莫大だった。

新しいメディアとして衛星放送が注目され、三菱商事がもってきた話に村西とおるが飛び乗った。

「空からスケベが降ってくる」

村西とおる流のキャッチコピーが踊った。

これからは自らが衛星放送による自社局をもつ時代になると村西とおるは予測し、本気で進出しだした。

「空から何でも降ってきたら面白いですよね」と言っていたあのクロコダイル山本はいつの間にか消えていた。日比野の話によると、カナダに寿司屋の板前修業に旅立ったという。顔なじみがいなくなるのも寂しいものだ。

不動産も増えた。ビデオの売上げだけでは間に合わず、ノンバンクから金を借りて注ぎ込んだ。バブル時代には珍しくないやり方だった。

金融機関が金を借りてくれ、と向こうから頭を下げてくる時代だった。

新会社が新たに五つもできると、資金繰りも一苦労だ。

現金が足りず、手形が振り出される。

そのころ村西とおるが豪語していた決め言葉があった。

「うちみたいなエロを商売にやっている会社っていうのはですよ、東京ガスや水道局よりも経営内容が安定しているんですよ。だから銀行が金を貸したがって貸したがってしょうがないんですね」

自社ビルを買い求めるのも、エロで商売していると肩身の狭い思いをする社員に向けて、誇りを持つことになると主張した。

日本経済がバブルに浮かれていた一九九〇年、膨れ上がったバブルは翌年の崩壊に向かって徐々に破綻のときを迎えていた。

村西とおるのダイヤモンド映像グループも、日本経済と足並みをあわせるかのように破綻に向かっていた。

日比野正明が買い物から帰って、会社の玄関を入ろうとすると、ダイヤモンド映像社長が見たこともない異様な顔で裸足のまま外に飛び出していった。

二度ともどってくることはなかった。

村西とおるが「どん底」のバーテン時代、初めてしょうが焼き定食をおごってくれたあの上司に恩返しのつもりで社長に迎えたのだったが、裏切られた。

その夜、スタッフ全員が社長室に集合した。

村西監督から出てきた話は、日比野正明たちを唖然とさせるものだった。

社長自ら商品の横流しをしていたというのだ。

AVメーカーは新作ができあがると、問屋からの注文をうけて新商品を配送する。問屋は全国のレンタル店から注文をとり、配給していく。当時のAVメーカーのほとんどは、問屋からの注文は生命線であり、問屋から何本注文がきたかによって、会社の売上げが左右される。その商品を、あろうことか社長自ら問屋に割安でこっそり横流しして、自分の口座に振り込ませていたというのだ。会社に泥棒がいたようなものだった。

ターザン八木が苦笑いしながら証言する。

「ダイヤモンド映像社長ですからね。ボーナスも一千万以上、現金入れた紙袋が机に立ちましたからね。あんなにいい思いさせてもらってるのにさらに使い込みして、別口座つくってたんですからね。監督は人がいいから、有名になってくると、昔から知っている連中が金があると思って寄ってくるんですよ。そういう連中が来たらみんな営業部員にさせられた。それで営業のやつらも横流ししてた」

日比野正明は問屋の営業マンからさりげないことを耳打ちされた。

「きみたちよく働いてるねえ。えらいねえ。悪いやつもいるけど、ほんと頭が下がるよ」

問屋業界でも、ダイヤモンド映像の横流しがささやかれていた。

暴風雨が吹き荒れても、台風の目の中は静かなものだ。

日比野正明がいる業界一の規模を誇るダイヤモンド映像もいよいよ潰れると噂が流れていたが、当の日比野たちはまったくわからなかった。

予兆はあった。

給料が遅配し、自分たちで制作費を立て替えることが多くなった。

貯金を取り崩して制作費にあて、給料が支払われなくてもそのうちいい作品を撮れば、じゅうぶん会社はやっていける、と本気で信じて働いていた。

船はすでに船尾から水没し、水面に浮かぶのは残すところ船首だけだった。

第14章

50億円

村西とおるが個人で負った借金の総額

日本経済のバブルが破裂した一九九一年春、村西とおる率いるダイヤモンド映像グループのバブルも弾けた。

前年暮れから本格的に乗り出したダイヤモンド衛星通信の多額な投資と、無尽蔵に費やす制作費、不動産投機、事業拡大などが経営の足を引っ張るようになった。

支払いのために多額の現金を用立てし、それでも足りない部分は、手形を乱発した。

あまりにも多くの作品を毎月発売するために作品の質が低下し、視聴者から飽きられ売上げが落ちてきた。

資金繰りが順調にいかなくなると、ますます手形を乱発する。するとますます経営を圧迫する。

「こっちはいつだってZ旗上げてる気持ちだよ」

事業の多角化をはかってきた村西とおるが口にする言葉だった。

事業の縮小化はこれっぽっちも念頭になかった。むしろ苦しくなると、新しい事業を立ち上げて挽回してやろうという男だ。自転車操業状態になり、あちこちから金を借りては支払うようになった。

村西とおるはさながら、資金繰りの帝王になったかのように走り回った。

金を借りるときは、見栄えのいい女性を連れていくと効果的だ。金を貸すほうは美女の前だと格好つけて断り切れなくなる。

愛想のいい藤小雪をはじめ、専属女優たちは効果的な秘書役を果たした。

だが資金繰りが悪化していくのはもはや誰も止められなかった。

一九九一年十二月、東京地方裁判所に和議を申請するに至った。

村西とおるが個人で負った借金の総額

和議とは、債務者が倒産して債権者に借金を支払えなくなってしまうことを避けるため、債権者と債務者が話し合い、傷を最小限におさえることをさす。二〇〇〇年の民事再生法施行に伴い和議法が廃止され、和議も廃止されたが、一九九一年の時点ではまだ企業の最後の手段として生き残っていた。

このとき、ダイヤモンド映像は債権者に対して、もう少し支払いを延ばしてくれ、と申し出て、債権者もしばらく様子をみようとした。

翌一九九二年二月、共同通信が「ダイヤモンド映像が事実上倒産」と報道、村西とおるがまたもや渦中の人となった。

当人は「報道は事実無根です」と共同通信まで抗議に乗り込んでいったが、報道によってダイヤモンド映像グループの再建は頓挫してしまった。もっともこの報道がなくても、運命は同じものだったのだろうが。

借金漬けになったダイヤモンド映像グループは、銀行もノンバンクからも相手にされず、会社を統廃合する必要性にせまられ、「ダイヤモンド・エンターテインメント」なる新会社を設立し、ダイナマイト（DYNAMITE）、デビュー（DEBUT）、マドンナ（MADONNA）、プレイガール（PLAY GIRL）といった新レーベルを立ち上げ、再起を図ろうとした。

だが制作費もままならず、社員への給料は遅配し、作品の質は落ち、専属女優たちへのギャラも滞り、専属女優たちも一人消えまた一人消え、あるいは引退し、ついには田中露央沙と沙羅樹、乃木真梨子だけになった。

どんな苦境でも跳ね返してきた自信があったから、村西とおるはまだZ旗を降ろさなかった。

だが、今回の行き詰まりはいままでと異なり、打開策が見いだせなかった。

日比野正明、ターザン八木は会社に寝泊まりして休日もなく、もらった給料は手つかずのままで、貯金も数千万単位で残っていた。それを取り崩し制作費にあてて、会社が復活するまで我慢しようとおたがい誓い合っていた。

いったいダイヤモンド映像内部はどんな状態だったのか。タイタニックの沈没にも似た運命に、日比野と八木はどんな対応をしたのだろうか。

＊

日比野正明が回想する。

「僕はまさか会社が潰れるなんて予想もしていなかったですからね。みんな寝る間も惜しんで働き通している会社が潰れっこない、ちょっと苦しいけれど、またがんばっていい作品をたくさん出せばまた盛り返せるって、本当に思ってましたから。たしかに売行きは前ほどではなかったけど、さっぱり売れなくなったってわけじゃなかったですからね。でもね、借金が借金を生んで、ものすごい勢いで増えていくんですよ。手形だって、割引率九割五分とかですよ。そんなものいくら稼いだってさ、もう追いつくわけないじゃないですか。一千万の手形切って五十万くらいしかもらえないんだから。しまいには、額面書いてない手形が飛び出してるんだから。だから、よし差し替えよう、なんて話になっちゃう。手形ジャンプしてジャンプしてって、もう子ども銀行のオモチャ券みたいな感覚ですよ」

会社に専属女優たちの姿が減る一方、強面《こわもて》の借金取りたちが来るようになった。

すでに日比野、八木、他のスタッフたちの給料は出なくなっていた。

日比野正明が証言する。

「おかしいな、今月なんで手形が落ちないんだろう、おかしいなあと、あと一千万足りないっていうんだけど、そんなことはなくて全然足りるはずなんだけどって、いろいろ手形調べたら、毎月、他のグループ会社のある雇われ社長が個人的な使い込みで手形踏み倒してたんですよ。一千万の手形を半年間で計六千万円。豪遊しまくっちゃって、ベンツは買うわ、アルマーニのスーツは買うわ、銀座に行ったら金ばら撒いて、レミーマルタン持って来いとなって、ビンゴ大会でこんな山ほどビンゴのカード買って、水鉄砲にレミー入れてホステスに撃ちまくって豪遊しまくりですよ。もうバブルもバブル、バブルでバブル、バブってバブって……」

傘下グループ会社の雇われ社長たちも、相次ぎ消えていった。

残った専属女優の一人、卑弥呼が税に関心が薄く、このままだったら卑弥呼の銀行口座の三千万円は税務署に補捉されごっそり課税されてしまうから、いったん会社にもどしたかたちにして、あとで卑弥呼に返すということになった。

ところが預けた三千万円は何ヵ月たっても卑弥呼にもどってこなかった。

過酷な借金の督促で、村西とおるはその預かった大金を支払いにあててしまったのだ。

卑弥呼は放心状態になった。

一番親しくしていた日比野正明に相談すると、以前から好意を抱いていた日比野は卑弥呼の力になろうとした。いままでどんなことがあってもひたすら村西とおるの言うことを聞き、従ってきた男にとって初めての反抗だった。

監督として卑弥呼を一度撮り、自分が相手役になってからんだこともあった。それはあくまでも仕事だった。だから作中で他の助監督が卑弥呼とからんでも嫉妬はしなかった。卑弥呼の相談にのってやっているうちに、一度だけ仕事抜きで卑弥呼を抱いた。

専属女優と社員監督という関係が崩壊し、いままで押しとどめていたせつない恋情が爆発した。

普段は激しいセックスを映像で切り取るAV監督というのも、私生活では純愛に弱かったりする。二十五歳から社屋で寝泊まりをしてプライベートな時間がまったくなかった日比野の卑弥呼への同情は、至高の恋愛に昇華した。

恋愛は人間にとってもっとも快楽を刺激する。セックスは一回の射精で終焉するが、恋愛は相手のことを想う長い時間、延々と射精に近い悦楽を感じる。

どんなことがあっても弱まることがなかった村西とおるへの忠誠は、卑弥呼への恋情によって瓦解した。

北岡錦という専属女優が日比野に好意を抱いていたが、日比野はまるで相手にしなかった。

日比野正明が打ち明けた。

「二千人以上、あるいはもっとかもしれない。いろんな女性を見てきて、撮影して、監督して、あるときは素顔まで知る仲になったけど、すべての女をつまみ食いするなんていう気はまったくなかったですからね。だからこの女性だけなんですよ。卑弥呼だけ。卑弥呼だけが特別に好きなのでした。仕事で接する女とは防波堤があるんだけど、その防波堤を一歩越えていってもいいなというのが卑弥呼だったんですよ」

卑弥呼の三千万円はもどってこなかった。

卑弥呼への激しい恋心を燃やす日比野にとって、村西とおるとの関係がはじめて子弟ではなく恋敵に思えた。

ギャラ未払いの噂を聞きつけた『週刊ポスト』とワイドショーが報道した。

テレビでは芸能評論家の梨元勝が卑弥呼に直撃インタビューをして、卑弥呼は悲しげな表情で預けた三千万円が返ってこないことを訴えた。

それもそのはずだった。

なにしろダイヤモンド映像が倒産してしまったのだから。

＊

卑弥呼の三千万円ギャラ未払い事件について、当の村西とおる本人が弁明した。

「卑弥呼にはえこひいきして総額で一億円ぐらい渡したわけよ。それでおれが、『卑弥呼、これ税務署に納税しなくちゃいけない三千万円だから出してくれ』って言って、卑弥呼も、『わかりました』ってそれで三千万預かった。おれは卑弥呼からの三千万を、そのまま税務署に払ったわけじゃなくて、資金繰りに使っちゃったわけよ。卑弥呼にしてみれば騙されたと思ってるんだけど、おれからすれば、おれは税務署を騙したけど卑弥呼を騙したわけじゃないんだ。おれが卑弥呼に言ったのは、『おまえ、税務署に税金を払う前に、おれに預けとけ。どっちにしろ支払わなきゃいけないいんだから。納税するとき大変なことになるぞ。おれが預かっとくから』って。そのあと朝、テレビ見てたら、ワイドショーで梨元と卑弥呼が出てんだよね。それでさ、カメラ目線で『村西！　テレビ観てるか！　卑弥呼はいま、懐に五円の金もないんだぞ』って、卑弥呼がこうしてる（泣いてるそぶり）んだけど。ところが、演技が下手だから涙が出てこないわけよ。おまえ、もう少しね、泣きじゃくる演技しろよっていうぐらいに、そっちのほうを心配しちゃったぐらいなんだけど。ハッハッハ。五円しかないぞってことは考えられないだろ。梨元の野郎も代々木上原に住んでてさ、おれと会うと『監督、監督』って用もないのに付きまとってきたのに、よく『村西！』ってこの野郎、言えたなと思ってさ。あの手のひら返しにはほんとにしびれちゃうよね」

AV女優のギャラの未払い問題で朝のワイドショーが取り上げるほど、当時のダイヤモンド映像専属女優、卑弥呼、村西とおる、そしてAVという存在が大きかったかという証左でもあった。AVが社会的に認知された現在でも、これほどの騒ぎにはならないだろう。

「卑弥呼はね、芸能界のマドンナ的な存在でもあったからね。『監督、どうしても来てちょうだい来てちょうだい』って、銀座三越の近くの地下にディスコがあったのよ。セレブが集まるところ。そこに来てくださいって、ついていったら小室哲哉とかさ、当時売れっ子の芸能人や文化人たちに卑弥呼が囲まれていたよ。卑弥呼は東京ど真ん中のディスコの、まごうことなきクィーンだったからね」

卑弥呼のギャラ未払い騒動の真相ははたしていかなるものだったのか。

村西とおるの言うように、卑弥呼のギャラは他の専属女優たちのなかでももっとも高いものだった。だからといって、申告分をそのまま使い込んでしまったことへの免罪符にはならない。

一つ疑念がある。

本心は卑弥呼の貯金をあてにして、資金繰りのために引っ張り出そうとしたのではないか。

村西とおるはその疑念を否定するが、まさに、貧すれば鈍す、だったのではないか。

＊

日比野正明が村西とおるに卑弥呼のギャラの件を追求すると、はぐらかされた。

専属監督と一緒に撮ってきた素材テープの編集作業をしていると、専属監督がこんなことを言った。

「日比やんがここで働いているかぎり、ダイヤモンド（映像）は大丈夫だろう。もうひとふんばりだよな」

他の専属監督も同じようなことを編集作業中に言った。

人のいい日比野も、会社がおかしくなっているのに気づかされた。

日比野自身の給料はもう五ヵ月以上も払われていなかった。いままでサラリーマンの数倍もらっていたのだから、貯金を切り崩してなんとかやってきた。

専属監督たちのギャラや出演者のギャラまでも滞っている。

自分がここにいては、ますます被害をふくらませてしまう。村西監督のもとで働きだしたころは、毎日のように会社を辞めようと思っていた。だから会社員時代の後輩、山崎の名前を用いていた。自分も村西監督のもとで一生働いてやると心に決めてから、監督名を堂々と日比野正明という親からもらった本名でやってきた。この仕事を一生やっていこうと覚悟を決めたのも、村西とおるが尊敬できたからだ。

休みもとらず、睡眠時間も削り、働き通して、ようやく会社もここまで大きくなってきた。けれど、ダイヤモンド映像は会社がおかしくなりだしている。

村西監督は私腹は肥やさないかわりに、自分の金と会社の金と区別がつかず、すべてを新しいビジネスや制作費に注ぎ込み、無尽蔵につかいきっていた。公私混同が招いた悲劇だ。

「すべてはハーレム化計画の失敗ですよ。村西さんの。専属女優たちを好き勝手に愛人にして、洋服や貴金属を買い与えてきた。でも買い与えた物って村西さんが稼いだ金じゃなくて、みんなで稼いできた会社の金じゃないですか」

側近中の側近だった日比野の言葉は重い。

村西監督の言われるがままに働いてきたが、はたしてそれが周りの人間にとってプラスになるのだろうか。日比野自身も自分が会社にいることで間接的にだが加害者になってはいないだろうか。そんな思いが日比野を苦しませた。


一九九二年六月夜――。

ターザン八木がふと、駐車場の大型車ダッジを見ると、ルーフトップに登ってぼんやり星をながめている日比野を発見した。

「日比野さん。どうしたの?」

返事が返ってこない。

八木がルーフトップに登ろうとしたら、日比野がそっぽを向きながら下りてきた。顔をのぞき込むと目が潤んでいる。

「八木。おれ、会社辞めるわ」

地球が割れてでも村西とおるの後をついて行く、と誰もが思っていた日比野正明がダイヤモンド映像を辞めた。

六年ぶりに中野の賃貸アパートに帰ってみた。家賃は毎月支払っていたが、部屋に入るのは六年ぶりだ。

水洗トイレの水槽の水が干からびていた。

しばらくして、ターザン八木も辞めた。

フリーになった二人は、とにかく生きていくためにAV業界でもう一度一旗あげようとしたが、AV業界の価値案乱者《びんらんしゃ》・村西とおるのもとで働いてきた日比野・八木は業界内でも元師匠に似たアクの強い人物としてとらえられていて、仕事を発注するところは現れなかった。

食い詰めてしまうかというとき、日比野正明に意外なところから声がかかった。

いっときは一緒にやってきたあのクリスタル映像だった。

そこの部長から、うちで撮らないか、と誘われたのだった。

決別したものの、ともにやってきた戦友のようなものだった。

ターザン八木も、制作会社から声がかかり、監督業を再開するようになった。

一方、専属監督たちはというと――

ほとんどの監督たちが消えていった。

裸の王様、ビックマンの総合プロデュース、監督を任されていた伊勢鱗太朗はどうしたのか。

他の専属監督たちと同様、伊勢鱗太朗もまた仕事をなくし、自身が起用していた監督たちへの未払い金を立て替えて払うはめになった。

伊勢鱗太朗の証言――。

「村西監督みたいな金払いがよくて面倒見のいいところには、よからぬ連中が集まってくるんですよ。村西監督もあんなに手を広げないで儲かってる範囲内でやっていればよかった。村西監督の撮影なんて、モデルのギャラくらいしかかからないんだから。ハッハッハッハ。自分でカメラ担いでやるんだから、金かからない。だから他の監督を呼んで高い制作費払って撮らせることもなかったんですよね。支払いが滞ったけど、せっかく呼んでくれたんだから、この人を裏切ることだけはしないと思ってた。いい加減やばくなって、（村西監督のもとから）出たんですよ。しばらくたって、（日比野）正明も出ちゃって……」

伊勢鱗太朗が負った負債は監督料二千四百万円にのぼった。伊勢監督が創設した鱗太朗商店が支払うことになり、返済額を六百万円に圧縮して五年後やっと返済し終えた。

「経済的によかったのは最初の一年くらいです。あとはぜんぜんよくなかった。金に関してはずっとダメですね」

バーのマスターにはもどらず、再起を図り監督業を再開した。

日比野正明はダイヤモンド映像グループで撮っていた監督たちの編集作業のすべてを手伝ってきた。口の悪い日比野だったが、伊勢鱗太朗監督をもっとも高く評価していた。

その日比野が村西とおると決別したときのことを、伊勢鱗太朗はぽつりとつぶやいた。

「正明は最後まで村西監督のこと信じてましたから」

*

村西とおるが個人で負った借金の総額

代々木上原の小高い丘にあったダイヤモンド映像の瀟洒な洋館に行くと、いつも専属女優たちがいた。

多くの候補者のなかから選ばれただけあっていずれも美しく、妖艶で愛らしく礼節をわきまえていた。

「専属女優って団結力がすごかった。キャラクターがかぶっていないし、性格がいいし、真面目だし、温室でした。お仕事のことだけ考えていれば生活は考えなくていい。天真爛漫だった。それもみんな辞めてからわかったことですけど」

沙羅樹がそう回想する。

専属女優たちはその後、どうなったのか。

まだダイヤモンド映像が苦しいながらも健在だったときだ。

巨乳クイーン・松坂季実子が恋に落ちた。

相手はある出版社の忘年会で出会った妻子持ちの記者だった。

松坂季実子はAVから引退した直後で芸能活動を本格化させ、ラサール石井とデュエットソングを出したばかりだった。

専属女優の大半と性交をしたターザン八木が「季実ちゃんは性的にまだ未開発なような気がしました」と言っていたように、実際のところ、性に対して貪欲なわけではなく、仕事に遅刻する回数が増えたり、キャンセルするケースが増えていった。

父親代わりのつもりだった村西とおるは、松坂季実子の愛人である記者に憤った。

村西監督の所に出入りしているある女性マネージャーが「村西監督が留守の間に内密に今後の

ことについて相談したい」と、松坂季実子の愛人を会社に呼んだ。

愛人が玄関にやってきた。マネージャーが「季実ちゃんとのことについて話したい」と話していると、罵声が飛んできた。

村西監督が帰ってきてしまったのだ。

「おまえか！　泥棒野郎！」

部屋に乱入した村西とおるは、コップの水を男にぶちまけ、丸めたポスターで愛人の頭をぽこぽこたたき出した。愛人はじっと耐えている。

「監督！　監督！」

このままでは警察沙汰になると思ったのか、日比野正明が村西監督を羽交い締めにして階段を一段ずつ上がって二階に引き上がらせようとした。

「放せ！　日比野！」

混乱のなか、愛人は村西監督の前で、松坂季実子を不幸せにすることはけっしてしません、といった一筆を書いた。

愛人が去り、嵐も過ぎた。

社屋にやっと静寂が訪れ、目を血走らせた村西監督が腰を落とした。

「どうだ？　うまく撮れたか？」

一連の騒動は、ターザン八木が業務用のカメラで記録していた。

「おれの演技もなかなかだっただろう」

村西とおるが苦笑いした。

日比野正明が羽交い締めにして階段を上がらせようとしたが、遠慮したせいか力いっぱい引き上げようとしなかったために、村西とおるは自ら「放せ！」と言いながら、そっと自分で階段を少しずつ上っていったのだった。

村西とおるたちが怒った騒ぎは、すべて演技だった。ＡＶ女優たちがもてあそばれ、捨てられるケースを数多く見てきた村西監督は、松坂季実子の愛人の気持ちを試してみようと荒療治で出迎えたのだった。乱入で男がたじろぎ、尻尾を巻いて逃げ去れば、松坂季実子の不倫を認めはしなかっただろう。村西とおるのせめてもの親心であった。

コンプレックスを感じていた世の巨乳たちに自信をもたせた偉大な功績を残したまま、短大生は何処へか消えた。

数年後、広告代理店に通う姿が写真週刊誌に載った。元祖巨乳クイーンは、ショートカットのキャリア風ＯＬに変貌し、スーツが似合う細身になっていた。妻子持ちの男と結婚したという噂も聞かない。

イタリアに音楽留学した経験のある藤小雪は、ＡＶ出演しながらダイヤモンド映像営業部の名刺を持ち、空いた時間は新作の営業をしていた。

いったいなぜ藤小雪を営業部員にしたのか謎であったが、村西とおる本人にこのことを尋ねてみた。

「代々木上原の会社に、逸見さんが命の洗濯によく遊びに来てたのよ。フジテレビのアナウンサーからフリーになってすごい人気があったでしょ。逸見政孝さん。そう、あの逸見さんだよ。あの人が時間があるとよく遊びに来てたんだよ。いつも藤小雪が逸見さんの膝の上に乗って甘えたりしてね。あの子は、お父さんお兄さんに取り込むのがうまい。すごくうまかった。だから営業部長にしたんだよな」

村西とおるが名づけたその芸名のように和服が似合う顔立ちで、男と交わす会話は小気味よく、甘え上手、年上キラーであった。

藤小雪は私が知るかぎりでも、複数の大物著名人と交際していた。彼女のようになんでもずけずけ言いながら、甘え上手な女というのは、普段うわべだけのお世辞を聞き飽きている著名人にはより魅力的に感じるのだろう。

藤小雪がダイヤモンド映像から離れて一年が過ぎたころ、私のもとに電話がかかってきた。

「わたしね、芸者になるって言ってたでしょ。なったわ、報告よ。本橋さんに前から言っていたように、日本って男社会だから、女が打って出て活躍するってなかなか難しいけど、わたしは力のある男の愛人になって、夜の世界から世の中を支配してみせる。京都の祇園だと、わたしよりずっと若くなければ芸妓になれないの。いろいろ調べた結果、向島ならわたしの年齢でも大丈夫だし、政財界の偉い人がお忍びで来る花街なの。見てて、十年後には夜の世界から世の中を支配しているから」

藤小雪からはその後、いっさい連絡もなければ消息もつかめない。もしかしたら彼女の言葉のように、政財界、裏社会の実力者の愛人になって寝物語で差配しているのだろうか。

田中露央沙はほとんどの専属女優たちが村西とおるから離反しても、最後までついてきた。

スタジオのベッドで撮影していると、悩ましい声とグラマラスな体から放散するエロスで、いつの間にか窓に男子高校生が鈴なりで覗いていたという逸話がある。

引退後は故郷の東北にもどり、結婚し、しっかりした母親になったと聞く。

イクときだけ眼鏡をはずす女、野坂なつみはCDジャケットの撮影で知り合ったジャニーズが誇るたのきんトリオのひとり、野村義男と親しくなり結婚した。誰からも好かれる性格のよさもあって、夫婦仲も良好のようだ。

桜樹ルイはAVを引退すると、以前から夢だったロックシンガーに挑戦し、CHERRY LOUIE《チエリールイ》というロックバンドを結成、デビューシングル『さわるんじゃねえー』（ZAIN RECORDS）をリリースした。桜樹ルイのダイヤモンド映像デビュー作が『ホジってください』であったのに、ロックシンガーになって『さわるんじゃねー』になったために、ファンたちは混乱したものだ。

*

一九九〇年暮れ。

村西とおる監督率いるダイヤモンド映像グループが入る代々木上原の洋館を訪れた私は、らせん階段を下りるとき、下から上がってくる見知らぬ女性とすれ違った。

黒髪を巻き、白く透き通るような素肌、憂いを秘めた双眸、男心を惑わすような媚態的な唇。

「ああ！　本橋君。誉《ほ》めたらこいつはずっと聴き惚れてるからな。ダメだぞ、誉めちゃ」

洋館の主、村西とおる監督が吠えた。

絶世の美女は恥ずかしそうに微笑んだ。

前年暮れ、秋田県から上京し、東京で大手化粧品メーカーの美容部員として働いていた秋田美人だった。彼女はスカウトされて連れてこられた洋館の主から、「ぜひ、うちの専属になってくださいね」と口説かれた。

ターザン八木が語る。

「他の専属の子たちと感じが違ってましたよね。やる気がない。ガツガツしてない。スタッフと触れあおうとしない。でも人と接するときは物腰が柔らかくて大人の女を感じましたね。村西監督もていねいに時間をかけて口説いてましたよ」

村西監督の右腕と言われた日比野正明監督が語る。

「卑弥呼は最初のころ、ビデオに出ることを渋っていたけど、現代っ子だからお金積まれると股を開いちゃってもいいわ、ってなりましたよね。でも乃木ちゃんはずっといやがってたんですよ。村西さんがなんとかビデオに出させようと世田谷の部屋まで毎晩行って口説いてるうちに、本気になったんですね。人前でからむのがいやだから、二人っきりでハメ撮りしてみたんだけど、二本目になってもまだいやいやしてるでしょ。こうなると、かえって村西さんは燃えちゃうんですよ」

モデル志望だったのだが、村西監督の猛烈な口説きにかかり、一九九〇年十一月、秋田出身の美容部員は乃木真梨子の芸名でダイヤモンド映像専属女優としてデビューすることになった。『涙が流れるほど良かったから一生忘れない』という長ったらしいタイトルは、村西監督自らつけたものである。

他の作品では、からみは他の監督やターザン八木、日比野正明が担当するのだが、乃木真梨子出演作は必ず村西監督自身が相手役を務めた。

恋人気分を味わうためか、二人きりの密室で、ベーカムを固定して撮るので、作中のからみは単調になりがちであり、村西監督はコンバットに扮したり、仮装行列の親父みたいなアフロのかつらをかぶり登場したり、ダンスレッスン教室にやってくるレオタードの中年男といったコミカルかつ安直な相手役を務めるのだった。

「なんで爪を気にしてるんだろう」

目の前でインタビューに答える秋田出身、同郷の乃木真梨子を見ながら、藤木ＴＤＣは彼女の指先に視線を落とした。

十本の指は家事を放棄したかのように長く華麗な爪をマニキュアで彩っていた。

『アダルトビデオ革命史』（幻冬舎新書）、『昭和幻景』（ミリオン出版）などの著作もある出版業界の実力派、ＡＶ評論家・ライターの藤木ＴＤＣは、いまでもあのときの光景が忘れられない。

過去に幾多のＡＶ女優たちをインタビューしてきた彼にとって、もっとも印象的な女優だった。

「あの爪にかけた美の執念とでもいうべきものは、いまでもよく憶えています」

同じ秋田出身ということもあってか、乃木真梨子はよく語った。

「人前でセックスするなんて恥ずかしくて絶対にできません。自分が出たビデオは絶対に見たくないです」

藤木ＴＤＣには乃木真梨子の裸に対する強い拒否反応が意外なものだった。さらに意外だったのは目の前の同郷の女が秋田県一の名門女子高を卒業していたことだった。

つい話がのってインタビューは三時間を超えた。その間も乃木真梨子は明るかった。

同行のカメラマンが乃木真梨子を撮りだした。すると秋田美人は右の小指を隠そうとする。

「こっちの爪、折れてるんですよ」

カメラマンが「いいじゃん。写っても」と声をかけると、乃木真梨子は初めて整った顔に影をつくった。

知的で上品な女性が好みの村西とおるにとって、羞恥心を最後まで失わない乃木真梨子は特別な存在になっていた。

ダイヤモンド映像には、沙羅樹、黒木香、卑弥呼、田中露央沙、松坂季実子、藤小雪、柏木よしみ、といった絢爛豪華な専属女優たちがいた。

村西監督は洋館に住み、隣室は黒木香の部屋になっていた。

二人は恋人同士の間柄であったが、乃木真梨子のデビューで男女関係にも変化が起きた。

かごの鳥になった乃木真梨子にとってストレスを発散させる有効な手段は買い物だったのか、いつしか彼女は「ダイヤモンド映像のイメルダ夫人」と異名を持つようになった。

傾城の美女という言葉がある。

一国が傾くほど王様が統治のことを忘れ、夢中になってしまう美女が、乃木真梨子であった。

乃木真梨子は金の切れ目が縁の切れ目と、まっさきに村西監督から離れるものと、周囲は思っていた。

「これも運命だと思います」

村西監督のもとを離れず、借金五十億円を背負う男に最後までついてきたのも彼女だった。

村西とおるが最終的に選んだ相手は、ビデオ出演にもっとも消極的な女であった。

村西とおる本人が結婚の経緯を打ち明ける。

「おふくろが亡くなったとき、ちょっと時間があったから、どうしておれと結婚したんだ？　ってうちの女房に聞いてみたんだ。そしたら、『鏡見てて、シワが一本ぴーんと入ったのがわかったから』って言うんだね。これからはもう綺麗さ、可愛らしさで勝負できない。もうやーめたってことだよ。女が結婚するとき、愛とか惚れたという他に、したたかな人生設計、計算があるんだ。ここがわたし売りどきよって。男たちはそういうの考えないからね。そしたら、ある日突然、『中出しして』と言い出したんだよ。セックス終わったあと倒立したりして。おれがここまで借金背負うというのが誤算だったんだろうけど。ワハハハハ」

ターザン八木は村西とおると乃木真梨子を評して――、

「愛しちゃったんでしょう。男と女はわからないものですね」と感慨深げに語る。

日比野正明は――

「あの百戦錬磨の村西さんを本気にさせた。そんだけ乃木ちゃんは絶品だったってことでしょう」

インタビューで特別な想いを抱いた藤木ＴＤＣは、あのとき映画『卒業』のように乃木真梨子の手を握って二人で逃げていたら、といまでも夢想するときがある。

「乃木さんには幸せになってほしいですね」

そしてぽつりと言った。

「あの人の爪は、いまもきれいなんだろうか？」

＊

第14章 5,000,000,000円

村西とおるが気に入った女優は、他社で出演していたベテラン女優のなかにもいた。柏木よしみは村西監督から惚れ込まれ、引き抜かれ専属女優となった。ダイヤモンド映像が崩壊し村西とおると縁が切れると、傷心を癒やすためか、海外に消えたとされる。

沙羅樹はもう自分が必要とされていないと思い込み、ダイヤモンド映像が行き詰まる前に消息を絶った。

しばらくして復帰すると、他社作品に出演した。

私生活でも変化があった。

ある日、歩いているとき、青年が道を尋ねてきた。

「わたしから沙羅樹だと告白したら、ああやっぱり、ということになって、お付き合いがはじまったんです。医大生で彼のほうが年下です。もしわたしの過去を耳にしてご両親が結婚に反対したときでも、何をしてでも食べさせていける、と言ってくれました。わたしもその言葉を疑わなかったので、何年でも待っていられました。付き合いだして三年目のとき、御両親に紹介してくれたんです」

沙羅樹が大事にしていた父は彼女が二十六歳のときに亡くなった。三十歳のときにいつも付き添ってくれた母も癌で亡くなった。命日は偶然だが村西とおるの誕生日九月九日だった。

六年間付き合って医大生と結婚した。籍を入れただけの地味婚だった。

「彼は知的でスポーツマン。完璧ですね。イチローに似て誰が見ても好青年タイプです」

卑弥呼は、どうしたのか。

村西とおるの右腕だった日比野正明に支えられ、もどってこない三千万円を取りもどそうとしたが、ダイヤモンド映像が倒産したために二度と回収できなくなった。

日比野正明は声をかけてくれたクリスタル映像とかけあって、卑弥呼が現役時代に得ていた一本六百万円という破格のギャラで五本契約、合計三千万円という、もどってこなかった金額と同額の出演条件をまとめた。監督は自らが務めた。

失ったはずの三千万円をまた獲得した卑弥呼は、業界を引退した。

一九九四年三月。

池袋の山手通り沿いにあった日比野正明の住んでいる古びたマンションに、卑弥呼がやってきた。

お礼を言いたいという。

やっとおれの気持ちが通じて、結婚を受け入れてくれるのだろう。

幸福のノック。日比野は思いきってドアを開けた。

卑弥呼が立っていた。

相変わらず見惚れるようなスタイルだった。

卑弥呼への思いがやっと通じた。

夢なら覚めるな。

そう思ったとき——卑弥呼の背後から青年の姿が見えた。

「紹介します」

卑弥呼は初恋の相手だった金融機関勤務の青年を日比野に紹介した。

青年は卑弥呼の本名を言って、あらためて日比野に世話になったお礼を述べた。

そして二人は結婚したと告げた。

日比野はつとめて冷静を装って、二人の門出を祝した。

二人が消えると日比野は部屋を暗くして丸一週間籠ったままになった。

ダイヤモンド映像時代の後輩スタッフ、荒木たちが暗い部屋を訪れると、顔をぐしゃぐしゃにした日比野が放心状態のまま発見された。

*

黒木香は代々木上原のダイヤモンド映像にあった自分の部屋で暮らしていた。

村西とおるの証言。

「黒木さんのスケジュールが、名古屋で今日は六時にイベントがあるというとき、いまごろ名古屋に着いているかなと思って、パッとみたら六時ごろ、会社の階段から下りて来るんだから。『おまえ、どうしたの?』って聞いたら、『いまからです』って言うんだもん。アハハハ。二時間や三時間は当たり前ですよ、インタビューで待たせるのは。でも彼女の素晴らしいところは、二時間ぐらい待たされてる超一流の文学者だったり、評論家だったり、哲学者だったり、著名人だったりが、黒木香が『お待たせしました』っておじぎをすると、みんなえびす顔になっているんですね。その人間力、後光のさす力の凄さというのがありました」

村西とおるはまったく資金繰りがつかなくなると、黒木香がイベントなどで得た現金の入った袋をわしづかみにして、借金返済にあてた。

日曜日の朝、オフィスに光が差し込むなか、村西とおるはこの先のことを思い暗然たる気持ちになった。

黒木香がそのとき、「監督はもう終わりです」と告げた。

「何言ってるんだ」

「でも一つだけ方法があります。わたくしを殺してください」

「なんだって？」

「わたくしはエイズで死んだことにします」

エイズが社会問題化したときだった。

「九州のほうに新興宗教が一つあります。それを買ってください。わたくしは山に籠って甦ります。監督が教祖、わたくしが巫女で宗教を興しましょう。このビジネスだったら監督は必ず再生できます」

黒木香の神がかった発想だった。

黒木香が嘱託殺人にどこまで本気だったのかいまとなってはわからないが、新興宗教を興さなくても、村西とおると黒木香はすでに現実の社会において神がかった存在感を発揮していた。

「黒木さんの持っている内なるものの世界があって、死ぬの生きるのという恋愛の葛藤を引きずっておれの所に来た。そのときから、お酒がなくては生きられない人生を歩んでいたんですよ。そういうことがあって、彼女自身の心の襞の中にぬぐいきれないような、オリモノがずうっとわだかまっていた。一月一日に置き手紙をして、去って行ったんだ。『監督さん、お世話になりました』という手紙を残して。『どうしたの？』って、広報とマネージメントしていた藤原君に聞いたら、『お父さんとお母さんが迎えに来て、失礼しますと言って、黒木さんと帰りましたよ』

って。お父さんとお母さんが迎えに来たんだったら、ああ良かったなと思った。でも、僕の痛恨の思いは、あのときに一緒にがんばってくれれば、もう一つ再生できる〝黒木香〟があっただろうと思っているんですよ」

数ヵ月が経ち、親しくしている『ＦＯＣＵＳ』のベテラン記者から村西とおるに連絡が入った。

黒木香と再会する企画だった。

向こうも会いたがっているという。

渋谷東武ホテルで数ヵ月ぶりの再会となった。

日比野正明も同席していた。黒木香にいくらかでも経済的な手助けをしなければと、日比野は以前の師に詰問し、席は糾弾の場と化した。久しぶりに見たかつての才女、ＡＶの女王は涙を流し沈黙していた。

一度落ち込むとすべてがわるいほうへと流れていく。あれだけの団結を誇った村西とおるとその仲間たちも、いまとなっては敗戦処理のなか火花を散らす敵同士だった。

なんの解決にもならず気まずい思いで終わった。

翌一九九四年五月――。

村西とおるが秋葉原駅を歩いていたら、キオスクの新聞コーナーで、「黒木香、飛び降り自殺未遂」という大見出しが目に飛び込んできた。

安ホテルを転々としていた黒木香は、日比野や、仕事で親しくしてきたダイヤモンド映像専属女性へアメイクによって、窮状を救われていた。

安ホテルに泊まっている黒木香が上半身裸になって『ＦＯＣＵＳ』誌上に載った。

両手を上げて被写体になったその姿は、以前とは異なり混迷を極めたかのようだった。

黒木香本人へのインタビューが女性誌に載り、本人がいままでのことを綴った私小説風の原稿を書いているという話も聞こえてきた。いまだに黒木香のニュースバリューは落ちていなかった。

そして今回の事故。

その一方でかつての黒木香の庇護者であった村西とおるは、この事件によって世間から指弾を浴びた。

借金返済に追われ、部下たちから去られ、そして寵愛していた黒木香の事件。

村西とおるは最悪の状態にあった。

週刊誌、夕刊紙、テレビというメディアから直撃取材を受けるたびにあるセリフを言い放ってきた。当時、ジェフという白人青年が、神田正輝の妻であった松田聖子と不倫していたと衝撃の告白をし話題になっていた。当の松田聖子はマスコミからスキャンダルについて質問されても決して口を開かなかった。

村西とおるは松田聖子を見習って、沈黙を守る自分を自嘲気味に「男は黙って、松田聖子」と言うのだった。

あれだけ能弁なのだから話したくて仕方がなかっただろうが。

黒木香の自殺未遂騒動は、酒浸りの末に意識が朦朧として二階から落ちたというのが真相であろう。

二〇〇三年師走──。

私は日比野正明とともに東京の閑静な住宅街にある黒木香の自宅を訪れようとした。

いま、何をしているのか、本人からのコメントをもらおうとしたのだった。

訪問用のブザーを押そうとしたら、数人の男たちが門から出てきた。

庭木の伐採をする職人たちだった。

偶然の鉢合わせが私たちの言い訳になり、ブザーを押すことをあきらめた。

物書きであるよりも、個人として親しくしてもらったことへの恩を優先させた。

駅に引き返す私の視界に冬景色がゆっくりと流れていった。

*

村西とおると袂を分かった西村忠治代表のクリスタル映像はどうなったか。

ＡＶといえば村西とおる、という大きな存在を一気に失ったクリスタル映像は、村西とおる率いるダイヤモンド映像の華やかな躍進とは裏腹に低迷をつづけていた。

ダイヤモンド映像の支払いが滞りだしたと言われていた一九九一年、同じくクリスタル映像も支払いがうまくいっていないという噂が私のもとにも入ってきた。

どちらが先に行き詰まるか、業界内でも臆測が飛び交う。

一九九二年、女神が微笑んだのはクリスタル映像だった。

ある新人と複数出演契約を結んだ。

当時、大流行したＴバックがよく似合うその新人はあっと言う間に人気を博し、テレビや雑誌に顔出しができたこともあって、猛烈な勢いで売れ出した。

他のＡＶメーカーからも出演作が発売されたが、ＡＶ出演総数約二十作品のうち半数以上がクリスタル映像から発売されたために、同社の利益は莫大なものになった。

浮き沈みは世の常というが、どこに運不運が転がっているのかわからない。

クリスタル映像が飯島愛という新人を先物買いした目利きの良さが、巨額の儲けを生んだのだった。

私も飯島愛には二度、会ったことがある。

一度は一九九三年春、テリー伊藤プロデュース『浅草橋ヤング洋品店（浅ヤン）』（テレビ東京系）のスタジオを覗いたとき、挨拶をした。このときは岡本夏生もいて、小顔で見惚れるようなスタイルの岡本夏生のほうに目がいったものだ。

二度目は、月刊誌『Views』（講談社）の篠山紀信の特撮であった。

一九九六年七月七日、撮影場所は青山の古びたビルだった。

自叙伝『プラトニック・セックス』（小学館・二〇〇〇年）を出す前で、AVから芸能界に転出した時期だったこともあって、事務所のガードが固く、個人的な話を聞き出すことに制限があったが、それでも私的な体験をいくつか聞き出した。

生の飯島愛は、画面で見るよりも華奢で小柄、風邪気味のせいか顔色がよくなかった。十代のうちから外で遊んできた女性特有の、大人びて鼻っぱしの強さが混じった美しさがあった。

当時問題になっていた女子高生の援助交際について尋ねてみた。

「いまは学校に通いながら親バレせずに、カジュアルにこういうふうに稼げるものがあるでしょ。わたしが高校生だったら絶対やってることは間違いない」

飯島愛は〝カジュアル〟という単語をインタビュー中にしばしば口にした。AV出演もカジュアルな選択の一つだったのだろう。

飯島愛のＡＶ撮影現場では午後三時まで終わらせないといけない不文律があった。彼女が買い物に行ったり、ペットに餌をやったりするためという理由だった。出演作は爆発的に売れるのだから、彼女の言うことは聞かなければならない。

いつもやる気のない飯島愛に合わせてスタッフも男優も進行した。

ＡＶというのは不思議なもので、全身にやる気をみなぎらせ、なんでもやります、がんばります、という女子よりも、飯島愛のようにやる気があるのかないのかわからない、というタイプが売れたりする。

本来、性というのは努力や真面目さとは真逆の世界にあるからだろう。

クリスタル映像復活の立役者になった飯島愛は、その後芸能界に進出し、当初はきわもの扱いだったが、得意のフリートークを武器にバラエティ番組に欠かせない存在になった。ＡＶからテレビのゴールデンに進出するというのは並大抵のことではないが、飯島愛は天性の素質プラス若いうちから遊んで身に付けた、人の気をそらさない話芸があり、ルックスとあいまって高い壁を乗り越えたほとんど唯一の成功例となった。

二〇〇八年十二月二十四日。

その飯島愛も渋谷の高級マンションの自室で遺体となって発見された。

運不運は背中合わせにやってくる。

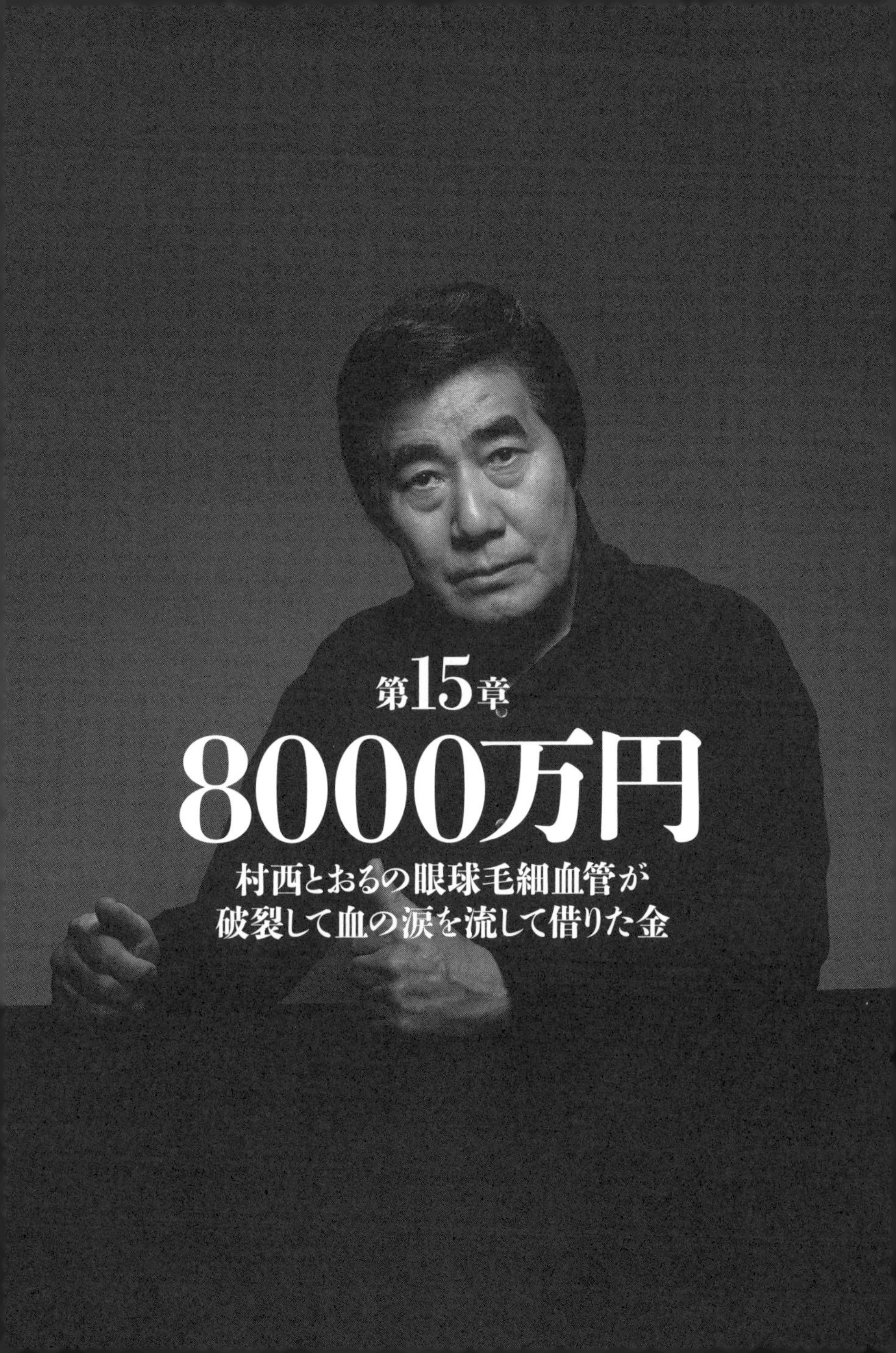

第15章

8000万円

村西とおるの眼球毛細血管が破裂して血の涙を流して借りた金

一九九二年（平成四）暮れ――。

ダイヤモンド映像グループが背負った負債は当初四十億円といわれたが、利息が膨れ上がり、五十億円という気の遠くなるような負債額となった。

手形や小切手を振り出した村西とおる個人が、五十億円の借金をすべて返済するはめになった。

借金は都市銀行、ノンバンクもあれば、善良な市民ならけっして借りない〝闇金〟と呼ばれる超高額の利子で貸し付ける裏社会の金貸し屋もあった。

これだけの膨大な借金を背負い、返済できないとわかったら、自己破産という最後の手段をとるものだ。少なくとも命を削る借金地獄からは脱出できるのだから。

だが、村西とおるは返せる自信があるからと、断固として自己破産を拒否した。

「わるいことがあったら、政府や国が出てきて救済するなんて言ってるけど、おれたちなんか、逮捕取り締まりの対象でずーっと追いかけられて、政府や国からご協力とかお助けなんか一度もされたことないよ。国民の皆さんも、このたくましさを身につけないと。国の支援と援助を待っています、なんてダメ。そういうのは退場していかないと。おれは自己破産するわけにはいかないしね。二回、自己破産、銀行から勧められたよ。東京地裁史上初だって。自分から自己破産二回も断ったっていうやつは。『どうして破産したくないんですか？』って不思議そうに聞いてきたよ。普通は二億三億で破産するのに。不良債権を明確にしないと銀行は税金がかかっちゃうからしつこくおれに自己破産を勧めてくるんだよ。冗談じゃない。順調に返しつつあるんだから。五十億ももうすぐだよ」

成功体験は人間を強気にさせる。

かつて毎月数億円の売上げを誇った北大神田書店時代、最盛期の年商百億円のダイヤモンド映像時代があったから、五十億円という金額は返せない額ではないと村西とおるは体感的に思っていた。

自己破産せず借金返済に励む過程で、社屋、メルセデスと大型クルーザー、衛星放送、専属女優たちと部下たち、撮影機材、編集機材、ロケ車……すべてを失った。

一文無しの村西とおるのもとを訪れるのは債権者だけだ。ついてくるのは乃木真梨子だけだった。

＊

一九九三年三月――。

巨額の借金をどうやって返済するのか、新事業のめどはたったのか。

村西とおるの成功譚を間近に見てきた私にとって、これほどあっけなく帝国が崩壊するのは納得がいかなかった。

日比野正明、ターザン八木、伊勢鱗太朗、豊田薫、有能な監督たちは霧散し、黒木香、松坂季実子、卑弥呼、藤小雪、田中露央沙、といった愛すべき華麗な専属女優たちも消えていった。

いったいどこに瑕疵《かし》があったのか。

村西とおる自身に一度聞き出したかった。

機会は『ビデオ・ザ・ワールド』誌上で叶うことができた。

私と中澤慎一編集長、カメラマンはイヤミのシェーのポーズを被写体にとらせその名を知られる平沼正弘、この三名で村西とおるの新たな事務所となった六本木のオフィスを訪れた。

村西とおるはうちひしがれることもなく、壮健だった。スーツにネクタイ、机上には新事業の衛星放送を紹介するカラーパンフレットが置かれていた。

「いろんな週刊誌が来て、『FOCUS』を含めてだよ、いま騒がれてる問題について話を聞かせてくれって言っても一切ノーコメント、話したことないんだもん。この雑誌よ、業界において最大の信用度を誇る、私が信じられると思う唯一の雑誌、それが『ビデオ・ザ・ワールド』。その誌面において私が初めて公開する、アダルトビデオ業界の今後、さらなる努力と健闘、ダイヤモンド映像の倒産騒動、新しくはじめる衛星放送、それとビデ倫の山本事務局長に対しての哀悼の意をここで述べさせてください」

村西とおる得意の美辞麗句がまずは開陳された後、私が質問した。

「昨年の暮れに四谷でやりましたよね、新人お笑いタレントのイベント。あのときでしたね、一年半ぶりにお会いしたのは。これからは雷小僧と一緒にコンビを組んで漫才でもやろうかと」

「あれはね、雷小僧がいきなり会社にやって来てね、土下座して『お願いします、監督、僕と一緒に漫才やっていただけませんか』って。ハハハハ。理由はというと、あいつの親父さんがもういい歳なんで、なんとか冥土の土産に、自分がテレビや会場に出演している場面を見せてやりたい、それで僕のところにやって来ちゃった」

中澤慎一編集長が「漫才やろうという努力が偉い」と村西とおるに賛辞をおくった。

黒木香の消息に関して問われると村西監督は、「羽を休めてる状態」と証言した。

黒木香と親しいあるスタッフから聞くところによると、実家にもどったという。親鳥の巣にもどったということなのだろう。

私は率直に問いただしてみた。

「ダイヤモンド映像は実際に倒産したんでしょうか？」

するとネクタイ姿の村西とおるは流暢な語り下ろしをはじめるのだった。

「いや、倒産じゃなくて閉鎖だよ、閉鎖。ダイヤモンドエンターテイメントはやっております。あとビックマンと。だからね、要するに当座の取り引きを停止したら倒産と言うかといえば、そうじゃないでしょ。業務というのはおこなわれてるんだから。私自身が共同通信に殴り込みに行ったでしょ。でたらめな倒産の記事書かれて。あの通信社への殴り込み最大の功績は何かというと、一流経済紙等でも、和議だとか銀行停止が即倒産じゃないということを私がおこなった行動で広く世に知らしめた点でしょうね。和議を申請したことと倒産っていうことは違うという、これは絶対他の記事では出てこないですよ。私自身がね、そういう悪しき実際の経済活動に即さない報道についてね、一石を投じたんですよ。銀行口座がなければね、商売ができないのかというと、違うでしょ。私が行動したことで、世の中の経済新聞と経済面のすべての戦後の経済報道に一石を投じたんだよ」

得意の応酬話法によって、倒産騒動を経済用語の問題に置き換えようとしている。私は危うくテーマを逸らされそうになるのを察知して、借金問題について食い下がった。

「でも実際に、借金は監督自らの言葉によると四十五億あるという……」

まだ一九九三年当時、村西とおるの負債総額は四十五億円、のちの五十億円にはまだ五億円少ない。

私の質問に村西とおるは――

「いま、二千億だ三千億だって借金抱えている人がいらっしゃるのにねえ。歌手の千昌夫だってねえ、借金しすぎたからって殺されやしないんだから。かえって債権者の方々のほうが私に『お体お大事に』って言ってくれますよ。ワハハハ。金貸してくれてた人たちにね、あのくらいの借金でクスンとして私が毛布かぶって寝込んじゃったらどう？　おれはとんでもない情けないやつに金貸しちゃったなって思うでしょ。しかし、こうやっていつも元気で働いていれば、いつかは必ずっていう気持ちになりますよ。清々しいじゃない。日本一タフで我慢強くて辛抱強くて何かをやる男に金を貸してやったんだと。自分自身も日本一のタフな男でありつづけなければって思ってる。逃げるわけないじゃない。絶望を口にする資格がおれにはないんだから」

私もまた村西とおるの再起を心から願っていたが、きれい事ではすまされない部分も残っていた。

「村西監督の大盤振る舞いが借金の一つの原因じゃないかと思うんですけど」

「おれはそういうのがわかるだけの大盤振る舞いするんです。これは金を出してもらおうなんて考えもってないから」

「私腹を肥やさないというのは非常に偉いのだけども、何かこう会社経営の場合、どんぶり勘定でやっちゃうというか」

「私腹も勘定もないいんだけどね、ただね、それに対しては報いようというね、気持ちはありますよ」

村西とおるの顔色が険しくなるのを見かねて、横から中澤編集長が「放漫経営ではなくて積極経営をしていたんだよ」と助け船を出してきた。

私はさらに聞きづらいことを口にした。

「あと残念なのは、会社内部で商品の横流しで私腹を肥やしていた連中がいたという」

「そういう横流しがあったりするとね、やっぱり一つのダメージですよ。五十本でも百本でも横流しがあればさ、正規の問屋はとってくれないからね。グループ全体で月五億以上売ってたんです。それがやっぱり横流しがあると、あーっという間に売行きが下がっていくんだね」

「あと、いままで唯一といっていい裏流出のなかったダイヤモンド映像作品の裏ビデオが発売されてしまいましたよね」

村西とおるは表情を変えずに答えた。

「一昨日、（清水）大敬さんから電話がありましてね、『まあ裏に流れたのはショックだったけど、まだチンポが勃《た》ってたからよかった』って。ワハハハ。どっかのテレビ局とか新聞社と違って、うちはヤラセじゃないからね、しっかり本番やってるんだっていうそういう意味での信頼度は失わなかった。だけれども、裏に流されてしまったことはうちの信用失脚につながりますからね。流れたのは、たしかにかっぱらわれたんでしょ。もちろん当局と相談して告訴して徹底的に犯人を追い詰めていきますから」

「犯人は内部犯行説、外部説どちらだと感じてますか？」

「それは内部だか外部だかはわからない。簡単には言えない。当局のお取り調べを待つしかない。この件に関してはこれ以上答えようがないでしょ」

「専属女優が櫛の歯が抜けていくように消えていったのは寂しくないですか？」

「男の人生なんだから……。しょうがないです。それが人生。それを悔しいとか辛いとかおれが言ってしまえば、おまえなんで四十四年も生きてきたのかって言われちゃうよ。彼女たちの人生があるんだから、いろいろなところでね、挑戦してほしいよね。会うのは別れの始めなんだから」

読売巨人軍の桑田真澄投手と交際していたと告白したアニータを出演させた『一球ぞっ根!』を発売した際の裏話にまで話が及ぶ。

「アニータ、あの子をビデオで出したら読売グループから猛烈な抗議がきたよね。北公次を復活させようってことで、芸能界の圧力団体ナンバーワンのジャニーズ事務所を向こうにまわしてやりあったこともあった。節目節目に大きな権力とか地位をもった連中との闘いのなかで、自分の地位というもの、仕事というものを成し遂げていってるからね」

「独立した日比野、八木についてはどう思われますか?」

「それはもうがんばってほしいですよ。日本一になることが最大の名誉である。私も含めてね」

私はさらに質問を投げかけた。

「(村西)監督はよく実力派の外部監督を起用しましたよね。そういった方面への未払い金について聞きたいんですが」

「当然ありますよ。これはこの業界でもけっこうそうなんだけどね、当然のことでもちろん未払い金があるんだからそれは払っていくと。未払い金払わないで逃げると思ってるのか?」

中澤編集長が「いやいや」と割って入った。

「おれみたいなやつはね、一つの財産ですよ。日本中どこへ行ったって逃げ隠れできないんですよ。そこらへんのビデオメーカーの社長なんかとわけが違う。未払い金の金利は公定歩合で、なんて言いませんから」

応酬話法のポイントでもある、笑いを巧みに会話にまぶして答える村西とおる。

私は往年の応酬話法の醍醐味を味わいつつも、きついひと言を発した。

「外注スタッフは辛いですよね」

すると眼前の人物は表情を変え、語気鋭く言い返してきた。

「許してくださいっておれが言えば気がすむのか、おまえ。誰を代表して来てんだ」

「未払い金があるという事実について聞きたいんです」

「誠に申し訳ない……。さっきも言ったじゃないか」

「未払い金はマンモスとかスーパーMMCに預けていると思っておいてくれって言ってましたよね」

マンモスもスーパーMMC（市場金利連動型定期預金）も、一九九〇年代初頭の金融商品である。このへんの会話に時代背景が垣間見える。

本来なら追及するはずの中澤慎一編集長が、私の質問を遮る。私はなおも「ひと言コメントがほしい」と迫ると、「申し訳ない。もうちょっと待っていてください」と村西とおるは答えるばかりだった。

「伊勢鱗《イセリン》さんとか外注監督へ何かありませんか」

「おれもがんばるからきみたちもがんばってほしいと……。おれが土下座して感涙のナミダを流せばいいのか？　そうじゃないでしょ。彼らだっておれがしょげたり、意気消沈した姿は見たくないんだよ。だから失敗は恐れない。おれはもう四十四だし、彼らはまだ若いんだ。失敗しなけりゃ大きくならねえんだ。おれだっていままでどれほどの失敗があった？　八木でもそうだったし。そのたんびに大きくなってきてる。自分を鼓舞しないと最近街で言われるんだよ。『もう一度立ち直ってください』って。アハハハ。そんな風にしか見られていないのかと思ったりするんだけど、いや、嬉しかったりするけどね」

中澤編集長が村西とおるに、またもや手がけるという衛星放送事業について話を向けると、村西とおるはとたんに女性社員に「ちょっとおコーヒーお出しして」と、猫なで声を出して、笑いを誘うのだった。

パンフレットを手に取り解説しだす。

新メーカー発足という話題も語り出す。

「やりますよ！　この春くらいには撮りたいと思ってますよ。地獄を見てきた男がつくる作品を見たいっていう気持ちはみんなあると思うんだよね」

中澤編集長が「じゃあ発足前に教えてくださいよ。取材に行きますから」と言うと、「当たり前でしょ、『ビデオ・ザ・ワールド』に教えないでどこに教えるの？」と返すのだった。

一九九三年五月号の同誌に載せたこの独占インタビュー記事の末尾に私はこう書き記した。

生きることは本当に難しい。

44年間で天国と地獄を体験してしまった男が、そのことを一番痛感しているはずだ。

読者諸君、村西とおるのあの声が聞ける日がやっと近付いてきたんだ。

最後の一文を私は万感の思いを込めて綴った。

ぴりぴりした現場はいまでも記憶に残っている。

衛星放送事業、新メーカー発足――村西とおるが興す新事業は迷走する。

＊

一九九三年九月、一人の男がビデオ業界を揺るがせた。

佐藤太治という成り上がりの事業家が、「ビデオ安売王」というセルビデオを販売するフランチャイズを全国展開しだしたのだ。

店舗数は拡大の一途をたどり、店舗に置くセルビデオ作品が足りなくなった。

「安売王」オリジナルのセルビデオ作品を大量に制作しようと、佐藤太治はテレビプロデューサーのテリー伊藤を総合プロデューサーに迎えた。『天才・たけしの元気が出るテレビ!!』（日本テレビ系）、『ねるとん紅鯨団』（関西テレビ系）、『浅草橋ヤング用品店』（テレビ東京系）といった過激で、ドキュメントタッチのお笑いを得意としてきた天才演出家だけあって、地上波ではできない企画を相次ぎプロデュースした。

プロレスを一軒家でおこなって家ごと破壊する『一軒家プロレス』、延々と正門前を映し出す『名門女子大学周辺環境ビデオシリーズ』、『整形美人ができるまで』、黒人街で喧嘩を売る（清水大敬がニューヨークまで行って撮った）や富士の樹海探索（自殺死体を発見してしまう）といった過激な映像をおさめた『地下ビデオ』シリーズ、他。

私が紹介した二人の監督、日比野正明は女教師物を撮ってヒットを飛ばし、おたく特撮を得意とする河崎実は、全裸シリーズとして『飛び出せ！全裸学園』『全裸女社長漫遊記』といった作品をヒットさせた。

テリー伊藤は、元部下だった高橋雅也という男を安売王に総合プロデューサーとして派遣した。高橋雅也は『浅草橋ヤング用品店』に出演し人気を博した中華料理人・金満福が中目黒に店を出したとき、テリー伊藤に指名され支配人になっていた。荒くれの料理人たちをうまくまとめる指導力があり、飲食業に向いている人物だった。飲食業で生きて行く覚悟を決めたかに見えた支配人は、セルビデオのプロデューサー職に不満そうだった。

まさかこの人物がのちにAV業界に殴り込み、勢力地図を大幅に塗り替える革命児・ソ《S》フト・オ《O》ン・デ《D》マンドの高橋がなりになるとは、当の本人も周りの人間も想像すらできなかっただろう。

いくらか遅れて村西とおるも招聘され、日活ロマンポルノで人気を博した小田かおるを起用し『実録・若奥様　小田かおる』を監督した。結婚引退していた小田かおるを復活させた本作は話題にもなり、よく売れた。

勢いに乗った村西とおるは、ビデオ安売王で得意の大量生産で撮り下ろしていく。

セーラー服を着た若いモデルたちが、やかんや鍋を持って、黒木香がやったように感じたときは一回、ぐっと感じたら二回、最高に感じてしまったら三回叩くという懐かしの演出であった。もっとも四十七歳の村西とおる本人は狂言回しのように登場するだけで、男優は若手を起用している。お手軽の乱作的内容だった。

安売王の快進撃は長くはつづかなかった。資金繰りがうまくいかず、あえなく倒産する。

その一方で、佐藤太治と安売王は大きな遺産を残した。

全国には安売王のフランチャイズチェーン店が大量に残ったままだった。

いままでレンタルビデオ店が主流だった市場に、セルビデオの販路が開けつつあった。

時代は大変革を迎えていた。

セルビデオが隆盛になる種はこのときに蒔《ま》かれたのだった。

＊

ビデオ安売王からの仕事で相当の額を得た村西とおるだったが、すべては借金返済にまわされた。

それでも過酷な取り立ては待ってくれない。

強面の男たちが村西とおるの仕事場を訪れ、返済を迫る光景もしばしば目撃された。

ヤクザ記事専門の実話系月刊誌の編集部を私が訪れたとき、編集長が「村西さん、大丈夫？あっちこっちの組から居場所を尋ねてくるんだけど」と心配そうに尋ねてきた。

村西とおるがもっとも借金返済の過酷な取り立てに苦しんでいた時期は、一九九四年から九六年にかけてだった。

返済できなければ命の保証もないようなぶっそうな所からも多額の金を借りていた。

口封じのために赤城山や筑波山の山中に人間を埋めてしまうという噂話、死体をドラム缶にコンクリート詰めして東京湾に沈める、といった噂話が都市伝説として流布されるが、実は現実にトラブル処理としておこなわれているのだ。

私が過去に取材したとき、何度も似た話を聞き、ときには死体が発見されたことが報道された。表社会の金融機関からも裏社会の闇金業者からも金を借りた村西とおるは、この時期、命がいくつあっても足りない危険な状態だった。

金を貸していたある男が、しびれを切らして、村西とおるにこんなことを言った。

「監督、一緒にドライブに付き合いなよ」

男は村西とおるに五千万円を貸していた。

のらりくらりと返済を遅らせる村西とおるに、とうとう最後通牒を突きつけたのだった。

「おれと一緒にダムでも見に行こうよ」

罵声を浴びせるのではなく、あくまでも落ち着いた声だったのがよけい村西とおるを緊張させた。殺意を秘めた人間は、いざ決行しようとするとき、緊張のあまり声は静かになる。

ダムというのも死体処理として、裏社会では時々使われる場所だった。

男は村西とおるを助手席に乗せて、一路、群馬県のあるダムまでメルセデスを走らせた。

「監督、おれはもうあんたから返してもらうの、あきらめたから」

「いえ。必ず返します」

「もういいよ」

「そうおっしゃらず。必ず必ず返しますから」

「いいよ、もう」

車内は無言のまま、夜の闇を疾走していく。

山を登っていくと、遠くからダムの水門から水が落ちていく音が聞こえてきた。

メルセデスが止まった。

男は物騒なものを持っているかもしれない。背中に突きつけられ、ダムに突き落とされたらすべてが終わってしまう。

「悪いけど、監督、ここから飛び降りてくれないか。五千万いらないから。このままだとおれの気持ちがおさまらないんだ……。あんたが死んだらおれもあきらめがつくから」

死が現実のものとなりつつある村西とおるは、必死になって言葉を繰り出した。

「社長！ もうね、どんなことがあっても私を生かしたほうがいいですよ。ええ。私は単なるAV監督じゃありませんよ。ええ。物を売らせたら日本一、そういう世界を持ってる男なんです。ご存じのようにね。私はね、とにかくね、何をやらしてもね、日本一だったんですね。借金なんてね、あっという間にね、日本一のスピードでね、返せます！ それじゃなきゃこうして堂々とあなた様と付き合ってここまで来てお話なんかしてませんよ。ええ、そういう自信があるからね、一緒に車でも来るし、このダムにも来てるんじゃないですか」

ダムの音が暗がりから不気味に鳴り響く。

このときの心境を当人が語った。

「まさかダムまで連れていかれるとは思っていなかったからね。五千万ぐらい借りてたからね。やっぱり金貸した本人もさ、貸した自分自身のやりきれなさに対して憂さ晴らしをしたかったんだろうね。だから相手の気持ちわかるのよ。おれも人に金を貸したことたくさんあるから」

ダムの底深く沈みかけた危機だったが、前述の必死の訴えかけが功を奏し、命は失わずにすんだ。

衛星放送をやってきた関係で、村西とおるは受信機を取り付けるアドバイスをしたときもあった。日本の裏社会で実質的に頂点に立つある人物の寝室に入って、受信機をセットしたこともあった。裏社会で生きてきた男たちには、村西とおるにどこか親近感を感じるのか、心を許すところがあった。

ダイヤモンド映像が羽振りのいいころ、金を貸してくれ、と村西とおるのもとを数え切れないほどの人間が訪れ、金を借りていった。そのほとんどは返ってこなかったが、村西とおるは返せ、と言うこともなかった。

村西とおるから金を借りたうちの一人、ある映像関係者は未発売のビデオを担保に金を貸してくれと言ってきた。中身を再生したら売れそうもないVシネマだった。それでも「じゃ、わかった」と村西とおるは即決で三千万円を貸した。

ダイヤモンド映像が倒産した後に、シティホテルのコーヒールームで仕事の打ち合わせをしていた。するとあのVシネマを担保に三千万円借りたまま返さない映像関係者がいた。

「監督、どうもお元気ですか」

「なんとかやっていますよ、それじゃ」

借金まみれになっている自分を見せたくないので、挨拶をすると村西とおるはその場を立ち去った。

村西とおると打ち合わせしていた男が、まだその場に残っていた。それを知らずにあの映像関係者が信じられない言葉を発した。

「なんだ、あのバカ、まだ生きてたのか？　借金でとっくに死んでるもんだと思った」

耳にしてしまった男は、憤ってコーヒールームを出ると、村西とおるに追いついた。

「先ほど監督と会った男がいましたよね」

「ああ、知っているんだ、前から。何か言ってた？」

「いやあ、『なんだ、あのバカ、まだ生きてんのか？』って言っていましたよ」

何を言っても敗残者は言い訳に聞こえてしまう。

そう思って村西とおるはその場を立ち去った。

『ビデオ・ザ・ワールド』を中心に活発な評論活動をしてきた奥出哲雄が興したAVメーカー・アロックスが、資金繰りに苦しくなると、村西とおるは一億円を融通した。アロックスが倒産した後も、返済するようにと言うことはなかった。

「人に金を貸してもらったらね、返せなかった人も返してもらえなかった人も悲しむし苦しむ。よくわかりますよ。借金取りの話だけでもね、面白い話が山ほどあるんだ。ありとあらゆる金貸しから借りてたからね。それをちょっと本に入れるか」

新宿副都心の薄曇りの空を見遣りながら、サービス精神旺盛なこの男はおのれの恥になる体験談も開陳しだした。

＊

「金貸しってさ、いろいろな野郎がいるんだ。都心の歓楽街にさ、韓国人の金貸しがいるんだよ。ビルの一番上の八階に事務所があるんだ。そこに月一回、金利を払いに行くわけよ。まあ何十万ですよ。けっこう高い金利で借りてたんだよ。そこの金貸しの事務所にいるある女性がさ、とってもおれを気にいってくれてね。あるとき、『エレベーターの中で気をつけてよ。うちのエレベーターにはね、隠しマイクが入ってるから。絶対にエレベーターの中で、独り言でも変なこと言っちゃダメよ』って教えてくれたわけ。『どういうことですか？』と聞いたら、そこは人間の裏だよね」

最上階の事務所には一階のインターフォンで名前を告げてからでないとエレベーターには乗れなかった。

金を借りに来た人間がエレベーターの中で「あの高利貸し野郎」と言ってさんざ悪口を言いながら、エレベーターから降りるとたんに「会長！　尊敬している私の命の恩人です！」とおべんちゃらを言ったり、借りた後でもエレベーターの中で「あのバカ」と口汚く罵ったりしたりする。

高利貸しの会長は人間の裏の顔を観察しながら金利を決めたり、貸したり貸さなかったりしているのだった。

人間の心のあやを操る天才・村西とおるはピンチをチャンスに変えようとした。

「おれはエレベーターに入った途端に、『天国のかあちゃん、いまね、K（会話では実名）さんという命の恩人のところにお金を返しにいくんだ。とってもいい人なんだ。天国のかあちゃん、見ててよっ』って一人芝居すんの。ウワハハハ。それで事務所に入ってから、『会長、よろしくお願いします』と最敬礼ですよ。金利払ってまた支払いを猶予してもらったら、余裕で出てきて、エレベーターに乗って『天国のかあちゃん、見てた？　いい人だったでしょ。ほんとに素晴らしい人なんだから。Ｋ会長、ありがとうございます！』ってまた一人芝居だよ。ハッハッハ。もう毎回、今度はこういう芝居してみようって演技プラン組み立てて。だからおぼえめでたくなっちゃってよ。『おまえは陰日向《かげひなた》ない人間だ』っていう話ですよ」

裏社会の金貸したちは、みな、「会長」と呼ばれていた。

事務所は数人しかいないのに、見栄を張ってか、責任追及されても曖昧な役職をつけようとしてか、とにかく「会長」なのだ。

そういえば村西とおるもまた北大神田書店時代から「会長」だった。

都心の一等地で金貸しをしているある「会長」がいた。村西とおるはこの会長からも金を借りようとしていた。

「その日はね、手形の決済が迫ってたの。三千万ぐらい必要だったのかな。で、前日にもう貸してもらえるって約束とってたんだよ。当日もう一回あらためて確認したんだ。三千万を手形決済に間に合わせなきゃいけないからね。よし、いまから会長に電話しようと思った途端に、向こうから電話がかかってきた。

『あ、もしもし、監督？』

『あ、会長、どうもどうも。今日一時半ぐらいにお伺おうと思ってるんでよろしくおねがいします』

『監督よお、申し訳ない』

『え、どうしたんですか？』

『今日ね、監督に貸すはずの三千万、貸そうと思ってたのに、いまこの目の前にいるこの鈴木、この野郎！　三千万持ってくることになってたのに十一時に、それを監督に貸そうと思ってたのによお。この鈴木、この野郎！』

バーンと手で殴ったりする音。電話の向こうで一人芝居してんの見え見えなんだけどね。アハハハハ。

『この野郎がよお、監督よ、三千万待ったがかかっちゃったんだよ。監督、申し訳ない。せっかくなんだけど、今日の三千万はちょっと勘弁してくれないか』

突然言われたっておれは、わかりましたって言うわけにいかないでしょ。『いやー会長、それはまずいですよ』と抗議したら、『そうか、そうだよな。この野郎、天下の村西監督になんだこの野郎、恥かかせるつもりか！　監督、電話口で困ってるぞ』って、また電話の向こうで殴る真似だよ。

『いや、監督よ、ほんとはこんなこと言いたくないんだけどな。このお金はな』

『どの金ですか？』

『いや、おれの友だちんところに行ったらさ、そのぐらいの金は用意できるんだけど、いやあ、もう金利が高いんだよ』

『いや、この際、金利なんか言ってられませんよ。いいですよ』

『そうかあ？　高いぞあいつの金利は。使ってほしくない金なんだけど。しょうがないな』

『いいですよ、もう。どんな金だってかまいませんよ。会社が潰れちゃうんだから』

『そうか、悪いなあ、使ってほしくないんだけど、わかったわかった。いまおれの友だちに電話して、ちょっと聞いてみるから』

聞いてみるもなにもないよ、一人芝居してんだから、この野郎さ。あんた一人芝居してんでしょと、この期に及んで言うわけにはいかないから、『会長、申し訳ございません。月に五分だったやつ、七分ぐらいでもかまいません。お願いします』と言ったよ。そしたら『わるいなあ、こんな高い金利で監督に使わせたくないんだよ。いや、わるいなあ、おれも七分取らせてもらうよ。それとよお、監督よお、おれもよ、社員抱えてるから、監督とのこのやり取り全部聞かれてるんだよ社員に。監督だけえこひいきしたって言われるから。こいつらが、余計なことをあっちこっち言って歩くと思う。やっぱりおれも商売だから、監督、三パーセントだけ置いてってよ、手数料で』と言ってきた。

この野郎の一人芝居ですよ。要するに、月に五分ぐらいで貸すのつまんないなと思うと、そういうわるふざけするわけ。おれも資金繰りしてがんばろうとしていた時期だったから、金利なんか高い安い言ってられなかったんだ」

＊

村西とおるの応酬話法のように言葉を駆使して生きている職業がある。

ヤクザである。

彼らは暴力もふるうが、言葉によって相手を意のままにあやつるテクニックを身につけている。よく言われることだが、ヤクザは毎日十九時台に放送されている『NHKニュース7』を見ながら、画面に向かってキャスターにいちゃもんつけて、恐喝するテクニックを磨いているのだ。相手の言葉尻をつかまえて徹底して痛めつけ、身ぐるみ剝《は》がしてしまう訓練を日頃からしているのだ。彼らにとってみたら、相手のどんな言葉でも脅して金をとることができた。

村西とおるは暴力金融からこんな目にあった。

「あるとき高利貸しのところ行ってさ、おれもバカだから、余計なこと言わなきゃいいのに、いろいろお世話になってたからね、以前見て感動したハリウッド映画をお土産に持っていったのよ。

『会長、これ面白いビデオテープ持ってきました、どうぞ観てください』

『そうか、どんなテープだ?』

『感動的です。目から真珠の涙が出ますよ』

『本当か、監督! そんなに?』

『素晴らしい、必ず泣けます、真珠の涙が……』

『ほんとか? 真珠の涙か』

二日経って、夜中に電話がきたよ。

『監督よお、こないだ借りたビデオテープ、いまから観ようと思ってるんだけどさ。京都からよ、宝石の鑑定士呼んでんだよ。このビデオ観たらよ、出るんだよな、ほんとに。真珠の涙がよ』

『え? なんですか?』

『監督、前に言ってくれたじゃん。真珠の涙ってよ。ほんとに真珠の涙が出るかと思って、宝石の鑑定士呼んでんだよ。監督、嘘じゃねえだろうな?』とこれだよ。

『会長、ちょっと待ってくださいよ』

『いやいや、監督ダメだよ、男に二言はないだろ。後で観たら電話するから』

二時間ぐらい経って電話かかってきて、

『監督、涙は出たけどよ、水なんだよな』

『いやいや、会長、真珠ってのは例え話でしょうよ』

『ダメだよ、おれはまっすぐな男だから。いま若い衆行かせてるから。おとしまえつけるからちょっと待ってろよ』

二十分したら、若い衆が本当に三、四人やってきて、鑑定士代やらなにやらでまた金をふっかけ、借金が増えた」

取り立ては過酷で、どんな所にも押しかける。

村西とおるが住んでいる集合住宅にある朝、百戸以上のドアに「村西、金返せ！」の貼り紙が貼られた。

一戸ずつ平謝りしてビラを剝がした。

住人の青年から、「あんた、日本から出て行ったほうがいいよ」と吐き捨てるように言われた。

私が新刊本のイベントを催し、村西とおるがゲストに登場したときも会場に複数の取り立て人たちがやってきた。

村西とおるが人生相談を連載している月刊誌『ＷｉＬＬ』編集部にも「原稿料は村西じゃなくてこっちに振り込んでくれ」といろいろなところから電話が入ったと、花田紀凱編集長（現在・『月刊Ｈａｎａｄａ』編集長）が村西とおるに話したこともあった。

裏社会の金貸しはなにもヤクザばかりではなかった。

明治期以来我が国の司法関係に代々携わってきたエリート一族のある人物も、金貸しをしていた。

村西とおるがこの人物に「ちなみに参考までに聞いておきたいんですけど、だいたいどういうところを見て金を貸すんですか？」と尋ねてみた。

昔から、旅館業、飲食業の女将たちは客の経済状態を見るのに靴を見るという。洋服の手入れが行き届いていても靴まで手入れが行き届いていないのは、うわべだけ金を持っているように見せているものだ。

村西とおるは自分の身になることなので、金貸しに執拗に尋ねてみた。

「外見ですか？　顔ですか？　それとも目ですか？　指の爪ですか？　やっぱり靴ですか？　Yシャツの白さですか？　それともズボンの折り目ですか？」

著名な金貸しはこう言った。

「そんなとこ見ないよ。人間は忙しくなってくるとな、頭に手が回らなくなってくる。人間は忙しくなってきても靴だとかYシャツとかそんなもんは簡単に手入れできる。でも頭ってのはね、やっぱり時間がかかるんだよ。金に困ってくるとその髪を整える時間さえできなくなってしまう。頭がきちんとしてない奴には、おれは金を貸さない」

もともと髪の手入れはしてきた村西とおるだったが、これ以降さらに気を遣うようになった。

命を担保にした高額の借金を返済する日々は、村西とおるの心身を徐々に蝕んでいった。

今日中に現金八千万円を渡さなければ身の危険が迫る事態に陥った。

京都の金貸しのところまで飛んでいった。

借金の申し出をしている最中、携帯電話が鳴った。

村西とおるは携帯電話を無視した。

「出たらええ」

会長が勧めるので、村西とおるは携帯電話に出てみた。

母親の声が聞こえてくる。

「いま、会議中なんで……」

村西とおるは実母に「あとからかけ直すから」と言い付けて携帯電話をきった。

「おふくろさんか？」

「はい」

初対面の金貸し屋から今日いったいいくら借りられるだろう。おそらく今日初めて会ったのだから、貸してくれるというほうが無理というものだ。だが、それでも頼んでみなければ。

「会長！　よろしくお願いいたします」

村西とおるが深々と頭を下げた。

その瞬間だった。

目の前が真っ赤になった。

分厚い檜でできた大型テーブルに、ぼたぼたと液体が落ちた。

ぼやけた視界で必死になって突然起きたハプニングの原因を突き止めようとした。だが薄黒い液体がどこから出たのかわからない。

視界のわるくなった右目を拭いてみた。手が真っ赤だ。

「おう、大丈夫か？」

それまで威厳を保っていた金貸し屋の会長が心配そうにのぞき込んだ。

テーブルに落ちた液体は、村西とおるの右眼球から噴き出した血だった。眼球の毛細血管が切れて血があふれ出したのだ。

凄まじいストレスが心身に影響を及ぼすことは広く知られている。体の抵抗力が落ちて、粘膜の毛細血管が破れ出血することがある。私もまた父が交通事故死して数日後、血尿が出た経験がある。

眼球から出血した村西とおるが、当時いかに耐えきれないほどのストレスを味わっていたのかという証左であった。

「目から血を流すほどの情熱があるんや。ええよ、貸すよ」

村西とおるも、このときのハプニングは鮮明にいまでも記憶していた。

「その会長は私と同い年でね、若いころ少年院にも入って下積みから出世した苦労人なんだよ。初対面だったけど十五分で八千万円貸してくれた。人を動かすのは情熱だよ。殴ったり蹴ったりで人は動かせない」

＊

なかには、金を借りてくれ、と向こうから火だるま状態の村西とおるに言い寄ってくる金貸しもいた。

金を貸すときにこの人物は先に百万円を利息として天引きする抜け目のないところがあった。

「知る人ぞ知る超有名な映画関係者から、『監督にどうしても会いたいっていう金貸しがいるんだよ』って言われて、会ってみたんだ。この人物は、ある戦後最大級の経済事件で逮捕された著名経済人の後ろ盾になっていた男なんだよ。〝闇の金貸し王〟と裏社会で呼ばれてきた男でさ。飲み屋で会ったよ。

『村西監督、おれのお金を使ってくれないか』

『いやいや、めっそうもない、私はそんな高いお金をお借りして、回せるほどの余裕はないんです』

『いや、金利はいらないんだ。金なんて持っといて邪魔にならないんだから、使ってみればいいじゃないか』

中国の新手のIT企業アリババに何十億か渡した孫正義さんみたいなセリフだよ。二、三億でいいっていってるのに、二十億も貸してやって、大儲けしたあのやりかたですよ。

『こういう意味だから使っときゃいいんだよ』

『そうですか、じゃあ、お言葉に甘えて』

それで三千万円現金で事務所に翌日行って借りたの。そのときに『いやー、監督の作品を見てみたいな』って言うの。

『かまいませんよ。現場ですか？　いいですよ』

『おれんちでちょっと撮影してくんねえかな』

『いいですよ』

それでこの人の大邸宅まで撮影に行ったよ。置き物でも何千万するようなのがごろごろしてる。そこで本番撮影してると、そのオヤジさん、ちんぽ出して部屋の隅でしごきはじめた。見たらビール瓶の大きさですよ。あとで聞いたんだけど、国民的人気のある女優と付き合ってる。いい女だよ。おれも電話代わったことあった。『村西でございます、お噂はかねがね』とか言いながら、あのでかいやつで……と妄想したよ。まあそれはいいとして、で、人の撮影現場に来たらセンズリして発射して、『監督、また来週おいでよ』って言うんだ。見てないと興奮できないタイプなんだね。

『じゃあ来週。監督、お金要らないの?』

『いや、そりゃお金はあったらいいですよ』

『じゃあ一億でも使って』

それで一億借りたの。で次の週行ったらまた一億。次の週行ったらまた一億。三億借りたの。その金を、おれも馬鹿だから、金に困ってるある事業主に貸してやったんだ。おれもさ、意外と人を信じちゃうほうだから。そしたらどこへ行ったんだあの詐欺師野郎。関連の会社が倒産したらそいつも消えちゃったよ」

村西とおるの借金返済話を聞いていると、一億二億の金がまことに軽く感じられる。五十億円に膨らんだ借金によって、村西とおるは貨幣の物神化を否定しかかっていた。

村西とおるに気前よく金を払う人物もいた。

「安売王のオーナー、佐藤太治が会いたいって来たわけ。おれに会いたいのたくさん来てんだよ。それで料亭に呼ばれて、一席設けられた。村西監督に仕事してもらいたい。数をつくってほしい。一本三百万円の予算で百本つくってくれと。三億予算ありますからと。それで例の小田かおるだとか、昔撮ったあの横須賀昌美なんかも交えてつくった。安売王はすごく金払いはいいんだな。初対面で『三億出します』ってなかなか言えないでしょ。そういう金払いの良い人間で言えばね、ダイソー。ダイソーの矢野さんっていう社長がいるよ。ある日、六本木にあったおれの事務所にトントンって来てさ。倒産したばかりだからあんまりたいした事務所じゃないのよ。『矢野でございます』と名刺出すの。横浜のかまぼこか持ってきて。『ちょっと監督さんにお話がありまして。私どものダイソーに、監督さんの作品を出してもらえないか』と言うから、『いいですよ、やぶさかじゃないですよ』。『CDで百円。我々三千店舗以上あるんでね、だいたい二百四十万枚』。『二百四十万枚っていうと一枚たったの四十円だとしても一億の金必要ですよ。残念なことに私は二百四十万枚つくるだけの現金がない。こういうのは現金でないとつくれないんです。だからね、いい話なんだけども、捻出するということは難しいですね』とおれは断った。

ところが、『いえいえ、それ先払いしますよ』ということになって一億何千万現金で先払いしてきたんだ。二百四十万枚、のちほど五十万枚、DVDもダイソーから注文があった。だからね、調査してだとか調べてとか確認してとか、とりあえず半金でとかじゃないんだ。そういう気風《きっぷ》のよさがあって、今日のダイソーがあるんだね」

仕事運も金運にも見放された男に、一つだけ、幸運がもたらされた。

仕事と金のことしか頭になかった男を、根底から変えたある出来事が空から舞い降りてきたのだ。

第16章

4枚

村西とおるの息子がお受験で使った画用紙の枚数

一九九四年（平成六）――。

村西とおる四十六歳のとき、最後までついてきた乃木真梨子と結婚すると、二人のあいだに男児が誕生した。

最初の結婚で女児と男児を授かったものの、仕事が忙しくてまったくかまってやれなかった。歳《とし》をとってから親になると子煩悩になると言われるように、村西とおるも人が変わったかのように、乃木真梨子とのあいだに生まれた男児を慈《いつく》しんだ。

ダイヤモンド映像時代は会社に寝泊まりし、休みもなく一年三百六十五日働きずくめだった男が、子どもができたら毎週末はどんなに忙しくても必ず休みをとり、公園や川や海で遊ぶようになった。金はないからもっぱら子どもと追いかけっこしたり、魚を釣るくらいしかできないが、それでも全力で遊んだ。

寒い冬は愛児のほっぺた、手足を父が両手でさすって温めた。成長していく子どもの写真を壁一面に貼り付けた。写真は増えつづけ百枚以上になった。畳の間に布団を敷き、親子三人、川の字になって寝た。

家庭を自ら放棄したかのようなダイヤモンド映像時代からは想像もつかない変身ぶりだった。

「近場だと千葉県の清水公園が面白い。関東周辺のあらゆるところ行ったからね。昭和記念公園、代々木公園、明治神宮の森にはカブトムシがいたぞ。ソフトバンクの孫正義さん、ユニクロの柳井さん、どでかい豪邸を建てたけど、それよりも新宿御苑、明治神宮、代々木公園が自分の庭だと思ったほうがよほど遊べるよな。去年は伊豆諸島の利島で魚釣り、カジキマグロを釣ったよ。つい最近は八丈島に行って釣りしたよ。男の子には最高にいい。もう入れ食いですよ。三十キロ級もどんどん釣れちゃうから。港から四十キロの沖合に出て釣るんだ。命がけだよ。子どもがいなければ、もうやさぐれちゃってるよ。五十億の借金に前科七犯、女房とセックスした一部始終を世間の皆さまにお披露目してきた男だよ。会社倒産させて行くところないんです、と嘆く社長がいるけれど、こっちは女房とセックスして無修正で何百万の人に見せているんだから。ねえ、そうでしょ。会社倒産させた社長だって、街の雑踏に紛れ込めば、どこの社長かもわからないのに、おれなんか、人混みにいても、いたぞー！　ってみつかっちゃうんだから。再就職もパートタイムもままならないよ。でもね、逆境もまたよし。団塊世代の一人としてあと二十年は最前線でがんばろうと思っています。まだまだお役にたちます。バター犬のように使ってみてください。ナイスですね」

子どもが生まれた一九九四年は、村西とおるにとってもっとも幸福なときであると同時に、借金返済を迫られるもっとも過酷な時代であった。

金の借りられる金貸し屋なら、たとえどんなに暴利だろうが借りて、他の借金返済にあてた。返せど返せど明日が見えない。

＊

ダイヤモンド映像時代には、専属女優や新人と組んずほぐれつの性交をやってきた村西とおるであったが、新たに飛び込んでくる二十代のＡＶ女優たちは、村西監督と言われても、生まれる以前から活躍してきたこの男の経歴など知るよしもない。

そのころの村西とおるが得意の調子で証言する。

「撮影のときでも、なによ、このオヤジ、なんて顔で見てるからね。わたしのことイカせられるって？　吹くんじゃないわよ、なんて顔してね。マネージャーは『監督のこと、すごい人なんだぞって、話しておきますから』なんて言うんです。余計なこと言うな。そんな必要ない。ただひたすら貢献するセックス。どう？　水のようなセックス。うがいしてください。お尻の穴すすいでください。そんな水のようなセックスをするんです。ジャニーズ系の燃えるようなセックスもいいけれど、オヤジたちの水のようなセックスこそ、素晴らしい。さすれば、いつしか若い女も、手の平返しがものすごい。こんなの初めて！　と言わしめるわけですよ。わたしのお父さんより十歳年上なのに、すごい！　どう、見直した？　男は五十過ぎから、と絶叫しますよ。いままでのセックスなんだったの。これがフルコースよ。ファンタスティック！」

村西とおるは、AVを通してあらゆる事象を論じられる識者になっていた。

話は日米の性文化の違いに及んだ。

アメリカでは、性に関してオープンに見られがちだが、モラル上からも、女性の人権が強いことからも、作品化する際には、暴力的なセックスやレイプは御法度、常に笑顔で合意した性行為をおこなわなければならない。日本では露出シーンは厳しいが、作品の内容は自由である。

なんでも合意の上に、恥じらいもなく結合部分がアップで映し出されるアメリカンポルノは、すぐに飽きられる、と村西とおるは断じる。

そこにいくと、日本のAVは様々な方法論がある。

「やっぱりエロティシズムというのはコントラストですね。着物姿が気品があって、知性もある、よんどころなきご家庭に生まれたような雅やかな女性がいざセックスのときに乱れまくる。そのコントラストですよね。お姫様のようなお顔している女優やフィギュアスケーターが、いざ脱がせてみると、ドドメ色の小陰唇もっていたり、愛液、ぱっと泡噴くようなね。そうでしょ？　すごく使い込んじゃってたってのがわかったとき、まさかあんな清純そうな大女優のアナルが横笛縦笛吹けるくらいに、ぷくぷくプクプク開いていた。まさかアナルやフィストファックやっていたとは思わなかった！　とわかった瞬間ね。その現実に直面したとき、男って相当テンション上がるんです。

逆さ吊りにされたり、つねられたり、強く縛られて、もっと興奮して、もっとお露が出ちゃうこともあるんです。ハッピーハッピーのセックスばかりじゃないんです。イヤイヤイヤと言いながらも本人の性欲爆裂し、クリトリスがエンドウ豆みたいになっちゃう状態があるんです。そう言っても、アメリカでは違うと言う。バカ言ってんじゃないよ。アメリカのポルノなんか世界に相手にされないよ。何言ってるんだ。誰もがうらやむハッピーな人間でありながら、犯してしまう禁断の世界があるんですよ。やむにやまれぬ世界があるんですよ。アメリカみたいに、除夜の鐘突くような出し入れするだけじゃ飽きられちゃう。日本には世界に冠たるＡＶがあるんです」

ＡＶの帝王と呼ばれ、現在のＡＶ産業の繁栄ぶりを語るとき、村西とおるは日本のアダルトビデオの多様さを力説する。

「我が国のＡＶはなんでもあり。テレビではやらせになっちゃうけど、ＡＶならそれもまた許される。たとえば近親相姦の母子が撮影現場に来てそこでセックスをさせても、お母さんと息子がいつもニコニコしてやってるわけですよ。もう背徳の匂いがないんだよ、日常的なものだから。兄妹でもそうですよ。もうその時点で完結してるわけですよ。本物連れてきても。たとえば本物の不倫カップルを連れてきて、やってもらってもダメ。普段の当たり前のセックスしかしないから。背徳の匂いがないんだよ。たとえば近親相姦のAVなら、女優さんに演じさせる。（女声になって）『よしおくんね。これ以上やるとお母さん死ぬわよ。もう本当に殺虫剤飲んで死ぬからね』。（今度は少年のような声になって）『母ちゃん！　もう絶対、絶対、これでもう最後だから。一回だけ中に出させて！』。（また女声になって）『中出しなんかできるわけないじゃない』。（また少年の声で）『口に出させて、約束するよ』。（また女声で）『口に出すけど漏れちゃったらどうしよう』。（いつもの村西口調にもどり）こうおたがいセリフ言わせて進めていくと、凄いなあ、近親相姦、とそう思うでしょ？　嘘しか本物って描けない場合があるんです。禁断の世界を自分が言葉でつくっていくわけだね。肉付けをして」

＊

メディアの前では確固たる村西とおるの世界を語っていたが、内情は火の車であった。九〇年代半ば、支払いがこれ以上遅れたら命の保証もない状態に追い込まれた。村西とおるはやむにやまれず薄消しビデオの制作にとりかかった。

薄消しビデオとは、モザイク、ボカシ、といった部分を極端に薄くしたもので、実質的にはほとんどボカシになっていない無修正に限りなく近いものだった。

アメリカに輸出する作品ということで、村西とおるは薄消しビデオを得意の大量生産方式で撮りまくり、コピーして売った。毎月三十タイトルを制作し、二年間で七百タイトル、毎月七千万円を返済した。

警察から、最近歌舞伎町に大量に出回っている裏ビデオの七割は村西とおるの作品だ、と言われたほどだった。

一九九六年——。

新しい録画ディスクが話題となり、家電業界の次世代五兆円産業として注目を集めたのがデジタル《D》ビデオ《V》ディスク《D》であった。

フロッピー三千六百枚分の情報の記録が可能になり、四時間の映画も収録できる上に、従来のビデオやレーザーディスクよりも高画質で半永久的に音質、画質共に劣化しない。

だが録画可能のＤＶＤプレイヤーが市場にまだないため、鳴り物入りで売り出されたＤＶＤは苦戦を強いられていた。

村西とおるは、このＤＶＤソフトの数が絶対的に少ないことを見越して、ＤＶＤ用の二百五十分の長尺作品を撮り下ろしたのだった。

一九九七年一月十八日夕刻——。

埼玉県川口市のレストランで、村西とおるが撮り下ろした『愛が泣いている　さすらい』という二百五十分の長尺ＤＶＤ作品の完成記念パーティが催された。

白い布が張られたテーブルにはこの新作に関わった人々がそろっていた。私の隣に村西とおるが腰を下ろした。

元美容部員でダイヤモンド映像の専属女優だった乃木真梨子と結婚し、一児の父親になった村西とおるはやっとつかみかけた幸福のせいか、いくらか太っていた。

照明が落とされて、スクリーンに『さすらい』の映像が映しだされた。

ヤクザに愛児を殺された親が復讐を誓うといったストーリーが延々と流れる。

車のテールライトがにじみ、遠い昔聴いたことのある歌が流れてきた。克美しげるが歌った『さすらい』であった。哀愁のあるいい歌だ。もっとも私にとっては克美しげるが歌った一九六三年放送のテレビアニメ『エイトマン』の主題歌のほうがなじみがある。

克美しげるは、一九六四年に発売された『さすらい』が大ヒットになり六四年と翌年、二年連続でＮＨＫ紅白歌合戦に出場した。清涼感あふれる歌い方でファンも多かった。

流行歌手についてまわるのが人気とヒットの波である。次第にヒット曲が出なくなり、表舞台から姿を消しつつあった彼が、再起を賭けて一九七五年再デビューした。新曲『おもいやり』キャンペーンのために北海道へ向かうことになった。このとき問題が発生した。再起を図るベテラン歌手は妻子がありながら離婚したと嘘をつきホステスと付き合い、ヒモのような関係をつづけていた。ホステスは克美しげるの借金を肩代わりし、トルコ嬢（当時の名称。現在はソープ嬢）になって尽くした。克美しげるは彼女を安心させようとしてか、わざわざ写真館で花嫁衣装の彼女と偽装結婚の写真まで撮っていた。ホステスは克美しげると北海道に同行すると言い出した。聞き入れられないと、正妻に今後のことを直談判すると詰め寄った。女性スキャンダルが表沙汰になるとカムバックの障害になると考え、一九七六年五月六日遂に殺害、知人の車のトランクに死体を隠し羽田空港の駐車場に停めたまま北海道へキャンペーンへと旅立った。

五月八日、遺体が発見され北海道で逮捕。羽田空港に降り立ったときは両脇の刑事に腕をつかまれ、タラップを下りる姿が中継された。かつての人気歌手が殺人罪で刑事たちに囲まれてタラップを下りる姿は、まるで映画のワンシーンのようであり日本中に衝撃を与えた。

八月二十三日、東京地方裁判所は克美しげるに懲役十年の実刑判決を下した。

紅白歌合戦出場経験のある現役歌手が殺人事件を犯した、芸能界の歴史はじまって以来の事件だった。

一九八三年十月出所するとその足で被害者の両親のもとに克美しげるが謝罪に出向き、多くの記者、芸能レポーター、カメラマンに囲まれながら、被害者の父と克美しげるが隣同士に並び、謝罪の一部始終が生中継されるというショッキングな映像がお茶の間に流れた。

「お父さん、あなたの横にいる男はその手でお嬢さんの首を絞めたんですよ」

芸能レポーターの無慈悲な質問に、父親は横にいる殺人者に言葉にならない抗議の声を発し、克美しげるはうつむき、泣きじゃくり、謝りつづけた。

芸能界史上、というよりも戦後社会において、殺人者と被害者遺族が横に並びカメラ前でやりとりを公開したのはこれが初めてであり、プライバシーや人権保護が一段と厳しくなった現在ではけっして見られない弾劾だった。克美しげるは自らの犯した罪を懺悔するかのように、フラッシュを浴びつづけた。その後、克美しげるは芸能界を引退、かつてのバンド仲間で元マネージャーの推理作家・大谷羊太郎に支えられ、カラオケ教室を開き歌唱指導をおこない、再婚も果たした。

ところがストレスから覚醒剤に手を出し、逮捕され懲役八ヵ月の実刑判決を受けた。克美しげるが犯した殺人事件の際には多くの芸能界関係者からの減刑嘆願書が集まり支援の輪が広がったことで懲役十年という温情判決になったが、今回の逮捕で多くの支援者が離れ、克美しげるはまた孤独な道を歩くことになった。

仕事を失い離婚した克美しげるに手を差しのべたのは、村西とおるだった。

「やっぱりね、『人生は諦《あきら》めちゃいけない』ってのは、おれ自身のモチーフなんだよ。諦める所以《ゆえん》が何一つないと。だからね、美しい諦めとか正しい諦めとか、ある種『誇れる諦め』ってのはあるんだろうけどただ唯一、諦めなきゃいけないっていうのは、人を殺した人間ですよ。それは自分の人生も諦めなきゃいけないよね。人を殺すってのはね、自分を殺すと同じなんですよ。僕はそれを二人知っている。一人は克美しげる。本人に『どうしてアンタ殺したの?』って聞いたらね、『殺さなかったら自分が殺されるんだと思いました』って泣き崩れたよ。もう一人はね、佐川一政ですよ」

克美しげるは村西とおるの誘いで今回の『さすらい』に出演し、紅白で歌ったこの曲を主題歌として提供していた。

尾を引くテールライトの映像に克美しげるの名曲が流れると、小林旭の日活映画を観ているような気になってしまう。そのずれ方がまた村西とおるらしかった。

百本契約の途中で身を引いた清水大敬も悪役として作品に登場している。

村西とおるはリポビタンDを飲みながらあくどいヤクザを演じていた。幾度となく取り立てにあった身ゆえ、演技もリアルだ。

今回の出演を機会に再び歌手活動をおこなう覚悟を決めた克美しげると話してみた。

隣には若い女性が座っている。

再婚した夫人で、三十一歳年下という若さだ。

「また罪を犯してしまいました」

克美しげるはそう言って苦笑いした。

デビューシングル『失恋レストラン』（一九七六年）で新人賞を総舐めにし、役者でも活躍してきた清水健太郎も席にいた。

彼も覚醒剤取締法違反容疑で三回目の逮捕となり、つい最近出所したばかりだった。

先輩俳優・岡崎二朗があちこちに清水健太郎を使ってくれないか、と持ち込んだが、なかなか仕事を与えるところはなかった。そんなとき、主演級の役を清水健太郎に与えたのが村西とおるだった。

会場では、村西とおると同じテーブルにつく懲りない面々を見て、いったい全部で前科何十犯になるのだ、とささやく声もあった。

北公次、佐川一政、克美しげる、清水健太郎――村西とおるは脛にいくつも傷をもつ人間が好きだ。

AV監督にしても、伊勢鱗太朗、豊田薫、清水大敬といった男たちが、才能がありながら不遇をかこつときに声をかけている。

ドラマ物のAVを撮るときも、脚のわるい青年、盲目の画家、前科者、女から相手にされない青年、といった人々を登場させる。

そこに自身を投影し、苦行を背負わされた人間を応援したくなるのであろう。

＊

借金返済のために必死になって働いた。

その間、職業安定法違反で逮捕された。

セルビデオを大量生産しているとき、労働大臣認可の免許もなく出演者を紹介したという容疑だった。これは罰金刑ですんだ。

報道は一切されなかったので、メディアのインタビューでもシラを切ることだってできたのだが、律義に一犯付け加えるのも、負けず嫌いの男らしい。

借金五十億円とあわせて、以後、村西とおるを紹介するときの枕詞のように「前科六犯、借金五十億円」というフレーズが「前科七犯、借金五十億円」に変わった。

DVDに移行することを先読みして制作した長尺物の大作だったが、売上げは思ったほどではなかった。

のちにDVD版は当たり前になるのだが、村西とおるは少し早すぎた。

この間も借金返済は待ったなしにやってくる。

「日本映画 新《あたらし》」という新会社をつくり制作をはじめかけたが、すぐに行き詰まり、新たに「ニューシネマジャパン」をつくったが、すぐに潰れた。

クリスタル映像からダイヤモンド映像へと、あのころは何をやるにしても百戦百勝だった。面白いように打つ手が当たった。

ところがいまはどうだ。

何をやってもうまくいかない。

返せど返せど、金利分をわずかに返すだけで、借金は減らない。

本業のＡＶでもビデオ映画でも、以前のように当たらない。

おしゃれだった村西とおるだったが、いつ会っても同じ服を着ていた。シミがついたままだ。

斜めがけしたバッグにはあまり金になりそうもないＤＶＤらしきものが入っていた。

マスコミ業界でも、村西とおるは終わった、という風評が流れた。紙袋を両手に提げて新宿駅地下道をふらふらしていた、という精度の高い目撃証言も出てきた。

このころのことを村西とおるは、土下座癖がついた、と自嘲する。

住んでいる集合住宅から朝、女房と息子が夫が出かけるところを見送る。そのとき、借金取りがやってきた。

村西とおるはその場をおさめるために、精一杯の誠意として、土下座した。

すると、頭に何か柔らかなものが当たる。

年端もいかぬ息子が父の頭を撫でたのだった。

妻子を巻き込んでしまった自分の身を呪った。

ほとんどの人間が相手にしないとされたとき、一人の男が村西とおるを追っていた。

一九九九年から十五年間、一人の人物を追うにしてはあまりにも長い期間、常にカメラを手にして追跡していた。

その人物とは、ＡＶ監督・高槻彰だった。

高槻彰は中央大学時代から映画制作に携わり、ゆくゆくは映画監督になろうと夢見ていた。

アルバイトでやったＡＶという新たな創作手法が新鮮に映った。すぐに撮影ができるビデオに比べたら、いろいろ準備が必要なフィルムの映画はまだるっこしかった。ビデオはそのまま自分の考えが反映される新しいメディアだった。

ＡＶ監督になった高槻彰は、自己と他者をとことん追い詰めるマゾヒスティックとも言える作風で高い評価を得てきた。

『淫絶11日間同棲』（ＶＩＰ・一九八七年）では、高槻彰自ら出演し、ＡＶ女優・奥田かおるとマンションで十一日間に及ぶ契約同棲の一部始終をカメラで記録する問題作を撮った。

主演女優の心の中まで入って撮る、心も体もきつい、精魂込めた作品だった。

本来なら、男優を起用して同棲生活を撮るのが常道なのだろうが、高槻彰はあくまでも彼自身を題材にして、女優と共犯者関係で作品を完成させようとした。

か細い声で、押しの弱そうな男なのだが、内面には誰にも真似のできない情欲が燃え上がっている。それを見せつけた傑作が『竜介・トオル＆ミミの特出し劇場』（アリスジャパン・一九九〇年）である。

人気漫才コンビ・紳助竜介を解散して仕事が激減した竜介は、ＡＶ業界で監督や男優にチャレンジしたことがあった。本作では、レポーター役として竜介が登場している。ミミはストリッパーで、トオルはミミのヒモだった。高槻監督は二人の関係に刺激を与えようと、男優をミミにからませて、隣室でトオルに観賞させる企画を提案した。

「僕らのセックス、マンネリ化しているからね。ミミが他の男とからんだらどうなるんか、スケベ心もあります」

鋭い顔つきのトオルが高槻監督に答えた。

「他の男性を知ってみたい？」

監督の質問に、ミミは「いえ」と恥ずかしそうに答える。

撮影日当日。

個室でいよいよミミが男優に抱かれようとしている。隣室ではモニターでトオルが煙草を吹かしながら見守っている。ミミが下になって男優の陰茎を頰張ると、トオルは「サンドバッグないんですか？」と、監督に八つ当たりしだした。ミミと男優が恋人のように濃厚なキスをすると、いきなりトオルは怒りと嫉妬から頰を自分の拳で何度も殴りつけた。いまにも隣室のミミと男優を殴りに行く勢いだ。

トオルがまた自分の拳で頰を殴った。高槻監督が「彼女は仕事でしてるんだから」とトオルに落ち着くように助言するのだが、トオルは「だったら、これからあいつ一人でやっていけばええんや！」と絶叫した。

最初は恥ずかしがっていたミミも、言葉とは裏腹に、トオルのとき以上に男優との情交を堪能しだした。トオルはなおも拳で頰を殴りつける。竜介と共に付き添いで来ているAV女優がトオルにやさしい言葉をかけた。

「心の中ではトオル君のこと、絶対に思っていますよ」

ミミの乳房に男優の精液がふりかかった。

ミミが感想を述べる。

「思ったよりも緊張せずにできました」

女とはなんとタフな生き物なのだろう。

「感じたんかい！　ワレ！　きれいごと言うなっ！」

トオルが壁を蹴り飛ばして乱入してきた。高槻監督がトオルを押さえつける。

「気持ちはわかる。殴るんならおれを殴れ！」

トオルは壁を蹴り飛ばす。高槻監督と取っ組み合いになった。高槻監督が思いっきりトオルを殴り飛ばした。

「殴ってくれ！　誰かおれを押さえてくれっ！　頼む！　一人でずっと生きてきた。誰にも助けを求めず。おれを人間社会にもどしてくれたのがミミなんや。そうじゃなかったら、ヤクザになってヒットマンやってるよ！　なあ、ミミ！　おれと結婚してくれえっ！」

泣きじゃくるトオル。

だが、ミミは激情にかられるトオルの懇願を聞き入れない。

男女の心理を残酷なまでに描ききった問題作だった。

「最初は竜介さんを主役にして、スワッピングを撮るはずだったんですが、だんだん主役がトオルになっていったんです。でも竜介さんは脇になっても気にしない、とてもいい人でした」

高槻監督の作品には、シナリオは存在しない。あるのはレポート用紙一枚だけだ。

「必要最小限のことしか書かないんです。そういうほうが好きなんですよ。それに自分が追いつめられていくほうが好きなんです。自分が追いつめられたいんです」

この作品は『ビデオ・ザ・ワールド』誌上にて一九九〇年度最高傑作の評価を得た。

その高槻彰監督が、今度は村西とおるを追いかけるというのだ。

ダイヤモンド映像全盛期、高槻彰監督はドキュメンタリー作品として撮らせてくれないか、と村西とおるに申し込んだときがあった。

そのときは村西とおるから断られたが、高槻彰はどん底にいる男がいかに生きていくのか、過程を目撃したかった。

村西とおるもまた、あえてどん底にいる自分を高槻彰に撮らせようと被写体になる決意をした。監督同士だからこそはじまった共同作業であった。

いつ完結するかもわからないまま、高槻彰は粘り強く被写体を追った。

撮影期間は十五年にもおよんだ。

＊

村西とおるの薄消しビデオは、ネットの海外配信による無修正ビデオに取って代わられ、儲けが出なくなっていた。

村西とおるがＡＶに関わった一九八〇年代半ばのころのように、女の裸さえ写っていれば飛ぶように売れたあの時代ではなくなっていた。

ネット時代になって、若い世代は少年時代からスマホの無料動画で裸をいやというほど見てきた。エロに金を使うという習慣がない世代の出現だった。

若いうちから裸を見てきたことで、成長すると女の裸を渇望するようなハングリーさはなかった。いわゆる草食化現象だった。

エロに金を使うのは五十代以上になっていた。

バブルが崩壊しデフレがつづき、さらにリーマン・ショックで中年世代が金を使わなくなると、ＡＶやエロ本に対する支出が大幅に減った。不況に強いと言われてきたエロ産業に地殻変動が起きていた。

ビニ本・裏本を刷って通帳記入しに行くと、一回の振り込みで通帳が繰り越しになってしまうあの時代はもう二度とやってこなかった。

新宿駅地下街で両手に三つ紙袋を提げて、どこに行くでもなくふらついていたのは事実だった。

気力体力尽きてぺたんとその場に座り込めばそのままホームレスになっていた。

なんとか踏ん張っていたが、もうぎりぎりの状態だった。

子どもが生まれた自宅にいても、仕事がないから居場所もなかった。

代々木公園や新宿御苑が平日の昼間、時間をつぶす場所になった。

一日も休まず、会社をねぐらにして、働き通しだったあのころとは別人だった。

借金返済で懐はいつも寒風が吹き荒れていた。その日の食事代にも困ると、自分を追っている高槻彰監督から一、二万円を借りて急場をしのいだ。

真冬の代々木公園で時間をつぶしていると、ホームレスに間違えられた。

知人に車を借りて、行商に回った。

昔の作品を持って歩いても売れなかった。

六本木通りを渋谷方面に行くと西麻布の交差点にさしかかる。そこを越したあたりで、村西とおるは車を運転する気力すらなくなった。

長年にわたる借金返済の苦労とストレスで心身共に限界に来ていた。

絶望のあまり頭が真っ白になり、運転ができなくなって車を六本木通りに急遽停めた。

真上からは首都高を行き交う車の走行音がする。全身から異様な脂汗が噴き出した。心と体が悲鳴をあげ、最悪の結果を予感させた。

ハンドルに顔を埋め、放心状態でいた。

初めて「死」という言葉が頭をよぎった。

楽になろうか。

もはやこれまでだ――。

どうやってこの身を処断することにしようか、まわらない頭をまわそうとした。

頭上の首都高から不気味な重奏低音が響き、死に神が手招きしだした。

汗は乾き、悪寒が走った。

そのときだった。

つけっぱなしのラジオからいつかどこかで聞いた懐かしい男の声がしてきた。

低音の渋い声だ。

「僕がいまあるのはね、村西監督のおかげなんだよ」

あの男だ。

番組で女性キャスターに向かって、村西とおるの名前を言っている。

このときのことを村西とおる本人が最近回想した。

「いまでも憶えてる。六本木通りを走っていたとき、もはやこれまでだと思ってさ、このまま猛スピードで突っ込んで何もかも終わりにしようかと一瞬思ったんだね。アクセル踏みそうになって、自分でもこれはまずいって、西麻布交差点過ぎたあたりで車停めて、気を落ち着かせようとしたんだけど、もうハンドルに顔埋めたまま何にもできないんだよ。そのときたまたまだよ、本当にたまたま、つけっぱなしにしてたラジオで聞き慣れた声が聞こえてきたのは。ラジオから、『僕がいまあるのは村西とおるのおかげだ』なんて言葉が流れてきた。あのころ、野田社長はイエローキャブ代表で、かとうれいこ、山田まりや、細川ふみえ、雛形あきこ、小池栄子、佐藤江梨子、MEGUMIといった人気アイドルを売り出して、本人も巨乳ブームをつくった男として有名になってそりゃもう飛ぶ鳥落とす勢いだったからね。芸能界でのし上がっていくときだったから、AV監督のおれとのつながりなんて一文の得にもならない。それでも、『自分がいまあるのは村西とおるのおかげだ』なんて堂々と言ってくれたんだからね。男気のある男だよ。よし、もう一回、やってみるかってなったからね」

目の前が霞んだのは、雨のせいだけではなかった。

＊

日本でもっとも荒っぽく金をばらまいていた男がいま、もっとも金に苦労していた。

目先の千円でも欲しかった。

金はなくても時間はあり余っていたので、息子と女房と三人で、もっぱらただで遊べる場所で羽を伸ばすのだ。

新緑の代々木公園で追いかけっこをしたり、子どもと一緒に地面に木の枝で絵を描いた。小さな画用紙に描くよりも、大地に描いたほうがずっと気分がいい。

冬になると、代々木公園でバイオカイトを空高くあげた。四百メートルの高さまで垂直に上昇する風力工学的につくられた凧は、冬枯れの空に吸い込まれていく。

風の魔術は幼い子どもの心まで空高く舞い上がらせた。

黒い影が覆った。カラスだ。

テリトリーを犯されたと思ったカラスが、バイオカイトに襲いかかる。父と息子はバイオカイトを操り、カラスを挟み撃ちにした。父と息子の共同戦線でカラスは撃退され、バイオカイトはさらに冬空に舞い上がった。

関東近郊のモンキーパーク、サファリパーク、アスレチックのような安く遊べる施設にも出かけた。

モンキーパークでは、三歳の息子の背中に猿が乗っかって、息子は泣きそうになりながらも必死になって耐えていた。親父はその姿がいたく気に入って、写真に撮って財布の中に仕舞っていた。

伊豆の海にもよく行った。

スキューバーダイビングをやろうにも金がないから素潜りだ。

親父は息子に素潜りをしてみせた。

蒼い海原に八月の太陽がぎらつく。

父はまだ潜ったままだ。

泡が海面に浮き上がる。

息子は親父の潜水能力に驚嘆した。

海面に泡が浮かばなくなった。

波間に漂いながら、息子は父に何かあったのか不安になった。

「お父さん……」

海面が揺れる。

波が八月の陽光にきらめいた。

まだ父親は潜ったままだ。

どうしよう。

波が騒ぐ。

不安は最高潮に達した。

そのときだ。

波間からでかい顔が飛び上がった。

手には見慣れぬ赤い物体を持っている。

「タコだよ」

岩場に上がると、親子でタコの観察となった。息子は生まれて初めて見る軟体動物に恐る恐る触れてみた。父から渡された棒でタコを突っついてみた。真っ赤だったタコは白く変色した。

海も山も川も自然は親子の学習室だった。

一晩に五千万円も散財していた男は、やっと心休まる気がした。

素潜りで何か海の幸を捕まえてきて息子に見せてやろうと、父はまた深く潜っていった。そんな父を見て、息子は父の職業が漁師だと思うのだった。

身の回りの物はすべて遊び道具に早変わりだ。

家の近くの小さな公園のジャングルジムで遊んでいた。息子は頂上に上ると、両手を広げた。

空は本日も高く蒼い。

父親も目に染みる青空を見上げた。こんなに蒼い空を見上げたのは何年ぶりのことだろう。

目の前を椋鳥が横切り、父は一瞬、視線を移した。

そのとき、息子がムササビのように両手を広げて飛び降りた。

受けとめるタイミングが一瞬、遅れた。

息子は地面に激突した。

猛烈な痛みで顔がゆがんでいる。

父は息子を抱き起こし、痛みを忘れさせようと抱きしめた。

いつでもどんなときでも下で自分を受けとめてくれると信じ切って、息子は飛び降りてきた。

裏切ったり裏切られたりの世界で生きてきた父にとって、こんなに人を信頼する人間がいたことは驚きでしかなかった。

もう一度息子を強く抱きしめた。

家に帰ると、薄い布団の中で親子三人、川の字になって寝た。

乃木真梨子と呼ばれていたころ、ダイヤモンド映像のイメルダ夫人と噂されたが、最後まで村西とおるについてきたのも彼女だった。

どこの母親も子どもにはいい環境で勉強してもらいたいと願っている。

女房には苦労をかけっぱなしだったから、女房の意見を少しでも聞こうと、小学校受験など永遠に無縁だと思っていた村西とおるは、記念受験でもいいから受けさせてやろうと思った。

そこは全国のトップクラスの秀才が集まる超有名小学校であり、政財界人、一代で財を成した起業家の子弟、他を圧するほど優秀な子どもたちが受験するエリート校であり、そのために受験用の英才教育を施す受験用進学塾があるほどだった。

男子約六十名、女子約三十名足らずの合格者に入るために、親子で取り組む受験競争は、〝お受験〟と呼ばれた。

小学校受験で最難関とされ、エスタブリッシュメントがもっとも強く我が子の合格を熱望するこの小学校に、借金漬けの村西夫婦は無謀にも息子を挑戦させようとしたのだった。

試験当日。

日本中から将来を嘱望された受験生が集まった。

図画の試験がはじまる。

試験官が受験生たちに向かって、画用紙に課題の絵を描くように指示を出した。受験生たちは一人ずつ教室の前に行き、置かれた画用紙を一枚、取ってくると、席にもどり描きだす。

村西とおるの息子が画用紙を取りに行った。

試験官が意外な顔をした。

一枚、二枚、三枚、四枚。

大地を画用紙に見立て、木で絵を描いてきた息子にとって、たかが一枚の画用紙では自分の絵心を発散するにはあまりにもスケールが小さすぎた。

机に縦横二枚ずつ四枚の画用紙を並べると、一気に描きだした。

子どもの収まりきれないスケール感に、教官が言葉を飲み込んだ。

面接試験。

横にずらりと並ぶ教官たちを前にして六歳の受験生たちが一人ずつ部屋に入り、受け答えしていく。進学塾で徹底して鍛えられた受験生たちは、将来どんな職業に就きたいか、試験官に尋ねられると、ノーベル物理学賞をとるような科学者、アフリカで難病を治療する医師、フランスで活躍する管弦楽団指揮者、日本の財政赤字をなくす財務大臣、といった壮大な夢をはきはきと答えた。

村西とおるの息子の番になった。

ベテランの面接官たちが、やさしそうな笑顔で迎えた。

面接官が父親の職業欄を見た。

父——草野博美
職業——映像会社経営
中身はともかくとして肩書きに偽りはない。

村西とおるの息子に質問が飛んだ。

「あなたは将来何になりたいですか？」

息子の脳裏に、父と遊んだ愉快な光景が次々と浮かんできた。

代々木公園でバイオカイトをあげてカラスと対決したこと。公園の地面に小枝で落書きをしたこと。モンキーパークで猿にしがみつかれて、恐怖に耐えているとと、お父さんがおかしそうにシャッターを切ったこと。ジャングルジムのてっぺんから飛び降りたら、お父さんとタイミングがあわなくて地面に激突したこと。あんときは痛かったなあ。海に潜ってなかなか上がってこなかったときは心配したっけ。

大好きなお父さん！

だから少年は大人になったら、大好きなお父さんと同じ仕事がしたかった。

答えは自然に口から出てきた。

「僕は……………僕は……………漁師になりたい」

＊

二〇〇一年早春――。

お受験界に衝撃が走った。

最難関の名門私立小学校に合格した六十名の男子の中に、ＡＶの帝王と呼ばれ、借金五十億円を背負った男の息子が入ったというのだ。しかも母は以前ＡＶ女優として世の男たちを虜にしてきた。

村西とおるのもとに、ほとんどすべての新聞、出版社、放送局が押しかけた。

村西監督と息子とのお受験戦争。どんな育て方をしたのか。父と子の涙の受験必勝法。母の愛情が子どもに与えた効果。高視聴率、ベストセラー間違いなしだ。

受験教育に造詣の深い教育評論家や関係者ほど、この小学校に村西とおるの息子が受かった事実に驚嘆した。財力もコネもない村西とおるの息子が受かったことは、あらためて息子がいかに優秀だったかという証左でもあり、息子を育ててきた村西とおるとその妻がいかに感嘆すべき育て方をしていたのか、教育関係者は今後の研究課題にしたいというほどだった。

村西とおるは無言を押し通した。

人間のドラマは、一代で終わるのではなく、何代も何代もつづく。

村西監督が親子の本を出す気がまったくないと知ったメディアは、それならばと私のもとに押しかけ、なんとか口説いてもらえないかと迫った。

六本木の仕事場を訪ね、聞いてはみたが、村西とおるは、おれが子どもで飯を食うわけないって、おまえが一番知ってるだろう、と言うばかりだった。

＊

二〇〇二年暮れ――『ＦＲＩＤＡＹ』に村西とおるを載せることになり、カメラマンとともに仕事場を訪れた。

「この部屋に来ると『終わったね』なんて言うやつもいるけど、こっちははじまったつもりなんです。この一年？　まったくなにも変わらない。（カメラマンに向かって）先生、どうぞお茶を。百円ショップダイソーで十二月から売り出すんです。出荷枚数百五十五万枚。いままでの作品群と新作をＣＤで売るんです。第二の流通革命ですよ。年間で五千万枚ダイソーを通じて売るから。大きく書いてよ」

新作群はどれもナマ写真がパッケージ代わりで、妙に卑猥である。

「月三タイトル、セルビデオとして発売してるんですね。撮影は非常にシンプルですよ。畳二畳あればいい。昔はグランドキャニオンじゃなきゃ納得しない、飛行機飛ばさなきゃ、バスでホノルル市内走らなきゃ、横浜ベイブリッジを駅弁で横断しなくちゃダメだと思っていたんです。二十数年の歳月を経てたどり着いたのは、リアルなセックスを見せることです。畳二畳ソファ一枚あればいい。そこでしっかり、かつてこの娘が将来においても見せることのないエロをドスケベ映像を撮る。もれなくゆるみなく、わたくし以上の物を撮りきる者はいないだろうと自負しています。その空間を仕切っているのはわたくしですから」

在庫品と机、デスクで一杯になってしまう部屋で村西とおるは吠える。

「AV嬢にスターはいらないんですよ。飯島愛みたいに、『昔の映像、裏ビデオで出さないで』なんてばかなこと言ってる。なーにを言ってるんだ。おとしめられた？　どっちがおとしめてるんだ。AVというのは、空前絶後一回きり、ナイスな女性の嬉しはずかし、出来心のセックスを一回だけ見られる。それでいいんですよ。どう？　スターをつかわない。昔の私は出演する子に五百万も六百万も大金はたいてましたけど、いま私が払うのは二十万ですよ。ギャラ渡すとき、一万置いてってくれないかって顔するんだから。『FRIDAY』のカメラマン先生方も、タレントの撮影するとき、いちいちポラ十枚も切ったりして、むずかしい顔してますけど、私どもなんかポラ切ってるあいだに撮影終わっちゃうんだから。AVに出る女の子たちは、遅刻して早退して帰りたいんだから。そうでしょ。新鮮なうちにぱっと撮る。それがエロなんです。先生！お茶どうぞ！」

二〇〇二年当時、まだデジタルカメラは主流ではなく、表紙・グラビア撮影の際、ポラロイドで試し撮りしていた時代だった。

昭和二十三年生まれ、団塊世代の一員、村西とおるはこのとき五十四歳。

「団塊世代がそろそろ定年退職というなかにあって、おれはあと二十年後に最盛期を迎えたいね。それまで焦らず騒がず。螺旋《らせん》階段のような人生で、日々借金取りに追われてるけどよ。矢沢永吉が三十五億の負債を返し終わったというのに、なんで村西とおるが五十億の借金を返せないのか不思議です、と本気で思ってくれてる人たちだっているんだから。おれもそう思うよ。物を発信する立場の人間は、勇気や希望を発信することによって、おまんまいただいているんだから。あいつがいるからおれもがんばれる。おれだってもう一回頂点極めたい、そういう自分自身の意地がある。サラリーマンのお父さんたちも一回左遷させられちゃったけど、まだまだだなと、おれ見てがんばれる。そういう証明を見せないとおれなんか抹殺されちゃいますよ。身悶えしながらも、証明していくんです。過去を振り返るとみんな鬱《うつ》になるんですよ。反省し過ぎないことだよ。あのときあのとき、なんて思ってみても、こればかりはしょうがないんだから。おれたち団塊世代はまだまだ、最前線にいるつもりでなきゃ。子どもで食っていこうなんて、考えたこともない。女性の膝と膝の間の香ばしいバイオレットの匂いをかぎながら、奮励努力しているやつもいるんだから。年金あてにしたりしちゃダメですよ。あてにしてると三年以内に入院するんだから。これから定年退職は七十歳にしようなんていう動きもあるんだし、子どもの年齢考えたら七十歳は現役でがんばらないと。だから子どもが励みになってるんだよ」

一人息子が有名小学校に合格し、お受験界が大騒動になったころ、村西とおるは「ニューシネマジャパン」というセルビデオ会社を経営していた。六本木の小さなオフィスが村西とおるの新しい仕事場だった。

イタリアから直輸入した千万単位のソファと家具に囲まれた豪勢なダイヤモンド映像時代の室内に比べたら、いまの職場は倉庫のようだ。

「お受験の塾が、いったいご両親はどうやって息子さんと接してきたのか、うちの保護者に名誉講師として講演してくれないかだって言うんだよ。丁重にお断りしたけど」

壁には村西監督が書いた、新作セルビデオ宣伝コピーが短冊のように晴れがましく貼られている。


毛が多いから大陰唇がくすぐったい。

犯されて初めて知ったの。クリトリスの大きさを。

若妻は毛ぼたもちを舐めまわすのが大好き。


便所の落書きのような下品さ！

もしも村西とおるに講演依頼をしに来た教育関係者がこの便所の落書きのような文案を目にしたら一目散で退散するだろう。

村西とおるは露悪的ともいえるほど、以前よりもさらに創作エネルギーを下劣な世界で花開かせようとしていた。

「おれにとってみたら、どこの大学出身の監督が撮りました、どこの大学出身の作家が書きました、といったって、興奮しないし抜けないいんだから。おれは学歴でいい思いしたことなんて一度もないんだから。いかに仕留め汁を遠くに飛ばすか、いかに女性に潮を吹かせるか、という世界で勝負してきた男だから」

福島県立勿来《なこそ》工業高校卒の男は吠えた。

「おれに比べたら逆境と言えないような、つま先転びした程度の男が、すぐ死にたい、もうダメだと、女房の前で泣き叫ぶんですよ。聞けば、たいしたことじゃないんだよ。笑い転げるようなことなんだよ。もう僕はダメなんですって。ワーハハハハッ！　いま原点に回帰！　最近のタイトル見てよ。ほら。シリーズ『誰にもないしょにしてください』って。よく言うよねえ。六本七本出てる子よりも、初めて出演したって子のほうが新鮮なんですよ。そういう子が、状況が許されるなら、パンティそこに置いたまま、ハンドバッグだけ手にとって、この監督突き飛ばしあのドア蹴破り、助けてくれと叫びたい。その一瞬の隙をつき、ナイスなからみ撮りきります。専属女優制なんてナンセンスだといまやっと気がついた。おれも馬鹿なことやってたよ。一期一会のからみを大事にしたい。まだまだ出てない予備軍多くいますから。十本も出演してる子の何が見たいの？　そうでしょ。人生は一千年もないんだから。AVも千本見るのが精一杯ですよ。そりゃ吉永小百合なら別ですよ。撮影が終わったら、ふるさとに帰りなさい。不景気不景気って嘆いてるけど、一番安泰なのがうちみたいな業界ですよ。ドキドキハラハラしてたらダメ。あんまり騒ぎすぎないこと。国民の皆さんも、このたくましさを身につけないと。国の支援と援助を待っています、なんてダメ。そういうのは退場していかないと」

「村西とおるの子育て本は、無理ですか？」

「無理だって。まあ君が勝手におれから聞いた話、後で膨らませて書くのはいいけど。それでいいだろ」

村西とおるは、息子を超名門校に合格させた教育パパ、という新しい居場所が気恥ずかしいのか、前よりもさらに破廉恥度を高めて、ゲスの極みを放出する。

「団塊の世代の一人として言いたいことがある。お父さんたちは、家族からも尊敬もされず邪魔扱い、部屋に入れば、女房も子どもも口をつぐみ話題がなくなっちゃう。さあ、これからというときに、定年離婚されてしまう。ああ、骨身に染みるほど味わってきた貢献するだけの人生！　しかしご安心あれ。お父さんたちよ。あなたの貢献するだけの人生がきっと役立つときがくる。女のアナル、小陰唇、口いっぱい甘がみして、舐め尽くすんです。若造になんかできっこない。若造なんて自分がイキたいばかり。こっちはイカせたい。貢献だけの人生だから。若いやつらは、クンニができない、やってもほんの十秒。お父さんなら違う！　どうぞ、何回でもいっていいんだよ。自分の人生をもう一回おさらいしてるようなセックス。舐めて舐めて舐め尽くす！　そうすると、女たちも、ああ、オジさんとやりたいな、と思うようになるんです。お父さんたちは、メタボリックな腹を見たり、薄暗い照明の中で寝起きを見たりするから、自分に愕然とするんです。しかしあきらめるな。道に迷ったときには私に聞きなさい。細木数子に聞いたって、二丁目あがりのとっちゃん坊や、天草四郎の生まれかわりに聞いたって、ダメなんです。私に聞きなさい！　実際に数千人経験し生きてきたこの私に。借金五十億のこの私に！　ダイナミックにね！　体力の衰えはそれほど感じないけど、そんなこと言ってられない、自分の状況がそれを許さないから。いまが一番なんだから。若いときにもどりたいとは思わない。もしもだったら五歳のころ、無防備までに親父とおふくろに心を預けて日々過ごしてきたあの日ならもどりたいけど。もう一回やりなおす自信もないし。こんな借金抱えたおれですら、いまが一番ラッキーだと思ってるんだから。日にちが過ぎるの速いよ。あっという間だよ」

そして締めくくった。

「子どもってありがたいね。布団を敷いて川の字になって寝てるんです」

事務所の安っぽいチャイムが鳴って、佐川急便がＤＶＤの詰まった段ボール箱を取りにやってきた。

「なんだ。なんだ。金ならねえぞ」

受験戦線の勝ち組になった村西とおるは自ら段ボール箱を抱えて、佐川急便の青年に渡すのだった。

第17章

21歳

村西とおるが男優として復活したときの相手役、野々宮りんの年齢

二〇〇五年（平成十七）春——。

村西とおる最愛の母親が亡くなった。

享年八十八歳。

「おふくろには感謝してます。けれど一つだけ傷ついたことがある。私が幼いころ一人遊び、五時間でもブツブツやってるんです。そういう時間って子どもにとって大切なものなんですよ。うちのおふくろ、おれがブツブツ空想してたら、この子おかしいんじゃないかって、『何してるの？』ってよけいなこと言ってくるんです。そこで物を考えることを中断してしまった。『お使いに行ってちょうだい』『勉強しなくていいの？』。そういうこと言っちゃダメ。集中できない子になっちゃう。一人で三時間も遊べるってどう？　素晴らしいことですよ。子どもに物を考える時間って楽しいなと思わせないとね」

村西とおるは相変わらず、出版界から子育て論、教育論を出さないかという依頼が絶えることなく舞い込むのだが、子どもで飯を食うつもりはない、とにべもない。

「昔は金儲けの話と対警察の話ばかりだったけど。女房に言うんだ。週末、休んでないで、子どもと行動するんだ。楽しいなあ、不思議だなあ、驚くなあ、と子どもが感じるものを与えてあげるんだよ。近くの公園や四畳半では残念ながら感動と喜びは与えられない。感動を与えられるのは子どもと真剣に向き合ってないとダメ。いまはうちにはお金ない、なにもない、あるのは差別だけ、みたいなもんだけどさ。ハッハッハッハ。父兄会におれだけ最後に行ったんだ。先生は『お父様がそのようなお仕事なさってるの、少なくとも学年の親御さんが問題にするのは一人もいませんが、差別迫害いやな思いなさってませんか？』って言ってくれた。目頭が熱くなったね。

村西とおるが男優として復活したときの相手役、野々宮りんの年齢それで、どうだ、子育ては？　子どもは釣りが一番いいぞ。どこがいいか教えるから。今年（二〇〇六年）の正月、家族みんなで温泉場のスキーに行ったら、一月一日に転んで靭帯切る大けがですよ。レントゲン撮るんで、女房がおれの下半身担いでくれたとき、『ここまでわたしにやらせて。お弁当箱みたいなダイヤモンド買ってもらうわよ』って耳元でささやくんだよ。ワハハハハ！　いまは弁当箱も買えるかどうか危ないのにね。よくも言ったりですよ。ナイスですね」

金欠ネタはこの男の十八番になった。

「女房の夢は、オープンキッチンで子どもを見ながら料理をつくること。そんな夢も叶えられそうもないけど、女房は愛されてることが確認できればいいと言うんです。子どもに効くのはインフルエンザの注射、女房には夫の極太注射。おれはいまあらためて、女房が一番美しいと思うからね。子育ては手を抜けない。でも子どもに親は生かされるからね。息子がいなけりゃ、いまごろやさぐれてますよ」

＊

二〇〇六年十一月――。

村西とおるが初めて専属女優にしたあの沙羅樹は、どうしていたか。

偶然、沙羅樹ファンだった医師から道を尋ねられ、二人は恋に落ちた。

その後結婚し、夫の両親と同居して端から見ても仲のいい家族であった。毎日、互いを求め合った。

不幸の影が忍び寄る。夫の父の事業が傾き出すと、沙羅樹は貯金を下ろして助けた。そんな関係がつづくうちに、夫婦仲が冷えていった。

籍を入れて三年目で夫婦は破局を迎えた。

熱愛の夫婦も熱が冷めると、とたんに絆も脆《もろ》くなる。

離婚してまた一人になった。

毎日夫からかかってきた電話がもうなくなって、本当に一人になったんだなと実感した。

行きつけの美容室の知人にたまたまＡＶ関係者がいて、沙羅樹に復活の話をもちかけた。

伝説となっていた沙羅樹の名前はまだ業界でも通用した。

かつての恩師、村西とおるが付添人として沙羅樹の仕事先に同伴するようになった。

現場のスタッフは若手が多く、目の前の人物があのＡＶの帝王という異名をとるほどの大人物だったと知らない人間もいた。

村西とおるは新しい名刺として「マイケル草野」なるものを制作し、配って歩いた。

二〇〇六年晩秋――。

大手セルビデオメーカー「マドンナ」から『電撃復活』（監督・清水大敬）で主演を務めた沙羅樹と付添人の村西とおるに、恵比寿ガーデンプレイスの豪華な部屋で夜景を見おろしながらインタビューした。

村西とおるは、かつての専属女優の復活をあらん限りの美辞と卑猥な言葉で誉めちぎる。

「上に乗っかった沙羅ちゃんの腰使いが凄かったでしょう。おもわず男優の顔見ちゃったからね。まるでロデオマシーンのようだったからね。昔の幼さと違いますよね。私も沙羅ちゃんのＡＶ撮影現場に付添人として参加してきましたが、むしゃぶりつくようなセックスは、あらためて沙羅ちゃんが夫とハメまくっていたんだなあと痛感させられました。腰使いだって、卓球少女愛ちゃんのラケット返しのようなテクニックですよ。クイッククイック！　見ているこっちが、思わずもうなぶり殺しはやめてくれ、と言いたくなるほどなんですね。おちょぼ口のようなまピンクのアソコ。三十九歳だからいいんですよ。ハメきってるカラダだから！　これからまた沙羅樹の時代がやってきますよ！　ファンタスティック！」

沙羅樹、十四年ぶりの現場復帰だった。

ＡＶの撮影現場も様変わりして、一九八六年にデビューした沙羅樹も惑うことが多かった。

「最近のビデオは、からみが三回もあるんですね。しかも昔のと比べると、ずっとモザイクかかってないですね」

沙羅樹がデビューした一九八六年は疑似性交が主流で、真性の性交いわゆる本番物は少数だった。

沙羅樹はその数少ない本番派だったのだが、二十一世紀に入るとほとんどが性交をおこなう本番が当たり前となり、作中でも三回四回は平均的という時代になっていた。

男優が女性器に指を入れて、激しく出し入れして膣穴からおびただしい量の液体をほとばしらせる、いわゆる〝潮吹き〟も定番となった。

男優のテクニックも飛躍的に高度になった。

二十一世紀のＡＶ女優は、昔なら引退作でしかやらないような過激なプレイをデビュー作ですべて体験してしまう。

そんな過激な時代に、沙羅樹はカムバックしたのだった。

かつての教え子を励ます村西とおる。

「沙羅ちゃん、いいですよね。品性があって。ケツの動かし方が凄いね。手練れの男優が、出しちゃいけない声出してたからね。裏ビデオに流出したときの飯島愛。どっちらけだったでしょ。あそこの色素、一度抜いたくらいでお目見えしないと、あり得ない色語りだったでしょ。整形でピノキオの鼻の形したホステスばかりいるような韓国クラブに行くと、そういうあそこが多いんですよ。沙羅ちゃんのあそこは実にナイスです。こんなきれいなあそこ見たら、女房をはり倒したいほどになるでしょ。二度惚れしてしまう。うーん、生きててよかった！」

マドンナ・レーベルは、二〇〇三年、北都（アウトビジョン・グループ）の人妻・熟女専門メーカーとして設立された有力メーカーである。北都は北陸から進出したＡＶメーカーで、良質の作品と流通を改革した手腕でたちまちＡＶ業界の首位に躍り出た。

マドンナはその北都の中の一レーベルで、都内でも有数の超高級ビル、恵比寿ガーデンプレイスに北都の各メーカーが入り、受付にはダイヤモンド映像専属女優に匹敵するほどの美女が五、六名も対応していた。

村西とおる・沙羅樹のインタビュー場所となった応接室の広々とした窓から夜景を見おろすと、ある感慨に見舞われた。

本来なら、村西とおるは自分のグループ企業を従えて、ここから眼下を見おろしていたはずだ。

「マイケル草野」の名刺を持った沙羅樹の付添人・村西とおるは、いったい何を思う。

巨額の借金返済が両肩にずっしりのし掛かっていたころでありながら、元ダイヤモンド映像グループ統率者は、インタビュー現場でも脳天気な声を発して場を盛り上げるのだった。

＊

毛糸の正ちゃん帽をかぶり、地味なシャツを着た現在の村西とおるは、二昔前に比べると角が取れて穏やかな笑顔が前よりも多く浮かんでくる。

借金返済のころの話は思い出したくもないだろうが、この男にかかると、すべてをコントのような笑い話に変えてしまう。

インタビュー場所に選んだ四谷の喫茶室に備わっている個室の机には、快楽にいざなう妖しい小道具類が並んでいる。

話は村西とおるが借金返済のために数々の副業をおこなってきたが、その一つ、アダルトグッズ販売について語り出した。

その一つが「どかーんとナイス！」という筒状のベルトで男性器に装着する小型バイブのようなアダルトグッズだった。

夜のオモチャ類の使用方法を解説するときは、まるで香具師のように舌の回転もますます絶好調になる。

「まず私が提案したいのは、二十一世紀になって何が一番変わったのかというと、女性が解放されたこと、これですね。ニューヨークの女性たち、ジェミニーもダイアナもパトリシアもハイジーも、バイブレーターの五、六本当たり前のように持っています。そうですよ、マイ・バイブ。日本だって歌舞伎町、秋葉原のアダルトショップに行けば、麻利亜に怜於奈、亜由美に明美、OLがお試し用バイブ持って店の中駆けずり回っているんだから。そういう現状がありながらまだ男たちは加藤鷹の指の出し入れを真似ようとしてるんです。私に言わせれば十年遅い。女性たちは、男どもを差し置いてもはやバイブの五、六本と、ラブラドール・レトリバーの舌のざらつきがあればいいと言ってる。あんたなんてあっちいって、絶頂を得るにはもう男なんて頼らないわってことなんです。〝性〟は男に占有されたり所有されたりするものではない。知ってしまったんですよ。女たちは性というのは自分の人生の喜び悲しみ衣食住と同じようなものだと。さあ、そこにバイブレーター文明が花開いているんですね」

「どかーんとナイス！」を手にとって——。

「男たちの願望は、命朽ち果てるまでに一度でいいから、好きな女に『こんなの初めて！』と言わしてみたいということです。しかし、『こんなの初めて！』という言葉がなかなか聞こえてこない厳しい現実があります。バイアグラ、サプリメント、バイブレーター、秘密兵器の数々がありますけれども、なぜかお父さんたちは虚しく天空をにらみ、このまま死んでたまるかと、セリフをつぶやいているのみなのです。バイアグラ飲んで一物が下腹をポコポコポコポコ小太鼓のように打つのはいいのですが、なぜ奥様女性たちがバイアグラを歓迎しないかというとですよ、ただ痛いだけ固いだけ持続するだけで、テクニックとか愛撫とかその他もろもろ、セックスにおいて必要な『男っておいしい！』というものがないんですよ。それよりも、一秒間に三十回クリトリスを叩くバイブレーション、子宮口をなでまわすようなバイブレーターのほうが百倍いいわけですね。

でもね、バイブレーター使ったとき女性は気持ちいいけど、男たちは全然気持ちよくない、ふと我にかえったとき、おれってなんなの？　太平洋一人ぼっち状態。堀江青年どこへ行く。このギャップがあって、男たちをバイブレーターなんて使いたくないという状況に貶めてしまうんです。現実にバイブレーターを使われたとき、女性たちは潮吹いたり、顔面痙攣したり、鳥肌たてたり、糞尿撒き散らしたりするわけなんです。感極まって絶対切れることのない麻のシーツを破いてしまう。でも女性のほうも相手の男性のことを考えたら、バイブレーターを使うことが心苦しい。お互いにらめっこ状態でいるんですね。

さあ、どうしようか。女性に『どこが一番感じるの?』と聞きますと、『背中』とか『首筋』とか十五番目くらいの箇所を言うけれど、実際感じるのはあそこです。そして忘れちゃいけないクリトリス。一、二もなにもクリトリス。男は自分にクリトリスがないものだから、忘れちゃうんですよ。感じる三ヵ所は、クリトリスとGスポットと子宮口です。膣の中は、針で刺しても百人中九十七人は、いま何してるの、っていうくらい鈍感です。ですからこの三ヵ所! たとえば社会保険庁のお役人の奥さんが黒人と浮気して、『いい! いい!』と言うのは、長いペニスで子宮口を突かれるからですよ」

黒光りする装着用バイブ「どかーんとナイス!」を指に装着してスイッチオン。室内に振動音が流れ出す。

「まずはこの『どかーんとナイス!』を自分の体に装着することです。一体化すること。男も初めて自分の力で彼女をイカせたんだと手ごたえ感じる。まずはそこから。お父さんたちよ。ひからびたといってもいいかもしれないチンチンに装着して、あそこにロータ一三個入れて、あとは指先にはめてやってごらんなさい。かつてないようなリアクションがあります。そこにおちんちん入れれば膣内で夏目漱石先生の筆先のように微妙に刺激するんです。漱石先生、ありがとう。

お父さんたちよ。いつまでも、自分の腰の突きだけで満足してちゃいけません。三池炭鉱の炭坑夫じゃないんだから、ツキが出た出たツキが出たっていってる場合じゃないんです。お父さんたちよ。いまや若い女性たちは指や舌でいかせようと思ってはお門違いです。自らにフィットしたバイブを装着しなさい。すると、わたしを気持ちよくさせてくれるために、そこまで研究熱心だったのかと彼女は感動するはずです。敵を知れば百戦危うからず。男っておいしいと思わせるんです。日本経済をここまで成長させたお父さんたちにだって、待ってましたの世界がきっとあるはず。自ら『どかーんとナイス!』を装着してみなさい。まずはそこからです。さあ、いくらでもいきなさい。いけるものならと、男はカレーライスを食べたり、読みかけの小説を読んだり、好きなことやっていても、あとはもう女性が『こんなの初めて! 帰りたくない!』『119番呼んでください。点滴、打ってください!』。感じすぎて、腰砕けになって観葉植物にもたれこんでしまうでしょう。核心の三ポイントを波状的に攻められる。その途中に『好きだよ。愛してるよ』とささやくんです」

まるで大道芸人か香具師の口上か。

怪しさ満載、ギャグとして拝聴したらこれほど笑わせてくれるものはない。

その一方で、良識派が抱く嫌悪感をもろに刺激してしまう。

村西とおるの言語空間は狂気じみ、遂には膣内において。ペニスの先端が「夏目漱石先生の筆先」のように刺激する、という、おそらくは近代文芸史においてこれほどの比喩はないだろうという超弩級の表現になった。

もっとも、村西とおる流の弁舌ほど「どかーんとナイス!」が売れたという報告は届いていない。

＊

村西とおるを追っている高槻彰監督は編集作業のために、いつものようにパソコンに向かっていた。

目が疲れてきたので、小休止してメールを開いてみた。

大半は仕事関係のメールだ。受信メールの中に不思議なものを発見した。

卑弥呼？

どこかで聞いた名だ。古代日本の女王の名前がなんでまたメールに来るんだ。いや、卑弥呼という名前にはもう一つあった。そうだ、村西監督率いるダイヤモンド映像専属女優にいたではないか。

「わたしは昔、卑弥呼という名前で呼ばれていました。その節はお世話になりました。本当に監督に感謝しています、と村西監督にお伝えください」

まさか。

悪戯《いたずら》だろう。

高槻彰は、卑弥呼と名乗る女性からのメッセージを村西とおるに伝えた。

「いや、高槻君、それは嘘だよ。卑弥呼はおれのことをよく言ってないだろうから。そのメールはちょっとおかしいよ。『監督に感謝してます、お世話になりました』なんていうメッセージを高槻君に送るわけがない。いたずらメールだな」

「でもいたずらにしては真面目なメールでしたよ」

「だったら本当に卑弥呼本人なら、メールで質問してみたらいいですよ。『あなたが卑弥呼ならあなたしか知らないことをね、ちょっと話してごらんなさい』ってメールしてみてはどう？」

「わかりました」

高槻彰が、「あなたしか知らない監督との二人の秘密、なにかありますか？」というメールを送ってみた。

するとパソコンの向こうから返事がきた。

「わたしが知っているのは、〝玄界灘の裕次郎〟の件です」

村西とおるとともにヘリコプターやクルーザーでもてなされ、大理石の大豪邸に行ったときの大金持ちのあだ名をパソコンの向こうの主が送ってきたのだった。

村西とおるがこのときの驚きを語る。

「〝玄界灘の裕次郎〟という非常にユニークな男の歌を聴きに、卑弥呼を連れて行った小旅行があった話、この前したでしょう。思い出深い旅行です。それはおれと卑弥呼しか知らない話だから。〝裕次郎〟って言葉を聞いたときに、これは間違いなく卑弥呼だと思った。いろんな意味で思い出があって大切に思ってた卑弥呼だったよ。彼女も歳月が流れていろんなことあったと思うんですよ。で、いろいろあったけど、あのときは輝いてたし幸せだったたし、いまごろ、監督なにしてんのかなあという思いでメッセージくれたと思うんだ。おれはそのときに高槻君に、じゃあ卑弥呼と連絡とっておれと会うようにしてくれって言えば、会うことができたんだけど、おれは心の小さい男だから言えなかった。いま思えば恥ずかしいよ。あのとき会っておきたかった、会っとけばよかったと思う。それから何年も経って、『高槻君、あのときのメール、もう一回調べて。卑弥呼と会いたいんだけど』って言っても、あのメール、他のメールと一緒に削除したのかどっかいっちゃったらしいんだよ。なにやってるんだ。まあそういういきさつだったの」

卑弥呼は初恋の男と結婚したものの、しばらくして離婚、一時期イギリスに留学していたという。青春時代と重なるダイヤモンド映像時代のことが懐かしくこみ上げてきたのだろうか。

＊

借金返済のため、村西とおるはなんでもやった。

新宿スタジオアルタにほど近い一等地で立ち食いそば屋を経営したときもあった。

「立ち食いそば屋では一日十六時間働いてましたからね。家賃三百万、一日六百食売っても間に合わない。そのうち体壊したよ。内装費入れて総額五千万損したね」

うだるような猛暑の八月、新宿駅西口行きのバスに乗っていたら、新宿駅東口の通称スカウト通りにどこかで見かけた人物が車窓の向こうに立っていた。

立ち食いそば屋の宣伝のために看板を掲げたサンドイッチマンだ。

通行人の何人かが村西監督だと気づいたが、借金王はじっと前を向く不動のオヤジだった。その姿は、普段は埴輪のやさしい顔をしているが、悪人の非道を怒ると般若のような恐ろしい顔に変身する大映映画『大魔神』の立ち姿を彷彿とさせた。

立ち食いそば屋は一年ももたず閉店した。

中国でバスタオルが安く製造できると聞きつけると、バスタオルに豹やライオンといった野生動物のイラストや人気ＡＶ女優・及川奈央の写真をプリントしたものを大量販売した。

直販売しようと、夏の湘南海岸をはじめ、どこでも売れそうなところを見つけるとバスタオルを広げて売った。

結果としてはまったく売れなかった。

余ったバスタオルは、周囲の人間にもれなく無料で贈呈され、私も山のようにバスタオルをもらい、女房が、「台所にはこういうのが必要なの」と喜んだものだった。

立ち食いそば屋やバスタオル屋をやるよりも、エロで功成り名を遂げた男なのだから、エロに回帰すべきだという意見が多かった。

だがこんな見方もある。

ビニ本時代から村西とおるをよく知る、中澤慎一コアマガジン代表取締役だ。

「村西さんの息子が通ってる学校から、『学校も全力で守りますから』って言われたわけだよ。そう言ってくれたら、親も何か言われないようにと、タオル売ったりそば屋をやったり、エロ以外のことをやったんだよ。息子の手前、アダルト（ビデオ）でいつも騒がれるだけじゃなく、そば屋やタオル屋でやっていると名目だけでも置いておきたかったんだよ。偉いよ。守ってくれた学校も偉いけど。一応、村西さんもそれに応えようとしたわけだし。最終的にはうまくいかなくて、全部失敗したんだろうけどさ。でも息子と家族を守ろうとしたんだよ。あの人もうまくいくとは思ってなかったんじゃない？　立ち食いそば屋もタオル屋も。でもあんなにバイタリティーのある人っていないよね。ほんとは落ち込んでいるかもしれないけれど、我々の前では落ち込んだ姿を見せないじゃない。よっぽど、あったのかも知れないけどさ」

佐藤太治会長が立ち上げたセルビデオ販売店の一大フランチャイズ「安売王」が倒産すると、テリー伊藤の愛弟子だった高橋雅也は、全国に残留していた店舗に向けて、オリジナル作品を制作・供給するセルビデオメーカー「ソフト《S》・オン《O》・デマンド《D》」を立ち上げた。名前も高橋がなりに改名した。

テレビ制作会社時代にはいくらいい番組をつくっても著作権がないために、儲けをテレビ局に持っていかれてしまった。高橋がなりにとって、著作権の持てるAVメーカーをつくったことは夢の第一歩でもあった。

全裸面接、全裸運動会といった大がかりな作品を制作し、テレビディレクター時代に熟知した大道具の知識を活用し、中から外の景色が丸見えのマジックミラーを荷台に設置したマジックミラー号で街行く女性に声をかけて脱がせて、外の景色が見える臨場感あふれるドキュメンタリー風作品を撮ったり、地上二十メートルまで透明アクリルボードに乗った男女をクレーンで吊り上げ性交させる「空中ファック」を撮ったり、女優よりも企画優先で制作していった。いままでのAVは女優次第というところがあったが、高橋がなりは元テレビディレクターだった矜持から、あくまでも企画力、演出力で勝負した。そして当たった。テレビで鍛えた緻密なリハーサル、大量動員、ドラマティックな演出。いままでAV村のような閉塞していた世界に新しい風を巻き起こした。SODはセルビデオ業界だけではなく既存のレンタル系メーカーを含め、頂点に立った。

AV村の住人、日比野正明は独り立ちしてどうなったのか。

＊

池袋・平和通りのラブホテル街にある雑居ビルに事務所をもち、古巣のクリスタル映像で外注監督をやってきた。

「ヒビノ」というセルビデオメーカーを立ち上げると、二〇〇二年三月、破竹の勢いのSOD・高橋がなり代表から声をかけられ、SODグループの一員になった。

どんな会社かもわからないままクリスタル映像に入社したころは、AV業界に長くいるつもりなどなかったから、作品のテロップに写るスタッフ名にも本名を載せず、サラリーマン時代の後輩の名前を使用していた日比野正明だったが、いまとなっては会社名に堂々と戸籍上の本名を冠するまでになった。

日常生活における性欲をテーマにして、日比野正明監督は、次々と作品を演出・プロデュースしていった。

特徴的なのはその長いタイトルにあった。

『再婚した妻の連れ子は男だと思ったら、ショートカットの美少女だった?』(ヒビノ・二〇一三年)

『元レスリング部顧問で女体育教師の逞しい躰は男達の欲望の的。寄ってたかって犯されてトドメは種付け中出し』(ヒビノ・二〇一五年)

オナニストを自称する日比野正明は、画面の向こうの視聴者のことを思い、徹底した放出補助の作品を制作していった。

いまや世界共通語となった日本語の一つに、トヨタの合理的経営方式を示す「カイゼン」とならび、「ブッカケ」が仲間入りした。

ＡＶ女優の顔に男たちが放出する作品が二〇〇〇年代に入って売れに売れ、名づけて〝ぶっかけ物〟と呼ばれた。

作品が過激になるにつれ、放出要員の数が増えていく。彼らは汁男優、略して「汁男《シルダン》」と呼ばれ、ＡＶ女優に放出するだけの存在として、ＡＶ男優最下層に位置する男たちになった。

口は悪いが気が優しい日比野正明は、大部屋俳優と呼ばれた脇役専門の役者にも、しっかり演出をして重用した深作欣二監督のように、芸名などない汁男にまで芸名をつけて、ドラマに起用した。

日比野正明監督は、いつしか〝汁男の父〟と呼ばれるようになった。

汁男の素顔は様々だった。

無職もいれば、都庁職員、ＪＲ東日本職員、陸上自衛隊員、都立高教師、大手コンピューター会社社員、東北県庁職員。国論を左右する日本有数の某大手新聞論説委員もいた。論説委員は二十数年におよぶ痴漢経験があり、痴漢物に指導員としてレクチャーしたのが汁男の仲間入りだった。我が国の税制に大きな影響力をおよぼしてきた税理士界の重鎮も汁男だった。満員電車で女性のスカートを汚す悪癖があり、いつか捕まるのではと恐れ、汁男の道に駆け込んできた。

＊

サンドバッグ軍団サブキャップだったターザン八木はどうしたか。

ダイヤモンド映像を退社して独立すると、本来硬派な内面をもっている八木は、業界の因習として一部に残っていたメーカーのプロデューサーとＡＶ女優を擁するプロダクションの癒着によるギャラのキックバック、賄賂を糾弾しようと、「AV維新の会」をつくった。

橋下徹が設立する政治団体よりはるか前の命名だった。

坂本龍馬の格好をした和装のターザン八木は、志を同じくし、明治維新の志士たちと同じ扮装をした業界人たちと群れなして、各メーカーを一社ずつ訪れ業界の健全化を訴え、あわせて自分たちを売り込むのだった。

「幕末維新が好きなやつが集まったから、何かやろうということで、和服着て営業まわりに行ってたんです。仕事くださいって宇宙企画からはじまって。最初は仕事くれるんです。志士の格好してちょっと恐いから。なんだこいつはって、おっかなびっくり付き合ってくれるんですけど、その後、普通の連中だってことがバレて仕事も一本で終わっちゃう」

ターザン八木のようにAVという軟派なものを仕事にしていると、その反動で硬派なものに憧れがちになる。

ターザン八木は模索した。

女の顔面にストッキングをかぶらせて蛇女と称したり、無数の洗濯ばさみで顔をはさみ、とかげ女と称したビデオを撮ったりする、アバンギャルドな作風がターザン八木にはあった。

そこそこのヒットにはなるが、会社が軌道に乗るほどの儲けにはならない。

仕事のペースが落ちて、余った時間をフィリピンパブで浪費しスランプに陥った。フリーランスの道を選ぶと、誰しも一度は陥る迷路であった。

食い詰めたころ、ふと他のビデオを見たら、男の股間を女が蹴り上げ、男が悶絶するシーンがあった。

女に急所を蹴られて痛みとともに究極の快楽を得ることが、マゾヒズムの男にとって最高の夢であった。

これは売れる。ターザン八木は直感した。

かくして金蹴りビデオシリーズが誕生した。

『金蹴りオーディション』、『女子校生の金蹴り祭りじゃい！』、『女子高生電気あんま』、『女子高生の掃除機』、『女子高生の金蹴り』、『秘密の第4病院　金蹴り病棟』。

からみが一切ない、急所を蹴るだけの金蹴りで金が転がり込んできたのだった。

女子高生役の女は、企画系女優を起用した。仕事がない彼女たちは日ごろの鬱憤を晴らそうと、男たちの股間を情け容赦なく蹴り上げる。蹴り上げるさまを見ていると、女というのはいざとなったら男以上に残忍だと痛感させられる。蹴られる男たちは、女に蹴ってもらいたがっているマゾたちであり、ノーギャラ出演、制作費も安くあがった。

スタジオで女子高生役たちが志願の男たちに金蹴りをお見舞いする。

「おまえ、キモいんだよ！」

「金蹴りされて気持ちいいのかよ？」

「カスタネットのように金玉叩いてやる！」

「勃《た》ってるんじゃないよ！」

「ハイハイハイハイハイハイハイ！」

勇ましいかけ声を発し、床と股間の間を猛烈な速度で『北斗の拳』のように右足を往復して蹴り上げる。

バレーボール大に腫れ上がった睾丸を風呂場でさすりながら、痛みと快感に浸るM男。

究極のマゾヒストにとって、自らの男性器を去勢され、あるいは性欲を生じさせるおのれの睾丸を痛めつけられる自己罰欲求こそは、最上級の快楽なのである。

洋画配給会社だと勘違いして入社した童貞青年は、「フリーダム」というレーベルを立ち上げ、いまや押しも押されぬ異能AV監督になった。

日比野、八木、どんな女でも見事な美女に変身させる腕前のヘアメイクの女性の三人は、長年にわたる過酷な労働量と朝から晩まで肉ばかり食してきたせいで、三大成人病に罹患した。

日比野正明は心筋梗塞になりあやうく命を落とすところだった。ターザン八木は悪性腫瘍を患い胃を摘出した。女性ヘアメイクはくも膜下出血で倒れ、奇跡的に復活した。

「朝はカルビ丼山盛り。昼はユッケ、タン塩、レバー、すべて山盛り。夜はホルモン、レバ刺し、カルビ、ミノ、どんぶり三杯。夜食にチキンからあげ、仕上げはコーラ。肉じゃないと物足りなくて。だから食った食った。おかげでAV業界に入る前は四十八キロでがりがりだったけど、一番太ったときは百キロいきましたから」

グルメのオフ会で知り合った一般の女性と結婚したターザン八木は、苦笑しながら往事を語るのだった。

*

二〇〇六年夏——。
五十八歳になる村西とおるは、一男優として客演も辞さなかった。

監督は、『女犯』『ボディコン労働者階級』といったドキュメントタッチな問題作を撮り社会問題化するまでに至った異色のバクシーシ山下だった。

前から村西とおると一緒に仕事をしてみたいと思っていたバクシーシ山下監督の熱い思いをぶつけたところ、村西とおるは男優として出演することを快諾したのだった。

バクシーシ山下監督はAV界の鬼才として知られ、過激な問題作から普段AVを観ない層までその名を知られる人物である。

バクシーシ山下はAV女優・石原ゆりと共に山谷《さんや》を訪れ、路上のテントで自由労働者たちとAV女優のからみを撮るという問題作『ボディコン労働者階級』（V&Rプランニング・一九九二年）を完成させた。

私はこの作品をハイジャック闘争他、数々の革命闘争で懲役二十年の刑に服し、出所したばかりの、元赤軍派・塩見孝也議長に見せたことがあった。最初は、「AVなんて、性差別の資本主義的商品にすぎん」と否定的だった塩見議長も、石原ゆりが長年風呂に入っていない労務者のペニスをそのまましゃぶり、セックスにもっていく姿を見ているうちに、「彼女はなんという優しい子なんだ！」と感嘆し、AVとAV女優の見方をあらためて変えたものだった。

過激な内容のために日本一発禁作品が多い監督、という異名をもった山下監督だが、本来は肩の力の抜けた、ファッションデザイナーのようなおしゃれな男である。

その鬼才バクシーシ山下監督が村西とおる監督を客演に招いたのが『Mドラッグ』（ドグマ・二〇〇六年）だった。

「前からいつか村西さんと仕事がしたいと思ってたんです。そのときたまたまD1グランプリという十一名の監督たちが競い合うイベントがあって、そこで僕が村西さんをキャスティングしたんです。夢が叶いました。ドグマのＴＯＨＪＩＲＯ監督のシリーズ『Ｍドラッグ』のパロディを撮ろうということになって。本家の『Ｍドラッグ』の〝Ｍ〟はマゾを意味するんですが、僕の〝Ｍ〟はムラニシのＭなんですよ。そう、ムラニシドラッグ。女優の野々宮は村西とおるのことまったく知らなかったですね」

バクシーシ山下監督はさらにこんな隠し球を使おうとした。

「民放テレビのプロデューサーが淫行で逮捕されて、クビになったんですが、僕の作品に男優として出演してもらっています。早漏で体位を変えることが夢、という人で、淫行で捕まったときも、一分しかもたなかったらしいですよ。段々成長している過程も楽しめますよ」

＊

『Ｍ（ムラニシ）ドラッグ』第二回Ｄ１クライマックス参加作品／監督・バクシーシ山下／ドグマ／二〇〇六年九月十九日発売。

シティホテルの一室――。

野々宮りんが故郷の母にあてて、メッセージを読み上げている。

「お母さん、心配しないで、今日もね、すごい人と仕事したよ。前科七犯、借金も五十億あるんだって」

場面が変わり、早朝、半袖シャツの村西とおるが路上で、バクシーシ山下監督が撮るカメラ前で挨拶をする。

「実力が出せるかどうかわかりませんが、ご期待に応えるべく粉骨砕身、五十八歳、村西とおるがんばりたいと思います」

その姿は以前の現場を仕切る帝王ぶりとはうってかわり、中年のＡＶ男優志願者のようでもある。

シティホテルの一室。

カメラを持つ村西とおるが入室する
「お待たせしました。お待たせしすぎたかもしれません」

懐かしい名調子が流れ出した。

ベッドには全裸の野々宮りんがＭ字型になって縄で縛られている。

「いいよー。素晴らしい！　お年はおいくつなの？」

「二十一です」

自分の亡き父と同世代の村西とおるを見て、おかしくて仕方がないといった表情だ。

「素晴らしい！」というかけ声に、野々宮は笑い転げた。一度笑うと止まらなくなる。

「素晴らしいねえ！　このお仕事する前は何してたの？」

久しぶりに聞く村西節である。

「バーテン、やってました」

「素晴らしいねえ！」

何が素晴らしいのかわからないまま、すべてを肯定感の千年王国に強引に誘ってしまう村西ワールドがすでに現出している。

野々宮りんは村西監督から、なぜこの仕事を選んだのか質問された。

「昔から夢だったので。男の人の役にたちたいって」

「一にも二にもお金が欲しい」

「そんなこと言ってないー」

「いいんですよ。わたくしは村西とおると申します。人呼んで昭和最後の恥知らず。よろしくお願いしますよ。ほどきましょう、ほどきましょう」

凌辱プレイに移るのかと思ったら、村西とおるはスタッフに命じて野々宮りんの縄をほどかせてしまった。

意外な展開にきょとんとする野々宮。

「あなたの落差をお見せしたいんです」

最初から全裸のまま縄でがんじがらめにされていると、エロスの落差、普段と欲情しているときの差が視聴者に伝わらないので、村西とおるはまず普段の野々宮りんを現出させようとしている。

「縛られていても職務に忠実なあなた。社会保険庁の公務員あたりに聞かせてやりたいですよねえ。そういうあなたの姿がファンの亀頭をいたくくすぐるわけですよ」

笑いを嚙み殺そうとする野々宮りんだが、耐えきれず身体を震わせて笑い出す。

「天国のお父さん、見てください。年金暮らしのお母さん、見ててー」

おかまのような声の村西節が室内に流れる。何年かぶりに聞く懐かしくも、うさん臭いあの村西節だ。

「キタちゃーん！」

村西のかけ声で、いきなり隣室からＢＶＤの白いブリーフ姿の男が登場した。

超大手テレビ局社員プロデューサーだったキタちゃんを村西とおるが紹介する。

「どう、このタイプ？　そっぽを向きたい？　男っておいしいなあ、そう思わせる、バイブなんかより生身の男を紹介しましょう。この業界では知る人ぞ知る、十六歳の少女と淫行したのがバレて逮捕されてテレビ局をクビになった男なんです。新聞にも出ました、テレビ、ラジオにも出ました。後は告白手記を書くだけ。歯を食いしばって生活かかってるからキタちゃん（ＢＶＤのパンツを穿いたキタちゃんが野々宮の体を舐めだした）、舐《な》めもどうだい！　リンリン！　舐めの切れ味が！　そのへんのやりたいだけＡＶ男優とはちょっと違うよ！　セックスで人生を棒にふりかけた男の舐めはハンパじゃないよ！　執念が！　どう、命がけの舌使い、どう⁉」

「気持ちいい」

「キタちゃん、犯罪者の意地みせてよ」

村西言語帝国の完全支配下に置かれた撮影現場に、エロと爆笑が渦を巻きだした。

村西とおるが「キタちゃん、歳《とし》おいくつ？」と尋ねた。

「四十八です」

「四十八歳！　どう？　ファンの皆様に言って。四十八、おいしいわよって」

素直に野々宮が「四十八、おいしいわよ」と返した。

「ああ、入ってる入ってる。キタちゃん、手抜きしてないよ。ちゃんとクリトリス走らせてるよ」

村西節が炸裂する。それにしても、クリトリス走らせるとはどんな意味だ？

立ったままの後背位で登り詰めていく。

「いいよ、すごいよ。根元まで入ってる。お顔見せて。どう？　リンリン、どう？」

「気持ちいい」

「いいねえ、どうよ、リンリン。若造のただ激しいだけの腰使いなんて、こうなったらあくびが出ちゃうっての。四十八歳のキタちゃん。どう？　服役覚悟でセックスしたことがあります。そんな男の覚悟のセックス。どう？」

「気持ちいい」

「どう、著名人とのセックス。有名人の意味がわかったでしょう。この突きで」

餅つきのように、上から野々宮りんが何度も何度も腰を落とす。今度はキタちゃんが椅子に座らせた野々宮を刺し貫く。

「リンリン。エビちゃんに似てない？　あの偽装美人のエビちゃんに。リンリンは自然派ですか？」

「自然派」

からみとはまったく関係のない事象を強引にぶっこむ、村西ワールドが客演ながらも貫徹している。

激しい性器同士の肉の摩擦に野々宮が「イク、イク」と登り詰めていった。

「キタちゃんに敬意を表して、イクじゃないよ、キタ！　キタキタ！」

「キタキタ！」

すごい量の白濁液が野々宮りんに降り注いだ。

あきれる村西とおる。

バスタオルで野々宮りんの汚れた部分を拭き取ってあげるキタちゃん。

野々宮は複雑な表情で「気持ちいいけど、なんか笑わせるから」と感想を漏らした。

「そんなことないよ」

「そんなことありますよお」

「あのね。真剣に生きている人間の姿は端から見るとおかしいもんだよ」

村西とおるの半生を暗示させるセリフではある。

「湯気が立ってるねえ。湯気が。お口直しに五十八の男が欲しくなったんじゃない？　四十八の男、どうでした？　男は歳じゃないでしょ。四十八を覚えたら次はいくつを覚えたいですか？　どこにいる？　五十八どこですかあ？　はーい、ここにいたんだね。五十八になると、四十八の男の後にいただくという、この慎ましい身仕舞いというのをわきまえているんです。四十八よりも五十八の男のほうが何倍もおいしいという使命感に燃えています。五十八の男の思いをこれからりんちゃんの体にぶつけるよ。体の芯で味わって」

村西とおるが久しぶりに見せる、赤銅色の肉体を激しく酷使するあの肉の突きが、遂に復活しようとしている。

固唾《かたず》をのんで見守っていると、するとどうしたことか、村西とおるは自身の体で野々宮をイカせようとするのではなく、ブルーのローターを取り出して「この気働き、どう？」と言いだした。

「気働きってなんですか？」

「気を遣うってこと」

ローターを野々宮の一番敏感な部分に押し当てて反応を確認する。

「『オジさん、入れて』って言って」

「おじさん、入れて」

村西とおるはパンツをはいたまま挿入しようとした。挿入部分を見せないままだ。疑似挿入だろう。

村西とおるがいままで軽蔑していた偽本番ではないか。

二人のからみは少し離れた固定カメラで撮っているために、結合しているのかどうかわからず、しかも今回はパンツをはいたままなのでよけいわからない。

「さあ、大きくなるよ、大きくなったら無制限だよ」

強がりを言う村西とおるに、野々宮りんが「中のローターが……」と違和感を告げた。

「中のローターは隠し味。締めすぎだよ。問題ない？　どう？　入った？　どうこの味。どう？　うん？　迷惑だって言われない？　締めすぎだもの。締めすぎ。ねえ、締めすぎるのはあなたのせいよー。はい、歌って」

「締めすぎるのはあなたのせいよー」

膣内に仕込んだローターの威力で、野々宮が大きな反応を示しだした。

Tシャツと白いブリーフを着たままの村西とおるは、往年の鬼気迫る突きを繰り出せないままだ。

「同じ前科者でも、あっちは前科一犯だけどこっちは前科七犯だから」

「何したんですか？」

「それは秘密だよ」

いったのかいかなかったのか不明のまま終わってしまった。

隣室でバクシーシ山下監督が、最後のシーンについて遠慮がちに「発射は？」と村西とおるに尋ねた。

日本茶のペットボトルをちびちびやりながら、ＡＶの帝王は「時間かかりそうだからやめました」とさらりと答えた。

部屋に一人残る村西とおるの背中をカメラがとらえ、復活劇は終わった。

この後、野々宮りんの私室でのスタッフとのからみ、バクシーシ山下と野々宮のホテルでのからみがある。ともにしっかり発射している。

「エロが好きだから」

バクシーシ山下監督の質問に、野々宮りんが明朗に答えた。

「この仕事するために上京しました。でも……人が多い所より自然が多い所でのびのび暮らしたほうがいい。（自分で）応募しました。ネットですごい探して。お金じゃない。ただ単にこの仕事をやりたいから。楽しいから。なんでだろう。なんで好きって、チョコレートがなんで好きって、おいしいからとしか言えないように」

時代は変わった。

村西とおるがＡＶ監督になった一九八〇年代半ばはＡＶに出る女は稀で、いまや伝説になっている「火曜サスペンス劇場に出てみない？」と偽の口説き文句でつって現場まで連れてくることもあった。

八〇年代は新人類が台頭した時代で、女子の価値観も変わりドライになって、楽しいことならなんでも飛び込む時代になったとされたが、いまから比べるとまだ控え目であった。

村西とおるがスカウトする際に強力な武器になった現金も、いまではそれほど強い魅力ではなくなった。何か面白いことがしたい。そんな女子たちがスマホでAV募集サイトを探して飛び込んでくる時代だ。

あまりにもAV出演希望者が多すぎて、プロダクションは断るのが仕事になった。

右も左もわからない一般女性を、村西とおるの天才的な応酬話法で脱がせる、という時代はすでに過去の話になりつつあった。

女たちはよりタフになり、村西とおるという人物を観察する余裕さえあった。

『Mドラッグ』における村西とおると野々宮りんのすれ違いぶりは、女子の行動力がはるかに飛躍したからでもあった。

シティホテルの一室で、からみを終えた村西とおるがバクシーシ山下たちに、自らが開発した「どかーんとナイス!」を熱心に解説する。

この黒いアダルトグッズは、喫茶室の会議室で私たちに香具師のように使用説明したものだ。輪っかをペニスに装着して、輪っかの上にあるローターで女性のもっとも敏感な箇所に刺激を与える。

野々宮りんとのからみで、村西とおるがパンツを脱がず、腰を密着させていたのは「どかーんとナイス!」を装着していたからだったのだ。

『Mドラッグ』が世に出たばかりのとき、私が村西とおるとこんなやりとりをした。

「この前、バクシーシ山下監督の『Mドラッグ』を見ました。一男優として新人女優と共演してるんですが、二人のコミュニケーションが最後まですれ違っていたのが、面白かった。撮影現場にやってきた村西監督が、グルグルに縛られている全裸の新人女優に対して、まず何をやったか。いきなり縄をほどきましたね」

「ワハハハ。でもね私は決して納得してないんです。あの作品は」

「まだ伝説の男、村西監督の賞味期限は切れてませんでしたよ。あえて一男優として現場で他の監督によって演出されると、また違った魅力が出てきたんじゃないでしょうか。某テレビ局のエリートプロデューサーが未成年との淫行で懲戒免職になって、山下監督の現場で男優として出演して、村西監督がその彼をいじるときの言葉が最高でしたよ。『キタさん。犯罪者の意地を見せてやってね』って」

「ワハハハッ！」

「それから『これが人生を棒に振った男の腰使い、よーく見てよ！』」

「ワハハハ！　混沌の中から芸術が生まれる。まさしく逆境からしか生まれないものが山ほどあるんだよね。よーし。本橋君にそう言われると俄然ファイトが湧いてきましたよ。舟木一夫だって五十年前からずっと同じ歌でがんばっている。私も舟木一夫を見習いましょうか」

当のバクシーシ山下監督が舞台裏を明かした。

「村西監督と野々宮りんのすれ違いは予想していなかったんですよ。野々宮は村西とおるのことまったく知らない。『面白い人』と言ってました」

そしてＡＶの帝王と呼ばれたかつての男に対して、こんな事実を漏らした。

「これ言っていいのか……。勃《た》ちがあまりよくなかったんですよ」

作中で何度も発していたように、このとき村西とおるは男盛りの五十八歳、老いの影が覆い被さろうとしていたというには早すぎる。

多額の借金返済の重荷と事業がうまくいっていないストレスからなのか、あるいは体調がよくないのか、かつての鉄人に秋風が吹きかけていた。

＊

二〇〇八年（平成二十）――。

この年、前科七犯、借金五十億円の男は、還暦をむかえた。

サラリーマンなら定年退職、第二の人生設計を考える時期である。

だが村西とおるはいまだ現役、借金はほぼ返し終わりました、と豪語するのだが、その〝ほぼ〟が数百万円なのか数千万なのか、数十億なのか、どれくらいの振り幅なのかを本人は濁していた。

女房と居間で茶をすする安寧の刻は、この男に永遠に訪れないのだろうか。

六十歳目前の二〇〇八年四月二十二日放送、『神さまぁ～ず』（ＴＢＳ系）に出演した村西とおるは、あきらかに以前よりも体力が落ちていた。

体育館にさまぁ～ずの二人と有吉弘行、インパルスの板倉俊之がある人物の登場を待っていた。

入口から重たいベーカムをかつぎ、白衣を着た中年男が登場する。


村西とおるが男優として復活したときの相手役、野々宮りんの年齢

「お待たせしました。お待たせし過ぎたかもしれません」

前科七犯、借金五十億円のキャッチフレーズとともに、いまやこの男が登場する際の決めゼリフとなったフレーズで、村西とおるが入ってきた。

白衣の下は「ナイスですね」の文字がプリントされたTシャツ、下半身はサービス精神を発揮して白のブリーフ一枚だ。

テーマが「必死顔スポーツ」というので、村西とおるに与えられたゲームは、だだっ広い体育館の床に一枚のティッシュを落とし、スタート地点からゴールまで手を使わず息を吹きかけてティッシュを辿り着かせる、というものだった。

床に這いつくばってティッシュに息を吹き付ける姿は、六十歳の男にとっては屈辱であろう。それでもやらなければならない。

「こういったものにね、七色の息を吹きかける、国宝級の唇をティッシュペーパーごときに使うなんてこの不条理にね、わたくし、憤ってございます。しかしまあ、女房子どもがおりますからね、やむを得ないでしょう」

本音であろう。

ベーカムを肩からおろし、やおら白衣を脱ぎ捨てると、Tシャツとブリーフ一枚になった。

スタート地点からティッシュを吹き付け、はるか向こうのゴールをめざす。

這いつくばるその姿は、ディレクター、構成作家が意図したのかどうか、借金五十億円男のこの十数年を象徴するかのようだった。

体育館に笑い声が鳴り響く。

ヒキガエルのように四肢を突っ張らせ、ティッシュに息を吐きつける。羽毛のように軽いティッシュはなかなか言うことをきいてくれず、コースをはずれたり、あらぬ方向に飛んでいってしまう。

笑い声と声援。

仮に村西とおるではなくて、六十歳になる父親のこの姿を子どもと母親が見ていたら、どんな思いを抱くだろうか。憐憫《れんびん》か落胆か。

吹いている男の気持ちをあざ笑うかのようにティッシュはふわりふわりと宙を舞い、なかなかゴールまで到着しない。

四肢を突っ張らせ、息を吐きかける還暦間近の男。

この世の金と女をすべて支配下に置いたかに見えたAVの帝王の、これが現実だった。

這いつくばった男がやっとゴールに辿り着いた。

立ち上がって、感想を述べようとしても、息が上がってなかなか言葉が出てこない。

「あなた……自分でやってごらんなさい……。脳梗塞になっちゃうから……」

気力体力ともに充実しているかに見える男でも、内実はぼろぼろだった。

度重なる逮捕、ハワイでの長期抑留生活といったストレスから、いまでは夜、明かりを煌々とつけないと寝られなくなった。

そして這いつくばった男に人生最大の危機が訪れようとしていた。

第18章

14億人

村西とおるが新たな市場として狙う中国の総人口

時間はすべてを押し流し、忘却の海に注ぎ込み、また一つになる。

村西とおるの体力に陰りが見えだしたころ、高槻彰監督はなおも撮りつづけていた。ここまで来ると常人の想像を超えた粘りだった。

頓挫したものと思われた村西とおるのドキュメンタリー映画の撮影は十年を越えた。

村西とおるがバスタオルを売る姿、立ち食いそば屋、北海道のロケ先、家族との団欒、冬枯れの新宿御苑、海を見おろす公園――。

十三年、十四年――歳月は過ぎていく。

裏本のころの北大神田書店時代、AV監督になったころのクリスタル映像時代、栄耀栄華《えいようえいが》を極めたダイヤモンド映像時代といった派手な時期ではなく、高槻監督が撮りだしたころの村西とおるは冬の時代、借金返済に追われ仕事上では華々しい話題も聞かれなかった。絵になるシーンがなくて、撮影編集に苦労しているのでは、という憶測もあった。

村西とおるを追っているだけでは収入は入ってこない。この間、高槻彰監督は何をして食っていたかというと、自身の会社「シネマユニット・ガス」をKカップ以上のいわゆる爆乳ビデオ専門メーカーに特化し、経営を軌道に乗せていた。こちらで稼いでいるからこそ、村西とおるを十数年も追いつづけることができたのだった。

高槻彰版村西とおる物語がなかなか形になって現れないうちに、AVをテーマにした大作が先に上映された。

『YOYOCHU SEXと代々木忠の世界』（監督・石岡正人／角川映画）が、二〇一〇年十一月一日から公開されたのだった。AVのカリスマ、代々木忠のアテナ映像スタッフだった石岡正人監督が、独立後制作したドキュメンタリー映画である。

石岡監督も長い期間、代々木忠を追いつづけ代々木忠の光と陰を撮り、鬱《うつ》状態に陥ったところまで赤裸々に撮影していた。

作中で、笑福亭鶴瓶、和田秀樹、加藤鷹、愛染恭子、村西とおる、高橋がなり、田口トモロヲに混じり、私も証言者として登場している。

映画の完成を記念してトークイベントが催され、代々木忠監督と村西とおるとの豪華な対談形式が観客の前で実現した。

ともにAVの歴史を築き上げ、ライバルでもあった両者が対面するのは、過去に『ビデオ・ザ・ワールド』誌上で奥出哲雄司会によって対談が実現したとき以来だった。

会場には多くの業界関係者が駆けつけていた。そのなかの一人に二村ヒトシ監督がいた。

東京オリンピックの年に生まれ、慶應義塾幼稚舎に進学、同級生には石原慎太郎の息子、二谷友里恵、クラスメイトは富裕層ばかりだった。慶應義塾大学文学部に内部進学するものの演劇に熱が入り大学は中退、AV男優になる。

村西とおるのダイヤモンド映像専属監督、麻魔羅少将監督の名作シリーズ『金閣寺』『野菊の墓』といった作品に男優として出演してきたのち、SOD代表・高橋がなりから監督をやらないかと話を持ちかけられる。

男と女、レズと女装、あらゆる性差を乗り越えた価値紊乱《びんらん》の栄光を担《にな》った監督となった。

若手監督たちと会場にいた二村ヒトシ監督が、若手監督たちに代わって村西とおると代々木忠という業界の先達に「僕たちに足りないものはなんでしょうか?」と質問した。

村西とおるは答えた。
「あなたに足りないのは前科です」
村西とおると代々木忠両監督、ともに脛に傷もつ男である。
会場はこの日一番の爆笑に包まれた。
このときのやりとりが、代々木忠監督のブログに綴られている。

2011年2月11日　週刊代々木忠　第107回　村西とおる

村西とおるは只者ではない。先日、映画『YOYOCHU』の公開イベントで久しぶりに彼と会い、あらためてその思いを強くした。

村西とおると僕には共通項がある。それを一言で表現するなら「狂気」であろう。僕の狂気は、これまでの生い立ちゆえか、自分でも気づかぬところで自然発生的に起きてくる。一方、村西は、知り尽くしたうえで狂気を演じている。だから凄いのである。

これまで僕は、ビデオに出演する女の子の内側に内側に入っていこうとした。今にして思えば、内側を覗こうとするがあまり常識を超えたこともある。それに対して村西は、外側へ外側へと自らがパフォーマンスしていった。「ナイスですね」という村西トークをはじめ「ハメ撮り」「駅弁ファック」「顔面シャワー」など、彼が発した言葉やパフォーマンスは、男優・監督に多大なる影響を与えたのだ。

先日のイベントには、AV監督の二村ヒトシも観客として来ていた。彼は後輩の若手監督たちを引き連れていたこともあり、アドバイスを求めようとしたそのとき、村西が言い放った言葉がある。「あなたに足りないのは前科ですよ」。会場がドッと沸く。ふつうの人間なら前科など知られたくないものだが、僕も村西も前科があるので、そこに引っかけて切り返してみせた彼特有の機転のよさだ。

しかし、ジョークにまぶしながらも、僕はそこに村西の本音を聞いたと思った。「おまえら、踏み込み方がイマイチ甘いんだよ」と。今は、監督にしても男優にしても、不良の部分がない。犯罪を犯せとまでは言わないが、みんな、はみ出さないで、うまく納まっている。その中で仕事をこなしているから、やはり頭の中で処理してしまっている。それでは、人の心を揺さぶることなどできない。若手の監督が作品を知らしめそうとすれば、あの狂気は絶対に必要なのだ。

今回のイベントが決まってから、村西とおると十数年ぶりに再会できるのを、僕は心待ちにしていた。ウツのとき、自分はこのまま引退だろうなと思っていた。自殺こそ考えなかったけれど、死を覚悟し、もう残りの時間はそれほどないだろうと感じていたから。同じ頃、村西は莫大な負債を抱え、マスコミにおもしろおかしく書き立てられた。そういう情報を介してしか、彼の状況は知り得なかったので、村西もこのまま消えていくのだろうか……と正直、思った時期もある。だから、昔以上に元気な彼に再会できたのが、僕はこの上なく嬉しかったのだ。

ただ、世の中を変える力を秘めている男だからこそ、言いたいこともある。村西は〝やり続ける〟男である。自らがプレイヤーという点でもそうだが、まるで恐れを知らないような彼の生き方を見ていても、そこにはいつも頂点をめざして闘い続ける男の姿がある。

たしかに〝やり続ける〟のは、男の宿命かもしれぬ。

でも「それって疲れるだろう?」と、信頼する村西とおるゆえ、大きなお世話を重々承知で言いたいのだ。「村西よ、時代は変わってしまったんだぜ」。彼は僕より10歳下だが、それでももう62歳だ。「そろそろ〝やり続ける〟から〝あり続ける〟にシフトしてもいい時期じゃないか」と……。

力のかぎり泳ぎ続けていれば、いつか泳げなくなる時が来る。だが、とうとうと流れる大河とともにあれば、つねに周りは変化してゆくし、至るべき所に結果として至るのだ。いや、あり続けることでしか至れない場所があるはずだと僕は思う。

村西監督を男優として撮りたい作品がある。僕のことなのでコンテはない。ただ、村西ほどの男が自分を明け渡せる女性といえば、バリューの面でも実績の面でも、南智子くらいしか思い浮かばない。この二人のガチンコを僕は見てみたいのだ。

イベントで会ったとき、僕はその話を村西に振ってみたのだが、彼はなにも答えなかった。けれども、もし自分を明け渡せば、彼は〝あり続けること〟とは何かを体感するに違いない。〝あり続ける〟にシフトした村西は、荒廃した今の日本の性文化に、必ずや大きな一石を投じてくれるはずである。

本業のAVではさすがに往年のように自ら重たいベーカムをかつぎ肉交する、文字通りの肉体言語は控えるようになったが、その分、多くのメディアから挫折しながらも這い上がる精神力について取材がたびたび舞い込んだ。

インタビュー代の一万円を即金でもらうことに喜びを感じながら、子どもで飯を食いたくないから、と相変わらず息子のお受験術や教育論を書くこと、話すことを断ってきた。

村西とおるの弁舌は冴える。

「最近いいなと思う女性――。そうですねえ。やっぱり、アイススケートの浅田真央ちゃん。真央ちゃんに差し込んだときの征服感、スレンダーなボデー、スケートで鍛えられてるから、ほんとに締めます締めます山手線だよ。そうでしょ。どうするのよ。女性に期待されてるすべてを持ってるね。熟年オヤジの星だよ。だから生きてるって素晴らしーい！　こちらの出方攻め方で驚いてくれたり感じてくれたり。ナイスだよね。ボブはこうだった、ジョンはもっと違っていた、なんてこと言わないんだから。その一方で、安藤美姫、ミキティもいいよね。出会い頭にやっちゃうみたいな、そんな感じするでしょう。ボブはこうだった、ジョンはもっと違っていたなんて言いそうで。小陰唇も甘噛みしたらどうにもこうにも……すごいことになるよね。ミキティってそういう何が出てくるかわからないファンタスティックな魅力がありますよ。ナイスだよね」

辛口コメントも健在である。

「フジテレビの元アナウンサーで、結婚してフランスで暮らしてる中村江里子がエッセイで書いていたんだよ。日本の小学一年生の女の子が一人でランドセル背負って歩いているのを見て、中村江里子の娘が、『お母さん、あれまずいよね』と言ったというんだよね。日本は危険過ぎると非難してるんですよ。とんでもない！　この近くにある学習院初等科だって、うちのガキが通ってる学校だって、親が送り迎え一切ダメだから。子どもは一人で登校して下校することになってる。どんな億万長者だろうがセレブの奥様だって関係ないんだよ。そのために世の中がちゃんと安全を担保してるんですよ。日本はそういう安全な国なんです。小学生が一人で登下校できるなんて海外じゃ考えられない。アメリカを見てみなさい。アメリカではヤクルトおばさんなんてやれないっていうんだから。朝、カゴを提げてガシャガシャ自転車でヤクルト配っていたら、いきなり暗がりに連れ込まれて犯されて、男どものほうがヤクルト出しちゃうんだから！　ナイスじゃないよ！　そういうことわからないで、あんた、『日本は危ないです』、なんて中村江里子よ、話をしてるんじゃない！」

ポリネシアン・セックスが話題になったときがある。

ポリネシア地方が発祥とされ、肉体より精神のつながりを重視するセックスを意味し、現代人のように時間に追われる生活のなかのセックスではなく、たっぷりと気が遠くなるほどの長い時間をかけて愛撫したり、抱擁したり、結合したりすることで、いままで得られなかった究極のエクスタシーが得られるとされる。

ポリネシアン・セックスでは、キスに一時間以上、抱擁も一時間以上、挿入しても往復運動はおこなわず、延々結合したままで互いの気持ちを高め、ゆっくりと動くうちにいままでにない快感を得ることができ、さらに発射した後も、抱き合うことでさらなる満足感を得られるという。一日でも二日でも三日でも延々と余裕をもってセックスをしていく。肉体の快楽だけではなく、男女の心を重視した、時間に追われがちな現代人に心と体の余裕を提示する。性だけの話ではなく、近代文明の価値観に洗脳された人々への強烈なアンチテーゼでもあった。

だが我らが村西とおるはポリネシアン・セックスに対しても牙をむく。

「挿入前に何時間も愛しあうっていうポリネシアン・セックスなんていうのが注目されてるみた

いだけど、半日かけてやるリハビリみたいなセックスのどこがいいの？　おれは五十人撮影で丸一日かかったことあったけど、個人的にはセックスもせいぜい一時間ですよ。せわし過ぎる？　バカなこと言ってるなっていうの。お互い求めていたら当然だろうっていうの。二時間も湯気が出るほど舐《な》めててどうだっていうの？　机上の空論もいいとこだよ。ポリネシア人も目丸くしてびっくりだよ。セックスにこれがいいとかないんだ。自分がいいというのが一番なんだよ。女性からすればいい迷惑ですよ。早漏だから激しい出し入れしたらいっちゃうから、そこから出た言い訳の弁証法なのよ、ポリネシアン・セックスってのは。朝マラ勃《た》て、舐められて一時間もされてたら、子どものお弁当つくらなきゃいけないのに、パパいい加減にしてよだよ。生活みんな引きずってるからね、そのなかでみんなセックスを堪能してるんだから。早く舐めてちょうだい。早くハメてちょうだい。入れたら思いっきり動いてちょうだいということですよ。それを、入れたら絶対動かさないようにじぃーっとしてなさいとか言ってね。うちの女房だったら、ぶん殴られちゃうよ。『あんたなにしてんのよ。入れたらちゃんと動いてちょうだい。なんか資金繰りのことでも考えてんじゃないの？』なんて。男なら余計なこと考えずに動けよ、おもいっきり」

一日に五人も六人も撮影し、肉交してきた男のせっかちぶりは健在だった。

*

村西とおるは、中国におけるビジネスチャンスをうかがっていた。

中国事情に精通している女性スタッフを右腕にして、十四億人市場を狙っていた。

タオル製造販売では頓挫したものの、中国の富裕層に人気がある日本産米の輸出事業をやりだした。

「中国人がどうしてあんなに電気釜買ってくかっていうと、錯覚なんですよ。電気釜で炊いてるから美味しいだろうと思ってるんですけど、そんなことはないんだ。日本のお米だから美味しいんだ。中国のお米っていうのは水が悪いから美味しくないの。もう土地や水が農薬で汚染されちゃってるから、何十年先もダメですね。日本のお米は年間七百五十万トンから八百万トン日本で消費してるんですけど、中国は約一億六千万トンぐらいなんですね。その一パーセントの百六十万トンだけでも中国人に食べてもらえば、とんでもないビッグビジネスになるんです。これからどんどんやっていきますよ」

米だけではなく、本業のAVも輸出しだした。

「日本のAVは今日においても将来においても世界ナンバーワンだからね。中国人が戦後約七十年で、一番大きな意識変革をしたのが何かっていうと、セックスなんですよ。そのセックスをもたらしたのは何かっていうと、日本のAVなんですよ。いままで中国人にとって性というのは、単なる生殖機能の一つとしてしかなかったけれど、これが人生と同じように楽しんでいいもんなんだという位置付けになったのは、日本のAVを学んだときだったんですね。それは韓国でも同じ。だからAVにおいて日本人に対するリスペクトがすごいんです。花びらを朝から見たいと。足の付け根の花びらを見たいって。だから日本のAVを観た中国人、韓国人は、日本人というのはなんという人種だと驚愕するんですよ。日本のAVはなんでもあるんだから。強姦ものはあるでしょ、SMもあるでしょ、ロリータものはあるでしょ、六十歳七十歳のババアだって現役でがんばってるでしょ。日本人ってなんという民族なんだと頭が下がっちゃってんだから。これは勝てないなって。私は北京でね、中国三大映画会社のオーナーと会っていろいろ話をした。中国側が言うんですよ。『私どもはハリウッドなんか目じゃありませんよ。CGでも大きなスペクタクルものでも中国は世界を凌駕してますよ。でも唯一日本のAVは全中国が力をもってしてもかなわない。あんな日本のAVは十本つくれるかどうか』とくやしがるんですね。日本製AVをどういうふうに撮ったらいいか、あのリアルな世界がわからないんですよ。どうしてカメラ目線でオナニーができるんだろう、中国・韓国ではそういう文化がないんですよ。日本では、あそこを見せるのと顔見せるのとどっちが恥ずかしいかと問われると、大和撫子は『顔を見せるのが恥ずかしい』と言う。そういう文化をわからない。恥ずかしい基準が違うんですよ。フェラチオやってるのと、あそこに挿れるのどっちが恥ずかしいかというと、フェラチオやるのが恥ずかしいですと答える。こういう感性で初めてAV女優になれるんだけども、そういう恥ずかしい文化というものをようやく中国人も韓国人もわかってきた。いまや中国では性革命というものが起こってますよ。日本のAVの影響で、夜、あのとき声を出すようになったりね、四つん這いになって犬みたいなポーズをとるようにもなったり、フェラチオもするようになったし、最近はお風呂にもじっくり入るようになった。中国の文化にこれまでお風呂文化がなかったから。お風呂の中で、潜望鏡だとかいろんな楽しみ方もしてみたいとなった。すべて日本のAVのおかげなの」

二〇〇二年にデビューしたAV女優・蒼井そらは中国大陸で、〃性の師匠・蒼井空老師〃という最大級の敬称がつけられ、大いなる人気を集め、中国版ツイッターのフォロワー数が一千五百万人超えとなり、中国でもっとも名前の知られた日本人女性になった。反日感情の強い中国人も蒼井そらの発言には一目置いているほどだ。

「日本人に対するリスペクトというものを勝ち得ているのは日本のAVのおかげだからね。いまや日本製AVのDVDは二十億枚、三十億枚といわれているほど中国全土に普及しているから、中国の夜はみんなジャパンナイトなんだ。CCTV（中国中央テレビ）なんか見てるやついないんだよ。おれ、広州でマッサージ受けてたら、そこのババアが言ってきたんだよ。『あんた日本人か？』って。通訳に、『何言ったのこのばあさん』と尋ねたら、『日本人はとんでもないと言ってますよ』と言うんだ。日本人に殺されそうだって。戦争もしてないのになんの話してんですかって言ったらその婆さん、『靴工場に勤めてるうちの亭主は日本のAVに狂っちゃって、夜中まで日本のAV見てるんだ。町内会の人間が集まったり、親戚中の人間が集まったり、会社の人間が集まって日本のAVの交換会やってる。もうどっぷりハマっちゃって、ウチの亭主が目に隈つくって死にそうだ』っていうわけ。日本のAVというのはね、中国人の意識を大きく変えてます。セックスのみならず、日本に対しての印象を変えてるんですよ。日中友好万歳！」

村西とおるの発言はけっしてオーバーではなく、日本製AVの性戯、体位を中国、韓国の人々はDVDで観賞したことでカルチャーショックを受けている。

上野・鶯谷・渋谷・新宿でデリヘル嬢として稼ぐ中国・韓国の女性たちに、日本の男たちについて感想を求めると必ず「日本の男性は舐めるのが大好き」という答えが返ってくる。

中国・韓国ではクンニリングスの習慣がほとんどなく、日本に来たとき女性の秘部に舌を這わす行為に衝撃をおぼえる。中国・韓国では日本の風呂文化のように入念に湯船に浸かる風習がなく、クンニリングスは不潔なイメージがあってタブー視されてきた。

クンニリングスという効果絶大のテクニックをAVや日本の風俗店で味わうと、あらためて日本発の性戯に感嘆するのだ。

AVでは、女たちがあられもない声を発して性を貪る。古来から中国・韓国では儒教精神によってあのときでも女はさほど乱れることはなく、最中に会話を交わすこともタブーだった。日本のAV、なかでも村西とおる監督が開拓した、駅弁、顔面シャワー、美辞麗句のトークといった閨房術《けいぼう》は、中国人・韓国人に大きな影響を与えた。

これは新たなAV市場であろう。

村西監督が新大久保を歩いていたら、見知らぬ韓国の男が突然大声で「あなた！」と声をかけてきた。韓国商品ショップのオーナーをしている人物で、日本に来て一番驚いたのはAVだと打ち明けた。来る日も来る日も日本製AVを観て過ごし、年に一千五百本以上観賞したという。AV三昧の日々に、村西とおる監督作品に遭遇し、村西とおるの大ファンになったのだった。

「あのビデオに出ていた本人に直接こうして会えるとは夢にも思わなかったよ。日本に来て本当によかった！」

顔を紅潮させ握手を求めてきた。

「今年だけでも五百万人の中国人が日本に来るでしょ。その多くは日本のAVのおかげなんです。中国当局がいかに反日を唱えようとも、中国人民は日本のAVを見て勃《た》って、日本人はすごい！日本人は素晴らしい！　なんですよ。AVで日本語を学びますという学習姿勢、いやほんとなんだよ。だからね、中国のイベント会社が言ってるんだ、人を呼ぶときには日本のAV女優が一番いいって。中国ではみんな目が肥えて、万単位で集客できるのはよほどのタレントじゃないと無理なんだって。でも日本のAV女優は、生《なま》で一度見てみたい、実物を生で見たらどんなに素晴らしいんだろうと思ってるんだよ」

＊

二〇一一年（平成二十三）五月二十五日——。

日本最大のアダルトグッズメーカー「日暮里ギフト」が主宰した中国・北京でのイベントは、異様な熱気に包まれた。

日本から来るAV女優のイベントということもあって、会場は超満員になった。

イベントは午前午後といくつかに分けて催されることになった。

大音量の音楽、水着を着た三人のAV女優たちが踊り、歌うと、会場に詰めかけた中国の男たちは大騒ぎになった。

会場には村西監督がいて、すべての演出を仕切っていた。

熱狂がピークに達するころ、目つきの鋭い中国の男たちが村西とおるに近づいてきた。

中国の公安警察だった。

風紀紊乱《びんらん》の容疑で村西とおる、逮捕か。

ハワイでの逮捕事件が一瞬、頭をよぎる。

公安警察のなかでも階級が一番上の男が、苦々しい顔で中国人通訳に問いただしている。こちらを見た。

中国公安警察は泣く子も黙る物騒な存在である。捕まったらハワイ事件よりも酷いことになりかねない。

村西とおるに緊張が走った。

会場はますます熱をおびている。

公安警察と中国人通訳の深刻そうな話が終わった。

何か問題が発生したのだろうか。やはりこんな軟派な出し物はお堅い中国では時期尚早だったのだろうか。

中国人通訳が村西とおるのもとにやってきた。

身構えた村西とおるに中国人通訳が耳打ちした。

「この次のイベントはいつやるんだ、と聞いてます」

中国公安警察は、次のショータイムがはじまる前に、いい位置を確保しようと前もって開始時間を尋ねてきたのだった。

泣く子も黙る中国公安警察も、日本から来たAV女優たちの色香に夢中になっていたのだ。

「イベントの前段では中国人がやって、その次にはウクライナのモデルがやったの。中国もウクライナもすごい可愛い娘だよ。ところが日本の、それこそ企画もののあっちみてホイみたいな娘たちなんだけど、出て行ったらもうみなさん絶賛の嵐ですよ。目のこなれた中国人が絶叫してるんだから日本のAV女優に。それでセクシーなダンスを踊って挑発したらもうニイハオ！　大興奮ですよ」

日本のAV女優たちによるダンス、歌、ゲームコーナーは、生まれて初めて見る中国男性たちにとってきわめてセクシーかつ新鮮だったようで、これ以降、村西とおるは毎年のように中国でAVナイトをおこない、中国大陸における性の開放を推し進めたのだった。

緊張状態にある日中関係において、村西とおるの存在は反日を親日にシフトさせる有力な夜の親善大使であろう。

「もう十年近く経ちますよ、一番最初にAV女優連れて行ってやったのは北京、広州、長沙、上海、いろいろやりましたよ。みんなはそんなイベントを中国でやったら死刑になるんじゃないかとか心配してたけど。日本のAV女優が中国人やウクライナ人と比べてお呼びじゃないぐらいのレベルなのに、なんでウケちゃうのか？　ウケるポイントがあるんですよ。それは何かというと、笑顔ですよ、笑顔。無条件の笑顔。こぼれるような笑顔。中国人というのはね、いつ後ろから斬りつけられるかわからない競争社会で生きてるんですよ。密告社会でなんの保証もないから。生活できなくなると社会保障制度もないのよ。だから野垂れ死するしかない。上海に行ったら子ども連れの物乞いがたくさんいますよ。難病に侵されて目と鼻、口が区別つかなくなったような幼い子どもが食っていくために路上に出て物乞いするんですよ。丸太のように動きがとれなくなった大人とかね。それが現実に、中国にはいまでもあるんですよ。そういう非常に苛烈な競争社会にあってね、人の笑顔なんて見ず知らずの人からもらったことないんですよ。中国やウクライナの女優がツンと澄ましてファッションショーみたいなウォーキングやってるけど、日本のAV女優は違います。ニコーッとする。しゃぶってあげる？　っていうこのアプローチ、この目線。ほんとに心の底から『毛沢東バンザーイ！』と叫びたくなる瞬間ですよ。生まれて初めてですよ、中国人と飯を食うじゃないですか。奥さん連中も、自分の主人のお友だちにビールを注いだりしないし、笑顔も見せないですよ、他人には。みんなブスーッとしてるから。日本人だけですよ、ニコニコッと笑って他人の亭主にお酌して仲良く話してんのは。そんなことね、中国人がやったら、ウチに帰ってとんでもない、ぶん殴られちゃう、文化大革命はじまっちゃうよ。中国では不用意に笑えないの。そういう厳しい社会なんだ。だから日本人の笑顔見て、ビックリしちゃうんだよ。異次元の世界で感動しちゃうんです。もうAV女優の踊りを見てね、そこでセンズリするような奴も出てくるんですよ。自分自身がわからなくなっちゃう、感動と興奮のあまりにね。それを見て見ぬふりしてね、制止したりはしないけど、トイレなんか行くと、もうみんなセンズリ大会ですよ」

村西とおるを感動させたシーンがあった。

AV女優とハグするコーナーがあり、観客一人ずつと抱き合い交流する。

「列の中に、難病なのか伝染病なのか、全身に潰瘍のある中年男が並んでいたんです。その男が来たとき、どうしたか。AV女優はニコッと笑ってハグしたからね。僕はね、同じ日本人として、日本からAV女優連れて行って、本当に誇れましたね。彼女のその寛容さっていうのが日本のAV女優にあるんですよ」

村西とおるが蒔いたジャパニーズAVの種は、この十年間で育ちだしている。

「日本のAV女優はカメラの前でベロッと舐めながらニコッとえもいわれぬような微笑みのポーズができるんだけど、中国人はできないんだよ。これぞ日本のAV女優。この存在感、これを中国十四億市場のなかでプロモーションしていければ、大きなビッグビジネスになりますよ。日本のAV女優を中国市場でぜひタレントとして活用するようなアプローチをしていきたいね」

日本の米とAV女優を中国に輸出しようという事業が順調だったせいもあって、村西とおるは普段よりもさらに饒舌で、コリアンタウンにある「高麗」という高級焼き肉店に私を誘い、終始上機嫌であった。

勢いの良いときこそ、陥穽《かんせい》が待ち受けている。

ますます盛んな村西とおるにも、不吉な影が静かに忍び寄っていた。

＊

二〇一二年四月二十三日放送——、

「スカパー！」の人気番組『BAZOOKA!!!』第二十九回のゲストに村西とおるが登場した。

カーテンが上がり、元AVの帝王が登場すると、司会の小籔千豊、真木蔵人が歓声をあげた。

幼いころからお世話になってきたAV監督が目の前に登場したのだ。

村西とおるは、白いジャケットにネクタイ、今回も下半身は白いブリーフ一丁だ。

ショッキングだったのは頰の削げ方だった。こんなにやつれた顔を見るのは初めてだった。皮膚は薄茶色をして張りを失い、目は落ちくぼみ虚ろだ。

過去の武勇伝を解説するとき、「私はAVで真珠湾攻撃を再現しました」というフリップの裏と表を間違えてしまう。

声はか細く、肺活量が落ちているせいか、聞き取りにくい。

長い闘病生活を送ってきた病床の男がやっとスタジオにたどり着いたような姿だ。

村西とおるが一九八六年暮れに発生したあのハワイの事件を解説すると、真珠湾上空のエピソードを聞いていた小籔千豊が「村西監督ならやりかねないですから」と解説した。

ハワイ上空の武勇伝を語る村西とおるだったが、話の中身の勇ましさに比べるとかつての精悍な顔つきはかき消え、死相さえ浮かんでいた。

番組放送からしばらくして、村西とおるの体調が悪化しているという情報が流れてきた。

破綻は徐々に忍び寄ってきた。

放送から二ヵ月後の二〇一二年六月のある日、村西とおるは歩こうと思ったら突然、倒れてしまった。心臓の機能が失われかけ、呼吸がままならず、意識が薄れかけていく。

東京女子医大病院に緊急入院した。心筋梗塞かと疑われたが、原因不明だった。

薄れ行く意識を村西とおるはなんとか覚醒しようと必死になってもがいていた。このまま寝てしまえば死が待っているという予兆がした。死が差し迫っている現実は、我が身が置かれている状況からもわかった。

医師たちがベッドに横たわる村西とおるを囲み、深刻な表情で話し込んでいる。身内に向かって医師が冷酷な現実を告げるのが村西とおるの耳にも届いていた。

「残念ですが、一週間以内にまず百パーセント死亡します」

冗談じゃなかった。

このまま女房と子どもを残して死んでたまるか。

鼓動は弱々しく、いつぷつんと途絶えてもおかしくなかった。

心臓を急襲した原因不明の病だった。

緊急手術がおこなわれる。

手術前、村西とおるは自分を追いつづけてきた高槻彰監督に、いまの自分を撮るようにと連絡してきた。

最悪の場合を想定して、最期となる自分はドキュメンタリー作品として絵になる、最高の瞬間であると思う映像監督としての意地だった。

緊急事態を知った高槻彰監督が撮影機材を抱えて飛んできた。

病床で死を目前にした男がいた。

すぐにカメラをまわす。

手術は二日間にもおよんだ。

生命の灯がゆらぐ。

手術はやっと終了したものの、予断は許されなかった。

面会謝絶がつづいた。

病も逃げ出す男が、終焉の刻をむかえるのか。忍び寄る老いの陰りが六十四歳の男に覆い被さろうとしていた。

体にメスを入れた手術痕は麻酔が切れると猛烈な痛みが襲うが、それは生きている証だった。

死と生の狭間をゆらぎながら、時が過ぎる。

もうダメかと思われたそのとき、絶望の淵に置かれた男に奇跡が起きた。

強靭な生命力が勝った。

あの世の一歩手前でもどってきたのだ。

奇跡の生還を果たした男が振り返る。

「入院したとたん、医師たちが囲んで、『一週間以内に百パーセント死ぬ』って宣告されたんだから。こっちが助けてくれって顔しても目をそらすんだよ。アハハハハ。心臓弁が砕けていたんだね。東京女子医大はじまって以来の難病だったんですよ。雑菌が侵入したのか、心臓の弁にカビが生えてるっていうんだよ。丸二日手術したからね。奇跡的に助かって、病院側もこちらの了承を得て学界に今回の症例を報告したくらいだから。私の病気は英文の論文になっているんですよ。思い起こせば半年前から体がおかしかった。いきなり歩けなくなって、入院したら死亡宣告だからね。おれは最期の姿を撮らせようと、高槻監督をベッドまで入れて命がけの姿を高槻監督にプレゼントしたよ。それなのに撮ったテープなくしたっていうんだからね。ハハハハ」

心臓弁が菌によって破壊され破滅的な結果をもたらしかけたというのも、二十年におよぶ借金返済の筆舌に尽くしがたいストレスが影響をもたらしたといってもいいだろう。

＊

死地を乗り切った人間は慈しみを増す。

ここ最近の村西とおるは、舌鋒鋭いがどこか懐の深さを感じさせる。

正ちゃん帽だったり、素朴なワイシャツ姿だったり、休日のサラリーマンのようなリラックスした格好でインタビュー場所に登場する。

平日の午後、私たちは市ケ谷駅近くのカラオケボックスで村西とおるから話を聞くことになった。

普段は喫茶室や会議室で話を聞き出すのだが、たまには場所を変えてみるのも頭の切り替えにはいいものだ。

平日の午後のカラオケボックスは、私たち以外に奥の部屋で仕事をさぼったサラリーマンといった男たちの心地よい歌声が聞こえるだけだ。

いままで村西とおるから聞いた話の補足部分を新たに聞き出しながら、私は目の前にいる死地から甦った男とかつては部下だった青年の話を思い起こしていた。

クロコダイルと呼ばれたあの青年、山本が癌《がん》で亡くなった。カナダから帰国して、大阪で建設会社のサラリーマンをしていたという。

私の本を読み、懐かしさのあまり連絡をくれてしばらくたってからの死だった。

*

幾度となく死地を乗り切ってきた経験から、前科七犯、借金五十億円の男のもとに、数多のメディアから取材が殺到した。

性を明るく語る識者として、敗北側からの発言者として村西とおるの発言はいまやご意見番的な存在感を発揮していた。

自らの女性器を型どりデコレーションしたアート作品「デコまん」をつくる美術家・漫画家のろくでなし子が、二〇一四年七月十四日、自身の女性器を3Dプリンタ用データにし、データ送付の形でダウンロードさせたとして警視庁は、わいせつ物頒布等の罪等の疑いで逮捕。さらに同年十二月三日、わいせつ物公然陳列の疑いで警視庁保安課に逮捕された。

ろくでなし子の事件について、村西とおるが語った。


伝説のAV監督・村西とおる氏、ろくでなし子事件を語る　朝日新聞社『with news』

今ここで問われるべきは、女性の性器がわいせつなのかということです。性器というのは、モノに過ぎない。物体、肉体の一部なんですね。

たとえば、ここにナイフがあったとする。ナイフはモノだから、それ自体は何ら犯罪的な色彩を帯びることはないわけですよ。それが人を傷つけた時に初めて、「凶器」ということになるんですね。

性器もそう。それ自体は何の意味も持たない。だから、性器に罪があるという認識はどこから来てるんだろうな、と。

スケベという観点から考えてみましょう。エロチシズムとはどういうことか。

性器それ自体がスケベになるかというと、そんなことはない。私どものスタッフでも、「あなたは、スケベとかエロチシズムをどういう風に考えますか」と聞いた時に、「それはアソコです」と答えてクビになったのが何人かいます。そんなことを言っているようじゃ、こういう仕事は向かないよ、と。

スケベというのは、性器それ自体ではなく、人間の頭のなかで考えることなんですよ。エロチシズムにおいては、生と死というものが対極にある。生と死の持つ、希望と絶望。この心の揺れ幅がエロスなんです。振れ幅によって、ドキドキハラハラ、感動する、興奮するということ。エロスとは心の落差なんですね。

ひざとひざの間の部分。それ自体を見ても、実は何も感じないんです。それが、「お姫様のようなあの方のものだ」と想起した時に、興奮するんですよ。「誰々のもの」という所有者のイメージがないと、性器それ自体は何も物語らないんですね。人の心を揺さぶらない。だから、性器を「わいせつではない」とおっしゃった、ろくでなし子さんは正しいわけです。

エロチシズムとは何か、スケベとは何か、ということをお考えになると、何がわいせつかということも明らかになってくると思います。その辺りまで深く考えを巡らせることが必要ではないでしょうか。

わいせつそのものが悪いのかどうか。不特定多数の前でそういったものをお見せしてはならない、というのはその通りです。見たくない人の権利も守らなきゃいけない。また、一方においては表現の自由がございますから、見たい人の権利も守らなきゃいけない。

だいたい、性的衝動を持っているということ自体が人間の原罪ですよね。人間は、自分たちのすべてを掌握している、感情でさえも自分たちの所有物だと思いがちなんだけども、まったくそんなことないんです。

たとえば、性欲なんて訓練したり、どっかの塾に通って見つけたものじゃないでしょう。自然と我々が受け継いでいるんですね。そういう感情っていうのは、DNAのなかに刻まれてあるものです。理性ですべてコントロールできるんだというのは、人間の増上慢《ぞうじょうまん》、うぬぼれに過ぎないんですよね。

エロスの世界にも、SMやフェチの世界があったりするわけです。納豆が好きだ、塩辛が好きだ、という食生活の話と同じ。人の好き嫌いを、倫理の斧でもって裁いたりしてはいけない、ということだと思いますね。道徳で縛れるものじゃないんです。衣食住の、あ

るいは性的な世界というのは、まさしく自由で、守られるべき世界なんですよ。（中略）

――性表現に対する日本の規制は、国際的にも厳しいと言えるのでしょうか。

一点、そういうものを見せてはいけない、という法律はありますよ。私に言わせれば、まあ時代錯誤なんですけど、それはいったん横に置きましょう。しかし、その一点を除けば、日本のＡＶ業界、性表現の世界は、世界に冠たる自由で豊かな世界です。

海外でＡＶなんか撮ったとするでしょう。女性が「イヤ」「ダメ」「許して」とちょっとでも拒んだり、恥ずかしそうにしたりするとダメなんですよ。だからアメリカのＡＶなんか完成しますとね、心理カウンセラーのところに持って行って「どうでしょう」と見てもらう。カウンセラーはそれを見て、「ちょっと笑いが少ないな。楽しさが出てないよ」と言う。そうすると「もう少し笑って、トークを入れよう」となるわけですよ。行為の最中にも笑顔を見せなくちゃいけない。

恥ずかしいというのは、何も日本人だけの雅やかな感性ではないんです。インターナショナルなんです。恥ずかしいと言いながら、体が開いていくことだってあるわけですよ。でも「恥ずかしい」なんて言おうものなら、そこでアウト。「恥ずかしがっている人に、なぜそんなことをしているんだ」と言われてしまう。とにかく、いつもにこやかにトークをしなきゃいけない。

音楽や映画であれほど世界を席巻しているアメリカですけど、ことエロチシズムの、雅の世界においては、少なくとも日本はじめアジアの「恥ずかしい」という文化圏では評価されていないですよね。日本では、毎月数千本のＡＶが出ているんですけど、米国のものは五本もありません。駆逐されてしまうんです。なぜかというと、人間の本性に寄り添った作品、琴線に触れる作品がないからです。

エロスというのはファンタジーなんですね。非現実的な世界。私たちが日常生活をしていて、こんな世界があったらいいな、こんなシチュエーションだったらもっと興奮するだろうな、と思いながらも思うに任せないものをご提案し、ご提供するのが、私どもＡＶ業界の存在意義なんですね。

ファンタジーのなかには、ＳＭチックなものもあれば近親相姦もある。「金蹴り」と言って、男性が女性に股間を蹴られるというジャンルは、最近とみに好評を博しています。いじめられたい男が増えているんですね。

巨乳じゃないと興奮しない。背が高い方がいい、低い方がいい。暴力的な女性がいい。日本のＡＶは、あらゆるジャンルを網羅しています。あるいは、四十、五十、六十代のおばさまがいいだとかね。世界のＡＶ業界で、五十、六十代が我が世の春を謳歌しているなんて、ほかにありませんよ。最近では、多くの女性たちもネットでＡＶを視聴しています。制約がない。人の性の好みに、倫理のタガをはめない。道徳の縛りをしない。そういう自由さが日本にはありますね。

だから、私どもからすると、(性器を)見せる、見せないなんていうのはどうでもいいことなんです。エロスは性器そのものには宿っていないから。アメリカのように性器そのものを消費していくと、すぐ飽きられちゃう。でもそのプロセスのなかで描けるもの、人間の深層の世界だとか、人間のもう一つの側面を描いていくことで、引き込まれていくんですね。エロチシズムを描ききれるかどうか。落差を見せ得るかどうかが勝負なんです。

インタビューは大きな反響を呼び、あらためて村西とおるの存在を知らしめることになった。

第19章

68歳

この書が刊行されるときの村西とおるの年齢

二〇一四年（平成二十六）十一月二十九日土曜日――。

中野駅に近接した大規模複合開発の中野セントラルパーク内にあるイベントホール、中野コングレスクエアで「第一回・新人監督映画祭」が開催された。

主宰は日本映画監督新人協会。

昭和二十年十一月一日に発足し、東宝、松竹、大映、新東宝の劇映画四社の新人監督と助監督を中心に構成された会となり、昭和二十四年、現在の日本映画監督新人協会として生まれ変わり、独立プロやフリー監督、自主映画監督などが構成する歴史ある組織である。

サブカルチャーの聖地・中野から世界に発信しようと、新たに開催された大会になった。

高槻彰監督が十五年間村西とおるを追いつづけてきた記録、『ナイスですね　村西とおる』が上映される運びとなり、この映画祭において初めて人々の目に触れることになった。

大ベテランの高槻彰監督が〝新人〟というのも、商業映画の監督としての位置づけによる。

ＡＶ業界はもとより映画業界でも、鬼才・高槻彰が十五年も前から村西とおるを撮りつづけている、という情報は流れていた。

鬼才が帝王を撮ると、いかなる映画が生まれるのか。

当日午前、小雨降るなか、外にはレッドカーペットが敷かれ、参加作品の監督、出演者が歩き、高槻彰、村西とおるもタキシード、蝶ネクタイの正装で堂々の入場となった。

高槻彰監督のタキシード、蝶ネクタイ姿が似合っていたのは意外だった。

ポスターは、ＡＶの帝王とうたわれた男の、微笑んだ横顔の写真が使われた。

ポスターのコピー――。

「可笑しくて、泣ける」

「前科七犯、借金50億。家族のためなら、法さえ犯す覚悟でございます」

試写室の百六十席は完売で、立ち見が出るほどだった。

いままで村西とおるというと男性ファンが多かったが、試写室には村西監督作品を一度も見たことがないであろう三十代以下の若い女性客たちの姿が目立った。

映画は完成した作品ではなく、全国公開に先駆けての試作であった。

映画は冒頭から、村西とおるの虚実皮膜感あふれる『横浜ベイブリッジの女』をはじめ、カメラ前で懸命に疑似ドキュメントをふるまう旧作がスクリーンに映し出された。

ベイブリッジを〝駅弁〟で渡る村西とおる。驚愕の声があちこちから漏れる。滑稽な姿と公然わいせつ罪の証拠物になる映像に会場から爆笑が起きる。

本作には印象に残る幾つものシーンがあった。その一つ、引退して以来姿を見せてこなかった乃木真梨子とその息子が画面に映った。

幸せそうな顔をしている。

村西とおる家族の一員のように溶け込んでいる高槻彰がいた。

なにしろ十五年である。私も登場しているのだが、いつ撮影されたのかすっかり忘れているほどだ。

ＡＶを半ば引退して、立ち食いそば屋やタオル屋など様々な事業に手を伸ばしながら、どれも成功とはいえない内情まで映し出されていた。

借金返済に追われた村西とおるは、仕事運に見放されたかのような失われた二十年だった。だがその分、家族運に恵まれた。

映画の中では、借金返済の日々、村西とおるはとうとう高槻彰からも無心する。寒風吹きすさむ新宿御苑で毛糸の帽子をかぶり、紙袋を提げて時間をつぶす村西とおるは一見するとホームレスのようだ。

衝撃的なシーンがあった。

突然、病魔に襲われ、死の淵に引きずり込まれそうになりながらなんとか無事にもどってきたものの、困窮した村西とおるは高槻彰から金を借り、それまで耐えてきた緊張の糸がぷつんと切れたのか号泣するのだ。精根尽きたかのような、尾の長い悲痛な泣き声だ。こんな村西とおる、見たことない。

部下たちを怒鳴り、足蹴にし、あたりを睥睨《へいげい》してきたかつての殺気はなかった。

十五年間追いかけてきたからこそ、高槻彰監督の前でつかの間の隙を見せたのだった。

観客の熱気が場内にこもったまま、作品は幕を閉じた。

高槻彰と村西とおるに拍手が鳴り止まなかった。

予想していたよりもはるかにいい作品に仕上がっていた。

会場で村西とおる本人から感想を求められた私は、「村西とおるが高倉健のような描かれ方をしていなくてよかった」と発言した。

借金返済の日々と新たな事業は、どれも地味なものであり、なかなか絵にならないだろうと危惧していたが、そんなことはまるで問題にならないほど高槻彰の描き方は対象にせまり、起伏に富み飽きさせなかった。

一つだけ注文があるとすれば、作品に登場する村西監督作品は、功成り名を遂げた後の作品ばかりであって、むしろ一九八六年前後のまだ無名に近かったころの狂気を秘めた村西とおるが登場する作品を見たかった。

高槻彰監督は、このときの上映をもとにさらに磨きをかけて、大手映画会社と交渉することになっている。今回観賞した作品はあくまでも途中経過にすぎない。

映画が終了すると、ロビーで握手とサインを求める長い列ができた。

村西とおるには主宰者側から男優賞、高槻彰監督には審査員特別賞が与えられた。

一九九二年からはじまった失われた二十二年間は、高槻彰監督と村西とおるに本日の果実をもたらしたのだった。

それは決して甘いものではないのだが。

金蹴りビデオで息を吹き返したターザン八木は、現在池袋で「ジャパン」というセルビデオ会社代表となり、最近では罵声を浴びせてＭ男を夢中にさせる作品を撮りヒット作になった。間違って入ってしまったＡＶ業界だったが、ターザン八木は世紀をまたいでこの世界で生きている。

日比野正明はその後どうなったのか。村西とおるの元を離れた日比野は、みずからヒビノというセルビデオメーカーを起ち上げ軌道に乗せ、現在は高橋がなりの興した巨大セルビデオグループ、ソ《S》フト・オ《O》ン・デ《D》マンド代表取締役会長の座におさまり活躍している。あのころの陽気さはいまでも変わっていない。

村西監督のもとでカメラマンをやってきた犀秀幸監督もいまだに現役の監督をやっている。一時期はＡＶの世界から足を洗おうと思ったときもあった。「でもＡＶの自由度ってすごい好きなんですよ。他の仕事よりもはるかに面白い。現場がピクニック。遊びよりも楽しいんですよ。トラブルがあったにしたって、そのトラブルが楽しいんだから」

＊

二〇一五年（平成二十七）初夏。

村西とおるの半生を追った長尺の読み物を書くため、私は毎週のように本人と会い、エピソードを発掘し、発言を収録してきた。

年齢を重ねることは若さを失うことである。それと同時に思い出を増やす作用がある。

私と村西とおるは過ぎ去りし日々を語り合い、消えた記憶を互いに掘り起こし、資料とともに甦らせる作業をしてきた。

六十七歳になる男は新人ＡＶ監督時代を懐かしく振り返った。

「クリスタル映像でＡＶ監督をやりだしたころ、会社には一日十本程度しか問屋から注文がきなかったからね。神楽坂上の小さな焼き肉屋で、せいぜい豚足しか食べられないんだよ。社長の西村氏と、『いつか上カルビ腹一杯食べたいねえ』なんてぼやいてた。何やっても売れなかったからね。日本一！　なんて言っても目の前真っ暗だったよ。この前たまたまその焼き肉屋に行ったらオヤジがいたんだよ。その話したらさあ、オヤジの野郎、『あんた、いつもライスしか頼まなかったよ』なんて言うわけ。この野郎、おれたちは豚足食べただろうって言うんだけど、『いいや、ライスだけだったよ』ってゆずらない。まあそんな日々だったよ。それがさあ、一日二十本になり三十本になり百本になり……海が割れるってことがあるんだよ」

ゼロからスタートした村西とおるは、つくれどもつくれども売れない監督時代を過ごしてきた。あの時期は舞い込む注文も数えるほどしかなく、監督失格の烙印を押されたようなものだった。海が割れる瞬間をこの男は身をもって体感してきた。一日数千本単位で注文が来るときが来たのだから。

「その焼き肉屋、まだあるんですか?」

「あるよ。神楽坂上の交差点近くに。名前は忘れたけど、この前行ったら、まだやってたから。店はあのころのままだけど、別館ができてた」

村西とおると初めて会ったのは、裏本の帝王とうたわれた一九八二年秋、神田神保町の小さなビルの一室だった。

裏本の製造販売容疑で札幌東署に逮捕され、半年後に出所して、西村忠治社長と組み、クリスタル映像社員監督としてゼロから働き出した、あの神楽坂駅近くのビル三階の制作室、戸山にあったクリスタル映像事務所、そこから早稲田鶴巻町のテーラーが貸していた賃貸ビルに引っ越し、爆発的に売れ出してから四谷の豪華賃貸マンション、青葉台の瀟洒な一戸建て、そして日本経済のバブル期と重なった代々木上原の洋館、経堂のスタジオ用自社ビル……。村西とおるとその仲間たちが生き、騒ぎ、働き、夢見た跡地を私はもう一度巡り歩いた。

建物が取り壊され、新しいものに生まれ変わった所もあれば、鶴巻町のテーラーが貸していたビルのように、クリスタル映像の看板跡が残っているものもあれば、神楽坂駅近くの制作室があったビルのようにそのまま生き残っているものもあった。

黒木香、沙羅樹、松坂季実子、卑弥呼といった専属女優たちが行き交い、バブルを象徴していた代々木上原の小高い丘の上の瀟洒な洋館は、賃貸マンションになっていた。

一度きりの出来心組もこの洋館を訪れたものだった。

みんな、どこに消えたんだ。

近くを走る小田急線から走行音が響いてきた。

＊

本書を書き終えようとしたころ、私に課題が残されていた。

村西とおるを語る上で欠かせない、二人の人物から話を聞き出すことだった。

すでに地位も名誉も経済的成功もおさめた二人ゆえに、果たして本書に登場するかどうか、私にも自信がもてなかった。

村西とおるの枕詞にもなった、〝前科七犯・借金五十億円〟といううたい文句は強烈過ぎるゆえに、エスタブリッシュメントの一員になると、交友関係を表立って明かすことはけっしてプラスにはならない。

プライベートでは話すことがあっても、活字に載せることは勘弁してくれ、ということも予期できた。

無理は承知で、インタビューを申し込んだ。

その一人は、元イエローキャブ代表、現在サンズエンタテインメント代表・野田義治である。

堀江しのぶにはじまり、かとうれいこ、山田まりや、細川ふみえ、雛形あきこ、小池栄子、佐藤江梨子、ＭＥＧＵＭＩといったタレントを発掘し、巨乳ブームのきっかけをつくり、巨乳バカ一代、巨乳マイスターの異名をもつ男だ。

村西とおるが立ち上げた、モデル、女優、タレントたちのイメージビデオ制作販売会社「パワースポーツ企画販売」で、野田義治は総合プロデューサーとして辣腕をふるっていた。当時、村西とおるといえばもっとも過激なクリエイターであり経営者だった。あまりにも強力なやり方ゆえに、部下たちは恐れをなし、独裁ぶりは頂点に達していた。そのとき対等にやり合っていたのが野田義治だった。

現在野田義治はすでに芸能界で押しも押されぬ芸能プロダクション経営者である。前科七犯、借金五十億、AVの帝王を豪語する男との過去の交流はけっしてプラスにならないだろう。しかも村西とおるは芸能界でも最大の影響力をもつ勢力とも真っ向からぶつかってきた男だ。

野田義治にとって村西とおるの名前を出すことは一文の得にもならないはずだ。

私は断られるのを覚悟で連絡を入れてみた。

すると意外な返事が返ってきた。

「おれもあの人に恩義があるんだ。おれ自身もどん底味わったから。そんなときに仕事を与えてくれた恩人だから。いいですよ、話しますよ」

口髭をたくわえ、野太い声で話す野田義治は年齢とともに風格を増していた。

巨乳タレントの総本山となったプロダクション、イエローキャブは、堀江しのぶという人気アイドルが牽引した。ところが一九八八年四月八日緊急入院、末期のスキルス性胃癌に侵され、九月十三日、わずか二十三歳の若さで地上から去っていった。

イエローキャブが軌道に乗る直前の非業の死だった。

堀江しのぶ亡き後、プロダクションを支える有力な新人がいない時期、村西とおるがパワースポーツ企画販売という新会社で野田義治を総合プロデューサーに迎え入れた。

野田義治はこのときの恩を忘れていなかった。

「『パワースポーツ』で制作を任されたのはたまたまなんだよ。よく憶えていないけど、事務関係の紹介だったんじゃないかな。あのころおれがやった仕事は、敷居が高いところを口説いてきたんだ。素人を連れてきて水着にさせても売れないけど、え、あの子が？　という子を水着にさせたらそっちが売れる。昔もいまも。そういう子を口説くんだよ」

パワースポーツ企画販売からは、斉藤慶子、武田久美子、飯島直子、杉本彩、高木澪、深野晴海、蓮舫、横須賀昌美、といった豪華なキャスティングが野田義治の交渉力によって実現した。

「ＡＶをこれだけ知らしめたのは村西とおる。だから業界がいまもある。ＡＶ業界はもっと感謝すべきだねあの人に。あのおっさんは、『エロが空から降ってくる』なんて言って、何言ってるんだと思ったけどそれが現実になったでしょう。『スカパー！』をはじめとした衛星放送で。あの人天才だから、発想力とかすごいからね。あんなロケットみたいなものに投資するんじゃなくてＡＶ、映画だけにしておけばもうちょっと違った展開になったんじゃないかなあ。でも金正恩みたいだったから、スタッフも従うしかない。意見を言える人がいなかった」

人気女優、モデル、タレントを相次ぎ水着にさせてイメージビデオを撮ってきた「パワースポーツ」も、ダイヤモンド映像の倒産とともに破綻すると版権が債権者に渡り、出演者の知らぬところでＤＶＤ化されているために、苦情は野田義治のもとにいまも来る。それを一つ一つ対応していくやっかいな仕事もしなければならない。

多くの人気巨乳アイドルを発掘、育成した男・野田義治がこんなことを切り出した。

「〝巨乳〟って誰が名づけたのか、よく聞かれるんだけど、おれはいつも言ってるんだから。巨乳の名づけ親は本橋信宏だって。ダイヤモンド映像から毎月一日に松坂季実子の新作が出てたでしょう。そのとき、内容紹介のキャプションで〝巨乳〟ってあなたが使っていたんだよ。だから間違いない。あれから〝巨乳〟って言葉が広まったんだから。おれはね、本当はきらいだったんだ、〝巨乳〟って言葉が。ハハハハ。巨乳好きの原点は、ピンナップで見たジェーン・マンスフィールド、マリリン・モンローだったね。スタイルが抜群にいいじゃない」

〝巨乳〟という造語が初めて登場したのは、八〇年代の成人映画やAVだとされている。

松坂季実子の新作が毎月一日にダイヤモンド映像から発売されることにちなみ、「一日は巨乳の日」と大宣伝をうち、松坂季実子の加熱する人気ぶりで〝巨乳〟という造語が週刊誌やスポーツ紙に踊った。そのことを考えると、巨乳バカ一代・野田義治からのお墨付きによって、巨乳を広く人口に膾炙《かいしゃ》したのは、この私である、と自負しよう。

野田義治は最後にもう一度、言った。

「おれはあの人に恩義があるんだから」

＊

村西とおるを語るとき、もう一人、重要な人物がいる。

一九八八年秋、村西とおると決別し、以後両者は同じ世界に暮らしながら、没交渉だった。

一九八四年秋、レンタル系AVメーカーとして創業し、数々の荒波をくぐり抜けいまや業界を代表する会社になったクリスタル映像・西村忠治代表取締役である。

会社設立時から離別する一九八八年までの四年間、村西とおるとともに歩んできた。

ともに売れない時代を耐え、一九八六年暮れから翌年夏まで村西とおる一行がハワイで逮捕されて国外退去になるまで、日本から支援しつづけた。

クリスタル映像は村西とおるが独立してからしばらく不遇の時代がつづいたが、飯島愛主演作の独占的販売で息を吹き返し、堅実な経営で業界を牽引するまでになった。

二〇〇五年、業界の自主審査機関、ビデ倫（ビデオ倫理協会）を脱退し、新たに制販倫（日本映像ソフト制作・販売倫理機構）というビデ倫にかわる自主審査団体を立ち上げ、自ら理事長に就任した。

村西とおると決別してから、部下たちとともに労苦に耐え抜き、花も実も手に入れた男だった。

以前私は制販倫設立時に、理事長になった本人に制販倫についてインタビューしたことがあった。

だが今回は前科七犯、借金五十億円の人物に対するコメントである。

制販倫は自主規制審査機関として、AVメーカーの作品における映像表現を審査する機関であり、西村忠治はそのトップである。以前のような一AVメーカーの代表とはわけが違う。

かたや村西とおるは、裏本の帝王と呼ばれ、知らなかったとはいえ未成年者を出演させて三度も逮捕されたり、薄消しビデオを大量に制作したこともある、自主審査機関から見たら要注意人物である。

金持ち喧嘩せずという格言があるように、西村忠治理事長にとって本書で村西とおるについてインタビューを受けることは避けたいところだろう。

私は断られるのを覚悟して、連絡を入れてみた。

すると——

「いいですよ。草野さんと本橋君が、ぜひ、というなら、喜んで話しますよ」

クリスタル映像は池袋の端、立教大学からほど近い所にある。

二〇一五年、晩秋、私が訪れたときは、以前のビルを解体しまったく新しいビルに生まれ変わった直後だった。

建物に入ると、工事が終わったばかりの建材の清々しい香りがしてくる。

クリスタル映像が入った新築ビルは、一階を企業向けに貸し出し、三階は賃貸用ワンルームマンションにしている。私を迎え入れた社長室は二階にあった。

「太らないように八十キロ上限でがんばってるんだ。血液検査はなんの異常もないよ。もう六十八歳だよ。煙草もやめた。一日百本吸ってたけどね。本橋君は、煙草は？　あ、そう、やめたんだ。結婚してお子さんもいるんだよね。二人？　ああ、そう。よかったじゃない。それで草野さん（村西とおる）はどう？」

「最近会いました。このところこの本の取材でよく会ってますよ」

「元気？」

「ええ。だいぶ顔色もよくなりましたね」

「そうだね。彼の場合、体だけだよね、気をつけないといけないのは」

「歳を重ねると、残り時間は少なくなるけれど、思い出は増えていく。人間は振り返る余裕が出てくるんですね」

三十一年前、クリスタル映像が産声をあげたとき、社員監督として参加した村西とおる監督に引っ張られた私は、物書き稼業をやりながら初期のクリスタル映像の制作、広報を手伝った。神楽坂、鶴巻町のささやかな部屋で数人のスタッフだけでやっていた時代を思うと、懐かしさでいっぱいになる。

「ほんとだよ、あのころはいつ潰れてもおかしくなかったよね」

私は成功者に必ず尋ねるある質問をしてみた。

「運を信じますか？」

「そりゃあるよ。運がよかったというのが大きいよね。努力して物事がうまくいくんならみんなうまくいってるよ。運がよかったっていうのは、草野さんと知り合ったことが大きい。いいにつけわるいにつけ。その延長線上で黒木香『ＳＭぽいの好き』をうちから撮ったことが大きいよね。それは運でしょう。知り合ったこと自体が運でしょ。それからうちにとって最大の運は飯島愛。私の記憶だと、飯島愛は業界で三十タイトル撮ってそのうちの十八タイトル、半分以上をうちから出してるんだよね。売れると出す前からわかれば苦労しないよね。うちからあれだけ出したのも誰が見たって運だった。撮るべく努力をしたというのもあるかもしれないけど。努力したら撮れたのかと言ったらそうじゃないからね。もし村西監督と別れずに一緒にやってたら、業界のシェア五〇パーセントくらいとっていたかもしれないしね。でもやっぱり途中で別れて半分ずつ分けたかもしれないし。そりゃわからないよね。どっちがよかったかなんてね。ダイヤモンド映像でもお金が数え切れないほど儲かった時期があったわけでしょう。もし別れていなかったら、ダイヤモンド映像が倒産することはなかっただろう。たしかに儲けた時期はあったわけだから。儲けた以上にお金を使っちゃったからね。儲けた範囲内でお金使っていたらどうってことなかった。あの人は夢が広がっちゃうんだろうね」

西村忠治は意外な発言をしだした。

「おれはね、ハワイ事件の後で別れてなかったら（村西監督と）その後も別れてないだろうね。たぶんね」

ハワイ事件の翌年一九八八年秋、青葉台に制作室を移転させ村西とおるはクリスタル映像から別れて新たにダイヤモンド映像を創業した。

「ハワイから帰って、村西監督は変わったと感じたんですか？」

「そうだね。あそこで別れていなかったら別れていないよね。本当に意見が割れたら、草野さんはだいたい私の言うこと聞いてたからね。九〇パーセント力をもっていても、会社の方針として最後には私のこと聞いたからね。だから別れる理由はなかったんだよ。草野さんからみてもね。ハワイのときも、矢面に立つのはみんな草野さん。すべてそう。警察とのやりとりでね。その最大の矢面がハワイ事件だった。結局、いろんなリスクに立たされるのは自分なんだな、これでは組む意味がない、自分でやったほうがいい。そんなサジェスチョンが知り合いから出たんじゃないの。草野さん自身は策略とか自分の利益のために考えるタイプじゃないから。私と別れたのもボタンの掛け違い。車が石ころはねた程度のこと。計画があったわけでもないし、居場所がなかったわけでもないし」

「ハワイから帰国してから、西村さんとコミュニケーションがなくなったということでした」

「彼自身が孤独を感じたんでしょうね。孤独感が一番大きいんでしょうね。事件への対処として振り返れば、逮捕勾留されたとき、『お金ありません』と蹴飛ばしたら年内で日本に強制送還されたんですよ。それが向こうの弁護士が中に入って、これはお金がとれる、日本からお金を送ってもらえると感触つかんだんだろうね。あのとき、まるまる現金一億送ったんです。最初五千万送って、それで解決すると思ったらまた延期になって、この五千万で好きにしてくれとまた送った。こっちはそんなに現金がなかったから、銀行でも貸さないし、ヤクザから借りたら身ぐるみはがされちゃうし。一億が限界だった。草野さんは弁護士に騙されてることわからないんだね。人がいいから」

ハワイ事件の舞台裏を探る新説が飛び出した。

西村説にはそれなりの説得力がある。

話は創業期の苦労話になった。

「あのころは若いから夢中だからね。苦労とも思わなかったよ。飯食うこと以外目的ないんだし。ビニ本時代に知り合ったんだから。おたがい若いからね、未完成だからね。それが魅力、あの人はめちゃくちゃなところがあったよね」

「よく組んでやろうとしましたね」

「向こうが勝手に押しかけてきたんだからね。ハハハハ。三和プロモーションやっていて、草野さんが釈放されてやってきて、『仕事手伝わせてくれ』って言うから、じゃあもう一つ会社つくろうかってクリスタル映像をつくった。あの人は何事に関しても一生懸命だよね。（お金が）出るのと入るの同じ。それがまたあの人の活力なんだろうね。計算づくで考える人じゃない。なんでもやって生きていくあのバイタリティはすごいよね。私はたいしたことしてないから」

神楽坂時代、二人が通った焼肉屋で、金がないから豚足しか食べられなかった話をしてみた。

「ああ。アハハハハ。ほんと、そうだよ、あのころ売れなかったから。そういえば、あの焼肉屋まだあるんだよ。先週、前を通ったら見つけて、懐かしくてさ……。草野さんに言っておいてよ。まだ店があるから一緒に行こうって」

＊

神楽坂上交差点の近くに焼肉「三味亭」はある。

よく見ないと通り過ぎてしまう小さな店だ。

金のなかった村西とおると西村忠治が通ったときには一軒しかなかったが、いまでは向かい側に新館もできた。

人も変われば街も変わり、心も変わっていく。

私は西村忠治の携帯電話番号を村西とおるに伝えた。

元AVの帝王は番号を携帯電話に登録すると、「まだ書き上がらないのか？」と私に本の完成を尋ねてきた。

相変わらずせっかちだ。

「そろそろ仕上がりますよ。それでまた聞いてみたかったことがあるんですが」

「いいよ」

私はこの書の一つのテーマでもある質問をしてみた。

「振り返ってみてどうですか、これだけの波乱に富んだ半生を」

村西とおるはしばらく考えていたが、またいつものように千変万化の言葉を発しだした。

「そうだなあ、また同じ人生を歩むんだろうな。振り返ってみるとラッキーな人生だったよ。人に恵まれ、運に恵まれ。命ここまで長らえることができて感謝の言葉しかないよ。今日、AVの歴史三十五年、ハメ撮り、男優、監督、いまだに当時のままやっているのはおれ一人だからね。ノーベル賞だって日本からは二十四人しかいないといっても、こんな人間、おれしかいないんだから、ノーベル賞よりすごい。身の幸せだよ。人様に喜び、楽しみを提供してきた自分にね。黒澤明がいかにすごい作品撮ろうが、こっちはそれ以上を提供したんだから。我が人生に悔いなし。男がなりたい職業に〝監督〟というのがある。プロ野球監督、高校野球、サッカー、ラグビーチームの監督になりたいって。でもね、本音を言えばそれよりもAV監督になりたいんだよ。ローソン、セブンイレブン、ファミリーマート……見渡せばあっちにもこっちにもコンビニがあるよ。たしかに便利だけど、どれもこれも似たり寄ったり。そんななか、下町の雑貨屋がおれなんだよ。雑貨屋には真っ赤な酢イカ、カビ臭いきなこ餅、昔懐かしいベーゴマに模型飛行機、いろんなものがある。いかがわしいけどわくわく感たっぷり。そんな雑貨屋がおれなんだよ」

六十八歳になる男は、人間にとって避けて通れない最大の壁について語る。それは埴谷雄高でもなければ吉本隆明でもなく、ニーチェやドストエフスキーでもない、生身の肉体言語とでもいうべきものだ。

「〝永遠〟というものが果たしてあるのか、という問題を突き詰め考えておれたちは悩んで苦しんでるのに、そういうことに対してどんな宗教も答えないわけですよ。じゃあおれたちは自分たちで考えていかなきゃいけないのかということになる。そのときに、じっくり考えていくと、永遠と死について折り合いをつけなきゃいけないことになる。その死と永遠の折り合いをつけなきゃいけないところに、おれはエロティシズムを持ってくるんだよ。永遠なんてありえないってわかってるのに、永遠を信じちゃったり、永遠の旗を振ったりする。でもね、死の向こうに花園の世界が永遠につづくなんてことになったら、そんな世界は退屈だよ。永遠なんてことがあったら、人間は人間じゃないよ。考えることさえもしなくなっちゃうよ。有限の生だからこそ、感動があったり、ものを考えたり、悲しんだり、親子の愛があったり、女房との愛があったり、他人との友情が生まれたり、見たり聞いたり触ったりして、泣き叫んだり、わめくということがあるわけだよ。だから楽しいんだよ。その極みってのはエロスなんだ。もし死がなければエクスタシーもない。永遠の生命を手に入れるってことは、エクスタシーも感動も感激も親子の愛とか子どもに対する愛情とか、女房や家族の愛すらいらないということなんだよ。自分がその〝死〟というものを受け入れる存在なんだということを納得したときに、目一杯生きる意味、生きる喜びを確認して死んでいこうと思えるんだ。人間は永遠の存在なんかじゃない。だから生きている限り、生を貪るんだ。神様もそういうバランスをもってエロスを提供してくれたんだろうっていうのが、僕のエロスに関する考えなんだ。なぜ興奮するのかっていうと、死ぬから。なぜ性欲があるかっていったら、死ぬから。なぜ欲しいかっていうと、死ぬから。なぜ女を美しいと思うかというと、死ぬから。死がなければ何も感動もしないし、何も思わないよ。死があってこそ、性のたぎりがある、その究極がエロスだろうと、ね。だから生きるんだよ。永遠なんてくそ食らえだよ。どう?　ナイスだろ」

度重なるインタビューを終え、私はまたかつての夢の跡をたどることにした。いかがわしさと賞賛をまき散らしながら、村西とおるの評価はいまなお定まらない。価値紊乱者の強弁か、破壊王の居直りか。絶望の淵から這い上がる希望の主か。ただこれだけは言えるだろう。

物語はまだつづいている。

エピローグ

本書の成立過程を記しておきたい。

戦後社会におけるもっともユニークかつ狂気を秘めた男の半生記を物語ったのがこの本である。

「お待たせしました。お待たせし過ぎたかもしれません」の決まり文句でユニークな主張を発し拍手喝采を浴びてきた村西とおる。裸一貫で上京し、地を這うように働き通しアンダーグラウンドで巨万の富を得ながら逮捕され無一文になってしまう。保釈後、勃興したAVに身を投じ日本一売れない監督時代から遂には「AVの帝王」の異名を勝ち得、巨万の富をまたもやつかんだ。

だが放漫経営と拡大戦略が仇になり、五十億円の負債を一身に背負い、借金返済の日々を送る。闇社会からの借金ゆえに命にかかわるピンチに何度も陥り、眼球から出血するほどのストレスを味わいながら、自己破産することもなく復活をもくろむ。この間、一人息子が超難関小学校に合格し、あらゆるメディアが子どもを成功に導く子育て術、といった教育書を書くように勧めてきた。ベストセラー間違いなし、借金返済のためには格好のチャンスなのに、子どもで銭を儲けることを断固拒否してきた。

村西とおるという人物を物語る上で、長い歳月がかかった。

文中でも綴られているように、劇的な成功譚を間近で目撃した私は、本人からの聞き書きによって半生記『ナイスですね　村西とおるの挑戦状』（JICC出版・現在、宝島社／一九八七年十二月刊）を上梓した。

このとき、村西とおる三十九歳。

一つの時代を築き上げたと思ったが、のちの波乱の半生を彩るほんの序章でしかなかった。

壮大な村西山脈を踏破する際にザイルとなったのは、私がこの間書き下ろしてきたいくつかの書だった。

彼から資金を引っ張り立ち上げた隔週刊写真誌『スクランブル』をめぐる顚末を、私の青春譚として描いたのが『裏本時代』（飛鳥新社／一九九六年十一月刊／現在幻冬舎アウトロー文庫収録）だった。

村西とおるが北海道で逮捕され一年後保釈されてからＡＶの帝王となる時代を私の視点で綴った書き下ろし『アダルトビデオ　村西とおるとその時代』（飛鳥新社／一九九八年三月刊／現在『ＡＶ時代』として幻冬舎アウトロー文庫収録）として描いた。

スピンアウト的位置づけになる二つの作品──村西とおるのもっとも忠実なる部下だった日比野正明を主役に据えた『エロ職人ヒビヤンの日々涙滴──ＡＶ監督・日比野正明の生活と信条』（バジリコ／二〇〇四年二月刊）。借金返済時代の村西とおると、テリー伊藤の元部下だった高橋がなりがＡＶに参戦し、業界の旧弊を打破していく姿を描いた『新・ＡＶ時代』（文藝春秋／二〇一〇年六月刊）。

以上五冊を中心に、足かけ三十年におよび、私が村西とおるについて書いてきた記事を加えて村西山脈に挑んだ。

当時の現場の息づかいを伝える資料であり、重要な証言も数多く含まれている。

時間の経過とともに、当時の記事について修正なり補完があるとしたらどこか、という検証をしながら本書の取材・執筆をおこなった。

いままでの村西とおるにまつわる幾多の伝説がこの本によって証明され、あるいは新たな伝説が浮かび上がった。

いままでプライバシーの関係で省略していた部分、事実等を本書で初めて記述した。

思えば、私はＡＶ黎明期を内側から目撃できた幸運な立ち位置にいたと言えるだろう。

本書では素顔の村西とおるを記録できたものと自負している。

＊

「ドンチャン騒ぎやって、キンキラキンの百万円のブレスレットして、もういかにもって感じだよね。金銭感覚が麻痺しますね。酒と女に囲まれて、ふと小学校時代のころの生活が脳裏を横切るときがありました。あのころの米びつにご飯がないころの自分からは想像もつかない贅沢な毎日ですよ。でもどんなに金使っても心が安らげない。本当に失っているものがある。それは労働する意欲っていう、これを失ったら大変なことになるぞって、砂上の楼閣から崩れ落ちたとき、おれはまたあの貧しいガキのころにもどるのかって……」

裏本の帝王時代を振り返った村西とおるの言葉である。

同じくビニ本から宇宙企画・英知出版を創業し、八〇年代美少女カルチャーを生み育てた山崎紀雄も似たようなことを言っていた。

「ばかばか儲かった。でも体の調子悪かったなあ」

宇宙企画だけで預金通帳に毎月一億が残るほど稼いでいながら、心のどこかに風穴が空いていた。

巨万の富を得た男たちにしかわからない砂上の不安感なのだろう。

高田馬場の一室でグリーン企画というビニ本出版で働いていた中澤慎一は、コアマガジン代表取締役として頂点に登り詰めたが、「儲けはしたけど成功しちゃいねえよ」とにべもない。

成功者にはみな、孤独の陰りがついてまわる。

泡沫のように消える、保存されざる文化を記録することが、物書きをしてきた私の第一の仕事である。

*

一九八五年春、中核派の拠点・前進社において全学連委員長の単独インタビューに成功したその日の夜、村西とおるの撮影現場にいた。

私にとっては過激派もAVも、密閉された非日常の世界を採りあげることにおいて、等価であり、それはいまでも変わらない。

翌一九八六年春、まったくの偶然なのだが、村西とおるが制作室にしていた神楽坂のビルの一室の真上の部屋から、中核派革命軍によるサミット粉砕の迫撃砲が撃たれた。

しばらくの間、村西とおるは私が真上の部屋に導いたと半ば本気で信じていた。

村西とおるの応酬話法の威力は、売上げ日本一のセールスマンになり、北公次に封印されてきた自叙伝を開封させ、絶対出ないと言われた女優たちを相次ぎ脱がせた。

多くの女性たちが出演した理由は、現金攻勢もあるだろうが、もっと根幹的なものがあった。

それは「情熱」であろう。

これだけ自分に情熱を込めて語りかける男はいない。恋人、ボーイフレンド、あるいは両親よりも情熱を込めて話してくる。そう思うと、女は心を開く。

人間にとってもっとも辛いことは存在を無視されることだ。人間は他者からどれだけ必要とされているかがもっとも生きる上で重要になってくる。彼女たちにとって村西とおるほど情熱をもって話してくれる人間はいなかった。

多くの人々がいまでもこの男の言動に注目している。

その一方で香具師、煽動者のように語りかける村西とおるの話法は、いかがわしさとうさん臭さをあたりにまき散らし、拒絶反応を示す人々もいる。

どちらもまた村西とおるの一筋縄ではいかぬ深淵である。

「閨閥《けいばつ》も学歴もコネもなにもないおれがあきらめるということは死ぬことなんだよ。だからあきらめることは選択肢にない」

貧困からの脱出を企て、ありあまるほどの成功をおさめながら、本人いわく「宮崎駿をやっちゃった」と言うように、夢を追いかけ採算を度外視してきた。

北公次、克美しげる、佐川一政、といった挫折した男たちに復活の手を差しのべたり、ブラジルからやってきた母娘に旅費と生活費を与えたり、弱者に対する温かいまなざしがあった。その一方で、罵声を浴びせ、手と足が出る苛烈な振る舞いもあった。

広域暴力団の構成員で人生の大半を獄中で過ごしてきた元ヒットマンも、村西とおると接すると、「あんな恐い目をした男はいない」と腰がひけたほどだ。

村西とおるを十五年以上にわたって追いつづけてきた高槻彰監督は、村西とおるの魅力に惹かれた一人だが、その高槻監督も村西とおるを評し「恐い人」と言う。

偉大な経済人には、偉大なパートナーがいるものだ。ホンダの本田宗一郎には藤沢武夫、ソニーの井深大には盛田昭夫。

村西とおるの蹉跌は偉大なパートナーがいなかった、いや、寄せ付けなかったことだった。

あまりにも狂熱的なエネルギーを放つ村西とおるには、誰も近寄りきれないのだろう。

七度の刑事事件とハワイにおける長期勾留がもとで、いまだに夜、明かりをつけたままでないと眠れない。

明るく振る舞う表の顔に隠れたもう一つの真実である。

＊

本書は二十年以上にわたって、稀代の男について伝記を書かないか、と私に勧めてくれたある編集者の情熱がなければ成り立たなかった。

村西とおるはまだ変転しつづけている途中で、この男も行く末はまだ当分、見つづけなければ、伝記を書き下ろすのはまだ先のことだろうと思っていた。

だが機は熟していた。

いまだに村西とおるについて熱く語る人々が存在する。ＢＶＤパンツ姿の男が何故これだけもてはやされているのかよくわからない若い世代がいる。

高槻彰監督が十五年におよぶ村西とおるのドキュメンタリー映画がそろそろ完成することに活字側を代表して賛辞を贈るべきだと思った。

最後になったが――

本書の主人公・村西とおること草野博美氏に最大級の感謝を捧げたい。
村西監督の秘書・丸山小月さん、本書に登場するすべての方々、私が過去に執筆してきた編集部の担当者の方々、証言者の方々、本書の資料収集に活躍してくれたフリーランス編集者・杉山茂勲氏、写真家・野口博氏、装丁家・鈴木成一氏、大口典子氏、情熱をもって二十年以上にわたり私を鼓舞させてきた太田出版・穂原俊二編集長に篤く感謝したい。

二〇一六年長月

本橋信宏

村西とおる年表

1948年（昭和23）

1月　帝銀事件。

0歳

9月　福島県いわき市に生まれる。

1950年（昭和25）

6月　朝鮮戦争始まる。

2歳

・朝鮮戦争で飛びたつ戦闘機の光景が人生初の記憶。

1960年（昭和35）

1月　新日米安保条約締結。

12歳

・家計の足しにと新聞配達や牛乳配達のアルバイトを始める。

1961年（昭和36）

4月　ガガーリンが宇宙飛行に成功。

13歳

4月　いわき市立平第一中学校入学。水泳部に入部。

・マスターベーションを覚える。

・中1の夏、両親のセックスを目撃してしまう。

・初体験。相手は同級生の1つ年下の妹。場所は自宅の庭にある小屋。

1962年（昭和37）

2月　ピンク映画第一号と言われる『肉体の市場』公開。

14歳

・両親の不和から父と別居状態に。

1964年（昭和39）

10月　東京オリンピック開幕。

16歳

4月　福島県立勿来工業高校機械科に入学。ラグビー部に入部。

1965年（昭和40）

11月　「11PM」（日本テレビ系）放送開始。

17歳

・哲学や文学に熱中し、思索する日々。

1966年（昭和41）

6月　ビートルズ来日。

18歳

6月　両親が協議離婚。

1967年（昭和42）

・GSブーム。

19歳

3月　高校卒業後、上京。池袋の洋酒BAR「どん底」のボーイとなる。セックスコンテストで1週間に12人の女性客を相手にする。

1969年（昭和44）

1月　東大安田講堂事件。

7月　アポロ11号が月面着陸。

21歳

・3年近く勤めた「どん底」を辞め、千葉県柏市のBARに勤務。

・一歳年下のエレベーターガールと結婚。

1970年（昭和45）

3月　大阪万博開幕。

11月　三島由紀夫割腹自殺。

22歳

・父親となる。

・水商売を辞め、グロリアインターナショナル日本支社に転職。巧みなセールストークで、英会話教材・百科事典のトップセールスマンとなる。大卒初任給2万5千円の時代に最高月収150万円。

1971年（昭和46）

23歳

・協議離婚。

1972年（昭和47）

2月　あさま山荘事件。

2月　日本ビデオ倫理協会（当初は成人ビデオ倫理自主規制懇談会）発足。

24歳

・英会話教材のセールスマンを退職し、札幌で英会話学校「札幌イングリッシュ・コンパニオン」開校。

1973年（昭和48）

・第一次オイルショック。

25歳

・英会話学校の秘書と再婚。

・父親が死去。

1974年（昭和49）

10月　長嶋茂雄が現役引退。

26歳

・講師に不法就労の外国人を雇用していたことが問

題化し、英会話学校を閉校。その後、友人と共同経営でテープレコーダー販売。

1978年(昭和53)

8月　日中平和友好条約調印。

30歳

・インベーダーゲームのブームに乗り、業務用ゲーム機の設置・販売を手掛け、娯楽に飢える自衛隊駐屯地で大人気に。1年で3億の現金と2億の機材を得る。

1980年(昭和55)

・ノーパン喫茶ブーム。全国に続々オープン。
12月　ジョン・レノン射殺。

32歳

・北海道を拠点にビニ本・裏本制作を開始。
・「北大神田書店」グループを設立。わずか75日で北海道に48店舗を展開。

1981年(昭和55)

33歳

・原価200円の裏本が1万円で飛ぶように売れ、20億円を得る。

1982年(昭和57)

・裏ビデオの話題作『洗濯屋ケンちゃん』が出回り、家庭用ビデオデッキの普及に貢献。

34歳

・「ビニ本・裏本の帝王」と呼ばれる。全国に65店舗、ビニ本市場の7割を占める。

・田口ゆかりが人気裏本女優となる。

・「新英出版」を設立し出版事業に乗り出す。

1983年（昭和58）

4月　東京ディズニーランド開業。

7月　アテナ映像、九鬼（ＫＵＫＩ）などがＡＶ参入。

11月　ビデオ情報誌『ビデオ・ザ・ワールド』（白夜書房、後にコアマガジン）創刊。

・ビデ倫の年間審査本数１０００本突破。ビニ本メーカーからＡＶに参入したメーカーも急増し、50社を超える。

35歳

2月　裏本で得た膨大な利益と北大神田書店グループの流通網を使い、自身が経営する出版社、新英出版より写真隔週誌『スクランブル』創刊（編集長・本橋信宏）。

7月　全米ポルノ女優アネット・ヘブンを招聘し、初監督作『アネット・ヘブンのＯＨ！歌麿』をリリース。

7月　資金繰り悪化により創刊から10号で『スクランブル』廃刊。

1984年（昭和59）

3月　グリコ森永事件。

12月　『ベルばら』著者・池田理代子のイメージビデオ『ハワイの休日』をリリース。

・美少女系女優を起用する宇宙企画が大ヒット。ＡＶブームが加速。

36歳

3月　裏本のわいせつ図画販売の罪で指名手配・逃亡の末、逮捕（前科１犯）。北大神田書店グループ解体、全財産を失う。

9月　クリスタル映像でＡＶ制作を開始。監督名「村西とおる」を名乗る。

1985年（昭和60）

8月　日航機墜落事故。

・東京都内に初のブルセラショップが登場。

・裏ビデオ、ビニ本の摘発が急増し、アダルトマーケットの主流がＡＶになる。レンタルビデオ店が1万店突破。

37歳

11月　立川ひとみ主演『恥辱の女』が『ビデオ・ザ・ワールド』の年間ベスト1位獲得。

・ハワイ上空でセスナＳＥＸ、デンマークの歩行者天国で400メートル駅弁ＳＥＸなど過激なロケを次々に敢行。

1986年（昭和61）

4月　アイドル・岡田有希子が自殺。

5月　元祖ＡＶクイーン・小林ひとみが大人気。「ＡＶ女優」という呼称が一般化しはじめる。

38歳

4月　海外ハードコア作品を税関審査手続きを経ず輸入、関税定率法違反の罪で摘発（前科2犯）。

6月　無許可モデル事務所からモデルを派遣させたとして職業安定法違反、17歳少女をＡＶ出演させたとして児童福祉法違反の罪で再逮捕（前科3犯）。

10月　黒木香が『ＳＭぽいの好き』でデビュー。一大ＡＶブームを巻き起こす。

12月　ハワイでＦＢＩに逮捕される（前科4犯）。懲役370年を求刑される。

1987年(昭和62)

39歳

6月　司法取引等で1億円を費やし、ハワイから帰国。

12月　村西とおる自叙伝『ナイスですね』(JICC出版)発売。

・「顔面シャワー」「駅弁ファック」「ハメ撮り」など独自のスタイルを編み出し、知名度が高まる。世間から「アダルトビデオの帝王」と呼ばれる。

1988年(昭和63)

・バブル経済が過熱する。

40歳

4月　「トシちゃんと金沢の一夜」騒動、ジャニーズ事務所と闘争に。

4月　17歳少女AV出演、児童福祉法違反容疑で逮捕(前科5犯)。

9月　クリスタル映像を退職し、自身の会社「ダイヤモンド映像」設立。

9月　「日本ナイス党」で総選挙への出馬を宣言するも、16歳少女AV出演により児童福祉法違反容疑で逮捕(前科6犯)。

1989年(平成元)

1月　昭和天皇崩御。

41歳

1月　村西とおるが元フォーリーブス北公次のマジ

12月　日経平均株価が史上最高の3万8915円を記録。

1990年（平成2）

10月　ベルリンの壁崩壊、東西ドイツ統一。

シャン再起計画をプロデュース。

2月　1107ミリのバストを持つ松坂季実子が『でっか〜いの、めっけ！』（ダイヤモンド映像）でデビュー。巨乳ブームを巻き起こす。この後、ダイヤモンド映像はAV業界を席巻し、最盛期の年商は100億円に。

42歳

3月　田中露央沙が『24時間立てられますか』（ダイヤモンド映像）でデビュー。

5月　野坂なつみが『埼玉エマニエル夫人』（ダイヤモンド映像）でデビュー。本番中でも眼鏡を外さない女優として人気に。

7月　元ミス日本東京地区代表の卑弥呼が『大和撫子タマの腰』（ダイヤモンド映像）でデビュー。

11月　乃木真梨子が『涙が流れるほど良かったから一生忘れない』（ダイヤモンド映像）でデビュー。

・衛星放送事業に進出するため関連会社・ダイヤモンド衛星通信を設立。

1991年（平成3）

4月 バブル経済崩壊。

5月 ジュリアナ東京オープン。

11月 篠山紀信写真集『Santa Fe／宮沢りえ』（朝日出版社）の発売により事実上のヘア解禁。

43歳

12月 ダイヤモンド映像が東京地方裁判所に和議申請。

1992年（平成4）

・深夜番組『ギルガメッシュないと』で飯島愛や憂木瞳がブレイク。

44歳

2月 共同通信が「ダイヤモンド映像 事実上倒産」と報道。村西とおるが厳重抗議。

9月 卑弥呼のギャラ3000万円未払い事件。

12月 AV男優・雷小僧と組み2日間だけ漫才師に。コンビ名は「村西とおると雷小僧」。

12月 ダイヤモンド映像が銀行取引停止処分、倒産。負債総額50億円。地獄の借金生活に。

1993年（平成5）

・セルビデオチェーン「ビデオ安売王」がフランチャイズ展開。セルビデオ時代を切り開く。

45歳

・ダイヤモンド映像から裏ビデオが大量流出。

・借金返済のため海外用薄消しビデオを手掛け、2年間で700本を制作。

1994年(平成6)

46歳

・マスコミで「コギャル」の呼称が使われ始める。

5月　黒木香が中野のホテルで転落事故。

5月　野坂なつみが野村義男と結婚。

・ビデオ安売王と組み、3年ぶりにAVに復帰。キャッチフレーズは「帰ってきたハメ撮りの帝王」。

・元専属女優・乃木真梨子と3度目の結婚。

・衛星放送「ダイヤモンドチャンネル」を開始。

1995年(平成7)

47歳

1月　阪神・淡路大震災。

・高橋がなりがソフト・オン・デマンドを設立。

・新宿歌舞伎町にショーパブ「スペースD」をオープンするも間もなく閉店。

1996年(平成8)

48歳

・ビデオ安売王をフランチャイズ展開していた日本ビデオ販売が倒産。

・村西とおるが初のアダルトDVDを制作販売。

1997年(平成9)

49歳

・克美しげる主演映画『愛が泣いている さすらい』の脚本・監督を手掛ける。

1998年（平成10）

・レンタル系AV女優が次々とインディーズ（セル）AVに出演。両者の境界線が希薄となる。

・バイアグラ国内発売。

50歳

7月　職業安定法違反容疑で逮捕（前科7犯）。

1999年（平成11）

11月　児童買春ポルノ処罰法施行。

51歳

・この頃、有名人をプリントしたタオルを売ったり、新宿で蕎麦屋を開店するも長つづきせず。

2000年（平成12）

10月　飯島愛『プラトニック・セックス』（小学館）がベストセラーに。

・アダルトDVDの発売が本格化。

52歳

・バイブレーター「どかーんとナイス」発売。

2001年（平成13）

・9月11日、アメリカ同時多発テロ

53歳

2月　息子がお受験界の最高峰・超名門私立小学校に合格し話題に。

2002年（平成14）

54歳

・50億円の借金返済に追われる日々。

2005年（平成17） **57歳**
・多くのメーカーがVHS商品の販売を停止する。
・村西とおるの母親が死去。

2006年（平成18） **58歳**
・バクシーシ山下監督作品『M（ムラニシ）ドラッグ』に男優として出演。

2007年（平成19） **59歳**
8月　ビデ倫、わいせつ図画販売幇助容疑で家宅捜索。
9月　リーマンショック。
・沙羅樹16年ぶりの復活。マネージャーとして付き添う。

2008年（平成20） **60歳**
・過去の作品を販売。

2010年（平成22） **62歳**
3月　著書『村西とおるの閻魔帳』（コスモの本）発売。

2011年（平成23） **63歳**
3月　東日本大震災。
・四谷に事務所移転。中国市場を新たな活動の場にする。

2012年(平成24) 64歳

5月　東京スカイツリー開業。

6月　東京女子医大病院に心臓の病で緊急入院。生死の境を彷徨うが奇跡的に一命を取り留める。

2013年(平成25) 65歳

5月　『ビデオ・ザ・ワールド』休刊。

・DVDよりもダウンロード購入が主流となりはじめる。

・復活し、メディアに露出。再び脚光を浴びる。

2014年(平成26) 66歳

11月　ドキュメンタリー映画『ナイスですね 村西とおる』(監督＝高槻彰)が「新人監督映画祭」で初披露。

2016年(平成28) 68歳

10月　本書、刊行される。

参考文献

＊著者執筆の文献

・『ナイスですね 村西とおるの挑戦状』本橋信宏／構成 ＪＩＣＣ出版 １９８７年
・『にくいあんちくしょう』ちくま文庫 ２０００年（初出『素敵な教祖たち――サブカルチャー列伝・業界カリスマ17人の真実』コスモの本 １９９６年）
・『裏本時代』飛鳥新社／幻冬舎アウトロー文庫 １９９６年
・『ＡＶ時代 村西とおるとその時代』飛鳥新社／幻冬舎アウトロー文庫 １９９７年
・『悪人志願』メディアワークス １９９９年
・『エロ職人ヒビヤンの日々涙滴 日比野正明の生活と信条』バジリコ ２００４年
・『ニッポン欲望列島』創出版 ２００６年
・『新・ＡＶ時代 悩ましき人々の群れ』文藝春秋 ２０１０年
・『やってみたら、こうだった〈あの人の童貞喪失〉編』宝島ＳＵＧＯＩ文庫 ２０１２年
・『エロ本黄金時代』河出書房新社 東良美季共著 ２０１５年

＊著者が過去に雑誌・新聞等に執筆した記事

・「ビデオ会社研究　監督・カメラ・男優をこなす業界の徳田虎男こと『村西とおる』氏率いるクリスタル映像」『ビデオ・ザ・ワールド』1986年4月号
・「AV界の新星クリスタル映像摘発の真相を探る!!　『幸田シャーミンを許さない!!』と業界のマルコスは語った」『ビデオ・ザ・ワールド』1986年6月号
・「クリスタル映像『村西とおる監督逮捕事件』の顛末と直撃インタビュー　『クリスタル映像を150億円の企業にします』」『ビデオ・ザ・ワールド』1986年9月号
・「アダルト・ビデオ　クリスタル映像摘発の舞台裏事情」『噂の真相』1986年9月号
・「裸の悪代官　村西監督　ハワイで御用!!」『ビデオ・ザ・ワールド』1987年2月号
・「帰国した監督らが語った意外な事実　村西とおる監督『ハワイポルノ事件』の真相」『創』1987年8月号
・「ハワイで逮捕された村西とおる監督直撃インタビュー」『噂の真相』1987年8月号
・「にんげんファイル87　アダルトビデオ監督（39歳）村西とおる」『週刊現代』1987年10／24号
・「村西とおる監督に寄せられたジャニーズ事務所〝告発ネタ集〟」『噂の真相』1988年9月号
・「村西とおるとその時代」『別冊小説宝石』1998年爽秋号
・「アダルトビデオ女優列伝　松坂季実子」『週刊大衆』1999年9／20号
・「アダルトビデオ女優列伝　乃木真梨子」『週刊大衆』1999年11／29号
・「あの人は現在《いま》!!　ナイスな男は今も現役だ!　村西とおる」『別冊GON!』2002年6／10号
・「AV最前線」『FRIDAY SPECIAL』2002年12／23増刊号
・「汁男優」『FRIDAY DYNAMITE』2003年3／24増刊号
・「ピンホールコラム　連載第8回　元総理大臣の至言」『朝日新聞』2004年11／20

・「村西とおる激白！ 借金50億円でもネットＡＶに挑戦中」『週刊現代』２００６年２／11号
・「ＡＶ夜明け前 その１ 北欧娘に笑われた村西とおる監督疑似本番時代」『週刊実話』２００６年３／23号
・「ＡＶ夜明け前 その２ 失敗から生まれた村西とおる顔面シャワー誕生秘話」『週刊実話』２００６年３／30号
・「村西とおるを奪い合ったＡＶ女優たち」『新潮45』２００６年６月号
・「村西とおる・長谷川瞳 アダルトグッズ品評会」『ＡＣＥ』新宿アートセンター ２００６年ＳＰＲＩＮＧ
・渾身ルポ『ＡＶ夜明け前 エロの確信犯 豊田薫監督』『週刊実話』２００６年５／４号
・渾身ルポ『ＡＶ夜明け前 '80年代のトップ男優「速水健二」〝発射《ダシ》まくり性春〟』『週刊実話』２００６年４／20大刷新特大号
・渾身ルポ「続ＡＶ夜明け前 ターザン八木 ビデオ出演で童貞喪失 駅弁ファック世界記録保持者の素顔」『週刊実話』２００６年８／24・31号
・渾身ルポ『続ＡＶ夜明け前 高槻彰監督 業界で〝女優つぶし〟と呼ばれた男の自虐史観』『週刊実話』２００６年９／14号
・渾身ルポ『続ＡＶ夜明け前 伊勢鱗太朗監督 北の国からやってきた映像マジックの達人』『週刊実話』２００６年11／２号
・渾身ルポ『続ＡＶ夜明け前 沙羅樹 わたしがセレブ妻の座を捨てた理由《わけ》』『週刊実話』２００６年９／28号
・「再会 村西とおる＆沙羅樹」『ガチンコ』２００７年２月号
・「ブログが大人気！ 村西とおる監督」『ガチンコ』２００９年８月号
・「風俗ＴＯＰの履歴書 ＦＩＬＥ22 ターザン八木」『特選小説』２００９年７月号
・「魂のインタビュー 村西とおる」『実話裏歴史SPECIAL』２０１１年２／23号
・「美少女伝説を創った男 山崎紀雄」『オール讀物』２０１２年10月号
・「村西とおる 因縁のメリー＆ジュリー母娘を語る」『実話ナックルズ』２０１６年４月号
・「ジャニーズに本気で喧嘩を売った男 村西とおるのナイスな闘い」『FRIDAY DYNAMITE』２０１６年４／８増刊号

＊著者以外によって書かれた文献

・「1985年度ビデオ・ザ・ワールドが選ぶアダルトビデオリアルベストテン!! 85年度リアルベスト1作品 恥辱の女 立川ひとみ」『ビデオ・ザ・ワールド』1986年3月号
・「チャンネル84〜87」『ビデオ・ザ・ワールド』1984〜1987年
・「17歳少女との『本番ビデオ』自作・自演してポルノの監督150億円稼いだウラの商法」『FRIDAY』1986年7／18号
・「現代の肖像 村西とおる パンツをかなぐり捨てた悲しき突撃兵」佐野眞一・『AERA』1991年7／30号
・『北の人名録』倉本聰 新潮社 2009年
・『村西とおるの閻魔帳 —「人生は喜ばせごっこ」でございます。』コスモの本 2010年
・「伝説のAV監督・村西とおる氏、ろくでなし子事件を語る」『朝日新聞社with news』2014年10月1日
・『salitote（さりとて）』「知になるピープル006 インタビュー AV監督村西とおるさん」http://salitote.jp/people/interview006-1.html

本橋信宏 もとはし・のぶひろ

一九五六年埼玉県所沢市生。早稲田大学政治経済学部卒。私小説的手法による庶民史をライフワークとしている。実家から徒歩10分ほどで「となりのトトロ」のモデルになった狭山丘陵・八国山が横たわる。現在、都内暮らし。半生を振り返り、バブル焼け跡派と自称する。執筆内容はノンフィクション・小説・エッセイ・評論。著書に『裏本時代』『AV時代』(共に、幻冬舎アウトロー文庫)、『新・AV時代 悩ましき人々の群れ』(文藝春秋)、『心を開かせる技術』(幻冬舎新書)、『〈風俗体験ルポ〉やってみたらこうだった』『東京最後の異界 鶯谷』『戦後重大事件プロファイリング』(以上、宝島SUGOI文庫)。『60年代 郷愁の東京』(主婦の友社)、『迷宮の花街 渋谷円山町』(宝島社)、『エロ本黄金時代』(東良美季共著・河出書房新社)、『上野アンダーグラウンド』(駒草出版)など多数。

全裸監督 村西とおる伝

二〇一六年一〇月二七日 第一刷発行
二〇一九年 九 月 八 日 第六刷発行

著者 本橋信宏
発行人 岡聡
営業担当 林和弘
発行所 株式会社太田出版
〒一六〇-八五七一 東京都新宿区愛住町二二 第三山田ビル四階
電話〇三-三三五九-六二六二 FAX〇三-三三五九-〇〇四〇
振替〇〇一二〇-六-一六二一六六
ホームページ http://www.ohtabooks.com/
印刷・製本 中央精版印刷株式会社

ISBN978-4-7783-1537-5